Primo piano

D1664052

Federico Orlando

# Lo Stato sono io

## L'ultimo governo della guerra fredda

Editori Riuniti

I edizione: febbraio 2002
© Copyright Editori Riuniti
via Alberico II, 33 - 00193 Roma
www.editoririuniti.it
fax verde: 800 677822
ISBN 88-359-5155-0

# Indice

9    Premessa

19    I. Guerra dell'informazione - La grande sorella

«Veni video vici», p. 21 - Si rivede anche Bernabei, p. 23, - L'ex «balilla» Gasparri, p. 26 - Ulivo e Film Luce, p. 28 - «La 7», quelli che il duopolio, p. 31 - Siamo tutti americani (ma RaiWay no), p. 35 - Leninismo liberista, p. 37 - Silvio moderno Socrate, p. 42 - *Last minute*, «Quelli che il calcio», p. 47

51    II. Guerra degli affari - Legibus solutus

Falso in bilancio, p. 53 - Guido Rossi obietta, p. 56 - All'estero ci schifano un po', p. 60 - Due leggi «di gran lunga eccedenti», p. 62 - Il conflitto d'interessi targato Frattini, p. 65 - L'enormità italiana, p. 68 - Il rischio istituzionale, p. 70 - Luttwak o Caianiello?, p. 73

77    III. Guerra del G8 - I sogni muoiono a Genova

Pestaggi, destra perplessa, p. 79 - L'Italia del Maresciallo Badoglio, p. 82 - L'Italia del maresciallo Ascierto, p. 86 - Global, una Dichiarazione d'Interdipendenza, p. 89 - «Abbiamo già dato», p. 94 - Le olimpiadi delle barbe finte, p. 96 - Ai privati, con Letizia, p. 99 - Leggenda aziendale per studenti, p. 102

111    IV. Guerra dei Viceré - Sorella mafia

Via Tano Grasso dall'antiracket, p. 113 - «Con la mafia dobbiamo convivere», p. 116 - Gli imbarazzi di Lunardi, p. 121 - L'emendamento Mancuso, p. 123 - San Totò degli abusivi, p. 125 - La «vergogna nazionale» secondo Scajola, p. 128

131    V. Guerra del ridicolo - Il ritorno dei Monty Python

Giuliano l'apostata a metà, p. 133 - Il prete Gianni, p. 136 - Lunghi coltelli al Viminale, p. 140 - Chi si rivede, l'epurazione, p. 143 - Flessibili in uscita, p. 146 - Sottosegretari e poltrone, p. 149 - Siamo in guerra. O no?, p. 152 - La guerra dell'Airbus, p. 156 - Torna Balenottera bianca, p. 159 - Malagodi? Il papà di Silvio, p. 165

169   VI. Guerra di Bin Laden - «Superiore civiltà»

Belle époque, si chiude, p. 171 - Silvio, se ci sei..., p. 173 - Berlino, la «storica gaffe», p. 176 - Parole Fallaci, p. 179 - La diplomazia di Pinocchio, p. 181 - «Pronto, parla Cheney», p. 183 - La pazienza di Ciampi, p. 185 - «Paradiso criminale», p. 187

191   VII. Guerra di Bush - L'Italia a Canossa

Calci agli italiani, p. 193 - Nella valigia per Washington, p.196 - Quanti casi: Michel, Ruggiero, Fini, p. 199 - Gand, periferia di Waterloo, p. 202 - A Ognissanti finisce la quaresima, p. 196 - Dilemma italiano: fare la guerra o far finta?, p. 209 - I «carabinieri della Farnesina», p. 212 - Silvio e i precursori: Mussolini, Crispi o Cavour?, p. 215 - E Ruggiero lascia la repubblica dei fichi d'India, p. 219

223   VIII. Guerra delle prove - Cavilli e cavalieri

L'imputato è occupato, p. 225 - L'avvocato ha un dibattito in tv, p. 228 - Capitani coraggiosi, p. 232 - Terremoto a Vaduz, p. 234 - Foto di gruppo per avvocati, p. 237- Rogatorie a Pera, p. 239- La legge di Semiramide, p. 242 - «Ragion di Stato», p. 245 - Castelli «epurator», p. 248 - L'Europa ci boccia, p. 251

255   IX. Guerra delle istituzioni - Assedio al Quirinale

Il presidente presidenziale, p. 257 - Ciampi non parli di federalismo, p. 263 - Bin Lumbard sulle Due Torri, p. 265 - Datamedia: il Presidente è in calo, p. 269 - La giacca del Presidente, p. 271 - «Berlusconi si copre dietro Ciampi», p. 275 - Tabucchi, o le delusioni di una presidenza, p. 278 - Un referendum per la legalità, p. 281 - Cossiga: «M'ha detto di aiutare il Polo», p. 283 - Il rischio di diventare Coty, p. 286

289   X. Guerra dei soldi - Gli spalloni di ritorno

Chiaroscuri dei cento giorni, p. 291 - Liberisti tutto Stato e clan, p. 296 - Verso una Finanziaria depressa, p. 300 - Dal «buco» alla lesina, p. 303 - Scudo fiscale o amnistie occulte?, p. 308 - Come ti riabilito gli evasori, p. 310 - Le frecce al curaro di Geronimo, p. 313 - Giochi di mafie in vista dell'euro, p. 316 - L'Unione europea non ci sta (e nemmeno Pavarotti), p. 318 - Precedenza a ricchi e abusivi, p. 321

325   XI. Guerra civile - Arrestate i giudici

«Ridatemi l'onorabilità», p. 327 - Piange solo Berruti, p. 331 - Granada, la riconquista, p. 334 - Il filosofo trotzkista, p. 337 - La Svizzera non ratifica, p. 340 - Via da Milano, p. 342 - Castelli in via Arenula, p. 345 - Il partito degli avvocati, p. 349 - Sentenza europea: «Corrotti, non perseguitati», p. 356 - Forcolandia, il Patto d'acciaio, p. 359 - La guerra continua: sul Piave, p. 366

371   Indice dei nomi

# Lo Stato sono io

Solo lasciandolo governare, gli italiani si vaccineranno contro il berlusconismo.

*Indro Montanelli*

Lei ride sempre, Cavaliere. Perfino quando non esiste alcun motivo per ridere, Lei ride, come se sapesse che il Suo successo in politica è una stravagante e immeritata casualità, uno scherzo della storia.

*Oriana Fallaci*

Io comunista? Io sono un liberale, un poveraccio che quand'era ragazzino leggeva i libri di Benedetto Croce.

*Francesco Saverio Borrelli*

# Premessa

Caro Lettore,

questo libro è la storia istantanea di undici guerre combattute dal governo Berlusconi nel suo Anno I. Non sono tutte le sue guerre, ma quelle che meglio, a parer nostro, ne rendono il carattere. Quello di Berlusconi è l'ultimo governo della guerra fredda, rimessa in piedi come il soldato morto di Brecht. Il Kaiser ne aveva ancora bisogno per mantenere il suo potere, come Berlusconi ha bisogno dell'anticomunismo per dare senso «politico» alla sua scesa in campo. La difesa del monopolio televisivo e la lotta ai giudici, da sole, sarebbero apparse interesse privato. L'anticomunismo viene dunque disseppellito come il soldato, dichiarato abile arruolato, ridipinto in un sudario tricolore, portato in corteo da signori in frac e dame semivestite, marcette briose, preti arrancanti col turibolo per coprire il puzzo, donne, vecchi e bambini accorrenti per continuare la guerra del Kaiser. Brecht non avrebbe immaginato d'aver scritto la ballata dell'Italia di Berlusconi. Basta sostituire al soldato morto il Muro caduto.

Le undici guerre del libro sono quelle combattute dalla neodestra italiana per conformizzare l'informazione; per contrastare le aspirazioni di molti giovani a una scuola e a una globalizzazione che producano più civiltà per tutti e non generino il nemico dai propri disvalori; per approvare leggi che favoriscano l'arbitrio dei forti e dei furbi; per demolire l'antimafia; per degradare la serietà dei comportamenti politici; per disconoscere i pari diritti delle civiltà del mondo; per conquistare tutte le istituzioni; per limitare la cooperazione giudiziaria, militare e istituzionale dell'Europa; per far pagare meno tasse ai ricchi; per legare le mani alla giustizia non ancora allineata e ricondurla nei porti delle nebbie.

Trasformate le presenze internazionali in *performances* da piano-bar (*M. Berlusconi et le prosciutto*, intitolava *Le Monde* dopo il vertice di Laeken), il governo riesce tuttavia a concludere l'Anno I senza diffondere altrettanto allarme fra gli italiani. L'Italia è tuttora stordita nel gorgo della prima Repubblica, dove girano i rottami delle ideologie e le consuetudini dei vecchi partiti. Addendi e somma sono noti: *informazione monopolizzata + sistema consociativo dei partiti = totalitarismo del pensiero unico.* Si copre di efficientismo aziendale l'ideologia clerico-moderata. Si torna all'ottocentesco «Arricchitevi» per una neo borghesia italiana che non ha ascendenze nella rivoluzione liberale ma nel compromesso storico. L'inciucio è funzionale al berlusconismo: ieri, quando era minoranza e doveva impedire riforme, oggi, che è maggioranza e teme che da forze politiche autonome possano nascere (nella Casa delle libertà come nell'Ulivo) nuove realtà politiche, piú decorose, già nel corso stesso di questa legislatura.

Anche se chi lo ha votato non osa piú dirlo, come quando nessuno ammetteva d'aver votato democristiano, il premier è tuttora in sintonia col paese, per la capacità di mantenere il rapporto col senso comune piú opaco che amalgama i suoi elettori, dalla portinaia al manager. «In realtà – dice Saverio Vertone, uscito da Forza Italia dopo averne condiviso l'iniziale supplenza della politica – Berlusconi riesce a star "sotto" il senso comune del paese, dandogli l'illusione di esserne guidato, mentre l'Ulivo gli sta "sopra", immaginando un "paese normale" quale l'Italia non è ancora.» Era anormale il paese del vecchio compromesso storico, cocktail di democrazia bloccata e di assistenzialismo. Anormale resta il paese nella sedicente seconda repubblica, tutta retorica del mercato e realtà dell'assistenzialismo per benestanti. Il mercato prende il posto della cultura democratica, l'assistenzialismo continua a garantire il consenso. Il mito dell'antipolitica è realizzato, com'era desiderio dell'elettorato di destra. «Il 13 maggio – ha scritto Sergio Romano nel libro *I volti della storia* – hanno vinto i moderati e hanno perso i liberali.»

Ma il consenso al berlusconismo non è fatto solo dei tradizionali sogni rosa della sua tv *beautiful* né delle innovazioni (che nel contesto hanno sapore laurino) sulle pensioni, le aliquote Irpef, l'amnistia fiscale di fatto, il convertitore euro-lira. «Ci sono due fatti innovativi nel governo berlusconiano – osserva Vertone – o almeno due intuizioni innovative, il rilancio delle opere pubbliche e la critica all'assemblearismo. L'opinione pubblica, e non solo quella aziendale, è fatta di cittadini che da vent'anni sono in rivolta contro lo sfacelo amministrativo e le sue conseguenze: la paralisi delle opere e il prosperare del parassitismo. In Italia non si costruiscono autostrade, ma siamo il paese unico in Europa dove i sindacati rifiutano il lavoro a ciclo continuo per riparare quelle che ci sono. Abbiamo un deficit di 250 mila miliardi in infrastrutture rispetto alla media dei paesi europei. Dal tunnel sotto la Manica al ponte di 17 chilometri sul Tago in Portogallo, l'Europa ha visto fiorire i palazzi di un nuovo rinascimento. Il centrosinistra è rimasto impaniato nello "sviluppo compatibile" dei verdi, che lascia briglia sciolta all'abusivismo e impedisce lo sviluppo, e nella critica bossiana al "centralismo" cui ha imputato lo sfacelo amministrativo: che invece è figlio dell'assemblearismo, della degenerazione democraticista, per cui se cinque comunelli della Val di Susa si oppongono l'Alta velocità si ferma. Berlusconi conosce queste due realtà, che hanno strangolato il centrosinistra, ma è a sua volta prigioniero dell'alleanza Polo-Bossi, buona macchina elettorale, pessima macchina di governo. Debbono tenere il piede insieme sull'acceleratore e sul freno: l'acceleratore della "legge obiettivo" sulle opere e il freno della *devolution*, ultimo nome alle bizzarrie federaliste di Gianfranco Miglio.» Per ora, si è consumato l'Anno I tenendo buone le contrapposte aspettative con regalie e dazioni e consentendo alle caste forti – finanziarie, imprenditoriali, clericali, corporative, mafiose – di fare i comodi propri. Torna perfino Tangentopoli, tale è il senso dell'impunità diffusa nel paese.

Il fragore delle guerre berlusconiane, che questo libro riecheggia, si stempera nel «lenzuolo» delle altre cose fatte in sei-sette mesi. Ma non copre le contraddizioni: fra gli impegni con Bush e la legge sulle rogatorie, la legge obiettivo e la devolution. Già fra gli inquilini della Casa delle libertà si profilano tendenze a riconquistare la propria libertà, come quella di ricomporre l'area politica dei cattolici: che una volta si chiamava Dc e che oggi potrebbe chiamarsi neoparlamentarismo e cancellierato per bloccare le velleità plebiscitarie di Berlusconi, peraltro altalenanti in rapporto alle sue mutevoli prospettive personali per il Quirinale. Il cancellierato potrebbe concludere l'opera di stabilizzazione degli esecutivi, iniziatasi coi referendum degli anni '90 contro la proporzionale, e modernizzare il Parlamento, sottraendolo alla cultura ottocentesca di notai, avvocati, giudici e azzeccagarbugli vari, che generano i vizi dell'amministrazione: lentocrazia, corruzione, linguaggio, emendamento, subemendamento, comma, rinvio, culto dell'incompetenza, orrore delle responsabilità.

Per ora, impegnando parte dell'Anno I in guerre di autotutela contro le leggi e i magistrati e nella preparazione di rivincite «strutturali» a partire dall'Anno II, 2002, la destra ha eluso il problema della contraddizione interna tra sviluppo e ideologismi. «Si sono rovesciati i termini fra convinzioni e retorica – denuncia Vertone. – Le convinzioni generano retoriche appropriate, che servono ad ampliare la suggestione dei pensieri. Ma quando sono le retoriche a generare le convinzioni, allora è segno che la crisi è profonda. E nel nostro sistema si coglie tutta la profondità della crisi.»

Il risultato è che l'Italia è arrivata all'appuntamento con l'euro, il 1° gennaio 2002, «nelle condizioni peggiori». Per dirla con Giuseppe Turani, «ci presentiamo con un sistema bancario che non sa piú che cosa sarà e che cosa deve fare, e un sistema industriale che ha un vertice sempre piú piccolo [...] In piú, il 2002 si annuncia anno modesto per l'Italia, una crescita che probabilmente sarà di poco sopra l'1 per cento. È questo il ritratto di un paese assonnato, con un capitalismo quasi residuale [dove i quattro moschettieri Fiat, Pirelli, Montedison, e Telecom si sono ridotti a due: Fiat-Montedison e Pirelli-Telecom]; e con un sistema bancario che sopravvive perché il governatore Fazio impedisce (finché può) agli stranieri di comprarselo. Berlusconi aveva promesso di slegare le mani ai nostri imprenditori, di liberare i loro *animal spirits* e di farci sentire il sapore di un nuovo miracolo. Di tutto ciò non si vede assolutamente nulla. Anzi, qualche vecchia crepa si sta allargando.» È soprattutto l'antieuropeismo a dare la misura della tribú Tremonti-Bossi che ha le leve di comando del governo. La notte del 31 dicembre Ciampi inneggia all'Europa, dai bancomat sgorgano gli euro, ma il governo italiano invece è in lutto. Ruggiero, il volto presentabile prestato a Berlusconi, è liquidato: come un missile a testata multipla, si abbatte sul Quirinale, sull'inviso patriarca della Fiat, sui referenti esteri che per mesi hanno ridicolizzato e snobbato il premier di Arcore.

Si attende che l'Ulivo sappia inserirsi nell'incipiente smottamento della consorteria, che egemonizza il ben piú vasto blocco di consenso berlusconiano. L'aspettativa di un ritorno di Prodi alla guida del centrosinistra, alimentata da Rutelli, ha ridotto le tentazioni di uno «sciogliete le righe». Ma le riflessioni e le nuove definizioni di tutti i partiti che compongono l'Ulivo sono condizionate in non piccola parte alla guarigione dei Ds. Se ci sarà un partito dei Ds forte e non piú introverso, la Margherita gli starà insieme nella dialettica bipolare. Se invece il partito dei Ds resterà malato, la Margherita rischia l'attrazione della nuova Balena bianca, desiderosa di uscire dalle reti di An e Lega che il pescatore premier tiene per i capi.

Ma a guarire i Ds non gioverà ritrovarsi fra compagni doc e rilanciare un altro compromesso storico sotto spoglie di «dialogo con la maggioranza». La vera malattia dei Ds, come dice Vertone, è «il perdurare di un complesso di colpa che è assai piú grave della colpa stessa. La colpa fu l'errore in un contesto storico concluso, il complesso di colpa è la paralisi in un contesto storico aperto. Se non lo superano, i Ds rischiano di assorbire piú di ogni altro partito il pensiero unico, corrente da dieci anni, cioè la taumaturgia del mercato, che non può non creare diffidenza e preoccupazione nei liberali».

In questa condizione di emiplegici, dove «ogni pensiero che passa da un emisfero all'altro viene bruciato», e che s'affianca al mal di nostalgia dei popolari, l'Ulivo continua la sua altalena tra l'essere e il non essere: dalla Bicamerale esautorata al disimpegno sul conflitto d'interesse; dalla strumentalità sul «giusto processo» a quella sul «quasi federalismo» che priva lo Stato del territorio; dal vado o non vado al G8 di Genova al vado ma contesto nella marcia di Assisi; dal faccio la guerra ma non pronuncio la parola «petrolio» al non apro la questione storica dei veleni che la nostra «superiore civiltà» genera e che eccitano gli esclusi a distruggerla. Fino all'abisso dei processi eterodiretti dal governo e dal partito parlamentare degli avvocati.

Sappiamo tutti (ma egualmente restiamo inerti) che è la nostra «pratica economica», o, se si preferisce, il nostro modello di globalizzazione a creare le condizioni del conflitto mondiale. Quella «pratica economica – ricorda Umberto Galimberti a chi lo legge (e a destra pensa Baget Bozzo a demonizzarlo come «filosofo del nulla») a noi garantisce le basi della prosperità, sulle quali costruiamo la libertà e la democrazia. Ma trasforma gli altri popoli in nostri nemici, innescando cosí quel circolo vizioso che annulla, per la prima volta nella storia, l'antica logica amico/nemico: perché, per la prima volta nella storia, il nemico non è fuori di noi, di fronte a noi, altro da noi, ma nasce come effetto delle condizioni di vita che siamo stati in grado di garantire solo per noi. Una globalizzazione attuata a partire dagli interessi economici dell'Occidente rischia di generare il terrorismo, se non introdurremo nel processo di globalizzazione, oltre a quello economico, altri criteri, quali l'emancipazione dei popoli, il loro acculturamento, l'acqua, il cibo, le medicine per la loro sete, la loro fame, le loro malattie, e insomma un po' di futuro per chi non ne vede alle condizioni poste da noi occidentali».

Sappiamo tutti dove porta il pensiero unico del mercato e dell'economia, di cui Berlusconi s'è fatto evangelista, anzi messia applaudito fra il mar morto della coscienza morale della borghesia e il deserto dello *Sturm und Drang* democratico. Non ci vuol molto a capire che le manifestazioni anti G8, anti guerra, anti Moratti nascono, con lo sconto dovuto alle illusioni o ai candori giovanili, da questa base positiva, cioè dal desiderio di una svolta «epocale» e dalla possibilità di un cambiamento di governo. Desiderio e possibilità che, nel momento in cui la storia del mondo si fa delicata, l'Italia non resti come un'ostrica sul neocapitalismo lombardo-veneto senza Stato o sul clericalismo degli affari, inconciliabile con qualsiasi cultura liberale: nell'800, nel 900, nel 2000. O stacchiamo l'ostrica da quegli scogli inquinati, o i danni cresceranno, via via che si passerà dall'Anno I all'Anno II all'Anno III, e il governo clerico-moderato toccherà nervi sempre piú delicati: scuola, giustizia, welfare, comunicazione, valori della Costituzione e architettura delle istituzioni.

Franco Cordero, il maestro italo-europeo del processo penale, già espulso dalla Cattolica di Milano per reato di pensiero (le sue lezioni erano ritenute «non conformi» all'insegnamento ecclesiastico: anche questa è scuola dei privati), scrive sulla *Repubblica* due intere pagine per ricordare ciò che la Costituzione vieta ai giudici di fare e che il governo Berlusconi proverà invece a fargli fare, con l'avallo dei nuovi «nomocrati», i padroni delle regole, che siedono in Parlamento e anche nelle alte magistrature e nelle università.

«Regole fissate dai costituenti dicono quali scelte siano interdette: ad esempio, che il pubblico ministero persegua solo persone indicategli dal ministro; i giudici ubbidiscano al presidente del Consiglio; atti legislativi rinneghino norme internazionali generalmente riconosciute; contraddittorio disuguale. Le novità sulle rogatorie riescono variamente godibili, il che moltiplica l'errore politico; tra i beneficiari figurano gentiluomini pericolosi, dal narcotrafficante o venditore d'armi all'impresario nel commercio d'animali umani. Ma, chiusa la questione legale, se ne apre una etica. I valori, roba eterea, qualcosa contano persino in politica. Se i "nomocrati" (tali perché occupano le Camere) fossero organo dello Spirito, sarebbero oro colato le cose, piuttosto infami, che declama Carl Schmitt, giusteologo e variopinto micro-pensatore, quando scioglie inni al Führer. Hitler vola alto sulle ali del consenso popolare: in cinque turni – settembre 1930 luglio 1932 – sale dal 18,3 per cento al 37,3. Due mesi dopo, ripiega al 33,1. Già cancelliere, marzo 1933, miete il 43,9 per cento; e in tre settimane ottiene i pieni poteri (441 voti contro 94), avendo garantito a Destra e Centro che li userà molto discretamente.»

Molto meno discretamente, in Italia il presidente del Consiglio rilegge la lotta di Mani pulite contro Tangentopoli come guerra civile e colpo di Stato. Va oltre la teoria giacobina del giudice «bocca della legge», cioè macchina che applica la norma senza interpretarla: e non disdegna che sia il governo stesso a porsi come interprete della norma nei tribunali. Il capo dello Stato lancia appelli affinché nessun potere invada le competenze dell'altro: ma, a parte le provocazioni di questo o quel magistrato, c'è un solo potere in Italia che invade tutti gli altri, il governo, che ha già trasformato l'auspicata e conseguita stabilità in egemonia, sta trasformando il Parlamento in muto legificio, l'alta giustizia in cavillo mafioso, e l'informazione (che in democrazia è il contropotere permanente in mano ai cittadini) in orchestra autocensurata, docile maestranza del datore di lavoro unico. Torna la tessera del lavoro e del pane. Lo statuto dell'opposizione, che vivacchia ancora nella prassi parlamentare, si ritirerebbe dal paese se non fosse per i gruppi di resistenza spontanea che continuano la lotta: nelle associazioni, nelle categorie, nella controinformazione, nelle università, nelle scuole, quasi guerriglia partigiana che tiene il posto dell'esercito, non ancora ricostituito dopo l'8 settembre, dell'Ulivo.

Alla resistenza spontanea, e alle forze politiche che non vogliono capitolare al compromesso, si apre la stagione delle battaglie per le garanzie istituzionali, dopo quella per la stabilità dei governi vinta coi referendum. Non le garanzie dei legisti, trasferiti dalle aule dei tribunali alle aule del Parlamento, ma le garanzie dell'indipendenza dei giudici, del contropotere dell'informazione, dell'emancipazione delle imprese dai lacci e dai monopoli, della piú forte separazione fra i poteri dello Stato, di una nuova separazione fra lo Stato e la Chiesa: che quando si riuniscono e si confondono, lo fanno sempre a danno della coscienza e del diritto, dell'uomo e del cittadino. Si torna a parlare di basi giudaico-cristiane della civiltà europea e si dimenticano quelle greco-romane, l'illuminismo, il liberalismo, la laicità e la tolleranza per tutti, che ne deriva.

Per le forze che si oppongono al berlusconismo, è questa la premessa di un nuovo patto con la borghesia e i ceti produttivi, come quello che fra quei ceti e l'Ulivo di Prodi fu stipulato nel 1996 e consentí agli elettori moderati di sperimentare il centro-sinistra «liberale». Quel patto, conseguito il primo e piú grande obiettivo, il risanamento e l'aggancio all'Europa, cadde, quando alla stagione degli entusiasmi seguí quella dell'amministrazione. Oggi il nuovo patto con la borghesia, che allora partí dal risanamento per entrare in Europa, deve partire dalle garanzie per restare nelle regole dell'Occidente. Un Occidente che, dopo l'11 settembre, non potrà piú essere quello appagato e autocompiaciuto crollato con le Due Torri di New York ma che ancora ha regole che l'Italia non ha piú, e che deve recuperare: a cominciare dal rifiuto della privata immoralità rivalutata come modello della moralità pubblica.

Venuto a Roma dopo nove mesi di sede vacante, il nuovo ambasciatore degli Stati Uniti, Mel Sembler, per prima cosa annuncia al *Corriere della sera* d'aver venduto le azioni che possedeva: «Sui conflitti d'interessi, il problema riguarda quasi tutti gli ambasciatori degli Stati Uniti. Dopo tredici anni, ho dovuto lasciare il consiglio internazionale degli *shopping center* perché comprende un'organizzazione presente anche in Italia. Ho venduto azioni McDonald's e di alcune case farmaceutiche. Non puoi averne di determinate aziende, se c'è la possibilità che le agevoli». Questo dice il rappresentante dell'America appena sbarcato nel paese dove, a sentire forzisti e sondaggisti, del conflitto d'interesse «non frega niente a nessuno».

Può anche darsi che l'opportunismo italico trovi conveniente un momentaneo menefreghismo, che è il prezzo da pagare a qualche indulgenza padronale, per chi vi aspira. Ma dal 1° gennaio 2002 siamo entrati non solo nell'Anno II dell'era berlusconiana, siamo entrati anche nell'Europa della moneta unica, nell'Europa dove robuste avanguardie della Politica (anche italiane) stanno lavorando per darci, dopo la moneta, la Costituzione comunitaria «reticolare», come la chiama Andrea Manzella, «fatta non da un'unione di Stati, ma da un'unione di costituzioni»; fatta per cittadini tutelati da nuovi contropoteri, nuove garanzie dei diritti, nuovo spazio pubblico europeo, intorno a istituzioni sovranazionali. La destra italiana, gollista in ritardo, non sa neanche muoversi in questa Europa arrivata all'età adulta. Al punto che il commissario alla concorrenza Mario Monti ha parlato di «fase adolescenziale» del nostro governo. E l'ambasciatore Boris Biancheri ha parlato di «femminea sensibilità di questo governo per gli umori dell'opinione pubblica, che non sono particolarmente eccitati da eventi internazionali».

Ma dopo il crollo delle Due Torri l'11 settembre, e la pioggia degli euro nella notte di capodanno, non si direbbe che gli italiani siano ancora una volta in fuga dal mondo; anche se è ancora lontano il momento in cui s'accorgeranno che l'antipolitica di questo governo crea nuove dosi di provincialismo e d'illegalità, come il vuoto degli anni '80 creò Tangentopoli e la dissoluzione della prima Repubblica. Certo, chi vuole battersi per l'alternativa di governo e di cultura, deve misurarsi con le eredità della nostra storia di colonia. Ma l'aggancio all'Europa è una tale vittoria da ripararci contro i rigurgiti di quei secoli.

# I. Guerra dell'informazione
*La grande sorella*

Maramotti, *l'Unità*, 27 ottobre 2001

«Veni video vici» - Si rivede anche Bernabei - L'ex «balilla» Gasparri - Ulivo e Film Luce - «La 7», quelli che il duopolio - Siamo tutti americani (ma RaiWay no) - Leninismo liberista - Silvio moderno Socrate - *Last minute*, «Quelli che il calcio»

## «Veni video vici»

Rientrato a Palazzo Chigi dopo la lunga marcia di sei anni e sei mesi, Silvio Berlusconi mette al primo punto dell'ordine del giorno la resurrezione del ministero delle Comunicazioni. Una volta si chiamava Poste e telecomunicazioni ed era concupito da democristiani e alleati, perché consentiva assunzioni in massa di postini. Poi era stato concupito per interposta persona dai socialisti, perché assicurava la distribuzione delle frequenze televisive agli amici con licenza di impadronirsene. Col centrosinistra divenne ministero delle Comunicazioni. Poi Bassanini riamalgamò l'amministrazione pubblica a cominciare dal governo, ne ridusse drasticamente il numero dei ministeri, incorporò Comunicazioni, Industria, Commercio estero nell'unico ministero delle Attività produttive.

La sua logica, un po' illuministica, era plausibile. Nella *new economy*, ragionava Bassanini, a differenza della vecchia *old economy*, la comunicazione è parte sostanziale del sistema produttivo. Forse la sua spina dorsale, certamente il suo sistema nervoso centrale e periferico. E allora anche le competenze statali nel sistema produttivo non possono piú essere frazionate fra ministeri diversi, come al tempo dell'Industria e delle Poste. Tutte vanno accorpate in un ministero solo: appunto, le Attività produttive.

E la Rai? Figuratevi Marzano, professore d'università, molto compenetrato nel suo ruolo, predestinato al ministero delle Attività produttive, che si mette a spartire il suo tempo fra energia, impresa, commercio estero, assicurazioni e pure comunicazioni. E la Rai chi la controlla minuto per minuto? E le altre cento cose strategiche connesse alla comunicazione? Berlusconi sa d'aver vinto la battaglia con l'Ulivo per la capacità e la possibilità di diffondere continue ondate d'emozione tra le folle teledipendenti. Glielo confermerà, qualche mese dopo il 13 maggio, l'Istituto Cattaneo di Bologna, con un documentato studio edito dal «Mulino»: c'è corrispondenza fra le televisioni preferite e il voto che si esprime. Le casalinghe, seguaci di telenovele piú che di informazioni Mediaset, hanno dato al Cavaliere il 45 per cento dei consensi. Con le sue tv (e con la Rai) Berlusconi è andato a pescare nel grande serbatoio, pari a un terzo del corpo elettorale, costituito dall'area non particolarmente politicizzata, né decisamente di centrodestra né decisamente di centrosinistra. «La fedeltà alle testate sembrerebbe guidare la fedeltà nell'urna» (*Il Messaggero*, ottobre 2001).

E allora, il ministero che il centrosinistra ha unito il centrodestra lo dividerà. Marzano perde d'un colpo le competenze in materia di poste, telecomunicazioni, reti multimediali, informatica, telematica, radiodiffusione sonora e televisiva, tecnologie innovative applicate alle comunicazioni con particolare riguardo all'editoria. Il decreto di scorporo a favore del nuovo ministero delle Comunicazioni è fatto, ed è fatto anche il ministro, che l'indomani andrà a giurare al Quirinale. È Maurizio Gasparri, già «balilla» nel Msi neofascista, poi cresciuto e diventato capo del «grande centro» missino insieme a Ignazio La Russa, di cultura tatarelliana. La speranza del Ccd Follini, ex giornalista Rai, di assumere il risuscitato ministero, dura poche ore. Al vecchio partigiano Bocca sembra una provocazione: «L'intento provocatorio è cosí evidente che ci si chiede quale sia la vera intenzione del suo autore: mandare in prima linea questi personaggi che non appartengono a Forza Italia e potrebbero creargli grane, con l'intento forse di bruciarli o paralizzarli?». No, Berlusconi nomina Gasparri perché è piú berlusconiano che finiano, può rendere al premier tutti i favori o i servizi che vorrà chiedere, consente a Fini di lottizzare meglio la mediocre presenza missina nel governo: Alemanno, destra sociale, alle Politiche agricole, Matteoli, liberal-modernisti, all'Ambiente, e appunto Gasparri, grande centro, alle Comunicazioni. Restano fuori quelli che non hanno mai avuto la tessera del Msi, Fisichella (confinato alla vice presidenza del Senato), Fiori (confinato alla vice presidenza della Camera) e Selva, ex capogruppo nella precedente legislatura, ultimi «esterni» del partito postfascista, dopo l'esclusione dalle liste di tutti i deputati e senatori della «Destra liberale», gli illusi salandrini moderati.

Quattro mesi dopo, al presidente della Rai Zaccaria stremato dalla guerra quotidiana di Gasparri ma non domo, chiederanno in un'intervista: *Tutto questo nell'interesse di Mediaset?* Risponde: «Certo non si può ignorare che il capo del governo è il proprietario della nostra concorrente. Ma accanto a questo c'è l'interesse a mantenere una Rai debole e suddita». *Mi scusi, ma questa Rai non le sembra già abbastanza prona al nuovo potere? Lo vede ogni tanto Vespa?* «Lo vedo sí. Ma non è abbastanza. La nostra è una Rai ancora troppo pluralista. Se le raccontassi quante pressioni per chiudere Biagi e Santoro abbiamo ricevuto in questi mesi. Per non parlare delle intimidazioni a non trasmettere la marcia Perugia-Assisi; e prima ancora le immagini del G8 a Genova». *Insomma, quanto a sudditanza al governo potreste fare peggio?* «C'è chi lo sta già facendo. La Rai in questi quattro mesi ha dato nei suoi tg a Silvio Berlusconi uno spazio di 200 minuti, contro gli 88 concessi al capo dell'opposizione Francesco Rutelli. È quasi lo stesso atteggiamento tenuto nel 1996 con il governo dell'Ulivo: allora 141 minuti a Prodi e 61 a Berlusconi. Passiamo ai dati dei tg Mediaset. Nei primi quattro mesi del governo dell'Ulivo, 43 minuti a Prodi e 148 a Berlusconi. In questi ultimi quattro mesi, 439 minuti a Berlusconi e 26 a Rutelli. Ecco la Rai che vogliono» (*la Repubblica*).

Ma torniamo al decreto lampo, *veni video vici*, che ha risuscitato il ministero e trasformato Gasparri in ministro.


## Si rivede anche Bernabei

Il Consiglio dei ministri s'insedia il 12 giugno. Dopo la salita al Colle in fitta schiera, 21 fra premier, vice premier, 12 ministri con portafoglio e 7 senza, decidono di diventare 23, approvando un decreto che ricostituisce i ministeri della Salute e delle

Comunicazioni. Quindi si passa ai sottosegretari, anch'essi di prima e seconda fascia. Quelli di prima fascia si chiamano vice ministri, quelli di seconda sottosegretari. Aspetteranno l'estate prima d'essere operativi, nell'attesa delle deleghe: se le contendono fra ministri (specie Attività produttive ed Economia), fra ministri e vice ministri, fra vice ministri e sottosegretari, fra sottosegretari e sottosegretari. In totale, la compagine va sull'ottantina, uomini e donne.

Noi, invece, prima d'andar oltre, ci soffermiamo per un attimo su una questione passata sottogamba: poteva il governo, mentre era ancora nel limbo, tra l'avvenuto giuramento al Quirinale e il non ancora avvenuto voto di fiducia del Parlamento, compiere un atto di straordinaria amministrazione, quale la riforma strutturale del governo stesso, che porta il numero dei portafogli da dodici a quattordici? La teoria è incerta, la pratica no, tant'è che in mezzo secolo di prima Repubblica si ricorda un solo precedente negli anni cinquanta: quando un governo, ancora fra color che son sospesi, decise egualmente di varare un decreto: ma si trattava di un decreto catenaccio, piú che mai imposto da «necessità e urgenza», come dice la Costituzione. La pratica perciò conferma l'incertezza della teoria, e consiglia i governi in attesa di fiducia a limitarsi all'ordinaria amministrazione. Che è l'opinione anche della dottrina prevalente.

Del resto la Costituzione, imponendo al governo appena nominato dal capo dello Stato di presentarsi alle Camere, «entro dieci giorni dalla sua formazione», per averne la fiducia, distingue tra nomina e fiducia. Solo da quest'ultima deriva al governo la pienezza dei poteri. Ma di tutto ciò a Berlusconi, che si presenta come uomo del «fare», importa poco. Cosí «fa» il primo affronto al Quirinale, dove ha portato un governo con dodici ministeri di serie A, e qualche ora dopo, col decreto 217 dello stesso 12 giugno, li aumenta a quattordici. Ma torniamo al nostro discorso.

Passato per la trafila delle commissioni, il decreto 12 giugno n. 217 arriva all'aula di Montecitorio, per la conversione in legge, il 10 luglio. I deputati della maggioranza non parlano, per ridurre cosí i tempi d'approvazione del decreto e mandarlo al Senato. Parlano solo i deputati dell'opposizione, ed è il primo fuoco d'artificio a cui assisterà l'aula: coi deputati della maggioranza, in gran parte esordienti e spaesati, sorpresi che l'opposizione ci sia ancora e che i temi siano cosí complessi; e coi deputati dell'opposizione, quasi cento in meno degli altri, sorpresi di se stessi, di quella inattesa capacità e volontà di riprendere, dopo la mazzata, il discorso interrotto tre mesi prima per le elezioni del 13 maggio, trasformatesi in un 8 settembre.

Il quadro del dibattito, ovviamente, è monocolore. Il governo «attua una concentrazione di competenze su poste, telecomunicazioni, editoria e radiotelevisione, che non ha altro fondamento fuori del controllo politico» (Vannino Chiti, ex presidente della Regione Toscana). Per Giovanna Grignaffini, docente universitaria e non esordiente, la moderna società dell'informazione non ha bisogno di un ministero di controllo e di gestione, ma di alcune leggere norme d'indirizzo, e di un'Autorità indipendente (che già c'è) capace di elaborare regolamenti e normazione secondaria, e di attivare sistemi di vigilanza e controllo. Questa destra, che lascia alla sinistra il linguaggio della democrazia e del mercato aperto, aspira ancora una volta alla Grande Sorella, terzogenita dopo l'Eiar di Mussolini e la Rai di Bernabei, indimenticato direttore fanfaniano che battezzò la tv in bianco e nero; e che rispondeva, a chi gli contestava l'assoluto assoggettamento alla Dc: «Tutti abbiamo un padrone, ognuno deve scegliere quello con le idee piú simili alle proprie».

Parlava con chiarezza il toscano Bernabei, e parla ancora cosí, dalla sua azienda di produzioni bibliche per la tv, creata coi proprio risparmi. Non passano dieci giorni dalla vittoria berlusconiana del 13 maggio e ripropone, aggiornata, l'antica filosofia: «Berlusconi e la Rai? Non credo che avverranno grandi terremoti. Intendiamoci, una maggioranza che ottiene il suffragio popolare ha anche il diritto di esprimere, come dire?, un modo di valutare la società, di avviarla verso determinate direttrici. Non mi pare arbitrario. Purché sia fatto in forme corrette».

Al centrosinistra invece appaiono del tutto scorretti sia il decreto che le direttrici. L'ultimo ministro delle Comunicazioni, Maccanico, accusa la maggioranza d'aver paura della liberalizzazione, di non volere la nascita di un terzo polo tv (si parla di «La 7»), di ipotecare la distribuzione delle frequenze ancora congelate, di non volere una vera competizione tra Rai e Mediaset sul mercato della pubblicità. Si bloccano pubblicità e frequenze per migliaia di operatori, si precludono nuovi gruppi industriali.

Beppe Giulietti è solo in aula a sinistra come superesperto di comunicazioni, poiché il collega Vincenzo Vita, sottosegretario di quel ministero per cinque anni e coautore di tutte le leggi innovative, è rimasto fuori dal Parlamento. In aula, deve lavorare per due. E incuriosisce le frotte dei deputati novelli eletti da Forza Italia: quelli che Scajola, organizzatore della campagna elettorale, prefigurava cosí: «Non m'interessano i premi Nobel, m'interessa che votino leggi di cui non sanno niente».

«Rischiate – dice Giulietti – lo spezzettamento delle competenze, che non è problema di destra o di sinistra; rischiate una grande confusione in assenza di un interlocutore preciso fra Autorità per le telecomunicazioni, Autorità antitrust, Commissione parlamentare di vigilanza, ministero delle Comunicazioni, presidenza del Consiglio, dipartimento dell'Editoria. A proposito, qual è, nel nuovo assetto berlusconiano, il dipartimento dell'Editoria? A chi dovranno rivolgersi vasti settori industriali: a Palazzo Chigi, al risorto ministero delle Comunicazioni? Che senso ha trasferire a questo ministero le "provvidenze" per i *new media*, per piccole e medie imprese radiotelevisive, per i giornali "non di partito"? Perché si lasciano a Palazzo Chigi le "provvidenze" per i giornali di partito e di movimento? Cosa significa questo "spezzettamento" fra Autorità, ministero, dipartimento, presidenza del Consiglio? Chi gestirà l'Osservatorio sull'informazione? A chi va la competenza sul diritto d'autore? Resta ai Beni culturali o prende altre strade? E la partita sul prezzo del libro, che riguarderà grandi case editrici, fra cui quella di proprietà del presidente del Consiglio, dove viene giocata? Alla presidenza del Consiglio? Questa materia è da lasciare tutta al ministero delle Attività produttive, trasferendone semmai qualcosa ai Beni culturali. Il problema delle "infrastrutture della libertà" non è forse piú importante dell'organizzazione pura e semplice dei ministeri, che avete avviato con questo "ribaltone"?»

## L'ex «balilla» Gasparri

Due ragioni ancora piú pressanti delle «infrastrutture della libertà» decidono la risposta. Una, l'abbiamo detto, è la delusione di Alleanza nazionale per la composizione del governo. L'altra, ben piú importante, è l'incrollabile volontà di Berlusconi di unificare tutta la comunicazione, politica e non, in un unico amalgama che plagi gli elettori e condizioni i produttori. Anche il premier, come Bernabei, è fedele negli anni ai suoi convincimenti. Ai tempi del suo primo governo aveva detto, con assoluto candore: «Trovo inconcepibile che in un paese democratico il servizio pubblico non sia d'accordo col governo». Inconcepibile, quindi, che nelle democrazie anglosassoni valga il principio opposto, e cioè che l'informazione è il contropotere del governo. Gasparri non è sospettabile di contaminazioni democratico-anglosassoni. L'unico inquinamento subíto dalla sua granitica fede è, semmai, quello comune a molti vecchi missini, che in Alleanza nazionale sono giudicati capitribú. Ma nel vecchio Msi riusciva insopportabile anche a qualche camerata. Il ruspante Teodoro Buontempo, che oggi siede alla destra di Casini sul piú alto scranno di Montecitorio, come segretario d'aula, dà del camerata Maurizio giudizi non riferibili. Inezie per il Berlusconi dei primi cento giorni, che, in aggiunta alle priorità nazionali, mostra di averne un paio per il suo partito-azienda e per se stesso: viale Mazzini e il palazzo di giustizia.

Giampaolo Pansa definisce il neo ministro delle Comunicazioni «il parolaio nero», accrescendo l'irritazione di Bertinotti «parolaio rosso». Ma le parole, il ministro le sa usare proprio come piace al premier, come clave. In campagna elettorale ha dato del rimbambito a Montanelli, ha messo Biagi al numero uno della lista di proscrizione dettata nel programma di Daniele Vimercati a «Telelombardia», ha definito D'Antoni «il peggior pallone gonfiato della politica», e, finita la campagna elettorale, ha sputtanato Carmen Lasorella accusandola di avergli chiesto una copertura a destra in Rai, contestato al direttore di Radio Rai Paolo Ruffini d'aver cercato per sei volte di contattarlo, ha detto che il ragioniere generale dello Stato Andrea Monorchio «porta jella», ha definito «il peggiore dei riciclati» il collega forzista Ferdinando Adornato, eccetera. Perciò piace a Berlusconi. Non piace al presidente del Ccd-Cdu Marco Follini, che sobbalza al linguaggio gasparriano («voltagabbana», «ruffiani», «burocrati che cambiano casacca a ogni elezione») e lo invita a «moderazione e parsimonia», a smetterla con le liste di proscrizione che finiscono per «offrire una giustificazione a chi ha deciso di fare il salto della quaglia». Follini non piace a Berlusconi.

Il premier sa che con questo linguaggio il ministro si mette nella lunghezza d'onda dell'elettorato piú oltranzista di Forza Italia; e che riesce a portare la Rai sul banco dell'accusato perpetuo, cosí come i suoi avvocati in Parlamento e fuori ci portano la magistratura. Eliminare il pluralismo dell'informazione, assoggettare i giudici perché non pretendano di perseguire le illegalità, è cultura maggioritaria in Italia, non solo in Sicilia. «Chi l'ha detto che il governo dev'essere neutrale? L'azione del governo ha la sua faziosità legittima e suffragata da milioni di italiani», proclama un altro camerata-anticamerata di Gasparri, il presidente della Regione Lazio Storace, nel convegno di *Area*, la rivista della destra sociale, ad Orvieto. Mentre Fini da Palazzo Chigi, dove è insediato da appena dieci giorni, esorta: «È cosa buona e giusta che il consiglio d'amministrazione della Rai dia le dimissioni». Il collega Bossi s'accoda di lí a poco, denunciando «una Rai sporcacciona e violenta come quella guidata da Zaccaria», rea d'averlo «sturbato» con una «lunga scena lesbica» (nessuno fa a tempo a spiegargli che si tratta di una ripresa di «Blob» dal telefilm Ally Mc Beal, trasmesso nel primo pomeriggio da una rete Mediaset). E alla fine il migliore della combriccola risulta proprio Gasparri quando, per non soffrire espropri al suo diritto di esternazione, contesta il suo stesso sottosegretario forzista Baldini. È costui un modesto e tranquillo avvocato ex socialista di Viareggio, assurto a fama nazionale quando, per le elezioni del 13 maggio, propose alla Commissione parlamentare un regolamento di par condicio che chiudeva la bocca a tutti; ma i colleghi di Commissione lo ricordano anche per le telefonate alla Fininvest, ogni volta che arrivavano questioni. Colpito dal bombardamento anti Rai piú che dal solleone, il sottosegretario viareggino propone, per quadrare i bilanci del servizio pubblico, di sopprimere «Il Fatto» di Biagi, con risparmio di 1,2 miliardi l'anno. Interviene Gasparri, invitando il sottoposto a non allargarsi: «Ha confuso polemiche politiche con ruoli istituzionali». A sua volta, confonde il suo ruolo, che è quello di garantire il contratto di servizio tra la Rai e lo Stato, col ruolo di controllo editoriale, che spetta alla Commissione parlamentare di vigilanza, e di gestione, che spetta al consiglio d'amministrazione.

## Ulivo e Film Luce

Prima che l'estate chiami al mare, il premier deve rendere visita al papa. E poi c'è Genova che incombe, col suo G8. Grandi impegni per le televisioni pubbliche e private. Qualcuno trova perfino eccessivo l'impegno. Omar Calabrese, docente di comunicazione, non è sorpreso dalla rilevanza che le tv danno alla visita di Berlusconi in Vaticano, cosí come i vecchi superstiti liberali non sono sorpresi che la stampa di destra inneggi al «Tevere piú stretto» dopo che per 150 anni s'è cercato di renderlo «piú largo». «No, non è per mancanza di senso dello Stato che i telegiornali si comportano cosí – dice Calabrese. – Quello che mi impressiona è che in questo caso piú che in altri appaia come il giornalismo televisivo, anche quello delle tv private, sia un giornalismo di secondo grado, parassita, per cui è normale che, persino involontariamente, si stenda a tappetino. Tutto il mondo dell'informazione sta dando un forte credito al nuovo governo.»

C'è chi vuol vederci piú da vicino in questo «forte credito al nuovo governo». L'Unità monitorizza la giornata dell'8 luglio in tv. «Tg1 di domenica sera, servizio dedicato all'ispezione genovese di Silvio Berlusconi. Il giornalista parla di "visita in maniche di camicia, ma non per questo meno approfondita e puntigliosa". "Quattro ore di minuzioso sopralluogo per accertarsi che tutto sia a posto e i preparativi procedano spediti", recita mezz'ora dopo il collega del Tg2, che prosegue: "Silvio Berlusconi ha voluto tornare a Genova per sincerarsi di persona sullo stato dei lavori". E poi: "Entrando a passo spedito a Palazzo Ducale, il presidente fa sapere con soddisfazione che le richieste avanzate otto giorni fa sono state quasi tutte accolte, ma oggi ne ha avanzate altrettante". Quindi: "Lunga ispezione al centro stampa, ai magazzini del cotone, in mezzo ai cantieri ancora aperti. Anche sui preparativi per le navi offerte alle delegazioni straniere il presidente del Consiglio ha voluto sincerarsi di persona". Nel narrare la solennità dell'evento, i tg Mediaset, ovviamente, non sono da meno».

Amarcord dell'Unità: «Non è fuori misura ricordare i cinegiornali che accompagnavano il Duce nelle battaglie del grano. Mussolini, virile e forzuto, si esibiva a torso nudo. Nel suo spot, Berlusconi si rimbocca le maniche della polo blu. La metafora si fa immagine: il suo è un governo che agisce, il governo dei fatti. La sproporzione mediatica fra i due duci, però, è enorme: oggi l'audience di tutti i tg allineati e coperti, copre a tappeto l'Italia. Ieri il regime doveva accontentarsi dei roboanti Film Luce, proiettati ai cinema nell'intervallo. La sceneggiatura è sempre la stessa: pareti imbiancate, operai al lavoro, alacre impegno, folle compiaciute. Il crescendo è impressionante: dieci giorni fa, per la visita al Papa, si sostiene che mai le due sponde del Tevere sono state cosí vicine; oggi, a Genova, siamo arrivati a Lui che ispeziona *a passo spedito* e *si sincera di persona*. Diamo tempo ai tg e arriveremo alle *adunate oceaniche*».

In attesa, alla Rai si litiga sul palinsesto. Se dare piú o meno spazio a Santoro in prima o in seconda serata, alla striscia satirica di Boncompagni-Chiambretti, senza far inviperire Vespa, che teme perdite per «Porta a porta». Ironizza il *Corriere della sera*: «In due mesi Carlo Freccero, direttore di Rai Due, ha lavorato su sei ipotesi di seconda serata. Prima Fabio Fazio, emigrato a La 7, quindi l'insalata mista informazione-intrattenimento Santoro-Chiambretti-Dandini. Primo no. Poi i gemelli (Chiambretti-Santoro). Niente da fare. Ecco i tre piccoli Sciuscià. Nuova bocciatura. Pochi giorni fa, progetto di quattro serate Chiambretti-Boncompagni con Santoro in prima serata. No, troppo penalizzante per Michele. Ieri la quadratura del cerchio: metà Santoro metà Boncompagni-Chiambretti. Finalmente un bel sí. Freccero quasi non ci crede». Il *Corriere* intitola il corsivetto «La quadratura del palinsesto». Ma il ritratto è quello della Dieta polacca, dove i signori del regno avevano diritto di veto sui propri simili e sullo stesso re, mentre lo zar di Russia incombeva.

Altri vip, altre vip, altre diete. Ecco una bomba, nel bel mezzo della battaglia tra centrosinistra e centrodestra, su ruolo e gestione della Rai. «Mi hanno pagato per non farmi lavorare», denuncia Alba Parietti, mentre su Sabrina Ferilli s'abbatte la scomunica di Gasparri: prima di essere romanista di sinistra è stata laziale di destra. «Giacché ci siamo, vorrei ricordare che ho rinunciato a un contrattino di ben 9 miliardi con Berlusconi», svela Alba. *Perché ha rinunciato?* «Per coerenza. L'unico che me ne ha reso merito è stato proprio Berlusconi. Alle Botteghe Oscure non mi hanno fatto un monumento. Zero. Prima ero la coscialunga della sinistra. Da quando la sinistra ha messo piede nel Palazzo, io non ho piú messo piede in Rai. La sinistra mi ha trattato come una puttana che andava cacciata dopo essere stata usata.» *Anche la Carlucci si lamenta di essere boicottata dai comunisti di cui è piena Mediaset*. «Beata lei che li ha incontrati. Facciamo cosí: scambiamoci i comunisti, lei mi dà quelli di Berlusconi e io le do quelli dei Ds.»

Storie da ombrellone. Non protetto dal sole, il direttore generale della Rai, Cappon, scrive il 2 agosto al ministro Gasparri che il consiglio d'amministrazione ha deciso di aumentare gli spot. Il problema è delicato, perché l'affollamento pubblicitario coinvolge tutto il mercato e quindi il diretto concorrente della Rai, la Mediaset. La Rai vuol raggiungere i tetti consentiti da una direttiva comunitaria del '97, che ha modificato quella dell'89 (cosiddetta «Tv senza frontiere»). Ciò comporta, scrive Cappon, un incremento delle telepromozioni proporzionale a quello dei tempi giornalieri di trasmissione previsti dalla norma comunitaria.

Per due mesi, Gasparri non risponde. Si decide, il 1° ottobre, e comunica: niente da fare. «Desidero richiamare la Rai al rigoroso rispetto della Convenzione (Stato-Rai) e delle norme di legge, non senza manifestare viva preoccupazione per iniziative di tal genere; e nel contempo confermo i limiti di affollamento pubblicitario attualmente in vigore.» La Rai sostiene che, decadute le norme cui fa riferimento il ministro (legge Mammí), ed essendo gli indici di affollamento della Convenzione Stato-Rai uguali a quelli della legge decaduta, diventa autoapplicabile la normativa comunitaria che elimina precedenti ambiguità. Proprio per niente, replica Gasparri: la direttiva comunitaria è «derogabile» da parte degli Stati membri, perciò nessuno può farla valere nei confronti del proprio Stato, autoapplicandola. Nemmeno per fare il bene del servizio pubblico? A maggior ragione, sembra dire il ministro che a riguardo farfuglia sí, è vero, l'Italia è incorsa nella procedura d'infrazione per non aver recepito in pieno la direttiva del '97, anzi a giugno è stata pure condannata dalla Corte di giustizia, ma non proprio per l'articolo 18, quello dell'incremento degli indici pubblicitari.

«Gli italiani pensavano d'aver chiuso i conti coi fascisti nel '43, invece siamo ancora al "Cacciamoli via"», firmato Biagi, sempre lui.


## «La 7», quelli che il duopolio

Le bombe umane di Bin Laden s'abbattono su New York e Washington l'11 settembre. Tre giorni dopo, mentre il nuvolone di polvere cruenta avvolge il mondo e Bush lancia l'operazione «Libertà duratura», la nuova proprietà di Telecom fa sapere che il terzo polo televisivo, «La 7», che è in sala parto, non nascerà. Niente talk show di Fabio Fazio nell'ora di «Porta a porta» (Rai) e del «Maurizio Costanzo show» (Mediaset), niente alluvione di partite di Coppa Italia, niente cinema gay Queer as folk, niente supertelegiornale condotto da Gad Lerner: solo qualche chiacchierata al caminetto tra lo stesso Lerner e Giuliano Ferrara, e per il resto notizie, notizie in permanenza, *all news,* come la Cnn. «Non è un bel biglietto da visita per la nuova proprietà di Telecom – commenta Vincenzo Vita – è augurabile che qualcosa si chiarisca nelle prossime ore, perché altrimenti si avvalora la sensazione d'essere entrati in un regime.» La sensazione si rafforza sui giornali del giorno dopo. Con le prime pagine piene di ben altre bombe, la bomba di «La 7» finisce a pagina 47 della *Repubblica,* a pagina 41 del *Corriere* nelle cronache dello spettacolo. Nessun commento da parte dei commentatori laureati.

Il lettore ci scuserà se andiamo all'inizio della storia, con la guida indiana di Vita. In principio ci sono Mariolina Marcucci, proprietaria di Videomusic, e il brasiliano Mariño, proprietario di Telemontecarlo-Rede Globo. (Mariño è il monopolista televisivo che fece eleggere presidente del Brasile un oscuro governatore, giovane bello e telegenico, Collor de Mello, poi cacciato via per ruberie). Passa tempo, Vittorio Cecchi Gori compra le due emittenti della Marcucci e di Mariño, che diventano Tmc1 e Tmc2. Vuol fare come Berlusconi, ma forse non ne ha le qualità imprenditoriali. Ostile al «collega» di Arcore, resiste alle sue lusinghe quando, nell'estate '99, prova a comprargli le due tv «per quattro soldi». Poco dopo si fa avanti un altro aspirante: la Telecom di Colaninno, uno dei «capitani coraggiosi», secondo D'Alema, della nuova razza padrona. Anche il tentativo di Colaninno, dicono, è motivato piú dalla voglia di contrastare il monopolio di Berlusconi che non da certezze di mercato. Stavolta Cecchi Gori cede, e Colaninno compra le due Tmc attraverso la Seat (Pagine Gialle) e Tin.it, che sono due società dell'universo Telecom. L'obiettivo è mettere insieme, nel sistema multimediale, due tv generaliste, piú Internet, piú la pubblicità locale, visto che la concentrazione Rai-Mediaset, nel rastrellare la pubblicità, ha guardato soprattutto a quella di valore nazionale. «Sulla carta, – dice Vita, – non è un'idea sbagliata. In realtà, è impraticabile, perché nessun imprenditore può creare un terzo polo in un mercato pubblicitario già prosciugato per il 92 per cento: 62 a Mediaset e 30 (piú canone) alla Rai.

Una tv povera non si può fare, perché è il costo della struttura materiale ad essere proibitivo per i poveri.»

A prescindere, si scatena contro Telecom, per tutta l'estate 2000, il dibattito giuridico, animato dagli avvocati di palazzo (Rai e Fininvest). Sostengono che, in base alla legge Maccanico 249 del '97, una concessionaria di telecomunicazioni, qual è la Telecom, non può essere presente in una televisione analogica (si chiama cosí quella attuale, che viaggia nel tubo catodico). Il centrosinistra tace, ma il Polo è scatenato. Il professor Cheli, presidente dell'Autorità per le telecomunicazioni, intimidito come sempre dà ragione agli anti Telecom. Ma il Tar dà ragione alla ricorrente Telecom, e anche il Consiglio di Stato. Perché mai? Perché la «concessione», nel frattempo, è diventata «licenza», e quindi Telecom non è piú una concessionaria. (Fra parentesi: la concessione era lo strumento con cui lo Stato spartiva l'etere, spazio limitato, nella fase tecnologica iniziale della tv: tanto la Rai quanto la Mediaset sono «concessionarie». La licenza invece è figlia delle liberalizzazioni rese possibili dalla tv digitale, ed è un meccanismo pressoché automatico: non è il richiedente a dover dimostrare d'avere carte e progetti in regola per ottenere la licenza, ma è lo Stato a dover dimostrare che il richiedente non è in regola, e negargli la licenza. L'inversione dell'onere della prova è conseguente all'inversione della natura stessa della tv, da bene scarso a bene affluente. Chiusa la parentesi. È tutta scienza di Vincenzo Vita.)

Cosa succede nella nostra bella nazione, in cui vi è da sempre – diceva Luigi Einaudi – «ripugnanza» per la libertà? Succedono due cose: il Polo scatena, con tutti i suoi «esperti» Romani, Elio Vito, Gasparri, Landolfi e altri liberisti della venticinquesima ora, la guerra contro Telecom: «Vogliono fare la tv di D'Alema». A sua volta Cecchi Gori scopre che le azioni Seat e Tin.it, come tutte quelle della *new economy*, da solidissime quali erano al momento di vendere, sono in discesa quasi libera. E anche lui, come i liberisti del Polo, scopre che la legge del capitalismo non gli piace piú, e non vorrebbe piú vendere. Telecom però non se ne dà per inteso.

Tanto piú che lo stesso Colaninno, com'è salito, discende, sia pure con un grosso gruzzolo di miliardi. E al suo posto entrano in Telecom Marco Tronchetti Provera e Gilberto Benetton: i quali, prima ancora di liberarsi di «La 7» cedendo parte del pacchetto Telecom al finanziere milanese Franco Micheli (e.Biscom), manifestano l'intenzione di ridimensionarla: «Non siamo interessati a una tv generalista». Resterà una tv di nicchia, quale è sempre stata Telemontecarlo, uno-due per cento di audience. Cosí la forma del pluralismo è salva, e la sostanza dell'oligopolio Rai-Mediaset pure. Qualcuno, a sinistra, s'arrabbia, o fa la scena. Chi ha sorretto Tronchetti Provera e Benetton nella scalata alla Telecom? Come mai, prima ancora d'insediarsi, i nuovi padroni si alleggeriscono di parte del pacchetto, quello che contiene «La 7», e al tempo stesso acquistano dalla Fininvest, con una valutazione di 450 miliardi, un'azienda decotta di Paolo Berlusconi, «Edilnord», valutata assai meno? È vero che «La 7» ha raccolto 130 miliardi di pubblicità, con certezza di raddoppiarli in tre mesi, prima ancora del debutto di Fazio? (*L'Espresso*). «Cosa ci guadagna Berlusconi se Tronchetti Provera fomenta la riconversione di "La 7" da minaccioso terzo polo ad agenzia di notizie?» (*l'Unità*). «Oggi ci si comincia a chiedere se il via libera alla gigantesca operazione Telecom non sia stato dato anche con un tacito accordo sulle tv. Siamo all'ennesimo caso di conflitto d'interessi?» (Vincenzo Vita).

D'Alema fa la voce grossa: «Si sa che c'è al governo chi vuole mantenere il duopolio, che ora può diventare addirittura un monopolio politico-culturale. Il conflitto d'interessi tocca un principio di libertà, e io credo che, se la destra non capisce questo delicato problema, e si muove con arroganza, ciò può portare a una drammatizzazione del conflitto politico in Italia, di cui loro non hanno idea». Ma la destra esulta e irride. «Si è spenta per la sinistra la speranza di una tv tutta propria» (Alessio Butti, responsabile informazione di An). «È la pietra tombale di un progetto giusto nato al momento sbagliato. La sinistra ha avuto cinque anni per collocare il terzo polo, e si è ricordata di farlo solo con l'arrivo del Cavaliere. Si può essere piú citrulli?» (*Libero*).

La risposta, ovviamente, è no. Lo ripetono i giornalisti, riuniti nel congresso nazionale del loro sindacato a Pescara: «Questa situazione è inaccettabile e va risolta – dice il segretario Paolo Serventi Longhi a Gasparri (che replica: l'80 per cento dei giornalisti è di sinistra). – La vicenda di "La 7" e il tramonto del terzo polo non attengono solo a scelte imprenditoriali: credo si siano intrecciati anche altri problemi che, in modo non esplicito, hanno interessato le amicizie politiche del proprietario di "La 7". L'assenza di una riforma dell'editoria e dell'emittenza sono responsabilità di questo governo, ma anche dei precedenti di centrosinistra. Il non aver risolto il conflitto d'interessi è stato un errore grave che ora paghiamo tutti: l'Ulivo deve porre come strategico il problema dell'informazione».

Qualche giorno dopo, Nino Rizzo Nervo, ex direttore del Tg3, passato a «La 7» per dirigerne l'informazione, lascia anche lui, come già Fazio, Lerner e tutti gli altri. *Come mai?* «Credo onestamente che sia difficile fare attività concorrente al presidente del Consiglio. Anche se non vi fosse un atteggiamento attivo da parte sua, c'è una sorta di timore inconscio». *Vuol dire che Tronchetti Provera ha paura dello scontro?* «Non sto parlando di Tronchetti e Telecom. Noto come nessuna grande impresa abbia questo grande interesse ad entrare nel mercato della tv. Credo che, in relazione al conflitto d'interessi non risolto, non sia la miglior cosa per un imprenditore entrare nel settore occupato con tanta forza dal presidente del Consiglio. Peraltro legittimamente, visto che la legge glielo consente».


Siamo tutti americani (ma RaiWay no)

Alla vigilia del 28 ottobre, anniversario della Marcia su Roma, Gasparri tira un altro colpo alla perfida Rai. E per la seconda volta nel mese, l'altra era stata il 1° ottobre, rifiuta il suo assenso. Stavolta all'accordo con l'americana Crown Castle, per la cessione del 49 per cento di RaiWay.

RaiWay è una società, costituita nel 1999, per gestire antenne, ponti, ripetitori, trasmettitori, insomma tutta quella ragnatela di tralicci e parabole che si vede (o non si vede) nei nostri cieli e che servono a farci pervenire immagini e suoni. La società ha un capitale di 136 miliardi e ha 756 dipendenti. Poco prima delle elezioni, il 26 aprile 2001, la Rai sigla un accordo col gruppo texano Crown Castle, che acquista il 49 per cento di RaiWay depositando una somma di 800 miliardi presso la Chase Manhattan Bank. Dalla cifra, il valore della società italiana viene così identificato in 1750 miliardi.

Che gli prende alla Rai di vendere la metà dei suoi ponti e torri? Risponde ancora Vincenzo Vita, che da sottosegretario aveva seguito da vicino la vicenda: «Si voleva realizzare, attraverso questa prima privatizzazione, l'accesso del servizio pubblico sul mercato delle telecomunicazioni, diciamo delle varie Infostrade, e per farlo crescere come soggetto competitivo. Le reti generaliste, come quelle della Rai e di Mediaset, hanno ancora lunga vita, ma non imperitura, perché la tv si va specializzando e l'operazione RaiWay è una porta d'accesso alla specializzazione: la Rai poteva non usarla in proprio, ma farla usare da un socio privato. E invece il primo atto della privatizzazione s'è trasformato, con l'ukase del ministro Gasparri, in atto di ostilità al capitale privato. Il quale va dove pensa di potersi valorizzare».

Vita lunga ma non imperitura. E anche la *pay tv*, che è la sorella della tv generalista, non va tanto bene. Perché non è tanto diversa dalla tv generalista. «Diversa è la tv multimediale, che rappresenta il nuovo scenario. I giovani che usano il computer non hanno molto interesse a vedere la tv classica, sia generalista sia *pay*. Preferiscono nuovi linguaggi. Gasparri impedisce alla Rai di aprirsi a questi nuovi linguaggi, non si sa se per dispetto o per lucida determinazione.» Si dà il caso che Mediaset stia lavorando alla tv multimediale. Il Grande Fratello ne è il primo esperimento di massa: si può seguire su Canale 5, sulla *pay tv* (Stream di Murdoch e la francese Vivendi, che ha comprato Stream), sul telefonino (Omnitel) e infine per Internet sul sito *www.grande fratello*. Insomma, par di capire che la «lucida determinazione» del ministro sia un'ipotesi prospettabile.

Naturalmente, le ragioni con le quali il ministro motiva il suo no sono diverse. Sostiene che il prezzo di 800 miliardi non è adeguato, che va tutelato il valore strategico degli impianti della tv pubblica, che i patti parasociali allegati al contratto finirebbero con l'affidare al partner americano l'indirizzo strategico di RaiWay. Ma al consiglio d'amministrazione sembrano sofismi. Con tre voti a favore, un astenuto, uno contrario, si passa al contrattacco per vie legali e vengono bloccati gli 800 miliardi che la Crown Castle ha depositato in banca. Il prezzo è equo, – dicono a viale Mazzini, – perché molto superiore al doppio della valutazione degli impianti Rai fatta dalla Stet nel 1994. Quanto ai patti parasociali, i poteri di gestione degli impianti riconosciuti alla Crown Castle non riguardano il servizio pubblico. E infine la strategicità nazionale degli impianti è tutelata dalla facoltà di riscattarli in caso di bisogno.

«Tromboni, e anche un po' sfiatati», è la replica del ministro Gasparri. «I vertici Rai targati Ulivo hanno perso la testa». Il leghista Caparini, vice presidente della Commissione parlamentare di vigilanza, di suo aggiunge una gaffe: «Questo è il primo segnale da parte della Casa delle libertà improntato al rispetto delle leggi». «Affermazione vera a metà – replica irridente *il Manifesto* –: sottintende che finora niente è stato fatto nel rispetto delle leggi (come dargli torto?) per dire che finalmente la legalità è ripristinata (come dargli ragione?).»

E viene il giorno che l'Ulivo si fa sentire. «C'è un problema generale della libertà d'informazione – dice Rutelli – con un premier che possiede tre reti tv. Ciampi deve sapere che questo è il problema numero uno per l'opposizione.» A parte Ciampi, che non può dare risposte pubbliche, Fassino e Giulietti avviano un'azione politica manovrata, chiedendo a Berlusconi di rispondere alle interrogazioni in Parlamento e di annullare la decisione di Gasparri. Berlusconi non commenta la decisione del ministro, prende atto degli evviva che da tre dei quattro partiti della Casa si levano verso il ministro anti Rai, ma rileva l'assenza del quarto, il Ccd-Cdu. Follini aveva sollecitato il ministro a non negare la firma del contratto. Cosí gli eredi della Dc, dopo aver detto no a Fini e Bossi sul reato di immigrazione clandestina, e dopo il no a Berlusconi sulle rogatorie nel voto della Camera a scrutinio segreto, continuano a differenziarsi. Anche Mediaset ostenta distacco, come Berlusconi: «Non siamo della partita». Come dire, per certi servizi, abbiamo ministri ad hoc.


## Leninismo liberista

«La Rai di Zaccaria è impresentabile, – secondo *il Foglio* di Giuliano Ferrara, – è simile a una provincia consolare da basso impero, e questo stato di cose ci fa solidali persino con il ministro Gasparri.» Il vittimismo di Zaccaria «è comico». Detto questo, il consigliere numero uno (che Berlusconi avrebbe voluto ministro della Cultura nel suo secondo governo ricevendo un rifiuto motivato: Ferrara sa di essergli piú utile fuori che dentro, piú come frondista che come portavoce), pone l'aut aut al premier smemorato e disinvolto: o liberalizzi il sistema delle telecomunicazioni o pagherai politicamente.

«La distorsione del sistema, basato su un duopolio industriale di Rai e Mediaset, che per la verità conosce omologhi in Europa, deve tuttavia essere corretta, altrimenti continuerà ad inquinare la vita politica italiana sotto forma di battaglia sul conflitto d'interessi e come prova di una eccezionalità italiana "impresentabile", che logora la maggioranza e la nostra credibilità internazionale. Il sistema bloccato ora esistente rende piú difficile affrontare la partita delle nuove tecnologie, impedisce una seria competizione e una reale concorrenza, pone problemi di pluralismo, come dimostra il caso della ex Tmc, dove la prima impresa italiana vende in tutta fretta perché niente si può fare, se si ha contro il sistema politico. La strada maestra, la liberalizzazione e la privatizzazione di due reti della Rai, è ostacolata, di fatto, dall'esistenza di un competitore speciale, di proprietà del presidente del Consiglio, e dall'assenza di alternative credibili [...] Un governo liberale non può mantenere fuori dal circuito della concorrenza un settore cosí importante senza essere accusato di difendere posizioni di potere personale...»

È la seconda volta in due mesi che il consigliere ricorda al Principe gli impegni assunti con gli elettori ed elusi nei primi cento giorni di governo. L'altra volta, il 31 agosto, ha denunciato l'«indietro tutta di Forza Italia»: prende per il bavero il «responsabile della comunicazione» del partito, Paolo Romani, l'ennesima testa di turco su cui dare bastonate, non potendo bastonare il Principe.

«Erano mesi – scrive Ferrara quel 31 agosto – che Romani vedeva le sue dichiarazioni, abitualmente molto caute in materia di possibile privatizzazione della Rai, controbattute da esponenti del centrosinistra. A parole, il centrosinistra aveva preso a schierarsi a favore di qualche forma di privatizzazione della Rai, malgrado non avesse mosso alcun passo in quella direzione quando era maggioranza. Ieri, invece, Romani ha dichiarato che la privatizzazione della Rai può attendere, e nessuno gli ha fatto il controcanto. Solo distrazione ferragostana o qualcosa è cambiato nella privatizzazione della Rai? Non fu Silvio Berlusconi, il 19 aprile a Olbia, a dichiarare che "la privatizzazione della Rai rientra nel programma del governo di centrodestra"?»

Ora invece Romani fa capire che la privatizzazione può attendere, che nemmeno nel 2002 sarà una priorità. Molti, nella maggioranza, pensano: l'attuale consiglio d'amministrazione scade a febbraio 2002, tanto vale insediare vertici «amici» e solo dopo, con molta calma, porsi il problema di una riforma.

«Non è un mistero che Gasparri, e non solo lui in An, la pensi
cosí. Il ministro ha fatto capire che l'aumento per il 2001 del
canone, che sta a lui decidere, o non ci sarà o sarà simbolico. E
non ha dato ancora l'ok alla cessione agli americani di Crown
Castle dei ponti radio di RaiWay, dei cui 800 miliardi viale
Mazzini ha bisogno piú del pane. Amico o non amico il consiglio d'amministrazione della Rai, dice però Romani, le difficoltà si porranno comunque. Privatizzandola, bisogna sottrarre
i 2500 miliardi che entrano col canone. Dunque, l'azienda pri-
vatizzata dovrebbe trovare sul mercato un volume analogo di
risorse, sottraendolo ai concorrenti. Un duro colpo per loro.»

Scoperti i giochi della consorteria, Ferrara conclude: «Si può
intuire che dietro questa preoccupazione vi siano i timori anche
di Mediaset che, comprensibilmente, non vuole vedere accre-
sciute le difficoltà per aggiudicarsi la propria fetta di risorse
pubblicitarie [...] Se siamo in presenza di un mercato fermo, le
difficoltà di cui parla Romani esistono [...] Al contrario, lo scenario sul digitale terrestre contiene tutti i presupposti per rassicurare gli operatori. L'ingresso nell'era del digitale terrestre coin-
cide con la fine della legislatura, 2006. A dicembre 2002 scade il
termine per la sperimentazione, a fine 2004 quello per la com-
pravendita di frequenze. La pluralità di offerte di capitali, unita
alle nuove forme di interattività, renderà non piú obbligatoria
agli operatori l'integrazione verticale tra sistemi di trasmissione,
network e servizi. Tutto ciò favorirà l'ingresso di nuovi soggetti e
farà crescere le risorse del sistema. L'Italia, ingessata nel duopolio, ha perso infatti molti colpi nel rapporto tra spesa pubblicitaria e Pil: siamo superati da quasi tutti i paesi avanzati. Ecco perché, entro la fine del 2002, la privatizzazione della Rai dovrebbe
avvenire comunque [...] Resta la novità vera: nel centrosinistra,
stavolta, di una Rai da privatizzare nessuno ha parlato».

A Ferrara obiettano dall'Ulivo di dimenticare, in questi dotti
dibattiti, che il partito del premier è un impasto di liberismo e
leninismo ovattato nel culto della personalità. Un simile liberi-
smo-leninismo non può rinunciare al controllo di tutta la comunicazione. Essa sola garantisce la continuità del senso comune e quindi del consenso. «Perciò il premier non risolverà il
conflitto d'interessi, – gli replica Vincenzo Vita, – vuol tenersi
la Rai com'è; con un direttore generale di fiducia (non c'è che
l'imbarazzo della scelta: fra Agostino Saccà ex area Psi, Giancarlo Leone lettiano, Stefano Parisi confindustriale); col con-

trollo totale del Tg1 e della prima rete, la rete pesante, cosí si tiene in pugno anche la pubblicità e ancora una volta stronca ogni velleità di terzo polo contro il cartello Rai-Mediaset».

Anche Cesare Romiti è convinto che Berlusconi non privatizzerà mai la Rai. Ne parla verso fine anno a Milano, a margine del convegno «Editoria e innovazione». Appena una settimana prima, la sua Rcs (Rizzoli-Corriere della sera) si era visto precludere dalla Mondadori berlusconiana l'acquisto delle radio della Confindustria, «Radio 24 Ore» e le altre. «La mia opinione – dice Romiti – è che Berlusconi non abbia nessuna voglia di privatizzare la Rai, perché pur essendo un liberista è entrato nell'ottica che è meglio gestirla. Il centrosinistra, per miopia, o forse perché pensava di rimanere sempre al potere, non aveva interesse a privatizzare la Rai, poi però ha perso, e oggi il settore televisivo è nelle mani di un'unica forza politica.» Poi svela, Cesare Romiti: «A Berlusconi ho suggerito piú volte di privatizzare la Rai, e lui in privato piú volte mi ha detto che l'avrebbe fatto. La mia opinione è che non abbia nessuna voglia. Se poi guardate in Parlamento, vedete che chi vuole farlo è una minoranza» (anche perché in tutta Europa un servizio pubblico c'è ed è tutelato dalle leggi, e anche perché finora non c'è alcuna garanzia che, privatizzando la Rai, non finisca nelle scatole cinesi dell'impero privato dell'informazione, realizzando il monopolio perfetto).

Giorno dopo giorno l'impero annette nuove province. Dopo «La 7» di Tronchetti Provera, è un altro magnate, lo stesso presidente della Confindustria D'Amato, a portare vasi a Samo. Si tratta dell'acquisto, da parte della Mondadori berlusconiana, come dicevamo, delle radio del *Sole-24 Ore*: un affare da oltre cento miliardi, che nasce, secondo la denuncia dell'opposizione, sull'asse Berlusconi-D'Amato, nel silenzio del garante della Comunicazione. La legge Mammí vieta intrecci di radio e televisioni. La replica è che la Mondadori non fa televisione. La controreplica è che, però, è un'azienda controllata dalla Fininvest (51 per cento dei voti esercitabili nell'assemblea). La quale Fininvest è anche al 49 per cento controllore di Mediaset.

La Mondadori, appunto gruppo Fininvest, firma una lettera d'intenti con *Il Sole-24 Ore* candidandosi a comprare le attività radiofoniche del gruppo, che a sua volta è proprietà della Confindustria. Sono: Radio Italia Network, la catena di radio locali Cnr coordinata nella programmazione, l'editoriale Sper (concessionaria di pubblicità) e l'agenzia giornalistica Agr. Per l'acquisto delle radio erano in gara anche la Rcs di Romiti e l'editoriale Adn-Kronos. La lettera d'intenti della Mondadori ha tagliato le gambe ai concorrenti, ai quali nessuno aveva chiesto di unire all'offerta anche piani industriali, che sarebbero stati in grado di presentare. Lo fa solo Mondadori. «Evidentemente – registra *la Repubblica*, nel quasi generale silenzio – era una gara "anomala", dove altre ragioni sembrano aver prevalso.» Ma qualche settimana dopo, l'operazione si arena. Non se ne fa niente.

E l'Ulivo? Assiste, dichiara, parla del «dover essere». «Berlusconi, nei panni di premier, dovrebbe garantire il rispetto massimo di tutte le norme. Invece sta lí, spettatore o regista di operazioni delle sue aziende che ignorano il quadro regolamentare» (Renzo Lusetti). «Stiamo assistendo alla nascita di un polo unico dell'informazione, fatto di tv pubbliche e private, giornali, siti Internet, e ora anche di radio. Il pluralismo economico e delle idee si configura giorno dopo giorno come un'emergenza nazionale» (Pierluigi Castagnetti). «Berlusconi offrirà all'opposizione non una rete, perché non vorrà correre il rischio di rompere l'uniformità dell'informazione, che gli garantisce il lavaggio del cervello. Offrirà invece briciole nelle varie reti. Se l'Ulivo le accetterà, sarà la sua fine. Solo restando completamente fuori, potrà svolgere la sua battaglia di opposizione nelle sedi idonee, a cominciare da quella del commissario europeo alla concorrenza, Mario Monti» (Giuseppe Giulietti).

Si potrebbe aggiungere l'Osce, se l'Ulivo avesse fantasia. All'Osce, Organizzazione per la sicurezza e la cooperazione in Europa, è dal maggio 2001 che il rappresentante per la libertà dei media, il tedesco Freimut Duve, lancia allarmi sui diritti d'opinione in Italia. Intervistato da *Le Monde* sull'atteggiamento dei mass media americani dopo l'attacco alle Due Torri, non manca di indicare, tra le situazioni anomale per la libertà d'informazione, quella italiana. A Paola Zanuttini del *Venerdí*, che corre a sentirlo, dice: «Quello che voi definite un conflitto d'interessi è una sfida alla cultura costituzionale europea. La dipendenza diretta dei mezzi d'informazione dal governo è una sfida alla vostra democrazia. La nostra cultura costituzionale europea, basata sulla separazione dei poteri parlamentari, esecutivo e giudiziario, prevede l'autonomia del "quarto potere" da ogni interferenza di governo. L'indipendenza della Bbc, l'emittente di Stato inglese, è forse il miglior esempio dell'applicazione di questo principio, che però non è stato del tutto attuato nemmeno in

Francia e in Germania. Il mio ufficio collabora a sviluppare la libertà di stampa anche con gli ex paesi comunisti, dove negli ultimi tempi si sono avute molte cosiddette privatizzazioni che privatizzazioni non sono, e consentono ai primi ministri di possedere o controllare i media tramite i rapporti familiari. Io non posso fare molto per l'Italia, avete un elettorato e un'opposizione che dovrebbero essere in grado di svolgere il loro compito». Poi, come gettando ogni residua discrezione, Freimut Duve (in tedesco, Freimut vuol dire franchezza, sincerità), descrive allarmato la situazione del nostro paese: «Nell'età dei media, da una parte sempre piú governi controllano l'informazione, dall'altra i governi stessi sembrano trasformarsi in una sorta di media, perdendo il loro ruolo primario. In entrambi i casi gli esiti si prospettano rischiosi. Se poi si aggiunge la giustizia... In democrazia ci sono due scudi della libertà, l'indipendenza dell'informazione e quella dei giudici. Se gli interessi economici le minacciano, la situazione è molto allarmante». Guarda caso.

## Silvio moderno Socrate

«Voi giornalisti della Rai fate diverse rassegne stampa e sono tutte colorate di rosso», dice Berlusconi alla platea dell'Hotel Plaza (quello reso famoso dalla coorte di De Michelis e dai suoi conti lasciati in sospeso), quando presenta l'ultimo libro del conduttore di «Porta a porta» Bruno Vespa. L'avvertimento è chiaro. Né alla platea suona pesante. Si sa che, dalla nascita dell'Eiar, servizio pubblico è sinonimo di servizio al governo, molto compensato se fatto bene. Allo stesso Vespa, la Rai dell'Ulivo aveva regalato ospitalità in ben 15 programmi per la precedente fatica letteraria. Poca meraviglia, dunque, se la Rai oggi in via di omologazione gliene regali quattro in due soli giorni prenatalizi, nelle ore di massimo ascolto, nel Tg1, nel Tg2, poi a «Domenica in», poi nella privativa di «Porta a porta»: l'equivalente di centinaia di milioni di pubblicità, che la casa editrice di Vespa, la berlusconiana Mondadori, cosí risparmia, e da cui trae grande ritorno di vendite («Ha già venduto 130 mila copie», annuncia giulivo Fabrizio Del Noce, nella sua trasmissione «Linea Verde»).

La Rai, però, se la prende con Paolo Limiti, il quale versa 7 milioni al sottosegretario Sgarbi ogni volta che lo ospita nella sua trasmissione «Ci vediamo in tv». Lo scandalo scoppia a dicembre, quando già da tre mesi il direttore della prima rete Agostino Saccà gli ha fatto un contratto che prevede quell'onorario (Sgarbi lo definisce «un rimborso spese»). Nessuno, in tre mesi, s'è accorto di nulla: né alla Rai, né alla Commissione parlamentare di vigilanza, né dell'opposizione ulivista. Il sottosegretario è presente tutti i lunedí da Limiti, non senza irruzioni a «Domenica in» di Rai Uno, al «Chiambretti c'è» di Rai Due, e a «Quelli che il calcio» di Simona Ventura. Pare che l'Auditel salga: addirittura un punto di *share* se all'uomo di governo s'accoppia la fidanzata Sabrina Colle, che lo accompagna dovunque, insieme all'aiutante Alain Elkan: in visita alle Due Torri di New York come a cena al Senato da Marcello Pera o in missione in Afghanistan. «Non mi risulta che prima d'ora politici o uomini di governo abbiano mai ricevuto compensi per delle ospitate», dice il consigliere d'amministrazione Vittorio Emiliani. Ma dopo d'ora sí. E forse il buongoverno e la Corte dei conti avrebbero gradito che ci si accorgesse prima delle ospitate o comparsate a pagamento. Ma Sgarbi replica che è una concezione talebana, che il suo è un contratto: «Se non pagano, passo alle vie legali».

Nessuno s'è accorto di nulla, dicevamo, in tre mesi. Ma quanto a distrazioni e autocensure nel vasto mondo dell'informazione e della comunicazione, è una gara a chi ne accumula di piú, fra governo e opposizione, editori e giornalisti. A Vespa sfugge nientemeno che è scoppiata una crisi internazionale (ne parleremo dal capitolo V in avanti) per il giudizio di Berlusconi sulla «superiore civiltà» occidentale in guerra con l'Islam. Nel suo libro, invece, il giornalista riproduce il discorso del premier in un testo epurato fornitogli da Palazzo Chigi. «Potevo mai dubitare del testo fornitomi da Palazzo Chigi?» Certo che no, rispondono i giornalisti di Palazzo Chigi. Oltretutto, è lo stesso testo che è stato consegnato agli ambasciatori arabi. Si distrae anche la Mondadori, che diversamente dallo scrittore avrà riletto il manoscritto. Invece no, l'omissis sulla superiore civiltà sfugge anche al lettore di Segrate, al correttore di bozze.

Allo stesso modo, sfugge al ministro Tremonti il fatto che il suo dicastero di via XX Settembre, dov'è stato preceduto da cani da guardia come Sella, Einaudi, Malagodi, ha incaricato la casa editrice del presidente del Consiglio, sempre la Mondadori, di realizzare con giornalisti di *Panorama*, settimanale mondadoriano, un opuscolo chiamato *Eurogiornale*, che s'aggiunge ai sedici milioni di euroconvertitori preannunciati dal premier a «Porta a porta». Pare che, com'era già accaduto per l'acquisto di Radio 24 Ore, fra centinaia di case editrici operanti in Italia nessun'altra abbia presentato al Tesoro progetti per la divulgazione della nuova moneta, forse perché irrilevante è l'importo dell'operazione: solo due miliardi. Motivo in piú, semmai, per allontanare dal presidente del Consiglio almeno questo infinitesimale conflitto d'interessi. Si preferisce dare l'impressione che alla destra non interessino lo stile e la sensibilità.

L'impressione si ripete quando, sugli schermi tv, appaiono gli spot divulgativi dell'euro promossi da Palazzo Chigi. Spot gratis per la Rai, in quanto servizio pubblico, a pagamento per Mediaset, in quanto azienda privata (sia pure dimezzato al 50 per cento come pubblicità di utilità sociale). Nel frattempo, la casa editrice del premier manda in libreria la prima biografia diciamo cosí completa di Indro Montanelli, per la penna del giornalista Marcello Staglieno. Pare che il pezzo forte della nuova pubblicazione sia costituito dalla notizia che Montanelli avesse «un figlio segreto», con una signora irlandese anni Trenta. Infatti, sia *Il Giornale* che *Libero* lanciano il libro di Staglieno con un'intera pagina cadauno intitolata al figlio segreto. *Pruderie* italiana, o, dicono altri, «fucilate Montanelli» anche *post mortem*.

Quella che a tanti pare l'avvio di una nuova politica del Minculpop, alla fine dell'Anno I dell'Era Forzista si può considerare ormai consolidata in tutti i campi della comunicazione: dalla televisione alla radio, dai quotidiani all'editoria, dai settimanali al teatro leggero, dai circoli culturali al riscoperto manifesto murale. Si parla di un direttore berlusconiano in arrivo al *Corriere della sera*. A dirigere la Scuola di cinematografia è chiamato il sociologo forzista Francesco Alberoni. Nel frattempo, direttore dello Stabile di Roma diventa Giorgio Albertazzi (ex giovane della Repubblica sociale, superiore a non pochi direttori e sovrintendenti di repubbliche democratiche, come la Prima e la Seconda). Nella capitale si sbizzarrisce anche Luca Barbareschi, che si autodefinisce «uno che da otto anni vota felicemente il Polo, ma è diventato direttore dell'Eliseo grazie a Bertinotti». Donde la conclusione che «l'Italia è il paese di Pinocchio».

Cosa fa Barbareschi nel paese di Pinocchio? Recupera il tempo perduto a non votare felicemente Polo, raddoppiando la fatica in favore dei nuovi governanti: fa la navetta prenatalizia fra il Bagaglino (o Salone Margherita) e il teatro Quirino. Al Bagaglino, con la regia di Pingitore, la satira di Oreste Lionello e i glutei di Pamela Prati, va in scena *Tutte pazze per Silvio*, show sulla fascinazione delle casalinghe da parte del mago di Arcore. Barbareschi vi rappresenta con i medesimi ingredienti di scena, un suo show, *Tutti pazzi per il Polo*, dedicato ai voltagabbana, ai trasformisti, ai versipelle del mondo giornalistico, intellettuale, imprenditoriale, professionale. Poi, con salto fulmineo, va al Quirino per una *pièce* voluta da Ignazio La Russa, *Chi ha paura dell'uomo nero?*, sui 47 giorni d'agonia del giovane missino Sergio Ramelli, sprangato dai terroristi di Avanguardia operaia a Milano il 29 aprile 1975. La serata è a inviti, anche per evitare imbarazzanti incontri fra esponenti importanti del Polo, come il neofascista La Russa, appunto, che era avvocato della famiglia Ramelli, e il neoberlusconiano Pecorella, allora di Soccorso rosso che difendeva gli sprangatori di Autonomia.

Ma al salto di qualità, alla nuova comunicazione culturale, la destra arriva solo con Marcello Dell'Utri. «L'ex numero uno di Publitalia è un fine bibliofilo e grecista», ci ricorda il *Corriere della sera* nell'edizione meridionale dell'11 dicembre (*Corriere del Mezzogiorno*). La pagina della cultura è tutta appesa al titolone che la sovrasta: «Forza Italia riparte da Socrate»; cronaca e commenti alla riproposizione dell'*Apologia* a Napoli, nel Teatrino di Corte. Tema: l'ingiustizia di ieri e di oggi. Promotore è il Circolo napoletano, struttura di una imponente rete di 103 circoli culturali che Dell'Utri vuole realizzare in altrettanti capoluoghi di provincia. «Una serata – scrive il curatore della pagina Nino Femiani – che sembra essere l'avvio di una iniziativa raffinata e, per certi versi, spiazzante, immaginata dallo stratega di Forza Italia. Una lunga marcia nell'esercizio dialettico, che utilizza come centravanti di sfondamento i Circoli. Essi, dice Dell'Utri, non sono né una corrente né un partito politico né un luogo per avere una candidatura, ma un raccordo con quella parte del paese che cerca momenti di confronto.»

E cosa c'entra Socrate con Forza Italia? Lo spiegano il giurista e il filosofo presenti a Corte. Per il giurista Gustavo Pansini, «il processo a Socrate, i processi alle streghe, i processi odierni, hanno tutti lo stesso fondamento: la finalità dell'accusa politica». Aggiunge il filosofo Giulio Maria Chiodi: «Mentre Socrate tenta di far coincidere giustizia e verità, i suoi accusatori non temono di disgiungere i due approdi. Aberrazione dovuta al fatto che i giudici ateniesi (come quelli di oggi) rifuggono dalla ricerca e dall'autocritica. Invece per Socrate l'uomo è tale in quanto è dialogo e rapporto, in quanto è figlio delle leggi. L'uomo dunque che si sottrae alla legge cessa di essere uomo. Per questo motivo, Socrate accetta la sua condanna a morte e rifiuta di scappare: se l'avesse fatto, si sarebbe sottratto alla legge e non sarebbe stato uomo».

Appunto. Il giornalista perplesso si chiede: «Sarebbe stato Socrate il primo iscritto a Forza Italia, il perfetto testimonial?». E si risponde: «La provocazione messa in campo da Dell'Utri può essere una feconda ricerca del rigore, ma anche un boomerang, e aprire contraddizioni nel movimento: fra le vittime dell'ingiustizia dei giudici e i contestatori interessati e faziosi della magistratura». Dell'Utri intuisce il rischio, e sta cauto. «Rapporti tra Socrate e la giustizia d'oggi? Forse è meglio non stabilire correlazioni troppo strette, – consiglia, – ma certo Socrate parlava di vera giustizia. Qual è la vera giustizia? Quella che sa accettare anche la vera ingiustizia. Per questo motivo io lo sento particolarmente vicino.» E si trasferisce a Taormina, col giudice veneziano Carlo Nordio, incaricato da Berlusconi di riformare il codice penale, per discutere appunto dell'*Apologia*.

Ne è colpito l'avvocato Vincenzo Siniscalchi, presidente della Giunta per le autorizzazioni a procedere della Camera: «Ma dov'è il nesso tra il comportamento di Socrate e quello di chi rifiuta il giudizio? Di chi insomma, pur potendo dimostrare la propria presumibile innocenza, sceglie di contestare giudici e pm? È l'esatto opposto della posizione del filosofo. Anche Andreotti ha affrontato il processo, pur dichiarando infondate le accuse che gli venivano rivolte. Se ci sono giudici che sbagliano, vanno denunciati penalmente, senza scomodare Socrate e la sua esemplare vicenda».

C'è un unico rischio piú grande: quello di scomodare Dio. A correrlo serenamente pensa Ferdinando Adornato, direttore di *Liberal* (reduce da un ottimo discorso sulla guerra nell'aula di Montecitorio). Giusto nei giorni del Bagaglino e del Teatro di Corte, Adornato pubblica un fascicolo dedicato alla nuova Via, anzi, alla nuova Era. Sulla faccia dell'adolescente africano che beve Coca Cola, il titolo di copertina dice: «Dopo il fallimento della Terza Via, l'Era di Bush, Aznar e Berlusconi». Allegato in omaggio il volume: *Il futuro di Dio*. Rilancia

Dell'Utri, richiamandosi ai santi quando il papa canonizza Escrivá de Balaguer: fu grazie a un affiliato all'Opus Dei – dice – se ebbi la fortuna di conoscere Berlusconi. Dal Vaticano tuttavia non si conferma che sia stato proprio questo il miracolo decisivo per la canonizzazione.

Dopo di che, al ministro delle Comunicazioni Gasparri, bruciato per il copyright della nuova Era, non resta che celebrare il 12 dicembre, centenario del primo segnalc radio dalla Cornovaglia al Canada, rievocando Marconi come vestisse ancora con feluca e spadino da presidente dell'Accademia d'Italia: con orgoglio italiano. Il premier, invece, che non dimentica d'essere a capo di un'azienda, promette che il suo governo onorerà Marconi con investimenti nella ricerca scientifica: ma intrecciando la ricerca teorica alle esigenze delle imprese, «perché i progetti non si fermino a semplici esercitazioni di stile». E rilancia la sfida ai no global, ricordando che Marconi, nel superare d'un balzo tremila chilometri di oceano, fece opera di globalizzazione.

## Last minute, «Quelli che il calcio»

Ma la rivincita per il surclassato ministro arriva *last minute*, la domenica prenatalizia 23 dicembre, come per i forzati del regalo che intasano le città di automobili e nevrosi. Ognuno raccatta quel che resta nei negozi, alla faccia dell'austerità da «11 settembre» e dell'operazione «Libertà duratura», che per suo conto l'industria consumistica ha già provveduto a demistificare offrendo nuovi oggetti di prima necessità e di sicuro effetto: c'è lo scrittoio da viaggio, lo stesso regalato da Berlusconi ai capi di Stato presenti al G8 di Genova; c'è l'orologio pirata, con teschio e tibie incrociate come sui gagliardetti di Mussolini: c'è il reggiseno mnemonico in schiuma poliuretanica, che s'attacca ai pomi femminili e ne memorizza la forma; c'è l'anti-acari a ultrasuoni che, fra tappeti e moquette, in tre settimane sterilizza i cari animaletti e li estingue; c'è la panca erotica o dell'amore, per un migliore accoppiamento nelle pose del kamasutra; c'è la frittolosa, che frigge senz'olio secondo i comandamenti dietetici; c'è la borsa balistica in nailon antiproiettile per signora; la gonna etnica per gusto indiano, zingaro, talebano e quant'altro può oggi offrire la mondializzazione.

Fra tante occasioni *last minute*, il ministro delle Comunicazioni sceglie l'intervento diretto in pieno pomeriggio sportivo, mentre Gene Gnocchi e Simona Ventura trattengono l'uditorio di «Quelli che il calcio». Vi partecipa, in sala, il presidente della Rai Zaccaria, che freme in attesa del fatidico goal di Vieri che darà la vittoria all'Inter: 3 a 2. Gnocchi propone la gag della stagista che lavora in Rai perché parente del ministro delle Comunicazioni, Gasparri telefona in diretta per dire che quella non è satira ma gogna di regime, Simona Ventura gli replica «la satira è un elemento della nostra cultura e credo che la sua immagine istituzionale ne guadagnerebbe se la accettasse», Zaccaria applaude insieme agli altri ospiti dello studio (soprattutto perché l'Inter ha segnato), Gasparri replica che Zaccaria ha alzato il pugno mentre lui parlava, che quel presidente «fa un uso improprio della Rai...».

La piazzata finisce in serata nei telegiornali (Tg1 escluso) e l'indomani sui giornali, con contorno di politici, attori, umoristi, lo stesso Gasparri («Apprezzo la satira ma non accetto riferimenti al nepotismo dalla Rai, che è stata sempre gestita con la lottizzazione»). Perfino il padre di «Striscia la notizia», Antonio Ricci, dice la sua: «Direi che è arrivato il cappone per la signora Ventura, un gran regalo. E lei ha fatto benissimo a replicare. Quando i ministri si mettono a fare le soubrette, vengono colpiti dalle soubrette che si mostrano piú di buonsenso. Comunque, queste baruffe fanno la fortuna della satira, l'unico pericolo per la satira è l'assuefazione. Il nostro lavoro ha senso se troviamo pollastri come Gasparri che hanno reazioni cosí. Azzardo un'ipotesi: Gasparri non ha visto direttamente la trasmissione, lo ha avvisato il solito amico di turno fingendo di fargli un favore».

Azzeccato. L'amico di turno si chiama Giuseppe Consolo, è avvocato, insegna alla Luiss ed è senatore di Alleanza nazionale. S'è inserito di prepotenza nel partito degli avvocati, con una particina nella causa Previti-Berlusconi *versus* procura e tribunale di Milano. Presenta una proposta di legge di un solo articolo, due righe, che lascia allibite tutte le istituzioni repubblicane. Dice: «L'esercizio di attività parlamentare costituisce legittimo impedimento a comparire in giudizio». Cosí si risolve una volta per tutte la questione se il parlamentare-imputato debba sedere in Parlamento o debba rispondere in tribunale, senza scomodare di nuovo la Corte costituzionale, come fece a suo tempo Violante su sollecitazione di Previti. In questo modo – spiega Consolo – «non vi sarebbero piú spazi interpretativi» per i giudici. Ossia: chiunque abbia conti con la giustizia e riesca a farsi eleggere, potrà stare per cinque anni al riparo. Poi per altri cinque, se rieletto, e il tempo passa, il reato si prescrive, l'onorevole-imputato è salvo, e anche le «garanzie», nel paese dove è scritto «La legge è uguale per tutti».

Secondo i cronisti, è stato l'avvocato-senatore Consolo a caricare Gasparri. Ma per gli analisti piú raffinati non basta. Non è sufficiente neanche la vocazione del ministro, né il fatto che egli sia appena reduce da un'altra piazzata con Serena Dandini a «Mister Euro»: «Abbiamo garantito pensioni minime da un milione al mese, la smetta di fare comizi, ne ha già fatti troppi nei suoi programmi». Non basta l'accusa a Zaccaria d'aver esibito la sua compagna Monica Guerritore «come un divetto», meritandosi la replica di «piccolo uomo», respinta al mittente con querela. No, la vera *ratio* (si fa per dire) dell'irritazione gasparriana sta nel fatto che i presidenti del Senato e della Camera hanno prospettato la necessità di un voto parlamentare (almeno uno) sul conflitto d'interessi, prima che essi procedano alla nomina del nuovo consiglio d'amministrazione. «Strana cautela, – obietta l'esperto di comunicazioni della Margherita, Andrea Papini, – i presidenti dovrebbero comunque scegliere persone non sospettabili di essere o poter essere asservite a interessi.»

Gasparri teme che la cautela dei due presidenti possa prolungare di qualche giorno la permanenza di Zaccaria a viale Mazzini, e coglie l'occasione dell'incauta gag e dell'altrettanto incauta presenza di Zaccaria alla trasmissione per aprire il fuoco, nel suo stile. Uno stile che piace da morire al presidente del Consiglio: «Il presidente – dirà il ministro per festeggiare il capodanno – mi ha telefonato e mi ha detto di condividere pienamente la sostanza delle mie critiche, mi ha spronato ed io vado avanti». E, subito dopo, la leghista Telepadania comincia a diffondere dossier: Daniele Luttazzi, Simona Ventura... Però Fini, gli obiettano, l'ha invece redarguita aspramente. «Ma il presidente del Consiglio è Berlusconi», gongola l'ex «balilla».

# II. Guerra degli affari
## *«Legibus solutus»*

IL CAVALIERE HA
ABOLITO IL REATO
DI FALSO IN BILANCIO
E BLOCCATO LE
ROGATORIE

E' INIZIATA
L'OPERAZIONE
LIBERTÀ DURATURA

Elle Kappa, *la Repubblica*, 3 ottobre 2001

Falso in bilancio - Guido Rossi obietta - All'estero ci schifano un po' - Due leggi «di gran lunga eccedenti» - Il conflitto d'interessi targato Frattini - L'enormità italiana - Il rischio istituzionale – Luttwak o Caianiello?

## Falso in bilancio

Sono passati soli 20 giorni da quando è arrivato al ministero della Giustizia, e l'ingegner Castelli, guardasigilli della Repubblica, porta a Palazzo Chigi il disegno di legge «Delega al governo per la riforma del diritto societario». Il governo approva senza colpo ferire, trasmette alla Camera che, obbediente compatta, approva a sua volta il 3 agosto. Poi chiude e va al mare.

La riforma del diritto societario era stata promessa in campagna elettorale ad assemblee plaudenti di imprenditori. Si tratta di modificare, soprattutto, le norme sul falso in bilancio, tentazione frequente in Italia, dove l'etica del capitalismo è ancora incerta. Il codice penale del 1940 vede quel reato con gli occhi di una società ancora parzialmente paleocapitalistica. Molti chiedono una disciplina piú consona ai tempi, come riconosce anche l'opposizione. La quale ne contesta solo l'urgenza, non riesce cioè a capire perché, tra tante cose urgentissime per gli italiani, proprio il falso in bilancio sia fra quelle da risolvere entro i primi cento giorni di governo.

L'urgenza è di Berlusconi, attacca l'opposizione, non del paese. A ragione o a torto, il premier è implicato in alcuni processi, con l'accusa di falso in bilancio. Se si modifica il codice penale, riducendo la pena massima da 5 a 4 anni, come vuole il governo, si dimezzano i tempi della prescrizione del reato: sicché Berlusconi che è nei pasticci fino al 2009, ne sarebbe fuori fin dal luglio 2001, per prescrizione. Se poi si decide che, nelle società non quotate, il falso in bilancio costituisce reato soltanto se provoca danno a qualche socio e se questi dà querela, allora nel caso di Berlusconi non c'è nemmeno il reato: nessuno infatti lo ha querelato, ma è la magistratura che ha proceduto d'ufficio, secondo la vigente legge. Adesso cambia.

A guidare la riforma è un principe del diritto, Gaetano Pecorella, avvocato di Berlusconi e ora anche presidente della Commissione giustizia della Camera. È lui il biglietto da visita del partito degli avvocati.

In sintesi, la «Delega al governo per la riforma del diritto societario» prevede che:

a) Il falso in bilancio, concepito dal codice del 1940 come «reato di pericolo», diventi «reato di danno». Per i nostri nonni, falsificare un bilancio costituiva un pericolo per l'economia, la fede pubblica, la società nazionale. Noi, invece, lo vedremo solo come danno patrimoniale per qualcuno: socio o creditore. Perciò se il danno patrimoniale non c'è, allora il falso sarà punito come reato contravvenzionale, al massimo un anno e sei mesi. Se invece il danno c'è, i casi sono due. Nel caso di società non quotate in borsa, la condanna va da 6 mesi a 3 anni, ma il giudice potrà giudicare solo a querela di parte, appunto la parte che ha subíto il danno. Nel caso di società quotata in borsa, la condanna va da 1 a 4 anni e il giudice procede d'ufficio. In questo caso resta dunque la normativa attuale, ma con la pena massima ridotta da 5 a 4 anni. E ciò comporta che invece di prescriversi in 15 anni, il reato si prescrive in 7 anni e mezzo.

b) La nostra Costituzione proclama (articolo 45) che «La Repubblica riconosce la funzione sociale della cooperazione a carattere di mutualità e senza fini di speculazione privata». Per oltre mezzo secolo, tutte le società cooperative sono state sotto l'ombrello di questo articolo. Ora la riforma del diritto societario cambia le cose. Poiché, dice, alcune cooperative si ripromettono fini speculativi e la mutualità l'hanno solo nel nome, verrà istituita una nuova forma giuridica di cooperativa: quella «costituzionalmente riconosciuta». Ad essa, e solo ad essa, saranno mantenuti i benefici fiscali che la legge ha fin qui concesso a tutte le cooperative. Escluse d'ora in poi dalle agevolazioni fiscali saranno quelle che hanno perso le due caratteristiche richieste dalla legge agevolativa: il non percepimento di utili e l'indivisibilità del patrimonio sociale.

c) Fra le società di capitali, la riforma distingue tra società per azioni e società a responsabilità limitata. A queste è assicurata ampia autonomia statuaria, alle prime è data facoltà di scegliere fra diversi modelli di amministrazione e controllo.

Ecco, un po' sforbiciato alla buona, l'abito prolisso di una riforma che comunque tutti chiamano (a torto o a ragione) col nome che a tutti sembra piú confacente: la legge del falso in bilancio. O anche la legge contro le cooperative. Rosse, naturalmente. C'è chi s'arrabbia e chi fa del sarcasmo. S'arrabbia Gerardo D'Ambrosio, procuratore della Repubblica di Milano: «Abbiamo fatto molto lavoro per nulla, a Roma invece hanno fatto molto lavoro per togliere Berlusconi dai guai» (si riferisce al fatto che questa legge sarà retroattiva, e quindi opererà sui processi aperti, deviandone il corso). Nando Dalla Chiesa, senatore della Repubblica, presenta invece un disegno di legge goliardico. Si compone di un unico articolo, che dice: «L'onorevole Berlusconi non è soggetto alle norme del codice penale in vigore sul territorio della Repubblica italiana. Tale disposizione si applica anche a dieci persone indicate dallo stesso onorevole Berlusconi». Sulla *Stampa*, la giornalista Maria Laura Rodotà, solitamente compassata, ritiene che il tutto meriti una soap opera (e la scrive), con un titolo ovvio, *Berlusconiful*.

Fine del primo atto. Ora il governo ha un anno di tempo, fino al 3 settembre 2002, per attuare i contenuti della delega, attraverso uno o piú decreti delegati da portare al Parlamento per l'approvazione. Ma, colpo di scena, per Natale è già tutto pronto. O, meglio, è pronto ciò che interessa personalmente al presidente del Consiglio e ad altri che, come lui, abbiano questioni con la giustizia per veri o presunti falsi in bilancio. Per Natale, dunque, la squadra del ministero della Giustizia, capeggiata dal sottosegretario Vietti, ha predisposto il decreto delegato relativo alla riforma del falso in bilancio. Tuttavia, tenendo conto del soqquadro a cui sta sottoponendo la giustizia nazionale e internazionale, i codici, i processi in corso (Taormina, esternazioni del premier, falso, rogatorie, processo Sme-Ariosto, mandato di cattura europeo, Forcolandia, ecc. ecc.), il governo decide di rinviare l'approvazione del decreto al primo Consiglio dei ministri dell'Anno II. E cosí avviene. Venerdí 11 gennaio 2002, dopo soli tre mesi dalla delega parlamentare, il Consiglio dei ministri vara il decreto con le nuove regole sul falso in bilancio, da applicare immediatamente ai processi in corso. Cosí il presidente del Consiglio è fuori dai casi Lentini e All Iberian 2, di cui stanno giudicando i tribunali. In poche settimane il Parlamento delegante metterà lo spolverino anche al decreto delegato. Fine del secondo atto. Dopo di ché il premier passa ad incontrare Giscard d'Estaing e il ministro degli Esteri spagnolo Piqué ai quali dà la sua parola di europeista convinto. Parola d'onore.

## Guido Rossi obietta

Ma c'è chi, alla soap opera, preferisce il dialogo, molto rigoroso e contenutistico, compatibilmente con quel che l'opera consente. Il dialogo si svolge tra lo stesso Pecorella, già citato, e l'altrettanto noto professor Guido Rossi, giurista d'impresa. Campo della tenzone le pagine (molte pagine, che qui riassumiamo) di *Micromega*, messe a disposizione dal direttore Paolo Flores d'Arcais. Regola i tempi Mario Portanova.

*Rossi*: «Nella riforma, l'unica novità è l'articolo sul falso in bilancio. Per il resto, ricalca il progetto Mirone della scorsa legislatura, che era un cattivo progetto».
*Pecorella*: «Sono due le novità, le cooperative e il falso in bilancio, insieme a tutta una serie di illeciti amministrativi».
*Rossi*: «Si è appena insediato a Bruxelles un comitato di saggi, che dovrà presentare entro l'anno alla Commissione europea una direttiva di riforma del diritto societario europeo. Perché tanta fretta di ripescare il testo Mirone del precedente governo? Si giustifica cosí la malignità di dire che è stato ripescato per infilarci una norma sul falso in bilancio, a favore non di situazioni generali, ma di una situazione particolare e facilmente identificabile».
*Pecorella*: «Nella nuova legislatura il testo Mirone è stato sostanzialmente ripresentato dai Democratici di sinistra, primo firmatario Fassino [...] con l'aggiunta della parte penalistica riguardante i reati societari. Su questa nuova proposta i Ds. hanno chiesto la procedura d'urgenza [...] Quindi, la fretta di ripescare questa legge l'hanno avuta i Ds. Era chiaro che, nel momento in cui tu metti in discussione in Parlamento la parte penalistica, con una maggioranza cosí cospicua qualche cambiamento sarebbe stato introdotto».
*Rossi*: «Sono in genere favorevole alla depenalizzazione. Però questo caso mi dà un leggero senso di fastidio, perché è una sorta di depenalizzazione dissimulata. Nel senso che è stata introdotta, e

non si capisce perché, solo per questo tipo di reato, e non, per esempio, per l'omicidio colposo, che aveva anch'esso cinque anni di pena massima. Perché solo il falso in bilancio è diventato quattro o tre anni? Perché, con la lentezza dei gradi di giudizio che si riscontra in Italia, la prescrizione si riduce da dieci a cinque anni e col fatto interruttivo passa da quindici a sette e mezzo?».

*Pecorella*: «Secondo te un processo che dura sette anni e mezzo per accertare un falso in bilancio, che è falso documentale, è un processo breve?».

*Rossi*: «Perché non deve valere lo stesso per l'omicidio colposo? Per questa fattispecie la prescrizione è di quindici anni. Allora facciamo un discorso penalistico generale, coinvolgiamo tutti i reati, e alcuni depenalizziamoli pure. Ma non facciamo una depenalizzazione dissimulata».

*Pecorella*: «Sai qual è l'unica differenza tra il passato ed oggi? In passato dipendeva in qualche modo dall'arbitrio del giudice, per esempio attraverso la concessione delle attenuanti generiche. Oggi c'è una situazione per cui la prescrizione è sempre di sette anni e mezzo. Prendiamo il caso Berlusconi. Lui ha avuto in tutti i processi le attenuanti generiche... Allora è meglio che l'imprenditore sappia che, se commette questo reato, il pm gli deve fare un processo in tempi ragionevoli, oppure che non sappia, finché non va in cassazione, se saranno quindici anni o sette anni e mezzo?».

Entriamo, dopo le schermaglie, nel merito del problema.

*Rossi*: «Il progetto Mirone, all'articolo 4, contiene un postulato importantissimo: *"La disciplina delle società per azioni è modellata sulle esigenze proprie delle imprese a compagine sociale potenzialmente ampia, caratterizzata dalla rilevanza centrale dell'azione, dalla circolazione della partecipazione sociale e della possibilità di ricorrere al mercato del capitale di rischio"*. Così si romperebbe quella famosa "fratellanza siamese", come la chiamava Raffaele Mattioli, fra banca e industria, che ha sempre creato seri problemi al capitalismo italiano. Ora, quando ci poniamo traguardi così importanti come la riforma del diritto societario, si deve tener conto in primo luogo dei principi che si ispirano ai sistemi di diritto societario europeo, e anche ai sistemi di mercato più efficienti dal punto di vista finanziario. Queste norme, invece, sembrano tutte contro una delle norme del diritto societario europeo, la trasparenza. Quando si elimina la deterrenza del processo, si ha una depenalizzazione dissimulata, come detto prima. Tanto valeva dire: "Ammetto il falso in bilancio". Quando poi, nelle società non quotate, il falso in bilancio è addirittura perseguibile a querela, si paragona il falso in bilancio alla violenza sessuale. È lo stesso tipo di vergogna, è meglio non portarla all'esterno. Se si attribuisce poi solo ai soci la possibilità della querela, si compie un passo indietro nella concezione della società per azioni. Anche se la società non è quotata, infatti, deve ricorrere al capitale di rischio. Perché i soci sono quelli che stanno zitti e non ne sapranno niente, ma le imprese sono nel mercato ed è il mercato che deve dettare queste regole, non l'interesse contrattuale del singolo socio. Questa è una visione bestialmente corporativa, secondo me. I soci non parleranno mai, oppure saranno i piccoli disturbatori d'assemblea o, peggio ancora, le lotte in famiglia che faranno scattare l'azione penale. Gli interessi coinvolti in una società per azioni sono anche quelli dei creditori, delle banche. A questo punto, le banche continueranno a chiedere agli imprenditori gli immobili, in funzione di garanzia dei finanziamenti che ricevono, e a fare quella solita stolida commistione fra patrimonio personale dell'imprenditore e patrimonio della società, che fa sí che le società falliscano e gli imprenditori si arricchiscano. Altro fenomeno tipicamente italiano. In questa legge, del mercato se ne sono fregati tutti. Tiene conto di un'altra cosa, che le società non quotate sono fra le piú grosse società italiane. Basterebbe pensare a Benetton e a tutte le società non quotate che controllano le società quotate. In quei casi la querela chi la farebbe mai?».

*Pecorella*: «I soggetti tutelati non sono solo i soci, ma anche i creditori... D'altra parte, quali sono i possibili soggetti lesi se non loro?».

*Rossi*: «Ce ne sono tanti, i soci futuri, il mercato in assoluto, le banche...».

*Pecorella*: «Il mercato chi è? Non è mica un soggetto fisico. Il penale non è come il civile. Nel penale non è che io tutelo la correttezza, tutelo gli interessi reali».

*Rossi*: «Il problema è sempre lo stesso: la salvaguardia dei principi di verità e correttezza del bilancio, a tutela di interessi ancora piú generali di quelli dei soci e dei creditori. Non a caso la giurisprudenza e la dottrina hanno sempre qualificato il reato di falso in bilancio come "plurioffensivo". Perciò dopo l'approvazione di questo testo l'*Economist* ha scritto "Vuole ancora una risposta, avvocato Agnelli?", nel senso che l'Italia è proprio una repubblica delle banane».

*Pecorella*: «L'*Economist* parla di repubblica delle banane per l'Italia e non per la Spagna, quando la legge è identica: vorrei capire qual è il criterio».

*Rossi*: «Il problema è forse che la Spagna non aveva un presidente del Consiglio inquisito per falso in bilancio».

*Pecorella*: «Voglio dire una cosa molto chiara sui falsi in bilancio attribuiti a Berlusconi. Berlusconi non ricopre piú cariche sociali dal 1994, quando diventò presidente del Consiglio. In tutti i processi gli sono state concesse le attenuanti generiche, persino per la corruzione (Lodo Mondadori, dove c'è un ricorso in Cassazione da parte nostra). 1994 piú sette anni e mezzo quanto fa? Con le attenuanti generiche, andiamo al 2001 inoltrato. Quindi, i falsi in bilancio attribuiti a Berlusconi, grazie alle attenuanti riconosciute non per infliggergli una pena minore ma per dichiarare la prescrizione, sono prescritti».

*Rossi*: «Stai dicendo che queste norme non cambiano nulla nelle vicende processuali di Berlusconi?».

*Pecorella*: «Per onestà devo dire che possono cambiare qualcosa, perché, per esempio, invece di dichiarare la prescrizione i giudici potrebbero stabilire che manca il danno concreto, configurando cosí il reato minore. Teniamo conto che sono tutti processi in primo grado o in fase preliminare. Io capisco che l'opposizione faccia il suo mestiere. Ritengo, è una mia malignità, che abbia voluto mettere con urgenza in calendario questa legge per creare il primo caso grosso di conflitto d'interessi. Non poteva non prevedere, soprattutto uno con l'intelligenza e l'astuzia di Violante, che con una maggioranza di cento parlamentari sarebbe venuto fuori, in materia di reati societari, un testo che a loro non sarebbe piaciuto».

*Rossi*: «Quello di Berlusconi non è in sé un argomento sul quale mi piaccia intervenire, ma il sospetto che ci sia un interesse di Berlusconi viene anche a uno armato della massima onestà intellettuale. Che sia stato poi Violante a voler creare un caso è peggio ancora, perché allora vuol dire che il masochismo è totale e che questi Ds dovrebbero sciogliersi. Ma senza Berlusconi il professor Gaetano Pecorella avrebbe tirato fuori questa legge? Ti sarebbe venuto in mente di fare una legge di riforma societaria se non fossi stato l'avvocato di Berlusconi?».

*Pecorella*: «Giusto, queste cose vanno chiarite... Nel programma della Casa delle libertà, al punto 5, era previsto esplicitamente di dare il falso in bilancio solo nell'ipotesi che si procuri un danno. Addirittura credo si parlasse solo del socio. C'è una maggioranza di italiani che ha votato. Certo, non ha votato su questo singolo punto, ha votato in blocco, però la proposta c'era».

*Rossi*: «Non era questa la mia domanda, ragionando cosí aboliamo il codice penale...».

*Pecorella*: «Esistono i referendum abrogativi, se il popolo decide di eliminare l'omicidio farà il referendum abrogativo. È il popolo che comanda, purtroppo non è la nostra coscienza, le nostre buone idee.

*Rossi*: «Però ci sono principi che vanno al di là della volontà popolare. Se il popolo decide di ammazzare tutti quelli che pensano che questo progetto sia una schifezza, non è una democrazia. Il principio fondamentale di una democrazia liberale è il rispetto della legge e dei diritti delle minoranze, e solo in questo ambito può esercitarsi il principio del consenso popolare. Per questo non sono d'accordo col presidente del Consiglio. Il popolo ha votato, ma ci sono dei principi di Stato di diritto e di democrazia che non possono essere conculcati nemmeno dalla volontà popolare».

Concludiamo, tagliando a man bassa il confronto.

*Pecorella*: «Questo paese ha un eccesso di sanzioni. E allora, quando affronteremo la riforma del codice penale (già la riforma Grosso prevedeva una serie di sanzioni alternative) ce ne occuperemo.

Quindi, per valutare questo provvedimento sul falso in bilancio, occorre tener presente il quadro generale. Io credo che l'unica obiezione concreta che è stata fatta, dalle persone più avvedute come la onorevole Finocchiaro, è stata: non potete depenalizzare solo in questo settore. Io sono assolutamente d'accordo. Cioè, dobbiamo avere un quadro complessivo dell'uso della sanzione penale che sia diverso da quello attuale».

*Rossi*: «Sono d'accordo anch'io... ma questo tipo di legislazione, togliendo anche quel minimo di deterrenza, fa tornare indietro il nostro sistema. Sistema in cui sono invece da colpire gli amministratori e le società».

*Pecorella*: «Faccio una piccola boutade: probabilmente il capitalismo italiano ha le leggi che si merita».

*Rossi*: «Bisogna anche capire chi le fa».

*Pecorella*: «La commissione per la legge Mirone la fece il governo Prodi».

*Rossi*: «C'è anche il fatto che con un presidente del Consiglio come Berlusconi sorgono conflitti d'interesse che non investivano i governi precedenti. E sarà sempre cosí, per ogni provvedimento di natura economica, e non solo. Lo sapevate da prima».

*Pecorella*: «Lo sapevano da prima anche gli italiani...».

*Rossi*: «Io sono assolutamente d'accordo con te che qualunque governo, anche il più democratico, rappresenta interessi determinati... Però la grande anomalia italiana non è la rappresentanza da parte di Berlusconi di una serie di interessi che stanno fuori, ma dei suoi interessi personali. Il conflitto che ha Berlusconi non ce l'ha nessun capo di Stato o presidente del Consiglio in nessuna parte del mondo con tale rilevanza...».

*Pecorella*: «Il fatto è che Berlusconi è sceso in campo in prima persona perché la situazione italiana non aveva la possibilità di garantire certi settori di interessi, in quel momento era l'unica persona in grado di raccogliere il consenso. Detto questo, trovare la soluzione mi sembra assolutamente indispensabile».

*Rossi*: «Secondo me, il rischio che ha Berlusconi è non fare le cose e vincere lo stesso. Se lui vuol essere davvero una novità, le cose le deve fare».

*Pecorella*: «Sí, concordo con questa tua conclusione».


## All'estero ci schifano un po'

Non tutta la borghesia condivide la linea berlusconiana sul falso in bilancio, cosí come non tutto il centrosinistra rifiuta la necessaria riforma solo perché da essa trae vantaggi il presidente del Consiglio. Franco Debenedetti, senatore Ds di area *liberal*, riconosce che l'opposizione è stata messa con le spalle al muro dal governo, ma non se la sente di esprimere un no. «Dire che la legge si applica a uno solo è sbagliato. Significa dimenticare che la trasformazione da reato di pericolo, perseguibile d'ufficio, a reato di dolo, perseguibile su querela, è un'invocazione levatasi da decenni e condivisa dalla stragrande maggioranza dei giuristi d'impresa; e che la nuova formulazione del reato, analoga a istituti dei paesi anglosassoni e di altri paesi europei, si applicherà a tutti gli operatori economici italiani. Il centrosinistra ha ragione su una cosa: la nuova formulazione dei massimali di pena e del connesso regime di prescrizione, si applicherà anche a procedimenti in corso, che riguardano Berlusconi. Considero un errore grave del governo aver voluto porre l'opposizione al bivio: non tener conto degli interessi generali dell'economia, oppure fare un favore a Berlusconi, se li si vuol tutelare. Per quello che mi riguarda, tuttavia, prevale l'interesse generale. Deploro il governo, ma non farò vessare ancora soci e amministratori in buona fede per evitare di favorire anche Berlusconi».

Ma sulla «modernità» della riforma vengono riserve (probabilmente minoritarie) dallo stesso mondo delle imprese e della cultura d'impresa. Tra il voto estivo di Montecitorio e quello autunnale di Palazzo Madama, la legge viene processata sullo stesso giornale della Confindustria (Renato Palmieri), sul *Corriere della sera* (Salvatore Bragantini, ex Consob), su *Famiglia Cristiana* (Piercamillo Davigo), e in incontri internazionali come quello promosso al Residence Ripetta di Roma dalla rivista *Questione Giustizia*, diretta da Livio Pepino, che mette a confronto italiani, francesi e inglesi.

Emerge da queste tribune una preoccupazione gravissima, che nel pur vasto confronto Rossi-Pecorella è rimasta in ombra (o ci è parso): e cioè che con la riforma del falso in bilancio la disistima straniera nei confronti dell'imprenditoria italiana aumenti e incida nell'economia del paese. Arriveranno i mascalzoni e fuggiranno i galantuomini. «Che senso ha – dice Davigo – prevedere norme rigorose antiriciclaggio se poi si possono fare bilanci falsi delle società, perché se nessuno sporge la querela nessuno è perseguibile? Il primo rischio è che affluiscano in Italia soggetti poco raccomandabili: chi vuole operare in condizioni di non perfetta trasparenza colloca le sue aziende in Italia. Il secondo, anche piú grave, è che le società operanti in paesi dove la trasparenza contabile è piú elevata, probabilmente decideranno di non operare piú da noi, perché non è possibile che a loro volta ricorrano a simili sistemi.»

61

La testimonianza e il commento di Bragantini sono anche piú disinibiti, se possibile. «Le imprese italiane non hanno nel mondo reputazione di particolare affidabilità. Le poche righe di questa riforma contribuiranno ad accrescere nel mondo la disistima per le imprese italiane. Le conseguenze anche finanziarie saranno negative per l'intero sistema delle imprese, perché in Italia una maggioranza potrà anche stabilire che la terra è quadrata, ma fuori d'Italia continueranno a pensare che è rotonda e non possiamo accusarli d'essere comunisti.»

Quale socio o creditore oserà presentare querela per aver subíto danno dall'amministratore falsario? Siamo il paese della mafia e dell'omertà. La gente è omertosa perché chi dovrebbe denunciare un torto è piú debole di chi glielo ha inflitto. Perciò prima di protestare ci penserà dieci volte, per evitare danni maggiori. Né può intervenire in sua vece un imprenditore terzo, magari il concorrente dell'imprenditore falsario. Per querelare, occorre essere o soci o creditori.

Qualcuno, Piercamillo Davigo, voleva rivoltare l'Italia come un calzino. Ora la stanno rivoltando i suoi inquisiti del tempo di Mani pulite. Stanno scardinando l'equilibrio sanzionatorio – dice Alberto Alessandri, ordinario di diritto penale commerciale alla Bocconi – e la collaborazione giudiziaria internazionale. D'ora in avanti un furto, punibile fino a 6 anni, sarà considerato piú grave del falso in bilancio, punibile fino a 4: il codice penale sarà duro coi reati da marciapiede, gentile coi reati dei galantuomini. La collaborazione internazionale nella lotta ai crimini dà precedenza a quelli puniti con pene da 5 anni in su. Abbassato il falso in bilancio a 4, la collaborazione per questo reato s'attenua, senza dire che anche sulle rogatorie internazionali il centrodestra ha messo le mani. In pratica, le ha vanificate, come vedremo piú avanti. «La riforma delle rogatorie vi nuocerà ancor piú del falso in bilancio. Se il presidente della Repubblica firma queste leggi, per l'Italia sarà un giorno di vergogna»: cosí, papale papale, Tim Laxton dell'*Economist*, spara in faccia alla platea nel ricordato incontro al Residence Ripetta di Roma.

## Due leggi «di gran lunga eccedenti»

Una riforma dell'ordinamento penale a spizzichi e bocconi, come quella del falso e delle rogatorie, fatta sotto l'urgenza di problemi e paure personali, porta alle aberranti conclusioni ricordate e, per conseguenza, a giudizi critici globalmente negativi. Piú equilibrato si fa il discorso se si considerano «i tanti volti della questione giustizia». Il richiamo al «metodo» viene da Gustavo Ghidini, ordinario di diritto industriale alla Luiss e presidente onorario del Movimento consumatori. La questione giustizia, dice, va concepita come *normale* capacità di una democrazia industriale moderna di assicurare ai cittadini un servizio pubblico, fatto di leggi, procedure e svolgimento delle attività individuali e associate nel rispetto dei diritti e dei doveri di ciascuno. Gli italiani dovranno dunque pensare a:

– una giustizia civile, che sia ridotta a un solo grado di merito, liberata dalle astuzie procedurali dilatorie e quindi snellita, incoraggiata anche con retribuzioni differenziate ai magistrati, oggi tutti «senza premio né castigo»;

– una giustizia amministrativa che ripudi la condizione ottocentesca di disuguaglianza fra Stato e cittadini, fondata sulla «discrezionalità» dell'amministrazione e sull'«interesse legittimo» (inteso come diritto affievolito) del cittadino. Su questa strada, già aperta dalla Bicamerale, occorre dare ai giudici amministrativi uno status identico, per terzietà e indipendenza, a quello dei giudici ordinari;

– una giustizia penale fondata sul giusto e normale rigore: dove normale sta anche per tempi solleciti delle decisioni, quindi snellimento delle procedure ed efficienze dell'organizzazione. «Ma quel concetto – vuol ricordare Ghidini – implica anche un fermo ripudio di "rincorse normative" di carattere emergenziale e di regole e procedure troppo discrezionali. Allo stesso modo va respinta l'idea che garantismo significhi tutela debole della legalità (laddove significa, invece, cultura della giurisdizione in *tutti* i soggetti della vicenda giudiziaria). Vanno quindi respinte tanto le riforme idonee ad abbassare la guardia rispetto alla tutela di valori primari, quali salute, ambiente, trasparenza amministrativa e finanziaria, quanto il ricorso inflazionato (specie se non legato a sufficienti riscontri obiettivi) ad alcuni strumenti "applicativi", come quello ai cosiddetti "pentiti". Assai meglio un impegno dello Stato per assicurare magistrati piú numerosi e piú preparati, e una piú efficace attività della magistratura requirente e della polizia giudiziaria». Senza parlare dell'urgenza di pene alternative al carcere: da quando abbiamo creato i giardini zoologici come spazi aperti, nelle gabbie sovraffollate è rimasto solo l'animale uomo. «Cerchiamo di trattarci come trattiamo finalmente gli altri animali.»

Sulla base di questi principi, si discute meglio anche di falso in bilancio, rogatorie, Tangentopoli, separazione della funzione giudicante e di quella requirente, responsabilità del potere giudiziario: problemi che ci occupano e soprattutto ci occuperanno nel 2002 e anche oltre. «Ma restando al falso in bilancio e alle rogatorie, quelli del governo Berlusconi sono provvedimenti che eccedono di gran lunga le esigenze. Nel falso in bilancio, le esigenze sono soprattutto due: non colpire con sanzioni penali errori non dolosi, valutazioni suscettibili di divergenti apprezzamenti di attendibilità; non estendere l'ipotesi penale a tutti i consiglieri d'amministrazione solo perché tali. Rigorismo formalistico e teorizzazioni come "non poteva non sapere" ledono l'equa e garantista concezione della legge. Ciò detto, la riforma del falso in bilancio, ripeto, eccede di gran lunga queste esigenze, e si traduce in abbassamento *generalizzato* del rigore sanzionatorio, ancor piú diminuito rispetto alle società non quotate in Borsa, che sono espressione di gruppi familiari o di ristrette "cordate". Il messaggio che questo abbassamento indiscriminato di rigore manda al risparmio italiano ed estero, è in netta controtendenza rispetto alla generale richiesta di trasparenza, di tutela degli azionisti di minoranza, di corretta *corporate governance* che proviene dai mercati finanziari piú evoluti e piú in grado di mobilitare il maggior afflusso di capitali, specie da parte dei grandi investitori istituzionali (fondi pensione, banche d'investimento, ecc.). Quel messaggio, dunque, vulnera l'immagine del nostro sistema e dissuade a investire nelle nostre imprese, a partire dalle piccole e medie, tipicamente non quotate in Borsa e piú bisognose di capitalizzazione. Lo sprezzante giudizio della stampa economica e finanziaria internazionale conferma che questo "messaggio" è stato ben colto anche all'estero.»

Cosí le convenienze di pochi frustrano le aspettative di tanti (il finanziamento delle piccole e medie imprese italiane dipende per il 70 per cento da debiti con le banche e solo per il 30 per cento da capitale di rischio: esattamente l'opposto nella media europea). Quei tanti forse non hanno capito che i grandi investitori non portano il loro denaro a imprese che la stessa legge autorizza ormai a sospettare come ben poco disincentivate dal sottoporsi a disinvolti *maquillages* contabili.

«Riflessioni simili – osserva Ghidini – evocano il provvedimento sulle rogatorie: vistosa eccedenza rispetto a esigenze di legalità e certezza processuale. Eccedenza autodenunciata, laddove il provvedimento sottopone l'informazione ricevuta per rogatoria *a un indifferenziato regime di nullità assoluta*, quali che siano le irregolarità formali, anche le meno rilevanti. Cosí il mantello del garantismo copre anche il cavillo. Non si fa, con queste norme, la lotta alla criminalità internazionale, tanto piú dopo l'11 settembre.»

## Il conflitto d'interessi targato Frattini

Il 27 settembre, mentre la Camera, a scrutinio segreto, affonda due volte il governo sulla legge delle rogatorie, costringendolo a tornare al Senato per un secondo esame, Palazzo Chigi, si predispone ad approvare il disegno di legge Frattini sul conflitto d'interessi.

Ex giovane di sinistra, ex ministro della Funzione pubblica nel governo Dini, già nella legislatura ulivista Frattini era stato relatore alla Camera, col consenso del centrosinistra, di un disegno di legge sul conflitto d'interessi. Erano i tempi dell'inciucio bicamerale, la legge era figlia dell'inciucio e quindi del tutto innocua per i destinatari delle sue norme. Approvata alla Camera in spirito bipartisan, la legge andò al Senato, dove la colse la morte della Bicamerale, e la conseguente fine dell'inciucio apparente. Fu chiusa nel cassetto e vi rimase fino alla vigilia delle nuove elezioni, quando l'Ulivo si sovvenne dell'incompiuta e ne affidò il rifacimento alla senatrice Marida Dentamaro: che le diede gli attributi, ma troppo tardi perché potesse servirsene. Infatti sopraggiunse lo scioglimento delle Camere, mentre il Polo levava altri strilli contro la «persecuzione» del suo leader. Gli strilli raggiunsero gli elettori, e li convinsero che contro il leader c'era accanimento, per una questione di cui «agli italiani non importava niente». Gli analisti del suffragio elettorale concordano, anche sulla base di tre sondaggi Abacus *ad hoc*, condotti a fine febbraio, fine marzo e fine aprile 2001, che lo sfondamento elettorale del 13 maggio sia stato opera di un binomio: «Berlusconi piú conflitto d'interessi».

Il disegno di legge Frattini ha anche un padre politologo, il ministro Giuliano Urbani, che dice: «non esiste un sistema al mondo in grado di estirpare un conflitto d'interessi potenziale. Fuorché uno, l'ineleggibilità. Ma siccome, vigendo la nostra Costituzione, non si può dire "chi è straricco è ineleggibile", cosí l'alternativa piú efficace all'ineleggibilità è la nostra proposta: una Authority di tre saggi. Con essa non eliminiamo le potenzialità del conflitto d'interessi, ma riduciamo i rischi praticamente a zero. Non ci sono sanzioni? Ma la sanzione è innanzitutto politica, quella degli elettori. Poi ci sono quelle (amministrative o penali) già previste dall'ordinamento. Comunque, non sono le sanzioni il punto vero. Questa legge accende riflettori sull'esecutivo, aumentandone la controllabilità. Questo il cuore del problema, non già punire a cose fatte».

I tre saggi di Urbani e Frattini sono nominati dai presidenti delle Camere, eletti a loro volta dalla maggioranza governativa. Essi controllano che gli atti dei componenti del governo, delle giunte regionali e delle giunte delle dieci piú importanti città del paese non comportino vantaggi per chi li adotta. Possono quindi aprire istruttorie, fare accertamenti, archiviare oppure inviare un «referto» al Parlamento. Il quale, a sua volta può tener conto della segnalazione e nominare un comitato d'indagine per poi archiviare o procedere coi suoi poteri politici, fino alla sfiducia. Tutto qui? Tutto qui.

Del resto – osserva il professor Urbani, che sa essere ilare – «pensate a Bush. Altro che *blind trust*, il modello americano non esiste. Quando scoppiò la guerra dell'Iraq, per le note vicende petrolifere, era presidente Bush padre. Visti tutti gli interessi della famiglia nel petrolio, non era forse un caso macroscopico di conflitto d'interessi potenziale? I cittadini americani neppure per un istante hanno pensato che ci fosse qualcosa che non andava. Hanno semplicemente ritenuto che vi fosse in quel momento una coincidenza fra gli interessi privati del loro presidente e gli interessi del paese. È cosí che funziona. Anzi le dirò (si rivolge alla redattrice di *Repubblica* Barbara Jerkov, incerta se sta sognando o è desta): quanto piú grandi sono gli interessi privati del presidente del Consiglio, tanto piú facilmente sono visibili e tanto piú controllabili. La grandezza del patrimonio di Berlusconi è solo una garanzia ulteriore di visibilità».

Anche gli interessi privati del ministro Frattini sono grandi, creano un conflitto d'interessi, ma, diversamente da quel che pensa il professor Urbani, l'opinione pubblica e l'opposizione non si compiacciono di saperlo grande ed evidente, pretendono che sia rimosso. Per mesi, tutti ne parlano, specie nell'Ulivo, ma quasi nessuno si muove. Alla fine si muove il *Corriere della sera* (no, non i professori degli editoriali, che a queste cose non fanno caso, ma il solito rompiballe Gian Antonio Stella, inviato speciale nelle fogne peninsulari e insulari del «sistema»). Il 28 novembre spara la già pubblicata e perciò inedita notizia che il ministro della Funzione pubblica, con delega ai servizi segreti, autore del progetto per risolvere il conflitto d'interessi del suo premier, coltiva, come consigliere di Stato, la passione per gli arbitrati; ed è egli stesso presidente della Corte arbitrale nella contesa di 600 miliardi tra la Tav, che è la società per l'alta velocità, e il gruppo Cepav, che dovrebbe realizzare i lavori sulla tratta Milano-Verona.

«È il 16 novembre, Kabul è appena caduta, la gente ha gli occhi solo per la guerra – scrive Gian Antonio. – Frattini porta in Consiglio dei ministri un disegno di legge sulla pubblica amministrazione. Subito dopo, Pietro Lunardi (che dell'alta velocità è un progettista, avendo la sua Rocksoil disegnato 33 tunnel) presenta il disegno di legge per le infrastrutture che [...] fa saltare le gare d'appalto europee – volute dall'ex ministro Bersani – e riesuma i vecchi contratti a trattativa privata: compresi quelli che mai avevano visto l'apertura di un cantiere. Tema: cosa fa Frattini? Indovinate: a) esce dal Consiglio, come promise di fare Berlusconi quando vi si fosse parlato di cose nelle quali ha interessi; b) chiede: "Per favore non toccare il tema perché sono interessato"; c) esclama: "Ohibò, ecco il mio arbitrato". Chissà... Certo è che se anche il ripristino della vecchia commessa cambiasse tutto, i tre del consiglio arbitrale conserverebbero il diritto di essere pagati. Lautamente. Quanto: 18 miliardi, pari al 3 per cento della somma contestata, e cioè 6 miliardi a testa».

Frattini precisa in una lettera a *l'Unità* che la somma è di molto ridotta (circa 2 miliardi da dividersi in tre). Non smentisce cioè l'arbitrato, ma solo l'entità della sua rendita. E passa a qualche altro dei suoi tanti impegni, per esempio quello di componente fisso della «Camera per la conciliazione e l'arbitrato per lo Sport», del Coni: che è la Cassazione del mondo sportivo, dopo la disciplinare e la Caf, quella che affronta i casi piú grossi. Travolto dalla polemica (piú i ministri fanno scandalo in proprio, piú costringono il premier a uscire in qualche modo dal suo), Frattini lascia l'arbitrato dell'alta velocità il 3 dicembre, «non volendo lasciare neanche una minima possibilità – dichiara sdegnato – di poter insinuare dubbi, denigrare, offendere, ledere in modo falso e tendenzioso la mia persona e, attraverso di essa, il governo di cui ho l'onore di far parte».

«In verità il governo si è tolto solo la pagliuzza dagli occhi – replicano Margherita e Ds con Fioroni e Brutti –: rimaniamo infatti in attesa che si tolga pure la trave rappresentata dai casi Lunardi, Taormina e Berlusconi.» «Bravo, una scelta da applaudire» commenta Stella. Il dimissionario, tuttavia, accompagna il doveroso passo con una sventagliata di accuse a chi, segnalando la sua posizione, avrebbe dato vita a una «finta campagna moralizzatrice»… E annuncia che chiederà al *Corriere*, che gli avrebbe messo i bastoni fra le ruote, una spettacolare richiesta di danni.

«A nostra discolpa – si permette il giornalista – preannunciamo all'On. Ministro Fu Arbitro Frattini, che chiameremo a teste a difesa il suo omonimo On. Ministro Fu Arbitro Frattini. Il quale nel 1996, quando era incerto se buttarsi con Berlusconi o Di Pietro, chiese, con l'Intergruppo per la legalità [costituito alla Camera dell'on. Elio Veltri e altri cinquanta deputati], di fissare l'"incompatibilità totale" tra il lavoro dei giudici e gli arbitrati. Nel 1998 è stato relatore di un disegno di legge varato dalla Camera che ordinava ai ministri di "dedicarsi esclusivamente alla cura degli interessi pubblici", escludendo espressamente "consulenze o incarichi arbitrali". E due mesi fa ha rivendicato come suo il disegno di legge sul conflitto d'interessi. Il quale, al comma 4 dell'articolo 2, come ricorda Stefano Passigli nel libro *Democrazia e conflitto d'interessi*, sentenzia che i ministri "non possono esercitare attività professionali in materie connesse con la funzione, o svolgere incarichi di competenza o arbitrali, di qualunque natura, anche se gratuiti". Tutto chiaro. A meno che… Scusi, Frattini: ma parlava dei ministri di un governo straniero?»

## L'enormità italiana

Ai politologi-ministri rispondono i politologi-*vagantes*, come Vanni Sartori, pendolare tra New York e Firenze. «Al ministro Urbani dico che non è questione di grandezza, il punto è che nessuno deve avere il potere politico di avvantaggiare il proprio potere economico, e non vedo cosa c'entri la grandezza in tutto questo. Il problema è strutturale, e questa è una struttura inaccettabile in qualsiasi Stato di diritto. In particolare è inaccettabile anche perché istituisce un monopolio degli strumenti di comunicazione di massa, che è una seconda violazione dei principi della democrazia. In tutto il mondo esistono le Autorità antitrust per impedire il monopolio, e perché in Italia questo monopolio non deve essere impedito?»

La differenza tra il petrolio di Bush e le televisioni di Berlusconi sembra acquisita. Il petrolio può creare soltanto un conflitto d'interessi in senso tradizionale: il rischio, cioè, che il governante faccia leggi nel settore che aiuti il suo personale interesse finanziario, oppure non lo faccia per non danneggiarlo. Nel caso delle televisioni, questo conflitto è solo una parte del problema. L'altra, forse piú importante, si gioca a ruoli rovesciati, ed è il rischio che la televisione di chi governa possa a sua volta fare cose o non farne per aiutare gli interessi politici del padrone che governa. In questo caso l'attacco è non solo al mercato, alla terzietà del governo rispetto ai suoi operatori, all'etica del governante, ma è alle basi stesse della democrazia, è cioè un attacco alla competizione resa impossibile dalla disparità dei mezzi. Il conflitto d'interessi, insomma, è il conflitto della democrazia. E rischia di coinvolgere tutte le sue istituzioni.

«La tv – scrive uno dei giornalisti piú invisi a Berlusconi, Giovanni Valentini – è tuttora la fonte principale del suo enorme potere economico. Gli interessi privati che sono in conflitto col ruolo pubblico ammontano a oltre 4500 miliardi all'anno, piú di 12 mila milioni al giorno che la macchina pubblicitaria è in grado di rastrellare sul mercato, sfruttando un bene collettivo come l'etere. È poco meno di quanto raccoglie ogni anno la stampa italiana messa insieme, tutti i giornali quotidiani, settimanali o periodici. È molto piú di quanto riesce a raccogliere la Rai [...] sicché oggi il governo Berlusconi non ha piú bisogno di compiere atti a favore dell'impero Berlusconi. Piú di cosí, sarebbe umanamente impossibile. Ora si tratta piuttosto di impedire che il suo impero televisivo continui a compiere atti a beneficio del governo e della maggioranza che lo sostiene. Occorre evitare che il leader del Polo continui ad alterare la formazione e la raccolta del consenso.»

Quando s'accorge che non ce la fa a presentare nei suoi primi cinquanta giorni di governo la legge sul conflitto d'interessi, come aveva promesso, Berlusconi prende la parola: «Qualsiasi soluzione adottasse il governo sul conflitto d'interessi, al centrosinistra non andrà mai bene». «È vero – gli rispondono – perché c'è incompatibilità assoluta tra la carica di primo ministro e lo status di concessionario pubblico, non si può essere contro-parti di se stesso. O si rinuncia alla politica o si rinuncia alle televisioni.» È scritto nella legge italiana, fin dal 1957. Il fatto che il Parlamento l'abbia elusa, dicendo che «formalmente» non è Berlusconi il titolare delle sue concessioni, è solo un ulteriore *vulnus* alla democrazia, inferto fra complici silenzi dei garanti.

Ora però la chiamata in causa dei massimi garanti appare inevitabile. Piú Berlusconi preme coi suoi Gasparri per la colonizzazione della Rai, piú si realizza il monopolio politico delle televisioni, e piú la nostra democrazia assume – dice Sartori – «una caratteristica dei sistemi dittatoriali», anche se l'Italia non ha una dittatura ma una colossale anomalia, che confligge coi principi del pluralismo, con la teoria della democrazia, e perfino con la teoria dei monopoli: che, se sono cattivi in economia, sono cattivi anche in politica. I sistemi liberaldemocratici non tollerano il monopolio».

Berlusconi spiega ai suoi ministri, che s'affannano a prospettargli scherzose soluzioni, che nessuna di esse sarà accettata dalla sinistra. Gli argomenti saranno quelli del professor Sartori: «Ogni conflitto crea l'incompatibilità. Non si possono avere governo e monopolio, non si possono avere due mogli, è incompatibile. Resta la strada della dismissione, e non è vero che è incostituzionale. Se Berlusconi vuole tenersi le tv se le tenga, ma non può fare il capo del governo. E viceversa. Non capisco perché ne faccia una tragedia. Se vuole restare a Palazzo Chigi, deve solo cambiare investimento: vendere le tv e affidare il ricavato a un *blind trust* un fondo cieco, che in questo caso funziona. Tutto resta a lui è nessuno gli toglie niente».

## Il rischio istituzionale

Ma fra quanti sono o ritengono di essere vicini al premier, molti pensano che per Berlusconi i palliativi di Frattini e Urbani servano a prendere tempo e spandere fumo. Mandare molto per le lunghe il problema, contando sul disinteresse degli italiani, permetterebbe di non accumulare troppi fatti eversivi (è già pronto l'attacco campale alla magistratura per i primi mesi del 2002). Rinnovato il paese in modo coerente con le sue convinzioni e coi suoi interessi, Berlusconi potrebbe anche «passare la mano» o cambiare palazzo, senza aver risolto il «conflitto». Anzi, conservando l'impero televisivo, interamente trasferito agli eredi, come strumento perenne di formazione del consenso.

«Passare la mano» significa, per Giorgio Bocca, andare al Quirinale. Gli appelli del sottosegretario Taormina a mandare in galera i giudici, non confutati dal premier benché il ministro Giovanardi chieda che se ne parli in Consiglio dei ministri, è un altro tassello del potere personale che Berlusconi si sta costruendo. Demolite le norme che potevano creargli problemi con la giustizia, delegittimati i giudici trasformando in martiri dell'Occidente e della democrazia tutti i politici che dai giudici sono stati condannati per ruberie, concentrato nelle sue mani tutto il potere massmediatico, elusa la soluzione del conflitto d'interessi, ottenuta la conversione di alleati come Bossi e Fini che furono dalla parte dei giudici contro i corrotti e oggi legano l'asino dove dice il padrone, demolito il Csm con una legge elettorale che lo riduca a un club dove si promuovono o trasferiscono colleghi, distratto il capo dello Stato con viaggi, bandiere e *Fratelli d'Italia*, indifferente l'opposizione che dopo dieci mesi dal 13 maggio è ancora senza iniziative forti, Berlusconi sembra sempre piú attratto da un suo disegno, del resto antico: governare il paese con un regime di «autoritarismo morbido», dove né Parlamento, né stampa, né magistrati osino contraddirne i decreti.

L'attacco a testa bassa contro i magistrati – scrive Bocca – ha una sola spiegazione verosimile: «Per il capo del governo, l'unico vero ostacolo sulla strada che porta alla presidenza della repubblica, cioè a una repubblica regale, con un capo dello Stato al di sopra di ogni inquisizione, assolutamente protetto da ogni possibile "lesa maestà", è la magistratura, con quei suoi ordinamenti sovversivi quali l'obbligatorietà dell'azione penale, la divisione tra inquirenti e giudicanti, l'autonomia dei giudici. Dei nemici politici il capo del governo non si preoccupa, anche se continua a pestarli e a irriderli».

Li pesta e irride perché sente che Margherita e Ds non hanno ancora unghia né denti per combatterlo, preferiscono autoingannarsi d'aver a che fare con un «normale» leader democratico di un «paese normale», sono reduci da una legislatura in cui hanno realizzato tutte le richieste di Berlusconi dando a credere a se stessi e agli elettori (che non li hanno creduti) che cosí facendo realizzavano le loro supreme aspirazioni liberali:

Berlusconi sa dunque di che pasta è fatta l'opposizione ulivista. Lo sanno anche i non molti intellettuali che rifiutano «quella posizione di disoccupati, astratta, frammentaria, immorale, umanistica» che, secondo Gobetti, «definisce l'*intellettuale* in Italia». Non ai partiti del centrosinistra si rivolgono ormai quegli intellettuali, ma a Ciampi, come fa Sartori che gli chiede di non firmare la «legge truffa» predisposta da Frattini sul conflitto di interessi. Par di capire che la speranza suprema di veder sbarrata a Berlusconi la strada «all'autoritarismo morbido» e al Quirinale, sia riposta ormai proprio e solo in Ciampi.

«Anche in un sistema parlamentare, – rammenta Sartori, gettando benzina sul fuoco che tutti gli altri si sforzano di tenere sotto la cenere, – il capo dello Stato non è soltanto una macchinetta timbracarte. La promulgazione delle leggi è un atto dovuto in casi normali. Ma la legge-truffa predisposta dal ministro Frattini non appartiene alla normalità. È, sarebbe, la maggiore "mala legge" mai approvata in Italia. La mia tesi è che quando è in gioco l'art. 3 della Costituzione, che impone di "rimuovere" gli ostacoli alla libertà e all'eguaglianza dei cittadini, e ricorrono gravi motivi come in questo caso, il capo dello Stato può fare tre cose: preliminarmente, negare l'autorizzazione a presentare il disegno di legge al Parlamento; secondo, porre un veto sospensivo al momento della promulgazione, con il contestuale invio alle Camere di un messaggio che esprime le sue riserve; terzo, puramente e semplicemente rifiutare di promulgare la legge.»

Sigmund Ginzberg (*l'Unità*, 16 novembre) gli chiede quale di queste tre linee raccomanderebbe. La risposta è franca fino in fondo: «Le raccomanderei nell'ordine. Se il presidente facesse discretamente sapere a Berlusconi che lui medita di negare l'autorizzazione, questo sarebbe un fulmine a ciel sereno che da solo vale cento *moral suasion* (come ama mellifluamente dire Stefano Folli). Converrebbe a Berlusconi sollevare un putiferio per ottenere quella autorizzazione? Vorrei vedere. Poi c'è il veto sospensivo e il messaggio che lo spiega. Quel messaggio, se scritto come di deve, incrinerebbe in modo irreparabile la credibilità internazionale di Berlusconi, che è la credibilità alla quale il Cavaliere tiene disperatamente. È vero che il veto sospensivo del Presidente sarebbe scavalcato in Parlamento da maggioranze bulgare. Ma per Berlusconi sarebbe una vittoria che lo impiomberebbe agli occhi del mondo. Secondo me, basterebbe che Ciampi minacciasse il messaggio per salvare in uno la sua coscienza e il paese. Se non lo facesse, gli resterebbe in mano l'arma di rifiutarsi di promulgare per gravi motivi. Finora non è mai successo. Ma nemmeno Berlusconi è mai successo».

Riprenderemo il discorso piú avanti quando si parlerà dell'assalto al Quirinale, scatenato dalla destra fin dall'indomani della vittoria elettorale. Fu chiaro subito che l'obiettivo «terra bruciata» perseguito dalla destra revanchista non avrebbe risparmiato alcuna istituzione.

## Luttwak o Caianiello?

Intanto perfino l'«amico Bush» fa sapere, direttamente e indirettamente, quanto giudichi intollerabile che un leader politico dell'Occidente, sia pure soltanto premier della provincia italiana, sfidi tutto il mondo liberaldemocratico e capitalistico con la piovra del suo conflitto d'interessi. Dell'ambasciatore Mel Sembler, inviato a Roma dopo ben nove mesi di ambasciata vuota, abbiamo già detto: ha venduto tutte le azioni di aziende operanti in Italia. Lo comunica lui stesso, nei primi giorni romani, al *Corriere della sera*. Poi arriva l'intellettuale dell'ultradestra Edward Luttwak, che presenta il suo libro *Strategia, logica della guerra e della pace*, e dice al vecchio amico Furio Colombo, direttore dell'*Unità* parole di fuoco. Paolo Mieli le riprende per il *Corriere* (dopo aver ricordato che, al confronto di Luttwak, perfino George W. Bush è da considerarsi alla stregua di un discepolo di Lenin).

«Ormai avete un problema grosso come una casa e si vede da lontano – dice il professore americano. – Il fatto è che Berlusconi, il quale cura i suoi affari mentre è al governo, e non si separa dalle sue proprietà pur dovendo fare leggi su quasi tutti i settori in cui opera, non s'accorge di violare i punti piú sacri del capitalismo. Agli investitori americani, le proprietà di Berlusconi, che è anche presidente del Consiglio, appaiono un deterrente: non sai in che campo investire senza scontrarti con interessi protetti, nell'immensa rete di aziende controllate dal primo ministro. Questa commistione, sacrilega per il capitalismo, fra un alto personaggio politico e i suoi estesissimi affari personali, è come una metastasi che all'estero preoccupa di piú perché nessun italiano sembra volersene occupare [...] Fate male, il vostro paese appare infido perfino quand'è un buon alleato».

Italiani infidi. Il *Corriere,* che da quando è morto Montanelli ne ripropone ogni giorno un pensiero nella stessa pagina e sullo stesso tema curati da Mieli, riproduce, con le considerazioni di Luttwak, quelle di Montanelli in piena campagna elettorale, il 16 marzo 2001: «Nei paesi seri, l'incompatibilità fra interessi pubblici e interessi privati è affidata non a una legge (che si può sempre aggirare: e figuriamoci se il Cavaliere non ne conosce i mezzi), ma alla sensibilità degli elettori. Ecco perché né un Morgan né un Ford né un Du Pont si sono mai presentati per la corsa alla Casa Bianca. Lo fece un Rockefeller, dopo aver messo il suo patrimonio sotto controllo pubblico (credo si trattasse di un *blind trust*). Anche in Italia si usava farlo ai tempi dei galantuomini. Sonnino e Sella, prima di accettare la carica di ministri, liquidarono tutte le loro azioni, e ne misero il ricavato in Buoni del Tesoro. Ora purtroppo gli elettori italiani sembrano seguire un'altra logica. "Se ha fatto tanto bene i suoi affari privati, farà bene anche quelli pubblici". E una simile mentalità non c'è legge che basti a combatterla».

Per un intellettuale americano di ultradestra che parla da liberale, c'è pronto un italiano, presidente emerito della Corte costituzionale, Vincenzo Caianiello, a scatenarsi pro Berlusconi: a liquidare il caso, bastano ritocchi all'Autorità antitrust e all'Autorità delle comunicazioni, sostiene. Evidentemente, il problema non è grande come una casa, anzi «si ha la netta sensazione che la maggioranza del paese sia francamente stufa». (Il presidente emerito ha quasi l'aria di prendersela col buon Frattini, affinché il ministro possa difendersi: «Vedete, mi dicono che esagero».) Secondo Caianiello, infatti, i suoi tre saggi sono fuori della Costituzione perché, per controllare gli eventuali conflitti d'interessi dei governanti con una Autorità ad hoc, occorrerebbe una legge costituzionale e non una legge ordinaria; l'Autorità, poi, potrebbe essere assalita da delirio d'onnipotenza oppure dimostrarsi una pistola scarica; costringere alla vendita è «assolutamente improponibile»; espropriare è «soluzione demenziale»; il conflitto d'interessi «dal punto di vista giuridico è uno pseudoproblema»; la questione va vista in rapporto alle cose concrete e «per queste vi è l'istituto dell'astensione», quando di cose concrete si parla in Consiglio dei ministri (Carlo Fusi, *Il Messaggero*, 31 dicembre).

Mentre l'Italia bizantina s'affanna intorno al Principe, l'Italia acquattata riscopre i piaceri di Tangentopoli. A rammentare che è ancora possibile occupare cariche pubbliche e imporre tangenti private, pensa il direttore generale dell'ospedale Le Molinette di Torino, Luigi Odasso, iscritto a Forza Italia, che alla vigilia di Natale viene arrestato (come il «mariuolo» Mario Chiesa) con una mazzetta da 15 milioni. Seguono altri arresti. L'amico Enzo Ghigo, «governatore» forzista del Piemonte, si sente «tradito» e spera si tratti di caso isolato. Di tutt'altra tempra il cardinale Severino Poletto: «Come pastore che ama questa città, non posso non richiamare tutti, specialmente i credenti, al dovere di testimoniare in modo visibile e credibile che mai, mai! la cosa pubblica può essere usata a proprio vantaggio».

Forse a Sua Eminenza non risulta ancora che la maggioranza del paese «sia francamente stufa» di queste prediche su conflitto d'interessi e paraggi.

# III. Guerra del G8
## *I sogni muoiono a Genova*

Elle Kappa, *la Repubblica*, 25 luglio 2001

Pestaggi, destra perplessa - L'Italia del Maresciallo Badoglio - L'Italia del maresciallo Ascierto - Global, una Dichiarazione d'Interdipendenza - «Abbiamo già dato» - Le olimpiadi delle barbe finte - Ai privati, con Letizia - Leggenda aziendale per studenti

## Pestaggi, destra perplessa

Nella sala del mappamondo, il comitato di deputati e senatori che ha indagato sui fatti del 19, 20 e 21 luglio, si riunisce l'ultima volta il 14 settembre per ascoltare la relazione del presidente Donato Bruno. Auspice il Quirinale, che si dichiara con reminiscenza dannunziana «Silente ma non assente», il Comitato ha rivisto l'avventura genovese dei grandi della terra (G8), malcapitati fra 200 o 300 mila contestatori d'ogni paese, una folla imprevista dall'Interpol del ministro Scajola, dai diplomatici del ministro Ruggiero e dagli stessi servizi segreti del ministro Frattini. C'erano nella folla, insieme ai pacifici, alcune migliaia di tute nere (black block), in parte noti alle polizie per precedenti violenze. Portavoce del pacifico popolo no global il medico Vittorio Agnoletto, mancato parlamentare di Rifondazione, affiancato dal leader delle «tute bianche» Luca Casarini: una specie di «mezzala» fra il centro violento di Agnoletto e la sinistra violenta dei black block. Centinaia di costoro erano stati respinti alle frontiere di terra (Ventimiglia, Brennero) e di mare (Ancona), ma a Genova sono egualmente tanti, malgrado gli annunci di chiusura delle stazioni e dei moli marittimi da parte del governo. Che piazza anche una batteria di missili terra-aria nel porto.

Oltre agli annunci, il governo fa altre cose nella vigilia del vertice. A parte il presidente del Consiglio, che già abbiamo visto nei sopralluoghi ai *tromp l'oeil* e alle fioriere, c'è Ruggiero che cerca di ragionare coi capi del movimento per convincerli – lui che ha rappresentato l'organizzazione mondiale del commercio – che il diavolo non è cosí nero, e che, insieme, lo si può sbiancare un po'; e c'è Scajola che, irritando la parte meno democratica della sua stessa polizia, intrattiene relazioni coi suddetti portavoce per concordare spazi e iniziative: una «zona rossa» per i G8, assolutamente chiusa a ogni estraneo, come la Città proibita del celeste impero; una «zona cuscinetto» fra la città proibita e la rimanente città di Genova, con diritto di accesso per i manifestanti. È in questo spazio mediano che le tute nere scatenano l'inferno, devastano, spaccano e incendiano, sotto gli occhi di forze dell'ordine che a lungo guardano e non si muovono, poi caricano quando i violenti si sono già infiltrati nei cortei pacifici che, secondo la destra, li proteggono e, secondo la sinistra, li subiscono. Al tramonto del 20 luglio, ci scappa il morto, il giovane contestatore genovese Carlo Giuliani che, con una bombola del gas, dà l'assalto a una camionetta dei carabinieri: uno dei due carabinieri che la occupano, giovane militare di leva inesperto e armato di pistola da guerra, temendo di essere ucciso gli spara. L'altro carabiniere al volante, preso anche lui dal panico, innesta la retromarcia e gli passa sul corpo. È il primo morto al mondo da quando, nella lontana Seattle, sono iniziate le manifestazioni antiglobal. Altri giovani italiani e stranieri, arrestati il giorno dopo, a dimostrazioni quasi concluse, vengono trasferiti in strutture paracarcerarie della caserma dei carabinieri a Bolzaneto; altri dormono nel centro del Genoa Social Forum istituito nella scuola Diaz, ribattezzata (chissà perché) Pertini. Nell'uno e nell'altro locale finirà con un pestaggio liberatorio.

A far luce su questo tragico esordio internazionale del governo hanno titolo la magistratura di Genova per gli aspetti penali e il comitato d'indagine parlamentare (surrogato edulcoratissimo della commissione d'inchiesta, perché privo dei poteri dell'autorità giudiziaria, che sono propri della commissione). Indagherà sulle responsabilità politiche e organizzative. Campo d'indagine: ministro dell'Interno, capo della polizia, catena di comando, prefettura, questura, rapporti degli ispettori ministeriali Micalizio, Montanaro e Cernetig, rispettivamente sul blitz alla scuola Diaz, sul pestaggio nella caserma di Bolzaneto, su alcuni aspetti degli scontri di piazza. (È sulla base di queste tre relazioni che il ministro Scajola decide velocemente di lasciare al suo posto il capo della polizia De Gennaro e rimuovere il vice capo vicario Andreassi e il capo dell'antiterrorismo La Barbera.)

Donato Bruno, di Forza Italia, avvocato dello studio Previti, persona moderata e conciliante, assume la presidenza del Comitato. La sua maggioranza e i rappresentanti dell'opposizione non hanno trovato l'accordo per una relazione conclusiva unica. Ciascuno farà la propria. Bruno deve tener conto della volontà della sua maggioranza, che cerca una rivincita politica, in sintonia con la maggioranza del paese (che i sondaggi confermano ostile ai no global); e delle decisioni già prese dal ministro dell'Interno, che ha salvato la sua poltrona spezzando il vertice della polizia. Ma Bruno deve tener conto che ci sono fiumi di documentazione sui pestaggi, proteste di governi stranieri per i loro cittadini coinvolti, descrizioni di un impazzimento di reparti di polizia, che possono sembrare un frutto della vittoria elettorale della destra: un ritorno al santo manganello, di cui peraltro si vendono esemplari di plastica firmati Dux nei chioschi dell'autostrada Pisa-Livorno (ne dà notizia *Il Tirreno*, il 4 agosto: «Se ho votato Fini? Beh, sí, ma questo non c'entra»).

Schierata ma non faziosa, la relazione di Bruno è quasi equidistante tra le analisi della sinistra e le aspettative della destra. Ma questa, in sostanza, è delusa. Deve riconoscere che ci sono stati confusione e «taluni eccessi compiuti da componenti delle forze di polizia» (se no, perché mai il ministro avrebbe dimissionato Andreassi e La Barbera?). Attenua gli eccessi rilevando che «nella scuola Diaz la resistenza opposta alla polizia fu tale da comportare una decisa forza per vincere e superare la condotta degli occupanti». Trova piú complessi i fatti della caserma Bolzaneto e procede «per singoli rilievi»: nulla da eccepire sulla legittimità di questa «struttura detentiva straordinaria», né sulla gestione fattane dalla polizia penitenziaria; egualmente nulla può essere rilevato circa «il rispetto delle regole e delle prassi concernenti visite mediche, perquisizioni, e ispezioni personali degli arrestati» (ragazzi e ragazze avevano parlato di medici e infermieri che invece di curare li riempivano di ceffoni e di calci, di agenti che mimavano lo stupro col manganello, e via deliziando). «Se veritieri – ammette la relazione – questi fatti rivestono carattere di vera gravità, ma corre l'obbligo di richiamare anche le denunce della questura circa la predisposizione, da parte di alcuni arrestati, di accuse infondate.»

Concesse le attenuanti alle forze dell'ordine, la conclusione è non conformista: «Il Comitato ribadisce che la violenza non è e non deve essere strumento di azione politica, e che in un paese democratico la legalità è un valore fondamentale. E nel contempo sottolinea un richiamo forte alla inviolabilità dei principi costituzionali di libertà di manifestazione del pensiero, di rispetto delle persone anche, forse soprattutto, quando private della libertà perché in arresto, nonché della tutela necessaria alla sicurezza dei cittadini e dell'ordine pubblico. Auspica che, ove emergono fatti di rilevanza penale o di violazione disciplinare, l'autorità giudiziaria e gli organi amministrativi identifichino i responsabili e ne sanzionino i comportamenti».

## L'Italia del Maresciallo Badoglio

Per quanto coraggiosa nelle conclusioni, la relazione non soddisfa l'Ulivo, che ne fa un'altra: «A Genova c'è stato il tragico fallimento della sicurezza pubblica fuori della cosiddetta zona rossa, dove si svolge il vertice. La repressione si è rivolta in maggior parte contro gli inermi, e invece i gruppi violenti sono stati prevalentemente lasciati agire». Peggio di chi ha diretto l'azione delle polizie c'è solo il comportamento del governo. A Genova s'è visto il partito del vice presidente del Consiglio, Alleanza nazionale, invadere, con lo stesso Fini e col maresciallo-deputato Ascierto, le sale operative di polizia e carabinieri: «An ha condotto una propria personale gestione del vertice, separandosi dalle forze di maggioranza, per costruire un proprio personale rapporto con le forze dell'ordine». (A Genova era presente anche il ministro della Giustizia Castelli, testimone a difesa degli agenti di polizia penitenziaria accusati di pestaggio.)

L'attacco piú duro dell'Ulivo è al ministro dell'Interno: «Aveva tutte le informazioni per prevedere quello che sarebbe successo, ma non ha fatto niente per difendere Genova e i genovesi. Inoltre è venuto meno ai doveri previsti dalla legge di riforma della polizia, che lo qualificano come responsabile unico della tutela e della sicurezza pubblica, che emana non solo

direttive ma anche specifici ordini nei confronti del Dipartimento di pubblica sicurezza. Senza dire delle informative del
Sisde che fanno sapere in anticipo dove sarebbero andati i
black block e cosa avrebbero fatto».

Per settimane, ai deputati e ai senatori riuniti nella sala del
mappamondo riappare come in una seduta spiritica l'immagine
dell'8 settembre 1943: i cinquantotto anni trascorsi dall'armisti-
zio non l'hanno scalfita, è viva e integra, Dna delle nostre caratteristiche statuali, burocratiche, personali, dei nostri capi e gre-
gari, saldi nei due principi di sempre, il culto dell'incompetenza e l'orrore delle responsabilità. Ritornano le immagini dei
processi del dopoguerra sulla mancata difesa di Roma, sugli ordini contraddittori, l'abbandono, il si salvi chi può.

È il giorno dell'audizione del colonnello Vincenzo Canterini,
capo della Celere di Roma. Si presenta in uniforme (e si può
vedere che anche gli ufficiali della polizia hanno preso dagli ufficiali dei carabinieri l'abitudine di fasciarsi il collo con alamari
sempre piú lunghi e prolissi). Smentisce quanto aveva detto il
prefetto Arnaldo La Barbera: «Non è vero che mi sconsigliò di
irrompere nella scuola Diaz». «Ancora oggi non so chi coman-
dava l'irruzione alla scuola Diaz.» Domanda fatale: chi comanda in Italia, quando gli uffici di comando si affollano? Risposta
di Canterini: «Alla Diaz sono intervenuti il prefetto La Barbera, due dirigenti superiori – Gianni Luperi vice dell'Ucigos e
Francesco Gratteri direttore dello Sco – un'infinità di primi dirigenti e ufficiali».

Sgomento fra i deputati e i senatori indaganti. Paolo Serventi Longhi, segretario della Federazione della stampa (il sindacato dei giornalisti), dichiara ai commissari: «Alcuni giornalisti
sapevano della perquisizione fin dalle sei del pomeriggio». Il
comandante del reparto mobile Canterini, invece, lo apprende
solo alle ventitré. Precisa: tutte le persone citate sopra erano
presenti in questura per la riunione operativa, io fui convocato
alle ventitré quando tutto era stato deciso. Deciso che? «Non
erano stati organizzati i mezzi per eventuali fermati, non c'erano le tronchesi per tagliare la grande catena che teneva chiuso
il cancello d'ingresso, per cui dovetti prestare un automezzo
"Ducato" del mio reparto, non c'erano planimetrie dello stabile di cui non si conoscevano ingressi e vie d'uscita. I carabinieri
non avevano circondato il palazzo, tanto che molti giovani sono
stati visti scappare nel buio grazie ai ponteggi di un cantiere».

Al Comitato parlamentare, Canterini offre una sua relazione sulla perquisizione alla Diaz, relazione classificata «riservato». Scrive: «[...] I miei uomini raggiungono l'obiettivo divisi in due colonne, una guidata dal dirigente della Digos di Genova l'altra da un funzionario addetto. Giunti all'esterno dell'istituto, troviamo una gran massa di vario personale della Ps, circa 70 persone oltre ai funzionari presenti al meeting in questura, che ci avevano preceduti sul posto [...] I miei uomini forzano un cancello di ferro con l'ausilio di un nostro automezzo. Subito dopo si riversa nel cortile della scuola la gran massa di persone di cui sopra, il Reparto e numerosissimo personale in borghese con pettorina-polizia, caschi, sfollagente, e personale in divisa del nucleo prevenzione crimine. Chi aveva la pettorina portava fazzoletti che coprivano il volto [...] Al momento dell'apertura degli ingressi c'è stata una fortissima pressione, causata da tutto il personale presente, soprattutto quello in borghese il quale, nella foga di entrare, ha scalzato gran parte degli uomini del Reparto, tanto che ci troviamo in posizione arretrata, ed entriamo nell'istituto solo dopo qualche minuto. Una volta all'interno, noto nell'androne del pianterreno recentissimi segni di colluttazione. Nel salone sulla destra, sempre al pianterreno, diversi giovani sono rannicchiati contro il muro, alcuni feriti alla testa e con numerose tracce di sangue mentre sono perquisiti da agenti in borghese. Al piano superiore vedo la stessa scena lungo il corridoio delle aule [...]».

Ma chi coordinava, chi disponeva? «Nessuno», risponde il capo dello Sco, Francesco Gratteri, il quale va per le spicce: «Le irruzioni di polizia non possono essere garbate, ma decise ed energiche, quando alle forze dell'ordine invece di offrire collaborazione si chiudono in faccia cancelli e portoni». E gli abusi? «Sicuramente qualcosa non ha funzionato durante la perquisizione». E gli errori, gli sbagli di obiettivo? «Nel centro stampa del Genoa Social Forum siamo entrati per sbaglio, quando me ne sono accorto ho richiamato subito gli uomini». E prima, in questura? «Durante la riunione in questura non fu indicato un responsabile dell'operazione. Non dico che sia normale, ma ogni reparto impegnato aveva un proprio responsabile e un compito preciso. Non so dire se questo ordine sia stato rispettato, perché sono arrivato sul posto qualche minuto dopo l'irruzione.»

Ma prima di arrivare in questura, il governo a Roma aveva individuato la catena di comando per le giornate di Genova?

Ritornano le disposizioni di Badoglio per l'8 settembre. Un intreccio di burocrazia e di inesperienza totale. *La Repubblica* riproduce il decreto della presidenza del Consiglio dei ministri in data 28 giugno, firmato Berlusconi e Scajola, che nomina Ansoino Andreassi «coordinatore degli aspetti relativi all'ordine e alla sicurezza pubblica» del G8; e lo pone alle dipendenze della presidenza del Consiglio, cessando contestualmente dalle funzioni di vice capo vicario della polizia. Il collocamento a disposizione della presidenza del Consiglio sarebbe durato fino alla «fine delle esigenze connesse agli eventi del G8». Domande: E dopo? Andreassi sarebbe tornato a fare il vice capo della polizia? In quali vesti Andreassi impartí le sue disposizioni, non essendo piú vice capo della polizia ma capomissione di una struttura della presidenza? Il fonogramma che gli aveva comunicato la nomina a capo della struttura non faceva riferimento alla contestuale cessazione da vice capo della polizia: sicché egli a Genova impartí ordine e direttive quale vice capo della polizia, come disse il 28 agosto ai parlamentari, e perciò in una veste della quale non era piú rivestito. Ma dieci giorni dopo i fatti di Genova il ministro Scajola lo destituisce da vice capo della polizia, cioè dalla stessa carica dalla quale Andreassi era cessato fin dal primo luglio secondo il decreto Berlusconi-Scajola del 28 giugno.

E al Viminale che dicono? Dicono che sí, effettivamente la legge che istituiva la struttura di coordinamento fissava l'incompatibilità con la carica di vice capo della polizia. Se Andreassi non lo sapeva, è un «problema di comunicazione» interno al Dipartimento della Pubblica sicurezza. Un momento, rispondono al Dipartimento, perché lasciare noi col cerino in mano? Prima che il Consiglio dei ministri nominasse Andreassi alla struttura, il capo della polizia De Gennaro aveva scritto a Scajola il 14 giugno, sottolineando l'opportunità di affidare al suo vicario il nuovo incarico, ma conservandolo anche come vice capo della polizia, «tenuto conto altresí del fatto che lo scrivente ha affidato da tempo al vicario la supervisione di tutte le iniziative inerenti la gestione dell'evento sotto il profilo della sicurezza».

Ma c'era o no nella legge l'espresso divieto di cumulo? Se c'era, poteva il capo della polizia interpretare la norma in senso opposto? Se non c'era, è possibile che per Andreassi fosse stato preparato un trappolone per sbarazzarsene comunque, in quanto «organico al centrosinistra», dopo lo svolgimento del G8? Qualcuno, alla vigilia degli eventi, ha scritto una circostanziata lettera anonima, intercettata e trasmessa alla magistratura, nella quale si prefigura la guerriglia di Genova e si accusa Andreassi di inadeguatezza al ruolo di vice capo della polizia. Faide personali, di gruppi? Manovre sotterranee della nuova maggioranza o di sua parte: quella piú imparentata con alti livelli di polizia e carabinieri?

Fra gli italiani, intanto, la fiducia nel presidente del Consiglio e nel suo governo vola sempre piú alta. Lo assicura Datamedia, con un sondaggio «riservato» per la Casa delle libertà. Piú di due italiani su tre hanno fiducia in Berlusconi: dal 60,6 di giugno si è passati il 3 settembre, al 71 per cento. Fini si scolla dal suo 50,3 e s'attesta al 51,3; Tremonti va dal 41,6 al 47, Moratti dal 40,2 al 45,5, Ruggiero dal 30,2 al 45, Scajola dal 24,6 al 36,2, Marzano dal 24,3 al 30, Prestigiacomo dal 21,1 al 27, Bossi dal 19,8 al 23,7, Sirchia dal 16,2 al 22.

Il contraccolpo dei fatti di Genova è interamente riassorbito in quaranta giorni. Tra la fine di luglio e i primi d'agosto la fiducia nel governo era caduta di quattro punti rispetto al momento del suo varo; ora – assicura Luigi Crespi, patron di Datamedia – la fiducia nel complesso del governo supera la soglia psicologica del 60 per cento: se si votasse oggi, Forza Italia avrebbe il 40,6 per cento, e l'insieme del centrodestra sfiorerebbe il 60 per cento; mentre l'opposizione vedrebbe ridotti i Ds al 14, la Margherita al 13 e Rifondazione al 5,5.

Il caos di Genova ha premiato la destra.

## L'Italia del maresciallo Ascierto

Il *Corriere della sera* incarica il suo Giovanni Bianconi di descrivere il caos, la notte della Diaz. L'inchiesta esce il 7 settembre. In pari data, sul *Venerdí di Repubblica* Concita De Gregorio fa il ritratto del maresciallo dei carabinieri e deputato neofascista Filippo Ascierto, responsabile Sicurezza di An e membro del Comitato parlamentare d'indagine: il maresciallo-deputato avrebbe detto, a proposito del giovanissimo carabiniere di leva che sparò a Carlo Giuliani, «Uno piú esperto ne avrebbe ammazzati di piú». Arriva qualche critica dai camerati e lui corregge: «Era una battuta». Ma nel sito dei Circoli di sicurezza e di-

fesa di An (www.geocities.com/CapitolHill/5133/index.htm),
pare ci si potesse imbattere nella foto del nominato maresciallo
e nella sua versione dell'Olocausto che, a detta della visitatrice
Concita, sarebbe questa: «Non è mai esistito [l'Olocausto] perché i gas usati nei lager altro non erano che insetticidi utili a liberare gli ebrei dai pidocchi. Li soccorrevano, insomma. Un
po' come i poliziotti di Genova coi feriti della Diaz».

Incalza qualche giorno dopo Luca Landò, giornalista-scien-
ziato, già redattore capo centrale a *La Voce* (i lettori gli perdo-
nino la lingua, è appunto quella dello scienziato): «C'era una
volta un link. C'era perché, dopo un breve articolo apparso sul
*Venerdí di Repubblica*, quell'accrocchio informatico è stato rapidamente rimosso, cancellato per sempre dalla faccia della
Terra. Un link imbarazzante, dunque, che l'attenta giornalista
aveva scovato visitando uno dei siti di Alleanza nazionale. Un
curioso "Sito dei Circoli di sicurezza e difesa di Alleanza nazionale", libera associazione di *esponenti delle forze armate e delle
forze dell'ordine con responsabilità di comando, tutti uniti dall'u-
nico spirito di garantire alla nostra comunità nazionale una piú
ordinata e sicura convivenza civile.* In questo sito – continua
Landò – puoi ascoltare l'Inno di Mameli, oppure scaricare in
formato Acrobat l'intero dossier Mitrokin, oppure leggere messaggi d'auguri all'on. Ascierto [...] Ma fino a ieri mattina si poteva fare ben altro. Leggere, per esempio, una versione inedita
dell'Olocausto [...] Ma adesso al posto dell'Olocausto dei pidocchi sul sito si trova questo comunicato: "Ringraziamo Concita De Gregorio, che sul *Venerdí* ha segnalato l'esistenza di un
link verso un altro sito, dove vi era una pagina che ci era sfuggita e in cui si contestavano i dati dell'Olocausto. Non affanna-
tevi a cercare il link, perché non c'è piú"». Ora Fini può andare in America. Ma al maresciallo neofascista di Sant'Agata dei
Goti (Benevento), eletto nel collegio di Pieve di Sacco (Veneto), si concedono volentieri tutte le attenuanti dopo aver ascoltato, a suggello di tante deposizioni, quella del ministro della
Giustizia, l'ingegnere Roberto Castelli, espressione della società civile (Lecco). Bolzaneto un lager? Ma non scherziamo,
per fare un lager ci vogliono i nazisti e la polizia penitenziaria
non è nazista. «Ci sono stati a Bolzaneto dei fermati, tenuti per
troppo tempo in piedi contro il muro a gambe e braccia aperte? Forse qualcuno è rimasto in piedi troppo ore, è accaduto, è
grave. Ma sono trent'anni che lavoro in fabbrica, i metalmecca-

nici da 35 anni lavorano in piedi, ma nessuno si è lamentato di questo.» Società civile, appunto.

Ma torniamo alla raffigurazione del caos di quella notte. Ci prova, come si diceva, il *Corriere della sera*, e noi ci mettiamo sulle sue orme.

*L'ora.* Il questore Colucci dice: fui informato alle 22,20 che alcuni poliziotti erano stati aggrediti. Da ciò la decisione di perquisire la Diaz, dopo aver raccolto gli uomini per procedere. E allo scopo chiamò il dottor Valerio Donnini, coordinatore dei reparti mobili. Il dottor Donnini dice: stavo cenando col colonnello Canterini, comandante del reparto celere di Roma. Il questore mi telefonò verso le 21, o forse le 21,30 o forse 21,45.

*La telefonata a De Gennaro.* Andreassi, a cui l'operazione appariva «oggettivamente rischiosa», consigliò Colucci di chiamare De Gennaro. La chiamò? domandano i commissari a De Gennaro. «L'ha fatto, ma non per parlarmi della perquisizione, ma per un'autorizzazione che competeva alla mia responsabilità» (l'impiego di carabinieri, che erano stati ritirati e sostituiti con finanzieri dopo l'uccisione di Giuliani). Replica Colucci: «Non credo d'aver chiesto solo questo, avrò senz'altro riferito quanto era stato deciso» (l'irruzione alla Diaz). La Barbera: «Il capo mi invitò a raccomandare la massima cautela e prudenza» (nell'effettuare l'irruzione, evidentemente). Dunque, ne era stato informato.

*La direzione dell'operazione.* A chi affidare il comando della perquisizione? Prima che la riunione operativa in questura decida in proposito, Andreassi se ne va. Arriva invece Canterini. Dopo un po' se ne va anche Colucci (dice al Comitato parlamentare: «C'erano sia la linea di comando che l'organizzazione»). Poi ci ripensa: «Credo che ci fosse una linea di comando». Lo smentisce il capo dello Sco, Servizio centrale operativo, dottor Gratteri: «Non si esplicitò il nominativo del funzionario che avrebbe dovuto dirigere l'operazione. A ciascun gruppo era preposto un funzionario». Probabilmente i capi della squadra mobile e della Digos genovesi. Ma trovandosi in presenza di altri dirigenti romani (La Barbera, Canterini, ecc.) forse ebbero «un minimo di perplessità – dice Colucci – su come si dovesse svolgere l'operazione». (Il comitato parlamentare, tuttavia, non li convoca.)

*Il primo intervento.* Anche se non riesce a nominare un responsabile unico dell'operazione, la riunione operativa della questura fissa – dice Gratteri – questa divisione dei compiti: il reparto mobile di Roma (la cosiddetta «Celere» di Canterini) occuperà il «primo livello» (?), la perquisizione sarà fatta subito dalle squadre mobili e dalla Digos, la «cinturazione esterna del sito» sarà garantita dal Reparto prevenzione crimine, i carabinieri (autorizzati da De Gennaro) occuperanno l'ultima posizione esterna alla scuola. Però Gratteri arriva in ritardo sul luogo, «e non so se tale criterio sia stato attuato». Ma Canterini, che aveva proposto di sgombrare la scuola a colpi di lacrimogeni, facendo infuriare La Barbera («È una pazzia»), contesta: non ho partecipato alla fase organizzativa (e allora quand'è che aveva proposto i lacrimogeni?), il mio Reparto era di supporto, non era stabilito se dovesse entrare per primo; comunque, nella scuola noi dovevamo entrare. Per far cosa, se la perquisizione avrebbero dovuta effettuarla le mobili e le Digos? Per «bonificare», «occupare il sito», sospetta Gratteri: cioè fare il pestaggio, aprire la strada piegando la resistenza degli occupanti (tant'è – dice il rapporto dell'ispettore ministeriale Micalizio – su 17 poliziotti feriti 15 appartengono al Reparto mobile di Roma).

*L'infiltrato.* Fra gli occupanti della Diaz, c'era un infiltrato della polizia, che guidò gli uomini di Canterini all'assalto? A La Barbera e a Gratteri «non risulta». A Donnini, che in due verbali avrebbe parlato dell'infiltrato come uomo-chiave, la cosa è uscita di mente: «Questa storia degli infiltrati francamente non la ricordo».


## Global, una Dichiarazione d'Interdipendenza

Governo, no global, polizia, Tre personaggi in cerca d'autore. Tre protagonisti con idee confuse. La disfatta «politico-militare» di Genova induce il governo a trovare, oltre ai capri espiatori nella polizia, e agli untori fra i «non violenti», sponde politiche nell'opposizione. L'ordine pubblico – fanno capire all'unisono Scajola e Berlusconi – dev'essere una responsabilità comune di governo e opposizione, come fu negli anni della lotta al terrorismo. Da Ponte di Legno, Bossi salta su: «Chi mi guasta il Ferragosto? Cos'è 'sta storia dell'ordine pubblico bipartisan? Niente inciuci tra maggioranza e opposizione, nella lotta al terrorismo ci arrangiamo da soli».

I no global come il terrorismo? Il patto democratico costituzionale ridotto a ordine pubblico bipartisan? La confusione nel governo sembra grande. Cosí salta su anche Virginio Rognoni, ministro dell'Interno in sei governi negli anni del terrorismo, dopo l'uccisione di Aldo Moro e le dimissioni del ministro Cossiga. Anni di piombo e di sangue, ma anche di riforme della polizia (1981) e di misure per la difesa dell'ordinamento costituzionale (1982).

«Ho sentito parlare in questi giorni – scrive Rognoni – di politica bipartisan, con la quale allora avremmo affrontato, con successo, il terrorismo, e che anche oggi sarebbe auspicabile riproporre di fronte a scenari di violenza eversiva, se non addirittura a un nuovo terrorismo. Non condivido e non mi piacciono questi discorsi [...] perché è improprio parlare di politica bipartisan a proposito della politica con cui si è affrontato negli anni '70 e '80 il terrorismo e le Br. Le formule "solidarietà nazionale" o "compromesso storico" non c'entrano niente con la lotta al terrorismo.»

Puntiglioso, l'ex ministro spiega ai dilettanti in carica che la «solidarietà» tra i partiti di maggioranza e di opposizione nel combattere il terrorismo non era una «formula di governo», ma una «convivenza sociale secondo i principi della Costituzione». Tant'è che la lotta solidale al terrorismo continuò anche dopo la rottura della «solidarietà nazionale», cioè anche dopo che Berlinguer tolse il sostegno al governo Andreotti, nato nel giorno della strage di via Fani.

La solidarietà nazionale non fu bipartisan; su molte questioni anche attinenti alla sicurezza, come il fermo di polizia, maggioranza e opposizione votarono in modo contrapposto. «Essa nasceva piuttosto dal modo costituzionale, democratico e non ideologico con cui si conduceva la lotta». Non si arrivò mai a una democrazia «bloccata», o «protetta» nonostante qualche dubbio di radicali e altri garantisti. Oggi poi non siamo al terrorismo e all'eversione armata: una politica bipartisan tra Casa delle libertà e Ulivo, che si arroccasse su un «no» ideologico ai no global, spingerebbe il movimento pacifico in braccio ai violenti. Si tratta di ottenere il risultato opposto, isolare i violenti.

In poche parole, conclude Rognoni, una cosa è la politica di difesa della Costituzione, che dice no all'eversione dell'ordinamento, un'altra è la politica ideologica che, magari, dice sí a una globalizzazione qualsiasi, allo scudo spaziale, al solidarismo compassionevole e alle altre amenità che si sono sentite nei primi cento giorni di questo governo. Governo e opposizione convergono nella difesa dell'ordine costituzionale. Ma la politica dell'ordine pubblico deve farla il governo, non può farla l'opposizione; e se quella politica fosse accompagnata da strumentalizzazioni mediocri, per la ricerca di consenso, la conseguenza sarebbe «un vuoto stolto di statualità, di cui sarebbero beneficiari i violenti e vittima la società».

Concorda Naomi Klein, l'evangelista dei no global, che va alla festa dell'*Unità* di Reggio Emilia per spiegare alla sinistra l'approccio corretto alla battaglia antiglobal. Il suo vangelo, *No Logo*, vuol essere il racconto di mille anime (non mille «sigle», come si legge nei mattinali) che formano il movimento. Comunque lei nega che sia vangelo o bibbia: anche questo è un modo per evitare i fondamentalismi e permettere alle mille anime di mettersi in sintonia con le altrettante anime del mondo riformista: che possono anche prendere atto o addirittura compiacersi della globalizzazione, ma ne combattono la mancanza di regole e la violenza globalizzante.

«Per anni – dice Naomi – ci siamo sentiti dire da Clinton, da Blair e da non ricordo chi in Italia (comunque, dalla sinistra di governo) che la globalizzazione è questa ed è difficile limitare i danni [...] E se invece la sinistra provasse a cambiarla? Ne saremmo lieti, perché l'esperienza no global che ci portiamo addosso è impropria, i veri global siamo noi, non quelli della destra che vuole i capitali liberi per il mondo e i migranti bloccati sui confini [...] Bisogna dire di piú sulla violenza che l'assetto globale crea nel mondo, altrimenti si favorisce la retrocessione del confronto global-no global a scontro di violenza tra polizia e manifestanti [...] Non c'è una peculiarità della polizia italiana nei comportamenti violenti. È globalizzata anche la violenza, Los Angeles, Göteborg, Genova [...] Per fortuna, c'è un cambiamento dell'opinione pubblica; anche giornali come *Wall Street Journal* e *New York Times* hanno criticato l'operato della polizia a Genova.» (La signora Klein però confonde tra giornali e opinione pubblica: i sondaggi ostentati dal governo Berlusconi dopo Genova, superata la prima fase di disorientamento, sono tutti favorevoli alla repressione.)

«Quella strana polizia vista a Genova, inerme coi violenti, violenta con gli inermi, va interpretata.» Lo dice uno che di polizia se ne intende, Francesco Forleo, ex fronte del porto di

Genova al tempo dei «camalli», ex fautore della smilitarizzazione della polizia e sindacalista del Siulp, e deputato del Pci, ex questore di Brindisi e di Milano (dove lo arrestarono, perché a Brindisi, inseguendo in elicottero un motoscafo, rispose al fuoco con la pistola e uccise un contrabbandiere. Ora, in attesa che la giustizia dica l'ultima parola, immalinconisce ad una scrivania del Viminale). «Quando vieni travolto da qualcosa che non comprendi, come è accaduto a Genova, scopri che i sentimenti di tutti nella piazza, poliziotti o manifestanti, sono gli stessi: paura, rabbia, impotenza. Un contagioso cortocircuito. Non sto giustificando Bolzaneto. Mi danno l'anima per capire com'è possibile che vent'anni di battaglie e riforme della polizia si siano macchiati in tre giorni.»

E cosa ha capito? «Che i poliziotti escono da anni in cui si sono sentiti ultimi della scala sociale. Vent'anni fa sognavamo una crescita culturale e professionale, una polizia democratica che si è fermata a metà. Occorre tornare alla riforma dell'81, al suo spirito. Il Parlamento deve tenere gli occhi e le orecchie sulla polizia: invece, da anni, ha soppresso la Commissione Interni e l'ha unificata agli Affari costituzionali. È compito della politica mettere ordine. Ma dov'è la politica? E i poliziotti che faranno, se la politica continuerà a mancare? Vorremmo un quadro di riferimento chiaro, dei poteri a cui corrispondano responsabilità e strumenti. E in piazza meno elmetti e tanta autorità civile di Ps, in borghese, fascia tricolore, armata di parole, non per mettere ordine, che è compito della politica, ma per governare il disordine, che è il compito nostro.»

La critica è soft nella forma, radicale nella sostanza. È compito della politica mettere ordine, dice anche il poliziotto saggio. E se fosse proprio la politica, con le sue latitanze, la causa della crisi mondiale e italiana? Il politologo piú letto d'America fra quelli della squadra di Clinton, Benjamin Barber, con sei anni d'anticipo sull'11 settembre ha scritto il libro che oggi è in vetta alle classifiche americane, «Guerra Santa contro Mc Mondo» (*Jihad Vs McWorld*), 1995. Mentre nella provincia italiana si continua a pensare che la guerra sia fra anticomunisti e comunisti, da sei anni l'America di Clinton sapeva (con scarsi risultati, si direbbe) che la guerra è fra due opposti fondamentalismi – il capitalismo e il terrorismo – nel cui scontro la democrazia rischia di restare schiacciata.

Scrive Barber, nella nuova prefazione dopo l'11 settembre 2001: i due integralismi, quello chiamato Jihad e quello chiamato McWorld, ossia l'accolita del tribalismo e del fondamentalismo reazionario ammantato di religione, da una parte, e le forze di un'aggressiva modernizzazione e globalizzazione, dall'altra, in apparenza sono contrapposte: «in realtà, sono profondamente interdipendenti. Entrambi sono indifferenti al destino della libertà». La democrazia deve dunque combattere su due fronti, contro l'odio tribale coi suoi logos religiosi, e contro il materialismo capitalistico coi suoi logos multinazionali, con la sua degradazione del cittadino a consumatore.

Intervistato da Federico Rampini di *Repubblica*, spiega che la lotta alla Jihad si fa coi soldati, i diplomatici e l'intelligence, quella al materialismo consumista si fa democratizzando la globalizzazione. «Per anni il fondamentalismo del mercato ha indebolito la democrazia, attaccando il ruolo dello Stato e del potere pubblico. Tale ideologia ha predicato che i privati possono svolgere i compiti dei governi meglio di questi e con più libertà di scelta per i cittadini. Ha convinto gli elettori ad accettare il declino delle istituzioni, persuadendoli che staranno meglio quando il dibattito democratico sarà ammutolito, quando essi non saranno più cittadini bensí consumatori. Ma il consumatore è un povero surrogato del cittadino, cosí come un imprenditore è un pessimo sostituto di uno statista. La mattina dell'11 settembre gli americani non si sono rivolti a Bill Gates per dirigere la lotta al terrorismo.»

*Ma fino a quando il capitalismo è cresciuto dentro le regole istituzionali del liberalismo, sono cresciuti anche il benessere e i diritti dei cittadini, o no?* «Certo, e sta qui il problema, – risponde Barber, – nella sconfitta della democrazia liberale e nella vittoria del liberismo senza regole. Estrarre il capitalismo dalla sua scatola istituzionale è una calamità, perché le economie di mercato sono cresciute quando sono state controllate da stati democratici. Lo Stato di diritto, le regole contrattuali, il tessuto solidale della società civile: tutto ciò ha attenuato i tratti darwiniani del capitalismo, ne ha contenuto le tendenze monopolistiche e autodistruttive. Ma sui mercati globali questa simmetria fra democrazia e capitalismo è andata perduta. Le relazioni nella società globale oggi assomigliano alle relazioni sociali nell'America dell'Ottocento, quando il governo federale era debole: la vita era facile sia per i banditi del Far

West che per i baroni ladri delle prime metropoli capitaliste. Oggi abbiamo globalizzato tutti i vizi, droga, commercio di armi, prostituzione, e quasi nessuna delle nostre virtú democratiche.»

*Lei* – chiede Rampini – *ha anticipato di anni il popolo di Seattle, il movimento no global. Ma si può tornare a steccati e barriere?* «No. Come gli Stati Uniti nacquero da una Dichiarazione d'indipendenza, che annunciò l'avvento di un nuovo tipo di società, oggi il mondo nuovo si può costruire solo partendo da una Dichiarazione d'interdipendenza. La razza umana non può sopravvivere in frammenti, chiamati nazioni, tribú, mercati. Una guerra tra McWorld e Jihad non può essere vinta da nessuno. Solo una guerra della democrazia contro entrambe queste forze può concludersi con un vittoria benefica per il mondo intero [...] Il capitalismo è un sistema produttivo straordinario, ma fallisce miseramente nella distribuzione: perciò la giustizia è l'oggetto delle nostre istituzioni pubbliche. Entro le frontiere nazionali, gli Stati hanno consentito un capitalismo democratico. A livello internazionale, questo equilibrio dobbiamo ancora trovarlo.»


«Abbiamo già dato»

Ma la politica dei cento giorni berlusconiani fugge, come quella dei quarantacinque giorni di Badoglio (a Pescara). Niente piú vertici in Italia, né la Nato a Napoli né la Fao a Roma. «Abbiamo già dato», ripete il premier. Si fa sapere che a fine mese il governo chiederà ufficialmente al Senegal d'ospitare la conferenza della Fao a Dakar. Jacques Diouf, senegalese, che a Roma è segretario generale della Fao, trova grande euforia nell'ambasciata del suo paese. Roma pagherà, e pagherà bene, perché il vertice si tenga a Dakar. C'è solo un rischio: la concorrenza del presidente del Ghana, John Kufuor, che ha una capitale, Accra, anch'essa sul mare come Dakar, anch'essa difendibile come Genova e anche abbastanza ricettiva. Per di piú, Berlusconi lo ha in simpatia, perché Kufuor, che ha vinto le elezioni anche lui nel 2001, è stato prima in visita in Italia, anzi a Forza Italia, dove Gianni Pilo e Enrico La Loggia gli hanno illustrato le tecniche elettorali in atto in Italia: gigantografie, slogan, televisioni, radio, siti Internet. Cosí potrà convincere Nanumba, Konkomba e altre principali etnie a votare come quelle italiane.

Non tutto il governo Berlusconi è d'accordo. Martino non condivide la paura bipartisan del premier e della onorevole Jervolino, sindaco di Napoli: «Se non siamo in grado di presidiare due marciapiedi...» dice in pieno Consiglio dei ministri. Ruggiero informa d'aver interpellato la metà dei 200 paesi membri della Fao e di averne trovati solo cinque disposti al rinvio o ad ospitare la conferenza essi stessi. Chiede di confermarla a Roma.

In soccorso del premier arriva Staffan De Mistura, vice segretario un po' dandy dell'Onu. Approfitta di una serie d'interviste del *Corriere della sera* a personaggi ormai convinti che la Fao non faccia molto per gli affamati, sicché è meglio rinviare la conferenza a quanto avrà fatto qualcosa. «C'è il rischio – dice – che la conferenza diventi solo una enunciazione di buone intenzioni.» Berlusconi ringrazia, allarmato com'è dalle notizie sul disordine nelle polizie italiane, che arrivano dal Comitato parlamentare, ma forte del sondaggio che gli porta il fidatissimo Luigi Crespi di Datamedia: il 70 per cento degli italiani è d'accordo per il rinvio o la fuga in Africa.

Ma non è d'accordo per niente «quel comunista» di Kofi Annan. Ufficialmente, con durezza, fa sapere il 30 agosto al governo italiano che «le opinioni di De Mistura non sono autorizzate né giustificate. Non rappresentano la posizione del segretario generale dell'Onu». Le conferenze come quella di Roma «sono autorizzate dai governi membri, e si svolgono abitualmente nelle sedi centrali». Appunto Roma, nel caso della Fao. Perciò «il segretario generale appoggia lo svolgimento di questa conferenza e conferma la sua partecipazione». Parole chiare, Annan ha pronta la valigia per venire a Roma in novembre. Tramortiti, a Palazzo Chigi si attaccano ai Grandi Vecchi. «Se Kofi Annan vuole fare per forza il vertice Fao a novembre, può sempre farlo a New York, nella sede dell'Onu. Non sarebbe la prima volta», dice Andreotti. Ma il ko lo sferra Cossiga: «Detesto i negri che ragionano come bianchi». Come se ne esce? Radio Radicale lo chiede a due ex diplomatici, Sergio Romano e Boris Biancheri. Se ne esce male comunque – risponde il primo – Berlusconi non aveva capito che nelle questioni internazionali non può decidere da solo. E il secondo: «È comunque una perdita di prestigio per l'Italia».

# Le olimpiadi delle barbe finte

Genova fa esplodere in mano al governo due problemi già noti, oltre quello che abbiamo visto, del tutto inatteso, del rapporto tra una piazza guerrigliera, che non s'era piú vista in Italia da vent'anni, e forze dell'ordine impari ad affrontarla, perché non piú preparate all'improbabile evenienza (salvo qualche fascista del nucleo celere di Roma, che crede e invoca il manganello come rimedio all'evenienza). I due problemi già noti al governo sono la riforma dei servizi segreti (gli 007 o barbe finte) e i rapporti coi movimenti giovanili (no global, pace, scuola, lavoro).

A Genova i servizi segreti hanno fatto brutta figura: non si dice se per colpa loro, o perché gliel'hanno fatta fare. Non si capisce, cioè, se le loro informazioni su quel che s'andava preparando sono state insufficienti e inattendibili, o se sono state precise e tuttavia trascurate dal governo. Non si capisce perché la Difesa schieri una batteria missilistica antiaerea a protezione del G8 e l'Interno lasci entrare migliaia di facinorosi ben noti alle polizie. Comunque, per i servizi segreti è già in cantiere una riforma negli uffici del ministro Frattini. Essa crea fra l'altro l'unità di direzione e di riferimento di tutti i servizi nella persona del presidente del Consiglio: soluzione tanto desiderabile in un paese normale quanto pericolosa in un paese inebriato da sniffate autoritarie. Il Sismi militare, il Sisde civile e il Cesis, che li raccorda con la presidenza del Consiglio, sono ritenuti, ciascuno di per sé, affidabili, ma non hanno – come al solito, in Italia – vocazione unitaria nel loro lavoro di intelligence. La struttura di raccordo, il Cesis, è anche inadeguata. L'esperto numero uno dell'opposizione, Massimo Brutti, chiede che il governo giudichi anch'esso «vitale» rafforzare quella struttura, poiché è da essa che va guidata la ricerca e l'elaborazione delle informazioni sulle minacce piú attuali e drammatiche. Coerentemente con questa convinzione, la proposta di riforma presentata dai Ds al Senato rafforza quella struttura, dandole la competenza sulla gestione degli archivi, sul controllo interno e sulla tutela del segreto.

In attesa della riforma, il governo nomina intanto i nuovi capi del Sisde e del Sismi. Al primo viene preposto il generale Mario Mori, già comandante del reparto operativo speciale (Ros) dei carabinieri, reparto investigativo per eccellenza dell'Arma. Al comando del Sismi va un finanziere, il generale Nicolò Pollari, tre lauree, una collaborazione con l'Enciclopedia Treccani in materia tributaria, ex vice segretario del Cesis. Nulla da obiettare sui due nomi da parte dell'opposizione, molto invece sulla mancata consultazione da parte del governo. Non si tratta di un obbligo, ma di un utile fair play, in cui i governi dell'Ulivo solevano eccedere. Adesso quel fair play sarebbe valso a fugare qualche residua perplessità su storie in cui si parlò anche dei due prescelti. Nel caso di Mori, si tratta della guerra tra Ros e procura di Palermo ai tempi di Caselli (la cosiddetta «guerra dei Ros» o anche «procura dei veleni»). Al centro, il famoso *papiello* (scrittura) di Totò Riina, proposto a politici e istituzioni per mettere termine alla stagione delle stragi. Come mai per anni Riina può starsene nel suo nascondiglio, conosciuto, e nessuno lo arresta? Come mai Balduccio Di Maggio, pentito e trasferito lontano dalla Sicilia, vi torna, riorganizza la sua cosca e compie molti omicidi, senza che gli apparati di sicurezza sappiano e vedano niente? Perché gli ufficiali del Ros Mario Mori e Giuseppe De Donno incontrano Vito Ciancimino nella sua casa di Roma a piazza di Spagna? Perché Caselli e il suo sostituto Guido Lo Forte vanno a Torino a parlare con Mori (che ha lasciato il Ros), a chiedere notizie su mafiosi in libertà, pentiti che accusano i magistrati, carabinieri che verbalizzano? Perché il maggiore De Donno si presenta alla procura di Caltanissetta e dice d'aver saputo da Angelo Siino, «ministro dei lavori pubblici di Cosa Nostra», che il sostituto procuratore Lo Forte è stato una «talpa» delle cosche, cui ha passato nel 1991 un rapporto del Ros su mafia e appalti? Perché questa materia penale si conclude con una trattativa diplomatica fra istituzioni, che induce la procura di Caltanissetta ad archiviare le reciproche denunce di Lo Forte e di De Donno? Perché il gip accetta dopo ben nove mesi la decisione della procura? Ancora una volta *arcana imperii*, ragion di Stato? Ecco: si pensa che un colloquio informativo fra governo, titolare delle nomine, e opposizione, titolare del controllo politico, avrebbe fugato ogni remora sulla nomina di Mori al Sisde, comunque validissima.

Discorso meno complesso, ma anch'esso intrigante, per il nuovo capo del Sismi, il generale Pollari, delle cui qualità professionali e intellettuali abbiamo già detto. Ma anche lui ha dovuto ingoiare qualche boccone amaro. «È la stagione di Tangentopoli – scrive Enrico Fierro, *l'Unità* – e le inchieste del pool Mani pulite tirano in ballo semplici finanzieri e alti gradi della GdF [...] Basta una cena per entrare nel tritacarne di Mani pulite. Nel '98 il generale Pollari viene sentito come testimone per alcune cene fatte anni prima. Fra queste, la festa organizzata dall'agente di cambio romano Giancarlo Rosi quando Cesare Previti venne nominato ministro della Difesa. A quella bella serata c'erano tutti, generali, alti gradi, politici, giornalisti. Ma il boccone piú amaro per il generale Pollari [...] è l'accusa d'aver costituito una specie di lobby occulta "che avrebbe cercato di influire su nomine pubbliche e di governo". Apriti cielo: è un reato inconsistente, tuonano i vertici della GdF. È una iniziativa sconcertante, replica sdegnato il generale. L'inchiesta, tolta al pm David Monti, finisce con un tutti assolti. "Ma mi dovete spiegare dove ho sbagliato", replica il magistrato».

Anche questo verrebbe spiegato, non al magistrato, che l'avrà saputo, ma all'opposizione, se il governo usasse la normale cautela di consultarla in merito alle nomine. L'opposizione probabilmente si rallegrerebbe delle scelte e con i designati, e non avrebbe né la tentazione né la possibilità di riproporre in altre sedi la storia dei bocconi amari ormai digeriti. Il governo preferisce non perdersi in queste sfumature e crea il disagio.

Analogo è il comportamento nelle successive nomine di Ansoino Andreassi a vice capo del Sisde e di Arnaldo La Barbera a vice capo del Cesis (l'ex vice capo vicario della polizia e l'ex capo dell'antiterrorismo che erano stati rimossi a luglio dopo i fatti del G8 a Genova). La decisione del governo conserva al paese due esperienze professionali grandi e apprezzatissime, ma lascia insoluta un'altra serie di interrogativi inquietanti: s'è trattato di un atto di riparazione per torti inflitti ingiustamente? E perché furono inflitti sapendoli ingiusti? Il sacrificio dei due funzionari (ora ripagati) quale o quali teste ha consentito di salvare a luglio? Colpendo a livello di vice capi e salvando il livello del capo, il ministro dell'Interno ha salvato anche se stesso? Sarebbe stato concepibile cioè che il capo della polizia fosse caduto senza trascinare nella caduta anche il ministro dell'Interno? E via fantasticando, magari con domande anche un po' meno ovvie.

C'è di buono che, almeno per la facciata, il dovuto ripescaggio di Andreassi e La Barbera rimargina la lacerazione della polizia e ne ricompatta in qualche modo i sentimenti, esasperati dalle punizioni, che al Corpo, e non solo ad esso, apparivano unilaterali. Restavano infatti impuniti sia il governo, politicamente responsabile, sia la piazza, protagonista di atti delittuosi.

## Ai privati, con Letizia

È nell'infierire del solleone, quando a Rimini l'estate dionisiaca arriva al cervello, che Letizia Moratti è accolta al meeting di Comunione e liberazione come capitan Totti e Sabrina Ferilli sotto la curva sud: «ola», «ola». Nessuna sorpresa, anzi è riconoscimento diffuso che quelle «ola» siano meglio del Risorgimento opera del demonio e del brigantaggio opera dello spirito santo, come precedenti edizioni del meeting hanno riletto la storia d'Italia. Qui, nell'estate 2001 innaffiata da benedizioni cardinalizie alla vittoria della diletta destra, la signora Moratti, non ha fatto altro che spezzare lance a favore della scuola privata, tutta azienda e mercato. E la platea clericale risponde con le «ola», come avrebbe fatto se don Albertario redivivo si fosse presentato a chiamare ancora alla guerra santa contro gli usurpatori piemontesi, lo Stato laico unitario e il liberalismo.

Ma, incassata la trionfale giornata riminese, il governo si rende conto che essa non coinvolge, sul piano del consenso, la maggioranza dei giovani tra i 18 e i 24 anni che l'inchiesta del Mulino, «Perché ha vinto la destra», attribuisce in prevalenza all'Ulivo (diversamente dalle classi successive). Si rende conto cioè, e piú se ne renderà conto in autunno, che è piú facile ricucire gli strappi nella polizia che non la lacerazione di una gioventú protagonista, che si è già data appuntamento per ottobre alla marcia della pace Perugia-Assisi (duecentomila), alla Fao (10 novembre, centoventimila), alla prima giornata di sciopero contro la riforma Moratti (altri duecentomila nelle maggiori città, e in piú scuole occupate, scioperi della fame, acutizzazione della polemica contro la scuola privata).

Proprio su questa, all'indomani di Rimini, divampa la polemica tra intellettuali «di destra» e intellettuali «di sinistra». «Da sinistra» apre il fuoco Eugenio Scalfari, che il 26 agosto scrive, parlando dei ministri che si succedono al meeting: «È sufficiente che diano libero sfogo ai loro spiriti animali e si troveranno in perfetta coincidenza con i giovanotti delle Opere, e soprattutto con chi li guida». (In altra sede, spiegherà che «spiriti animali» non è espressione insultante, ma traduzione letterale dall'inglese *animal spirits*, da tempo nel linguaggio corrente dell'economia, col significato di «modo di sentire profondo e originario». Donde espressioni come «spiriti animali del capitalismo» e consimili.)

Reagisce uno dei due Dioscuri, Ernesto Galli della Loggia, che lamenta «le sparate demagogiche e i toni di rissa» con i quali molti avversari del finanziamento pubblico alla scuola privata hanno accolto l'annuncio, esposto dal ministro Moratti «con un garbo, un buonsenso e, al tempo stesso, con una fermezza che le fanno onore». In cerca di analogie giustificative, Galli della Loggia rinfaccia a giornali e altri media: «La presenza di un servizio informativo pubblico non ha impedito a suo tempo di aiutare le imprese editoriali private, anche quelle di chi oggi tuona contro i progetti governativi». Che non è proprio un volo da aquila imperiale, tanto piú che gli aiuti all'editoria privata non sono interdetti dalla Costituzione. Naturalmente, Galli lo sa e ammonisce il governo: a me, dice, «senza oneri per lo Stato» non piace, ma c'è, e allora, se il governo vuole procedere sulla questione della parità scolastica, non lo faccia con legge ordinaria, quasi che la Costituzione non ci fosse, ma riformi la Costituzione, ossia elimini il «senza oneri». Vedrà allora che getterà lo scompiglio nel campo di Agramante, poiché sull'abrogazione di quel divieto «sarebbe assai difficile per le componenti cattoliche e/o genericamente centriste dell'opposizione, stare fianco a fianco fino in fondo con la sinistra e con le altre componenti laiciste per conservare la situazione attuale». Due piccioni con una fava.

Bel colpo. Ma i «laicisti» rilanciano, allargando il campo all'intera questione della presenza della Chiesa nella scuola dello Stato. È ancora Eugenio Scalfari: che non si limita a dichiarare la sua «non sorpresa» per gli incoraggiamenti alla Moratti «da parte di alcuni sedicenti liberali che da tempo si sono messi in servizio permanente o di complemento del governo, e che proprio sui temi della scuola hanno concentrato da tempo la loro attenzione, in concorde convergenza col Cardinal Vicario, coi giovanotti di Cl e con tutta quell'ala della gerarchia ecclesiastica che non brilla certo per ampiezza e libertà di vedute».

La cultura della Chiesa nella scuola si manifesta soprattutto nel permanere del carattere classista della vecchia educazione clericale, riservata ai rampolli dei ricchi e dei ceti urbani (salvo piú recenti e anche splendidi esempi a servizio dei ragazzi meno fortunati, specie nel campo dell'istruzione professionale, ma non solo in quello). E poi nella pretesa concordataria di insegnare nelle scuole dello Stato non la cultura religiosa ma la religione cattolica. Sulla prima questione, Umberto Eco pone il problema del perdurante conflitto tra scuole private e Costituzione in tema di selezione degli accessi: liberi nella scuola dello Stato, esclusivi nella scuola dei privati. Lo Stato democratico liberale non può consentire nessuna di queste esclusività: né il ceto sociale, né la confessione religiosa, né l'etnia, né la facilità di ottenere diplomi. E invece proprio questi criteri variamente selettivi sono alla base della scuola privata, sia cattolica (3 per cento degli studenti), sia laica (2 per cento). C'è prevalenza di «dato classista piú professione religiosa» nelle scuole superiori; di«dato religioso senza troppo classismo» nelle scuole inferiori: purché si superi lo sbarramento della retta. La legge sulla parità, uno dei cardini della riforma Berlinguer, non ha placato i fautori del finanziamento pubblico, i quali desiderano che il finanziamento sia «aggiuntivo» alla retta, e che non sia eliminata la selezione, indispensabile all'iniziativa privata nella scuola. Né il bonus potrebbe essere accordato a tutti senza incappare di nuovo nel divieto della Costituzione: può essere accordato, seguendo la Costituzione, soltanto ai non abbienti, sia che scelgano la scuola privata sia che scelgano la scuola pubblica (che non ha rette, ma mette il costo dei libri interamente a carico delle famiglie).

Durissima polemica anche contro l'altra pretesa clericale, l'insegnamento della religione cattolica. Per essa il ministro, fin dalla calda estate di Rimini, ha in tasca una sorpresa: l'immissione in ruolo degli oltre ventimila insegnanti di religione, nominati non dallo Stato ma dal vescovo e protetti contro l'eventuale successiva sfiducia vescovile col trasferimento ad altra cattedra, di altra materia. Sicché nella scuola dello Stato ci saranno, in perfetta eguaglianza giuridica, insegnanti assunti dallo Stato e insegnanti assunti dalla Chiesa attraverso lo Stato.

Per i circa 22 mila insegnanti di religione – scrive Scalfari – «il costo è di oltre mille miliardi l'anno. Si tratta di una palese stortura concordataria che creerà problemi e costi aggiuntivi quando le nuove etnie immigrate richiederanno analogo trattamento. La soluzione non può che essere quella di abolire l'insegnamento della religione, sostituendolo con una cattedra di storia delle religioni affidata a insegnanti pagati e nominati dall'autorità pubblica e non dai vescovi (o dai rabbini o mullah o monaci buddisti). In conclusione: la politica scolastica del centrodestra e le intenzioni fin qui esposte dal ministro ignorano e sottovalutano i problemi veri della scuola, si preoccupano di pagare le cambiali politiche rilasciate alla destra clericale e rischiano di rialzare pericolosi steccati».

## Leggenda aziendale per studenti

L'estate finisce e il ministro dell'Istruzione (una volta si chiamava Pubblica Istruzione?) vede messa a dura prova anche le sue buone intenzioni: a cominciare da quella di coprire tutte le cattedre fin dal primo giorno di scuola. Si lavora anche in agosto per assunzioni o immissioni in ruolo di sessantamila precari, organizzazione dei supplenti (che invece mancheranno fino al febbraio 2002: cinque mesi di luna park per i ragazzi, spostati da una classe all'altra secondo le assenze dei titolari: ma qui la Moratti non c'entra, qui c'entra l'Italia perenne e soprattutto il baraccone-scuola, già definito, ai tempi della guerra fredda, il piú grande esercito del mondo dopo l'Armata rossa).

Il problema nuovo, invece, è un altro, che s'è manifestato a Genova nei giorni del G8 e che nessuno ha capito, né a destra né a sinistra «con l'eccezione di un paio di teste pensanti come Massimo Cacciari e Giuliano Amato», rileva Curzio Maltese: e cioè l'affacciarsi di un'intera generazione che chiede di fare politica. Una generazione diversa da quella del Sessantotto, «cresciuta dopo il crollo dei Muri e all'ombra dell'Impero, ma che ha sviluppato originali anticorpi contro il pensiero unico, e che non è rassegnata a delegare la voglia di politica a una casta di specialisti dell'immagine, che sono sostanzialmente d'accordo nell'approvare ciò che accade».

Il fatto che non lo capisca la sinistra ufficiale sarà una delle cause del suo tracollo elettorale d'autunno (Molise e Sicilia), che non è ancora la peggiore delle sventure. Il peggio, per la sinistra, per i movimenti giovanili, per il paese intero, potrebbe venire. Occorrerebbe occuparsi meno della setta (correnti, correntoni, segreterie, quote maschili e femminili, che non interessano niente a nessuno) e piú di grandi temi, cibi transgenici, brevetti sui farmaci, norme del commercio mondiale, ambiente, debito dei paesi poveri, immigrazione, globalizzazione dei diritti. La sinistra dovrà rassegnarsi a occuparsene – pungola Maltese – «non soltanto per evitarsi la ridicola figura fatta alla vigilia del G8, quando ha discusso per settimane se partecipare o meno al corteo senza mai interrogarsi sul "perché". Ma soprattutto perché sarà questa la politica dei prossimi decenni dopo la lunga stagione del vuoto, del dominio dell'economia e del marketing. Il Berlusconi show prima o poi finirà, con le sue star e i suoi servi di scena. Ma il ritorno alla politica di una generazione, è destinato a durare. Se nel bene o nel male, dipenderà dalle risposte».

La destra, a sua volta, a differenza della sinistra non ha la testa nel pallone, ma nel tripudio dell'onnipotenza, nella felicità della conquistata gestione del potere per scopi di classe, di ceti e di persone. Essa vive con passo bersaglieresco la sua stagione, succeduta, secondo il ritmo delle stagioni, a quella del vuoto della politica, di cui «la destra berlusconiana è il prodotto piú clamoroso, luccicante». In quel vuoto è nato, e tuttora vive e prospera il populismo televisivo, ed «è quindi ovvio che il governo voglia spingere le nuove generazioni ad abbandonare la piazza e le associazioni per tornarsene in poltrona a guardare il Grande Fratello».

L'apertura dell'anno scolastico dimostra che il progetto della destra è lontano dall'essere diventato senso comune fra i giovani, e la signora Moratti non s'accorge che la sua riforma della scuola, e non solo l'inopinata «ola» di Rimini sulle scuole private, è benzina sul fuoco di una generazione che, appunto, si sta incendiando di desiderio politico. Non piace la riforma scolastica che sostituirà quella di Luigi Berlinguer, e non certo perché ripristina le tradizionali forme preberlingueriane dell'istruzione «primaria»: tre anni (cominciando dal terzo anno di vita) per la scuola dell'infanzia, cinque anni per la scuola elementare, tre anni per la scuola media (che finirebbe a 14 anni). Il problema è proprio al quattordicesimo anno, quando il ragazzo verrà posto davanti a un trivio (parola di suono malfamato): dovrà scegliere fra istruzione secondaria, cioè quattro anni di liceo (non piú cinque, secondo la prima proposta), per andare poi all'università; oppure formazione secondaria in tre anni, per andare direttamente al lavoro; o infine una «commistione scuolalavoro» con salario per i ragazzi e incentivi per le aziende. Si ripropone ancora una volta la cultura del conflitto fra istruzione e formazione, cioè tra studio e lavoro, sia pure con possibili ritorni sui propri passi grazie a «moduli di riallineamento» e a una volontà alfieriana da parte dei ragazzi. (Torna la leggenda di Natale Capellaro, operaio-inventore della Olivetti, che divenne ingegnere honoris causa. Il professor Giuseppe Bertagna, docente di filosofia dell'educazione all'università di Bergamo, incaricato dal ministro Moratti di disegnare la nuova architettura della scuola, consola gli studenti dimezzati delle scuole di formazione con l'esempio di quell'operaio-ingegnere.)

Ma l'enigma del trivio, momento clou della carriera scolastica del ragazzo, ipoteca non solo l'avvenire. Piega il precedente *cursus* alla sua logica: è già dagli ultimi due anni della scuola media, infatti, che lo studente è spinto a maturare la scelta. È il cosiddetto biennio dell'orientamento. Su questo snodo da sempre dolente, fra le due scuole, si scatenano la polemica degli «addetti» e la contestazione giovanile. Che finiscono col far giustizia sommaria anche di innovazioni non trascurabili, come la possibilità di orari aggiuntivi regionali di 5 ore oltre le 25 settimanali garantite a tutte le scuole della Repubblica: ogni regione secondo le sue vocazioni, le esigenze del suo mercato, le aspirazioni dei suoi cittadini. È la scuola dell'autonomia. È anche scuola integrata con attività extracurricolari, alcune gratuite, altre a pagamento per chi vuole o può: sport, musica, informatica. È la scuola-impresa, o, secondo la piú precisa formula morattiana, «funzione imprenditiva delle istituzioni scolastiche»: che possono istituire anche «percorsi eccellenti», visto che non tutti gli studenti «sviluppano le stesse motivazioni». Sicché fin dai primi anni lo studente è posto di fronte a percorsi (o curricola) diversi. «Procede su due gambe, – scrive con efficacia Mariagrazia Gerina sull'*Unità*, – la valutazione e l'orientamento. Da una parte si valutano le competenze raggiunte, dall'altra si orienta lo studente verso la fatidica scelta.» Appunto quella del quattordicesimo anno: liceo o fabbrica? Infine gli esami. Saranno aboliti, secondo la tradizione della destra, che cominciò nel primo governo Berlusconi con la devastante abolizione degli esami di settembre ad opera del ministro D'Onofrio, li sostituí con corsi di recupero (giustamente snobbati da studenti e studentesse, che ai corsi preferiscono i ludi estivi). Di esami, comunque, nel progetto Bertagna non si parla. Ne parlerà a tempo debito la ministra. Ma l'antifona, cioè come la destra concepisca l'istituto dell'esame, è nella Finanziaria 2002, dove i miliardi necessari per stabilizzare i professori di religione vengono recuperati riducendo le commissioni della maturità ai soli professori interni. In pratica, niente esami, con buona pace del fu Giovanni Gentile.

Cosa dicono i due ministri dell'Ulivo? Cosa dice Berlinguer, che ha fatto la prima riforma organica dopo Gentile, annullata dalla destra? Cosa dice De Mauro, che ha completato l'opera del collega, e ha lasciato viale Trastevere con molte lodi per la scuola italiana e molta critica e autocritica per i governanti? «Ne esco – confida – l'8 giugno a Luana Benini, per l'ultima volta nel grande studio del ministero – con alcune esperienze positive e alcune conferme. Le prime riguardano le scuole, che, per fortuna, hanno sempre camminato per conto loro dal punto di vista culturale e didattico. La scuola ha raccolto, e l'ha agevolata facendo salti mortali, la spinta alla scolarizzazione partita negli anni '60. Si è inventata didattiche adeguate. Adesso il 75 per cento dei ragazzi arriva al diploma superiore. Ha fatto miracoli, socialmente richiesti, politicamente ignorati. Dei governi e delle maggioranze che si sono succeduti si può dire che hanno tollerato il processo senza neanche ben capirlo […] Il centrosinistra? Se ha fatto tutto quel che poteva per ripagare le scuole? La legislazione del centrosinistra, senza grande chiarezza di progettazione unitaria del governo come tale, grazie alla tenacia di Luigi Berlinguer e alla continuità del mio lavoro questo obiettivo l'ha perseguito: riconoscere cioè la qualità positiva delle scuole.»

E oggi, di fronte al no ai cicli scolastici berlingueriani, al diffuso favore per la salvaguardia e il recupero della scuola elementare (la perla del nostro sistema scolastico), alla scelta tedesca della Moratti: o università o lavoro? Per il padre dei cicli, Berlinguer, è un tuffo nel passato. «Il blocco dei cicli esploderà in mano alla maggioranza, sarà battaglia.» *È un ritorno agli anni '50?* «È l'aggiornamento al Duemila della scuola d'avviamento professionale. Anticipare durante le scuole medie la successiva scelta tra la formazione professionale ed i licei, oggi sarebbe fuori dal mondo. Gli stessi austriaci e tedeschi, che hanno il doppio canale anticipato, ma una formazione di ben altra consistenza culturale, sono ormai autocritici, e le loro stesse imprese preferiscono i ragazzi del canale scolastico. La maggioranza dei paesi europei come racconta l'indagine Euridice, inizia il doppio canale dopo i 15-16 anni, come del resto è scritto nella mia riforma.» *Quali conseguenze sui giovani?* «Trovo assai discriminatoria l'ipotesi di far pagare ai bambini che non han-

no trovato posto nella materna il doppio scotto di non frequen-
tarla e di essere poi penalizzati anche nel percorso successivo.
La materna va estesa di fatto a tutti, punto e basta. Secondo:
con bambini cosí vivaci, informati, avvantaggiati dalla scuola
dell'infanzia, far durare quella di base otto anni è un assurdo
storico e culturale [Berlinguer ne prevede sette]. È poi inaccettabile qualunque soluzione per le superiori o che le riduca di
un anno mutilandole [il ginnasio-liceo della Moratti scendeva
da 5 a 4 anni] o che distingua i licei dai tecnici. L'idea di formare una classe dirigente precostituendo i percorsi scolastici e con
tanto anticipo è iniqua e niente affatto funzionale, blocca la
mobilità sociale, impedisce quei travasi fra licei, tecnici e professionali che sono alla base di una società viva e creativa come
quella contemporanea.» Insomma: un gentilianesimo trasferito
dalla società chiusa, dove aveva valore propulsivo, alla società
aperta, dove ha un effetto regressivo.

Di rincalzo, Tullio De Mauro (a Mario Reggio, lo stesso intervistatore di Berlinguer per *la Repubblica*): «Modello tedesco? Scuole elementari per tutti e poi precoce separazione tra
scuole professionali di avviamento al lavoro e ginnasio-liceo?
Ma c'è una differenza abissale tra Germania e Italia. In Germania le scuole elementari obbligatorie e gratuite datano dal 1525,
l'analfabetismo è scomparso da secoli; si vende quasi un quotidiano per abitante; l'82 per cento legge libri. Le famiglie sono
preparate a una scelta precoce tra scuole professionali e ginnasio-liceo; e le scuole professionali sono signore scuole: tedesco,
storia, matematica, lingue straniere. Le scuole tecniche univer-
sitarie hanno, di conseguenza, un livello elevatissimo anche come centri di ricerca pura. Da noi tutto è diverso. L'istruzione
elementare [...] diventò obbligatoria davvero solo a inizio No-
vecento; e solo negli anni '60 siamo riusciti a portare tutti i
bambini alla licenza elementare. Il ritardo è di quattro secoli...
Datemi la Germania e potremo pensare al modello tedesco.
Non ci sono giustificazioni per l'attuale maggioranza. La scelta
precoce tra canali ci riporterebbe a prima di Giuseppe Bottai,
che tentò di creare la scuola media unificata nel 1940: una rivoluzione, bloccata dalla guerra e ripresa finalmente nel 1962. L'i-
dea del ministro Moratti, se davvero è sua, ci riporterebbe alla
scuola di un paese agricolo, descolarizzato».

Contestano, dunque, gli ex ministri. Contestano anche gli
studenti. Si comincia dal ginnasio-liceo Tasso, da 115 anni

scuola d'avanguardia a Roma, fucina di classe dirigente. Qualcuno ha detto: «Per l'elezione del sindaco, il 27 maggio, il Tasso era in garanzia: chiunque vinceva, Veltroni o Tajani, si trattava di un ex alunno del Tasso». Il 30 novembre, sciopero degli studenti in tutta Italia: 30 mila sfilano a Roma, altrettanti a Napoli, anticipati dai 20 mila di Firenze, e poi decine di migliaia a Milano, Bologna, Bari, Palermo. A Roma dicono: «Nei suoi discorsi la Moratti non nomina mai, nemmeno una volta, la parola "cultura". E poi questo confronto con noi vuole aprirlo o vuole solo prenderci in giro con gli Stati generali di Foligno?». Lo aprirà qualche giorno dopo, un po' preoccupata per lo sciopero della fame che, togliendo il copyright a Pannella e indispettendolo, alcuni studenti del Tasso stanno facendo da qualche giorno. Ma riceverà quegli studenti insieme a folti gruppi di organizzazioni neofasciste (par condicio), e quando le porranno qualche domanda replicherà: «Niente domande, esponete soltanto le vostre opinioni». Nemmeno il temuto «stile materno». «Puro stile aziendale», dicono i ragazzi.

Le prime somme le tirano a Milano gli studenti del Manzoni, il liceo del centro, tornato alle occupazioni, alla «disobbedienza sociale» di tempi non lontani (quando i picchetti distribuivano volantini, spinelli e profilattici, i tabú). Oggi invece la protesta si «esternalizza», scrive in una corrispondenza Oreste Pivetta. «Il vento del G8 è passato scombinando le abitudini degli studenti, al "Cantiere" vive lo Student Social Forum, e molti a Genova si sono misurati con le botte e soprattutto con un movimento grande e variegato, di tante anime e di tante culture oltre che di tanti mestieri e professioni. Dopo l'asfissia della scuola, chiedono aria al trasversalismo del movimento, proponendo, in un modo di pensare piuttosto alto, la diarchia dei sentimenti e dei problemi. Questi sono ragazzi molto concreti, che sanno distinguere tra il diritto allo studio e il buono-studio di Formigoni, e provvedono come possono ai bisogni materiali del Kosovo; che protestano contro la legge sui servizi segreti "con licenza", e ricordano la legge Bossi-Fini contro l'immigrazione; i tagli alla pubblica istruzione, l'attacco all'articolo 18 sui licenziamenti; e chiedono: "Perché dovremmo rassegnarci a tutto questo, perché rassegnarci all'espropriazione di diritti, perché non dovremmo disertare Doveri ai quali riservare fedeltà muta, cieca obbedienza?". Letterati, ma antideologici, non hanno smarrito gli ideali...»

Foligno svanisce fra le nebbie dicembrine dell'Umbria. Il Comune e la Regione non si assumono la responsabilità di migliaia di giovani che non si saprebbero come ospitare nella gelida notte fra il 19 e il 20 dicembre. L'organizzazione manageriale della Moratti ha pensato agli alberghi degli ospiti, lasciando alle istituzioni locali di risolvere il rebus di una logistica impossibile. Per di piú, le regioni, a cui la devolution promette ampi spazi nella scuola, non sono state coinvolte nella preparazione degli stati generali, sono solo invitate all'evento mediatico. Settemila scuole saranno collegate in diretta, sul modello inventato dall'Eiar in un lontano ventennio. Finalmente il sindaco di Foligno blocca tutto, Scajola dà un sospiro di sollievo, la kermesse è trasferita a Roma, dove il Palazzo dei congressi all'Eur è meglio difendibile con squadroni di cavalleria e truppe appiedate. Il ministro del G8 chiede ai giovani che verranno a Roma di lasciare a casa ogni cattiva intenzione, e cosí è: solo balli, canti, gioia, irrisioni. I normali ingredienti della contestazione: pacifica e, tutto sommato, immatura. O, come dice Michele Serra, esistenziale, non ideologica. («La parte piú significativa e migliore della rivolta giovanile di fine anni '60 non fu quella ideologica ma quella esistenziale. Quella ideologica, semmai, provvide a devastare quella esistenziale»).

Pausa natalizia? Nemmeno per sogno. Letizia Moratti è un fulmine di guerra. Se al sottosegretario Vietti sono bastati tre mesi per trasformare la delega sul falso in bilancio in decreto bell'e pronto per l'uso, alla ministra bastano appena tre settimane per passare dal progetto Bertagna a un diverso progetto di riforma. Sepolto il primo fra i marmi dell'Eur, il secondo viene presentato al Consiglio dei ministri del 10 gennaio 2002, insieme al decreto sul falso in bilancio: ma, a differenza di questo, non viene approvato. Troppi mal di pancia tra i ministri del Biancofiore, quelli della Lega e il guardiano del Tesoro. Cos'è stato?

La Moratti-bis prevede: la scuola fino a 18 anni; cinque anni di elementari, tre di medie e cinque di liceo. Chi, alla fine della media, anziché al liceo vorrà avviarsi al lavoro, sceglierà gli istituti professionali delle regioni, che dureranno quattro anni. Con un quinto, si potrà accedere all'università anziché al lavoro. Sono previsti passaggi sia dal liceo alla professionale e viceversa, sia dall'uno all'altro degli otto rami (umanistico, scientifico, economico, ecc.) in cui si articolerà il liceo. Quanto all'inizio della vita scolastica, si abbassa dai 3 ai 2 anni e mezzo l'ingresso nella materna e dai 6 ai 5 anni e mezzo l'ingresso alle elementari.

Primo scoglio: i preti non vogliono saperne di abbandonare i ragazzi delle «primine» (l'ultimo anno delle materne) con sei mesi di anticipo. Oggi solo quelli delle scuole private possono frequentare la prima elementare senza aver compiuto 6 anni. Anticipando di mezzo anno l'ingresso nelle elementari e nelle materne, non si toccherebbe la durata triennale di quest'ultime (né il business, ad esse connesso, delle scuole cattoliche: 507 mila iscritti alle materne, 2 milioni di retta annua pro capite, 1000 miliardi nel 2001). Ma occorrerebbero probabilmente più insegnanti nelle elementari, mentre la finanziaria ne prevede la riduzione. Senza parlare delle questioni «psicopedagogiche» e dell'«identità» della scuola dell'infanzia, che stanno a cuore al Biancofiore a alla Cisl. Né va bene dare alle regioni soltanto le scuole professionali, che coinvolgono il 25 per cento degli studenti. La devolution promette di trasferire alle regioni la gestione di tutta la scuola. È vero che la devolution non c'è ancora, ma la riforma Moratti ne ipoteca le dimensioni. Infine i costi: Tremonti dice che, per i primi tre anni della nuova scuola, occorrerebbero dagli 8 ai 10 miliardi di euro in più (15-20 mila miliardi di lire). Non ci sono. Meglio allora approvare la riforma della scuola non con un ordinario disegno di legge, ma con una legge delega al governo, così esso potrà modulare la spesa anno per anno, secondo le disponibilità.

Bocciata all'Eur, rimandata al Consiglio dei ministri, Letizia Moratti non s'arrende: ha promesso agli Stati generali che a settembre 2002 parte la riforma, e ci proverà. Non è disposta a seguire l'esempio di Ruggiero. Non sembra neanche disposta a tornare alla Rai per lasciare la poltrona a un nuovo ministro, nel quadro di un «rimpasto» del governo che serva anche a compensare An del mancato approdo di Fini alla Farnesina. Ma siamo solo a metà gennaio dell'Anno II.

# IV. Guerra dei Viceré
## *Sorella mafia*

Maramotti, *l'Unità*, 20 ottobre 2001

Via Tano Grasso dall'antiracket - «Con la mafia dobbiamo convivere» - Gli imbarazzi di Lunardi - L'emendamento Mancuso - San Totò degli abusivi - La «vergogna nazionale» secondo Scajola

## Via Tano Grasso dall'antiracket

Il 24 giugno si vota per il rinnovo dell'assemblea regionale siciliana e il Polo fa il bis delle elezioni del 13 maggio: asso pigliatutto. Fra il 2 luglio e il 5 settembre, i prefetti di Palermo e di Catania, su direttive del ministero dell'Interno, riducono o tolgono le scorte a tre esponenti locali del centrosinistra, da sempre nel mirino della mafia. Sono Leoluca Orlando ex sindaco di Palermo e ora capo dell'opposizione di centrosinistra in regione; Claudio Fava, eurodeputato Ds, nella lista nera del clan Santapaola che nel 1984 gli uccise il padre, giornalista; Giuseppe Lumia, deputato nazionale Ds, già presidente nella scorsa legislatura della Commissione parlamentare antimafia.

L'11 settembre, davanti alle torri distrutte di New York, il presidente Bush dichiara: «Bin Laden e la sua organizzazione sono la mafia, un pericolo per il mondo intero». A Roma i ministri Scajola e Castelli intensificano l'opera di «razionalizzazione» del servizio scorte: ora gli uomini servono per accrescere la vigilanza antiterrorismo. Perciò tolgono la protezione anche ai pubblici ministeri del pool Mani pulite di Milano, compresa l'irriducibile Ilda Boccassini, impegnata nei processi contro inquisiti eccellenti di Forza Italia. Da Milano l'occhio della coppia Scajo-

113

la-Castelli si sposta a Palermo, l'altro covo di magistrati invisi: e salta l'auto di protezione per i pubblici ministeri Lo Forte, Scarpinato e Imbergamo, per loro solo la macchina del ministero della Giustizia con due agenti a bordo. Resta, in tutto il palazzo di giustizia, una sola scorta, quella per il procuratore della Repubblica Piero Grasso e per il procuratore generale della Corte d'appello Salvatore Celesti. I quali, come avevano già fatto a Milano il procuratore generale Borrelli e il procuratore della Repubblica D'Ambrosio, rinunciano per solidarietà coi colleghi.

L'opera dei ministri berlusconiani continua il 18 ottobre, con la destituzione di Tano Grasso dall'ufficio di commissario antiracket. Lo sostituisce l'ex questore di Roma e ora prefetto di Taranto Rino Monaco, funzionario di riconosciute capacità. È a questo punto che una vecchia prefica dei vizi nazionali, Giorgio Bocca, paragonando quel che successe dopo l'uccisione del generale Dalla Chiesa nel 1980 a quello che sta succedendo, scioglie un pianto toccantissimo, «Quando parte la risacca della mafia». Ma prima di ascoltarlo, ricordiamo un momento Tano Grasso e la storia dell'antiracket.

Tano Grasso è un commerciante di Capo d'Orlando, vittima del racket al pari di tutti i suoi colleghi. Un giorno decide di voler difendere la sua dignità, e non paga piú il pizzo. Ma non commette il generoso errore del suo quasi omonimo Libero Grassi, imprenditore che prima di lui s'era ribellato da solo al racket, e fu massacrato. Tano Grasso invece si rivolge ai commercianti, artigiani, imprenditori, agricoltori di Capo d'Orlando e dice: «C'è solo un modo per liberarci dalla piovra, smetterla tutti insieme di pagare il pizzo. Se lo facciamo, non possono ammazzarci tutti, e in piú arriveranno le televisioni da tutta Italia a riprendere la rivolta di Capo d'Orlando. E alla mafia non piacciono le luci delle televisioni».

Vinta la battaglia, anche lo Stato italiano si muove. Con la legge 44 del 1999, il governo dell'Ulivo fa un salto di qualità rispetto alla vecchia legge antiracket (la 400 del 1988): si esce dalla concezione dell'emergenza e viene creato un meccanismo sistematico, un commissario «ordinario» per la lotta al racket e all'usura, dotato di mezzi investigativi preventivi e risarcitori per combattere i due fenomeni criminali giorno per giorno, mobilitando le potenziali vittime e sollecitandone il consenso. In base alla legge 44 il commissario dura in carica quattro anni. Il commissario Grasso, dunque, avrebbe dovuto restare al suo posto altri due anni. Protesta in Parlamento l'opposizione, protestano (per le scorte) il Consiglio superiore della magistratura e l'Associazione nazionale magistrati. Ma tace la polizia, il vertice sopravvissuto alla catastrofe del G8 di Genova, composto anch'esso di super esperti di lotta alla mafia (De Gennaro, Manganelli, Pansa, Gratteri, Cirillo). E taceranno d'ora in poi i pubblici ministeri: «Non possiamo piú fare gli eroi, la mafia è un problema nazionale, ha fatto stragi, ha ucciso magistrati, poliziotti, politici, giornalisti, e non è considerata una priorità nella circolare del ministro dell'Interno. Le priorità sono gli extracomunitari, la criminalità diffusa e la tratta degli schiavi». Cosí parla Massimo Russo, pubblico ministero del pool antimafia di Palermo. Dunque, per il ministro di Savona la mafia non è una priorità da combattere. Il contrario di quanto aveva detto Ciampi all'inizio dell'estate replicando al ministro delle infrastrutture Lunardi, altro esponente del «gruppo di comando» della Casa delle libertà. (La definizione è dell'ex sottosegretario dei servizi segreti Massimo Brutti, quasi una parafrasi della nota espressione «gruppo di fuoco».)

Torneremo fra un po' su quell'infelicissima pagina. Ora è tempo di ascoltare l'epicedio del vecchio Bocca. «Tano Grasso non è piú commissario antiracket: con rapida e strisciante decisione, lo ha rimosso dall'incarico il ministro della risacca, Scajola; si torna alla normalità indicata testé da un altro ministro, quello delle infrastrutture Lunardi: "Con la mafia dobbiamo convivere". I debiti vanno pagati, la vittoria elettorale della destra in sessantun collegi elettorali della Sicilia su sessantuno va onorata. La notizia è stata ignorata o data col minimo risalto dai mezzi di informazione, cosí come quel suo corollario che è l'abolizione delle scorte ai magistrati in prima linea nella lotta alla mafia o Tangentopoli: con il plauso dell'avvocato Taormina e degli altri avvocati blocca-rogatorie che stanno al governo, e nell'indifferenza ormai scontata dell'opinione pubblica. Quando parte la risacca della mafia è come se un'Italia sino a ieri vigile e ardita scivolasse verso il nulla.»

L'epicedio prosegue: «Giudici coraggiosi subiscono o chiedono il trasferimento, li sostituiscono quelli con la faccia di pietra e il sedere di ferro. Non dimenticherò mai la grande risacca dopo l'assassinio del generale Dalla Chiesa sostituito dal prefetto De Francesco. Prefettura e questura cadute in un silenzio tombale, i collaboratori di Dalla Chiesa introvabili o muti, De

Francesco nel suo ufficio seduto impietrito, con un viso immobile da divinità incaica. Rispondeva a monosillabi, evasivo, distante [...] Il giudice La Torre faceva fare le perizie a Londra, non si fidava dei luminari palermitani. I giudici Costa e Chinnici andavano su e giú in ascensore, per parlarsi senza essere ascoltati. Borsellino in esilio a Trapani, Falcone a Roma fra le scartoffie [...] La risacca mafiosa è leggibile solo dagli esperti nei suoi simboli [...] Sessantuno collegi su sessantuno regalati alla destra alle elezioni nazionali, neppure uno all'opposizione: quale messaggio piú chiaro? Tutta l'isola come Trapani e Mazara del Vallo, come i feudi di Riina e di Bontade, in un voto di impudente unanimità. L'informazione nazionale non ha fiatato [...] Notori "amici degli amici" ai primi posti nelle liste del partito di governo [...] La risacca è anche il silenzio delle lupare. Non ce n'è piú bisogno, all'assemblea regionale sono arrivati gli uomini del sacco urbanistico e hanno subito aumentato gli stipendi ai loro amici, rimborsato gli abusivi a cui è stata abbattuta la casa [...] I procuratori fastidiosi come Caselli sono stati spediti a Bruxelles a mangiare crauti e birra [...] al matrimonio della figlia di Riina sono arrivati in centinaia, in abiti da cerimonia [...] le scorte sono state tolte, servivano a poco, quelle di Falcone e Borsellino sono volate in pezzi come i loro protetti [...] Ma il segno è chiaro: abbiamo firmato un tacito (e vergognoso) patto per la convivenza, di cui parla il ministro delle infrastrutture; con i mafiosi d'ordine abbiamo ricominciato a fare affari e spartirci gli appalti. Al danno si aggiunge la beffa, perché mentre si riducono le scorte agli onesti, rimangono quelle che devono sorvegliare i mafiosi al confino o agli arresti domiciliari grazie ai falsi certificati di malattia di cui tutti sono forniti: migliaia di carabinieri, di poliziotti [...] Dice il presidente della commissione del Csm per la criminalità organizzata: "Il messaggio è chiarissimo, lo Stato non vuole piú proteggere i suoi servitori piú esposti, è un giorno nero per la Repubblica italiana". Ma i giorni neri susseguono uno dopo l'altro, come i grani di un rosario senza fine, nascosti dietro la guerra dell'Afghanistan e la minaccia terroristica».

«Con la mafia dobbiamo convivere»

Torniamo alla cronaca. Il governo costringe il paese a innestare la marcia in dietro: «Secondo me, stiamo facendo una retromarcia di chilometri – dice Mario Ceniglia, l'imprenditore agricolo di Scordía che la tv ha intervistato nel rifugio dov'è blindato da tre anni per non aver pagato la mafia e non aver accolto l'invito a scappare dalla Sicilia. – Una retromarcia di chilometri nella lotta alla mafia. Il primo segnale è stato ad agosto, con le dichiarazioni di Lunardi. In dialetto siciliano si sarebbe detto: "Picciotti, adesso comando io, non abbiate paura, le cose stanno tornando quelle di una volta". E la gente capisce e non si mette piú in mostra. Sa come si dice da noi? *Contro la chiesa ti metti, 'o campanaru in coddu te casca*, se vai contro la chiesa il campanile ti cade addosso».

Per non finire sotto *'o campanaru*, l'ingegner Pietro Lunardi da Parma, ministro delle Infrastrutture, decide che contro quella «chiesa» è inutile andare. Questo il senso comunemente attribuito alle sue parole, pronunciate dopo la presentazione in Parlamento del progetto di duecento mila miliardi per le grandi opere di modernizzazione del paese. All'obiezione abbastanza banale che quelle opere possano centuplicare gli appetiti della criminalità, Lunardi risponde: la mafia e la camorra ci sono sempre state e sempre ci saranno, dovremo conviverci, questo non può impedirci di fare le infrastrutture».

Piú che cinismo, c'è in queste parole l'insensibilità dell'antipolitico, che governa a dispetto di Max Weber, per il quale la politica è *als Beruf*, cioè vocazione, e quindi professione morale e tecnica. Pensiamo che Lunardi volesse soltanto dire che non si può rinunciare a grandi e necessarie opere solo perché ci troveremo la mafia negli appalti o nei subappalti. Allo stesso modo, parlando di «superiore civiltà» Berlusconi vorrà dire che la società occidentale fondata sulle libertà e sull'eguaglianza (almeno giuridico-formale) di tutti gli uomini e le donne, è preferibile a ogni altro tipo di organizzazione sociale. Ma chi ha grandi responsabilità politiche non può esprimersi a questo modo, specie in un paese dove è corso il sangue, e spesso il sangue migliore, nella guerra contro la mafia; è in un contesto internazionale dove americani e alleati stanno facendo ogni sforzo per distinguere tra terroristi e islamici, e portare molti di questi nella guerra contro quelli. Ignorare questa prudenza è proprio dell'autarchia culturale della «società civile», che si fonda anche sull'ignoranza e sul disprezzo della politica. Il 3 agosto il governo chiede al Senato il voto di fiducia – il primo dopo l'investitura – per far cadere i duemila emendamenti che l'opposizione ha presentato al disegno di legge che delega il governo a realizzare (anche attraverso una «una legge obiettivo» per eliminare nodi e passaggi burocratici) un programma di opere stradali e ferrovie del valore di duecentomila miliardi. Il governo vuol portare a casa il provvedimento prima che si inizino le ferie estive, e ottiene la fiducia con 165 voti favorevoli, 77 contrari e tre astenuti. Il «pacchetto» è imponente e risponde alle esigenze infrastrutturali del paese, sacrificate da decenni di politica ambientalista condizionata da lassismi e fondamentalismi; l'Italia ha rinunciato all'energia nucleare, al completamento delle rete autostradale, alla razionalizzazione del trasporto urbano, all'alta velocità ferroviaria. In sintesi, il piano Lunardi prevede: il ponte sullo stretto di Messina, il raddoppio dell'autostrada del sole tra Bologna e Firenze (già riproposto, durante il governo Prodi dal ministro Di Pietro, ma ostacolato dal ministro Ronchi); la modernizzazione dell'autostrada Salerno-Reggio Calabria; il completamento di reti stradali e autostradali (Civitavecchia-Livorno, Milano-Brescia, Pedemontana Veneta, Cagliari-Oristano-Sassari ed altre); l'alta velocità ferroviaria nei tratti Torino-Venezia-Trieste, Genova-Milano, Bologna-Verona, e una ristrutturazione della Napoli-Reggio Calabria; le metropolitane di Roma innanzitutto, e di Napoli, Torino, Milano, Palermo, Genova e di altri centri importanti.

Ma l'ingegner Lunardi non si limita a elencare cose che quasi tutti gli italiani desiderano, e a prevederne il relativo finanziamento, reso possibile ora anche dalla politica di risanamento dell'Ulivo. Vuol subito occupare i posti chiave con uomini di fiducia. Comincia dal Consiglio superiore dei lavori pubblici, dove liquida il presidente, l'urbanista Giuseppe Campos Venuti (Ds), e richiama l'ex presidente, l'ingegner Aurelio Misiti (Forza Italia), assessore ai Lavori pubblici della Regione Calabria. La sostituzione appare inopportuna, non solo perché Misiti era stato coinvolto nelle polemiche sui cosiddetti «collaudi d'oro» dell'alta velocità (tratta Firenze-Bologna); ma anche perché Misiti ricorse contro la sua sostituzione al Consiglio superiore, e quindi ha in atto un contenzioso con lo Stato.

Il ministro «tecnico», non sembra cogliere l'aspetto grottesco: il presidente della Repubblica dovrebbe mettersi contro se stesso, decretando oggi in contrapposizione a ciò che aveva decretato ieri. Nell'estate del 2000, infatti, quando il ministro dei Lavori pubblici del governo Amato era Nerio Nesi, il capo dello Stato firmò il decreto di nomina di Campos Venuti a presidente del Consiglio superiore e subito dopo ne approvò il piano di riforma del Consiglio stesso, incentrato sul coinvolgimento «federalista» degli enti locali nelle grandi opere. Misiti s'è dimesso dalla presidenza del Consiglio superiore il 22 marzo 2000 e il governo D'Alema ha accettato le dimissioni. Ma due mesi dopo, il 14 aprile, Misiti si pente, ritira le dimissioni e impugna davanti al Tar del Lazio la delibera del Consiglio dei ministri. Nel frattempo si svolgono le elezioni regionali e l'ingegnere diventa assessore ai Lavori pubblici della Calabria, ma chiede di restare presidente del Consiglio superiore in aspettativa. Il governo Amato lo destituisce e il presidente della Repubblica firma il 7 giugno 2000 il decreto di destituzione. Segue la nomina di Campos Venuti. Ma, trascorsi altri otto mesi, il 18 febbraio 2001, l'ingegner Misiti presenta un altro ricorso, non piú al Tar, stavolta, ma al presidente della Repubblica, contro il governo che ha approvato il decreto di destituzione (e contro il presidente della Repubblica che lo ha controfirmato).

Passano altri tre mesi e il 13 maggio la destra vince le elezioni. L'ingegner Pietro Lunardi, amico dell'ingegner Misiti, diventa ministro delle Infrastrutture e costringe subito Campos Venuti a dare le dimissioni. Quindi ripropone l'amico Misiti alla presidenza del Consiglio superiore, gettando nella costernazione il Quirinale: il capo dello Stato dovrebbe firmare il decreto di nomina del presidente del Consiglio superiore, dodici mesi dopo aver firmato il decreto della sua rimozione da quell'incarico.

È il senso delle istituzioni del profondo Nord, della destra in genere, dell'arroganza di chi crede perché padrone di avere ogni diritto. Figlia di questa disinvoltura è l'affermazione sulla mafia, c'è sempre stata e sempre ci sarà, non possiamo far altro che conviverci. Le polemiche che ne conseguono sono forse un po' forzate, ma nessuno riesce a evitarle. Nemmeno la signora Pina Maisano Grassi, vedova di Libero Grassi, l'imprenditore ucciso dalla mafia per non aver voluto convivere con essa; nemmeno Antonino Caponnetto, l'ex procuratore della Repubblica di Palermo alla cui cultura della legalità s'era formato Giovanni Falcone. Caponnetto scrive un appello agli italiani, pubblicato sull'*Unità* il 25 agosto; la signora Grassi si rivolge con una lettera al presidente della Repubblica.

Dice l'appello di Caponnetto:

Gli avvenimenti di questi ultimi giorni hanno veramente dell'incredibile. È anzitutto incredibile che un ministro in carica affermi l'ineluttabilità della convivenza tra mafia e imprenditori, esplicitando cosí la pratica che da sempre attuano i suoi amici del Polo (politici, mafiosi e imprenditori).

Le sdegnate reazioni di Piero Vigna, Maria Falcone e del magistrato palermitano Antonio Ingroia sono di per sé eloquenti.

E ben si comprende come Pina Maisano, vedova di Libero Grassi, l'imprenditore palermitano ucciso dalla mafia proprio 10 anni fa per essersi opposto al ricatto dell'estorsione, abbia sentito il bisogno di scrivere al Capo dello Stato per chiedergli «se ritiene che le dichiarazioni del ministro siano compatibili con la sua carica di governo».

Non meno incredibile – poi – mi sembra l'ostinato silenzio che su questa vicenda hanno sino a questo momento (sono le 16 del 24 agosto) mantenuto il Tg1 ed il Tg2: un caso piú unico che raro di servile compiacenza verso il ministro... di turno.

Ma voi tutti non avete proprio niente da dire? Mi rivolgo a voi uomini e donne che avete a cuore il rinnovamento del nostro paese.

Avete veramente perso la capacità di indignarvi, la volontà di difendere gli ideali in cui siamo cresciuti?

Non avete ancora capito che sono in gioco, ormai, gli stessi basilari principi di ogni vera democrazia? Ed allora non perdete altro tempo! Fate giungere a questo giornale, nel modo che ritenete piú opportuno, l'espressione del vostro sdegno e della vostra protesta.

Nelle stesse ore, il presidente della Repubblica risponde alla lettera della signora Grassi. «Tutti sappiamo, e Lei piú di ogni altro, che combattere la mafia richiede coraggio e un impegno totale, che può costare anche la vita. L'esempio luminoso dato a tutto il paese dal Suo compianto marito rimane un monito alla coscienza di tutti gli italiani. Sono convinto che tutte le istituzioni dello Stato rimangono fortemente impegnate nell'azione di repressione delle organizzazioni criminali. Non ho mai mancato di ricordare con forza che la lotta alla mafia è premessa necessaria in primo luogo della crescita civile e morale, ma anche economica e sociale del nostro paese. Non cesserò di ripetere queste verità ogni qualvolta ciò sia opportuno.»

Si aspetta la reazione dell'ingegnere di Parma. Viene, ed è una precisazione e una minaccia di querela alla vedova Grassi. «La mia – riconosce Lunardi – è stata forse una battuta infelice, tuttavia non ho mai pensato che la "convivenza" con la mafia significhi altro che il dovere di contrastarla senza subire il ricatto di ostacolare opere essenziali al Mezzogiorno.» «Il ministro – replica la signora – nelle parole ha mostrato di vanificare anni di lotta antimafia. Se nei fatti ha altri intendimenti, sono pronta a scusarmi.»

Non lo è altrettanto il proconsole di Berlusconi in Sicilia, Gianfranco Miccichè (per il quale sta sfumando la prospettiva di succedere a Scajola come coordinatore nazionale di Forza Italia). Intervistato sulla lettera di Ciampi, afferma: «Non è certo una sconfessione del ministro Lunardi». Anzi, «Il capo dello Stato non corregge e non richiama Lunardi. Basta leggerlo: Ciampi è convinto che tutte le istituzioni dello Stato rimangono fermamente impegnate nella lotta contro la mafia. Ed è cosí: tutte le istituzioni».

## Gli imbarazzi di Lunardi

Ma nemmeno l'opposizione è pronta a scusarsi. Cesare Salvi ex ministro del Lavoro, è come sempre *tranchant*: «Lunardi, per andare in autostrada a 160 all'ora, è disponibile anche a fare accordi con la mafia. Il suo vero problema è il conflitto d'interessi. Uno che continua ad avere interessi e frequentazioni con grandi imprese, non può fare il ministro delle Infrastrutture. Perché molte di quelle imprese sono protagoniste di quella fase in cui si ragionava come Lunardi: Tangentopoli». Il governo è in imbarazzo. Deve intervenire il sottosegretario all'Interno Alfredo Mantovano, An, che è stato magistrato: «Con la mafia non si convive, tutto il governo è impegnato nel contrasto al crimine organizzato. Lunardi ha solo sottolineato un iperformalismo che in certi casi, al fine di prevenire collusioni mafiose, di fatto finisce per paralizzare l'attività economica».

Ancora non basta. Proprio la lotta all'iperformalismo, sacrosanta quando chi la fa non ha interessi personali a rimuoverlo, diventa discutibile in ogni altro caso. Ormai in Italia ad ogni passo si inciampa nel conflitto d'interessi. Accade anche a Lunardi, che, sostituendo la cultura «federalista» delle decisioni concertate (Campos Venuti) con la «legge obiettivo» (ogni 30 giugno il governo individuerà le opere da fare e stanzierà i finanziamenti), viene a trovarsi in posizioni di personale imbarazzo. Per quelle opere, infatti, la sua legge prevede una corsia preferenziale, anche in deroga alla normale disciplina degli appalti. Parallelamente, vengono «liberalizzate» le ristrutturazioni edilizie private («padroni in casa propria») ed eliminati molti adempimenti burocratici per le imprese. Ma il diavolo s'annida dove non te l'aspetti. Cosí, una norma che nessuno degnerebbe d'uno sguardo, dice che le terre e le rocce da scavo, anche di gallerie, non costituiscono rifiuti, anche quando contaminate da sostanza inquinanti derivate dalle attività di escavazione: guarda caso, una sanatoria per i cantieri dell'alta velocità, fra Bologna e Firenze, bloccati dalla magistratura proprio a causa dei rifiuti da scavo inquinanti. Guarda ancora piú a caso, la Bologna-Firenze è l'opera in cui ha avuto una parte determinante, come operatore privato l'ingegner Lunardi in persona. È infatti dal 1994 che la Rocksoil, società fondata da Lunardi, ha progettato undici tunnel per quella tratta di linea veloce.

Infilare questioni particolari in grossi pacchetti legislativi, destinati ad obiettivi alti, è un vizietto occulto (ma non troppo) del governo Berlusconi. La parziale amnistia per i reati ambientali, marcia su doppio binario, nella calda estate 2001, con altra analoga e piú generale amnistia sommersa, contenuta nel pacchetto di un altro intellettuale del profondo Nord, il ministro dell'Economia Tremonti. Nel suo pacchetto dei cento giorni c'è questo giochetto – fa notare al Senato Massimo Villone –: un articolo sull'emersione, che non c'entra niente, prevede «una delega (un'altra) al governo, che punta in sostanza a depenalizzare l'intera materia ambientale. A chi commette il reato ambientale, di qualunque portata, basterà regolarizzare la propria posizione con la pubblica amministrazione per vedere estinto il reato, comminato con una semplice sanzione amministrativa pecuniaria. Essa avrà l'effetto, fra l'altro, della scomparsa della "recidiva", cosí da poter ancora violare l'ambiente, tornando puliti, purché si abbiano i soldi necessari, "come un lenzuolo fresco di bucato". Un condono tombale e anche incostituzionale, dicono i senatori dell'opposizione, come la legge Lunardi che concede deleghe ampie e generiche in materia di realizzazioni infrastrutturali. Ma è come fare il solletico agli elefanti.

Cosí l'abuso edilizio e la violazione ambientale (già fatti o da fare ancora) costituiscono, insieme allo smantellamento di ogni controllo e contrasto antimafia, l'incontro tra profondo Nord e profondo Sud, il nuovo incontro di Teano fra Berlusconi e milioni di italiani che si trovano «fuori norma», e perciò si sentono solidali col presidente del Consiglio nel comune rifiuto della cultura della legalità. Al rifiuto viene dato un bel nome «ritorno al primato della politica», che i protagonisti di Tangentopoli hanno già invocato per frenare e impedire l'azione dei giudici.

## L'emendamento Mancuso

Per tornare al primato della politica, la Casa delle libertà vuole modificare, prima di andare in ferie, la natura e i compiti della Commissione parlamentare antimafia: una commissione che viene istituita ad ogni inizio legislatura, se si ritiene opportuno rinnovarla, ed è bicamerale, cioè composta di deputati e senatori. Nella scorsa legislatura era presieduta dall'on. Lumia. In passato era stata accusata di partecipare anch'essa al «professionismo dell'antimafia», secondo formula di Leonardo Sciascia, tanto intellettualmente onesta quanto strumentalmente utile al partito della mafia. Compito della commissione è verificare l'attuazione delle leggi antimafia, la loro congruità ai fini, e suggerirne l'adeguamento. Essa indaga «con gli stessi poteri e le stesse limitazioni dell'autorità giudiziaria».

Tuttavia, l'autorità giudiziaria, a cui la commissione si rivolge, può rigettare particolari richieste della commissione per ragioni di segreto istruttorio. Ma stavolta il partito antigiudici di Forza Italia vuol dare scacco matto ai giudici anche attraverso l'Antimafia. Guida l'attacco l'ex magistrato Filippo Mancuso, caposcuola dei «formalisti» alla Corrado Carnevale (il «giudice ammazza sentenze», condannato ad oltre sei anni per collusioni mafiose). Mancuso, siciliano come Carnevale, propone questo emendamento alla legge che istituisce la nuova Antimafia: «L'autorità giudiziaria ottempera senza ritardi alle richieste della commissione. Essa, quando sussistano gravi ragioni di riserbo istruttorio, può tuttavia sospendere l'ottemperanza, con decreto motivato, scaduto il quale provvede senza indugio a quanto richiestole».

Non so se è chiaro. La procura della Repubblica ha due anni di tempo, mettiamo, per completare un'inchiesta di mafia. Ma se il Parlamento, cioè l'Antimafia, richiede un documento istruttorio, la procura non può negarglielo per piú di sei mesi. Perché? Scrive trionfante su *Panorama* Lino Jannuzzi, neoparlamentare ex socialista riciclato in Forza Italia e assolutamente sintonico con Mancuso: «È una rivoluzione: basta pensare a tutto quanto attiene alla gestione dei "pentiti" o a certe finte "archiviazioni" al riparo delle quali le procure, beffandosi della legge, continuavano e continuano a indagare abusivamente e per anni». La magistratura, cioè, non deve indagare piú di tanto, meglio rispettare una scadenza del codice di procedura che non arrestare un sospetto delinquente. Garantismo? Ma no, il fatto è che l'indagato può ben essere nostro amico. Lo scopre un altro deputato-magistrato di Forza Italia, Francesco Nitto Palma, che è berlusconiano anche lui, ma non ancora mullah. Nell'esprimere il suo parere sull'emendamento Mancuso, non nasconde scarso gradimento. Non si tratta di riaffermare «il primato della politica», come vorrebbero darla a bere Lino Jannuzzi e altra «itala gente dalle molte vite»; né garantire l'autonomia del potere giudiziario dal legislativo, come teorizzano i magistrati-parlamentari dell'opposizione, sempre molto asettici. Si tratta piú semplicemente di dire che Mancuso, col suo emendamento, ha preparato un trappolone da vecchio magistrato di Cassazione: imponendo alle procure di trasmettere entro sei mesi un documento coperto da segreto, si mettono i parlamentari in grado di conoscere indagini sul conto di amici e di amici degli amici. Qualcuno comincia a chiedersi: «Cosa succederebbe se in mano ai parlamentari dell'Antimafia finissero carte riguardanti collusioni fra boss mafiosi e boss politici? Che fine farebbero le indagini coperte da segreto se, nel bel mezzo dell'inchiesta, gli onorevoli avvocati di mafia venissero a conoscenza di nomi, luoghi, date, circostanze contenuti nell'indagine?».

Scoperto con le mani nella marmellata, l'on. Mancuso, che da due anni Forza Italia si ostina, senza successo, a candidare come giudice costituzionale eletto dal Parlamento, ritira l'emendamento. Si accontenta di ottenere in cambio che il presidente dell'Antimafia non sia nominato dai presidenti delle Camere, ma sia eletto dal Parlamento, in modo che la sua nomina non sfugga alla maggioranza (tante volte i presidenti fossero distratti). E l'opposizione, chissà perché, glielo concede, nella scia delle infinite concessioni fatte alla destra nella legislatura dell'Ulivo. Ma non è finita. Quando è già stato raggiunto l'accordo e l'emendamento ritirato, il sottosegretario alla giustizia Giuseppe Valentino continua a sostenerne l'approvazione. Quasi per dimostrare, *ad abundantiam*, quale sia la cultura del governo in tema di lotta alla mafia e quanto sia forte la nostalgia della prima Repubblica, fino all'avvento dei «professionisti dell'antimafia»: appunto i Falcone, i Borsellino, i Caponnetto, i Caselli.

## San Totò degli abusivi

Rimasto in ombra durante il «terrore caselliano» il sistema riemerge intatto nelle elezioni del 13 maggio, quando la destra conquista tutti i collegi in Sicilia, come s'è detto, assicurandosi un successo di proporzioni tali che la Dc dei Salvo, dei Lima, dei Ciancimino, dei Riina non aveva nemmeno sperato di poter conseguire. Il 24 giugno, per le elezioni dell'assemblea regionale siciliana, si ripete pari pari il plebiscito delle politiche. Protagonista della prima impresa Gianfranco Miccichè, luogotenente generale di Berlusconi nell'isola, chiamato a far parte del governo come vice ministro per il Mezzogiorno (e che rivendica il merito d'aver chiuso, all'inizio, club azzurri «creati da gente che non ci piaceva»). Protagonista della seconda impresa è Totò Cuffaro, ex Dc, ex mastelliano, infine Biancofiore (Ccd-Cdu), che nel Sud è sempre la stessa cosa. Nell'alluvione di articoli, inchieste, commenti raffronti che seguono al doppio rastrellamento, non manca nemmeno un duello da cavalleria rusticana: uno degli editorialisti del *Corriere della sera*, Francesco Merlo, aggredisce Andrea Camilleri, definendo la sua una «letteratura masochista, che per divertire il mondo oltraggia la Sicilia». Lo scrittore reagisce con dieci righe: «Vorrei dire a Merlo che la Sicilia è stata piú volte oltraggiata da lui a dai suoi compari berlusconiani (che odio con grande fervore) e che dei siciliani come lui m'è sempre importato ben poco, avendo trascorso gran parte della mia vita nella grande Roma».

Tornando all'Isola, s'affaccia tra la gran carta stampata di Palermo, Catania e Messina un giornaletto della diocesi di Cefalú, *La Rivista*, fondata dal vescovo Francesco Sgalambro. La rivistina fa un coraggioso sondaggio fra gli elettori della diocesi (25 comuni delle Madonie, in provincia di Palermo) e scopre una realtà che *La Stampa* di Torino, unico quotidiano «al di qua del Faro» ad accorgersene, definisce scioccante: 40 elettori su 100 dichiarano che qualcuno gli ha fatto cambiare opinione in cambio di soldi o di promessa di lavoro. Il vecchio voto di scambio in versione industriale. L'inchiesta della diocesi si aggiunge, confermandola indirettamente, ai risultati di un'intercettazione ambientale dei carabinieri, due mesi prima delle elezioni politiche, tra un boss della mafia e un candidato al Parlamento. L'intercettazione era stata disposta dalla Direzione distrettuale antimafia nell'ambito di un'indagine per ricercare boss latitanti. Il boss, intercettato mentre tratta col politico, è ritenuto dai magistrati elemento emergente, favoreggiatore di latitanti e collettore di spartizioni di appalti pubblici.

Passano solo tre giorni dalla vittoria del 24 giugno, il tempo di digerire i cannoli e il moscato, ed ecco che il vincitore polista Totò Cuffaro lancia il messaggio-ringraziamento ai suoi elettori: gli stessi del plebiscito del 13 maggio. Totò va da tutt'altro vescovo, Carmelo Ferraro di Agrigento, che aveva tuonato insieme all'ex sindaco Calogero Sodano contro le ruspe «immorali», e nella mistica moralità del luogo conferma: «Niente piú ruspe contro le case abusive, ma reti idriche e fognarie e un migliore arredo urbano». Niente rischio per chi ha costruito 654 case abusive a ridosso dei Templi, come l'ex sindaco Calogero Sodano, oggi senatore del Biancofiore; o per chi le ha costruite a decine di migliaia sulla spiaggia, senza alcuna concessione edilizia, alcun piano regolatore, alcun amore per l'ambiente e per il prossimo. Ma soprattutto niente rischio per chi continuerà a costruire in avvenire sui brandelli di spiaggia o sui siti archeologici che ancora sopravvivono in quella che fu la piú bella terra del Mediterraneo prima di essere sicilianizzata: ai futuri pionieri dell'abusivismo, la Casa delle libertà promette non piú ruspe, come gli incauti politici di centrosinistra che non sono stati rieletti, ma servizi civili. E poiché la legge è uguale per tutti, e specialmente in Sicilia, Totò Cuffaro assicura che, fatta eccezione per le invasioni di demanio, lo stop alle ruspe riguarderà sia le prime case che le seconde: «Non sono pensabili – dice Totò – trattamenti diversi per gli abusivi di necessità e per quelli di speculazione. Semmai, faremo pagare piú oneri agli abusivi non di necessità».

Prima del voto, Totò ha stipulato un «contratto coi siciliani» in nove punti sulla falsariga del «contratto con gli italiani» sottoscritto da Berlusconi in tv. C'è l'impegno di una legge di riordino delle coste. Dopo il voto, come s'è visto, si rimangia l'impegno: e non solo per le coste ma anche per l'interno, dove promette di «mettere ordine nella giungla degli agglomerati abusivi, che sono migliaia nell'isola». In realtà, sono oltre 180 mila le case fuorilegge costruite sulle coste e piú del doppio in tutta l'isola, secondo i dati della Casa delle libertà (forse un po' inflazionati – si spera – per dimostrare l'impossibilità di risanare con le ruspe). Il peggio è, a sentire Legambiente, che tutto questo abusivismo è stato ed è gestito dalla criminalità organizzata.

Già a luglio qualche anima candida spera in una rapida caduta della giunta Cuffaro. È appena nata e Forza Italia fa sapere che non le piace. Fanno fuoco il coordinatore Gianfranco Miccichè e la ministra delle Pari opportunità Stefania Prestigiacomo: «Questi assessori non sono all'altezza». «Sono stato eletto direttamente dai siciliani e gli assessori li scelgo io», risponde fiero Totò. E poi chi sarebbe all'altezza? Rispondono: Gianni De Michelis, veneziano, già ministro degli Esteri di Craxi e doge delle notti brave romane, dimagrito e trasmigrato in Forza Italia, il partito che Craxi ideò e quasi impose a Berlusconi per la comune salvezza. Ma a Cuffaro, De Michelis non sta bene. Allora Forza Italia riscopre, nell'album di famiglia della Dc, la formula del «governo amico», usata mezzo secolo prima da De Gasperi nei confronti del gabinetto Pella; e, trasportatala «al di là del Faro», la applica alla giunta Cuffaro: non sei la nostra giunta, sei solo una giunta amica, i forzisti vi occupano cinque assessorati ma non se non sentono «parte», tuttavia saranno «leali». «Mi auguro che Cuffaro faccia un passo indietro, – sentenzia la signora Prestigiacomo, – i siciliani sanno che tra lui e Miccichè non è lui a rappresentare il nuovo».

Ma non lo sapevano Miccichè la Prestigiacomo e Berlusconi prima del voto e della scelta delle candidature? In autunno messa in sonno questa crisi di luglio, il presidente siciliano fa la voce grossa e chiede piú soldi per sé al governo di Roma: chiede che i fondi «riservati» aumentino di 235 milioni annui, in aggiunta agli attuali 265. Almeno mezzo miliardo, da poter usare senza rendiconto, per le spesette personali, *argent de poche*, una quarantina di milioni al mese, crepi l'avarizia. Confida all'inviato del *Corriere*, che piomba a Palermo sul finire di ottobre: «Spendo una media di 7 o 8 milioni al mese in regali per decine di battesimi e matrimoni e cresime di amici o figli degli amici. Lei non ha idea, amico mio, di quanta gente si sposi e si battezzi e si cresimi». Fortuna che queste partite non gravano sui fondi di rappresentanza, pranzi, cene, doni ad ospiti, camere con vista, ammontanti a 2 miliardi e 235 milioni l'anno: una miseria nel paese di Berlusconi, poco di piú di 6 milioni al giorno. Perciò Totò chiede oltre all'aumento per le spesucce riservate, un aumento modesto anche per le spese di rappresentanza, 400 milioni. Però precorre Berlusconi e si riduce di 600 mila lire al mese lo stipendio di presidente «che – annota quel pignolo di Stella – è di 30 milioni al mese». Lo stipendio.

## La «vergogna nazionale» secondo Scajola

Fin dall'estate, sordi brontolii arrivano dalla Germania. *Der Spiegel* spara: «Bocconi ghiotti per la mafia». Non sono cassate alla siciliana o maccheroni con le sarde. Sono 18 mila miliardi che l'Unione europea ha stanziato per la Sicilia. *Der Spiegel* indaga sui rapporti tra criminalità e politica, sul ruolo di Forza Italia, sul caso Dell'Utri; ma al centro dell'articolo sono gli aiuti comunitari destinati all'Isola. Ingenti aiuti, migliaia di miliardi che affluiranno entro il 2006 col proposito di colmare l'arretratezza infrastrutturale (porti, strade, potabilizzatori, acquedotti) e di incentivare lo sviluppo del turismo e di altre imprese. Diciottomila miliardi che vanno a sommarsi ai 27 mila stanziati dal governo italiano: un oceano di 45 mila miliardi. Esso «rischia di scomparire in canali oscuri», secondo il settimanale tedesco, giacché la mafia ora può «colonizzare nuovamente la politica». Del resto, il male oscuro del Mezzogiorno è nella cifra e nei corrispondenti risultati: dal 1993 sono arrivati nel Sud – tra fondi statali e fondi comunitari – 80 mila miliardi e i risultati si vedono. Fra questi, *Der Spiegel* cita dighe per i grandi invasi, costruite in valli siciliane dove l'acqua non può arrivare, o svincoli autostradali giganti, come quello di Nicosia presso Messina, dove ci sono piú cornacchie sul guardrail che automobili. Anni e anni di malgoverno, di rapina, di investimenti a pioggia «spalmati» sulle clientele anziché mirati a obiettivi di sviluppo, anni durante i quali a Palazzo dei Normanni si alternano giunte di centro, di sinistra, di destra ma Totò Cuffaro non si alterna mai: sempre inchiodato all'assessorato all'Agricoltura, quello dei fondi europei e delle dighe senz'acqua, l'assessorato dove in pochi anni le spese correnti salgono da 18 a 21 mila miliardi e gli investimenti scendono da 11 mila cinquecento a 7 mila cinquecento.

Non protesta il governo Berlusconi, abituato ormai a ben altre contestazioni della stampa internazionale. Anzi, mentre Totò Cuffaro e i suoi amici vengono lasciati a Palazzo dei Normanni e La Loggia, Prestigiacomo e Miccichè si occupano del governo nazionale, il ministro dell'Interno fa la faccia feroce coi giudici dell'Isola, come abbiamo ricordato: quasi in cerca di una rivincita dopo la catastrofe dell'ordine pubblico a Genova e la perplessità della gente del Nord cui era stata promessa «piú sicurezza» e si trova alla mercé di piccoli e grandi delinquenti, come ai tempi del centrosinistra ecumenico. In un moto incontrollato di stizza, il 20 ottobre il cupo ministro di Savona arriva ad attribuirsi il merito d'aver messo fine a «una vergogna nazionale». No, non è la mafia. La vergogna nazionale sono le scorte, uno «status symbol concesso a volte a persone che non correvano alcun rischio». La sua circolare ha cancellato questa vergogna. Il fatto è – replicano da Palermo il procuratore generale e quello della Repubblica – che i magistrati uccisi in Sicilia non correvano «alcun rischio», visto che nessuno li aveva minacciati, nessun preavviso avevano ricevuto. E che quelle uccisioni «sono avvenute spesso in momenti di solitudine istituzionale, di abbandono da parte dello Stato». Come diceva Giovanni Falcone: «Se la mafia capisce che lotti da solo, allora la tua morte è piú vicina». Sono parole senza suono per i ministri del profondo Nord. Non cosí per il prefetto di Palermo, che nel trasmettere al capo della polizia De Gennaro, cui spetta l'ultima parola, le decisioni di tagliare le scorte in base alla circolare Scajola, dice d'aver fatto quel taglio «preoccupato e malvolentieri». Senza disconoscere le nuove esigenze di prevenzione contro il terrorismo.

Scrive Nando dalla Chiesa: «Volete sapere che cosa fanno i carabinieri che garantivano la scorta ai magistrati della procura di Milano, e che sono stati dirottati verso piú urgenti e gravosi compiti nella lotta alla criminalità organizzata? Piantonano le schede elettorali dell'ultimo referendum (quello sul federalismo, del 7 ottobre). Chissà che cosa faranno fare ai poliziotti e carabinieri che il ministro dell'Interno ha deciso di sottrarre al servizio di scorta fin qui assicurato ai magistrati di Palermo. Ma non è importante saperlo. Quello che è evidente è che la decisione di sopprimere o ridurre le scorte a chi è piú impegnato nella lotta alla mafia è, da parte del governo, una scelta di campo». È vero che nell'età di Bin Laden nessuno è sicuro per definizione, ma chi non ha protezione alcuna può essere ucciso piú facilmente. Furono uccisi cosí i magistrati Gaetano Costa, Cesare Terranova, Antonio Saetta, Rosario Livatino. «Uno, due, tre killer ed è un gioco da ragazzi: il magistrato scomodo non c'è piú.» Era il contesto storico del Caf.

Quel contesto si va ricostruendo velocemente. Quasi una priorità dei cento giorni. «Il governo – denuncia Dalla Chiesa – vuol dimostrare plasticamente a tutto il paese, quello legale e quello illegale, che i magistrati antimafia non sono piú protetti, che il loro lavoro non viene piú difeso gelosamente, che essi in fondo sono un fastidio per chi governa. La strategia è quella di liquidare politicamente un'esperienza giudiziaria ritenuta esemplare in tutto il mondo; e di invitare i magistrati meno votati al martirio ad ammorbidire le proprie inchieste, per fare loro il passo indietro che per qualche anno ha dovuto fare la mafia. D'altronde, durante la discussione della Finanziaria in sede di Commissione giustizia al Senato, il ministro Castelli aveva annunciato con il sorriso sulle labbra che, dopo quelle di Milano, sarebbero state tolte altre auto di scorta. Aveva aggiunto, sempre con il sorriso sulle labbra, che lo avrebbero accusato di attentare alla democrazia [...] Ma sí, moralizziamo la vita di questi magistrati, – dice amaro il figlio del generale ucciso dalla mafia. – Moralizziamola mentre ministri, sottosegretari e collaboratori circolano con scorte anche in carovana, anche in vacanza. Moralizziamola mentre il ministero della Giustizia taglia le scorte e gonfia a fisarmonica le spese dei consulenti, mentre arrivano a far da esperti di giustizia professori di fisica delle scuole medie. Moralizziamola mentre i ministeri si riempiono piacevolmente di amici, amiche, conviventi, fidanzati, tutti lautamente a libro paga. Cacciamo Tano Grasso, che denunciava i signori del racket; lasciamo solo Caselli, che Totò Riina indicò come il suo nemico numero uno; minacciamo querela a Pina Grassi, che non le venga in mente di sbattere l'immagine del marito in faccia a chi deve fare gli affari e sistemare i suoi soci o committenti ai vertici delle aziende pubbliche. Buttiamo all'aria i processi con le rogatorie. Un gioco di società – conclude il figlio del generale ucciso dalla mafia –. Tornano i fantasmi della grande impunità di vent'anni fa, anche allora coperta dal terrorismo. Dio non voglia che tornino le vittime.»

# V. Guerra del ridicolo
*Il ritorno dei Monty Python*

Maramotti, *l'Unità*, 31 ottobre 2001

Giuliano l'apostata a metà - Il prete Gianni - Lunghi coltelli al Viminale - Chi si rivede, l'epurazione - Flessibili in uscita - Sottosegretari e poltrone - Siamo in guerra. O no? - La guerra dell'Airbus - Torna Balenottera bianca - Malagodi? Il papà di Silvio

## Giuliano l'apostata a metà

Il premier interrompe le vacanze in Sardegna il pomeriggio del 30 agosto per preparare un Consiglio dei ministri l'indomani, e tornare in villa fino all'impegno prossimo venturo: l'inaugurazione della Fiera del Levante il 9 settembre. (Vi pronuncerà il celebre discorso in cui s'appariglierà a De Gasperi: è la prima volta dopo di lui – dice – che l'Italia ha un governo eletto direttamente dal popolo.) Sa che il popolo non elegge «direttamente» alcun governo, ma dirlo può servire a richiamare all'ordine non solo gli imprenditore in platea, un po' delusi che nei primi cento giorni si sia fatto molto per il premier e poco per loro; ma anche i ministri, che, a cominciare da Genova, hanno dato segni di sfilacciamento, rissosità, velleitarismi.

Alla cena del 30 agosto, nella residenza privata di Palazzo Grazioli che il premier si è scelto proprio a fianco di Palazzo Venezia, rigatoni alla mozzarella e rostbeef alle verdure per i ministri presenti. Tutto va bene, il fedele Luigi Crespi di Datamedia ha sfornato un sondaggio «non pagato» che gratifica il presidente operaio col consenso del 70% degli italiani (59% al governo). Le leggi preferiali – falso in bilancio, rogatorie, abolizione delle tasse sulle eredità multimiliardarie – sono passate sulla pelle degli italiani come l'acqua del mare. Unica contrarietà per il Cavaliere l'abbronzatura del ministro Marzano: «Ma come è possibile che al tuo confronto sembriamo tutti visi pallidi? Dí la verità, ti fai le lampade».

L'indomani il premier ribadisce ai ministri di non volere il vertice della Fao nella «Sacra Roma». Dopo sessant'anni di avvilimento democratico, la definizione torna sui colli fatali. In serata, il premier riceve a Palazzo Chigi – con la banda dei Lancieri di Montebello – il principe Al Waleed, nipote del fondatore della dinastia saudita. Paolo Gentiloni, collaboratore di Rutelli si domanda in quale veste Berlusconi lo riceva: se come presidente del Consiglio per parlare di Medio Oriente e privatizzazioni, o come proprietario della Fininvest, per parlare del suo conflitto d'interessi e dei problemi del gruppo. Fra l'altro, Al Waleed è azionista in Mediaset fin dal 1995, anno della quotazione in borsa. Investitori come lui che stanno in minoranza, e non sono interessati alla gestione sono l'ideale per Berlusconi, dicono i competenti, specie poi se arabi perché, sempre secondo i competenti, «il 95% dei capitali arabi è depositato in banche americane, e quindi Berlusconi sa che invitare gli arabi significa agganciare gli americani».

Fatto il punto sulle abbronzature, sui sondaggi, sulle intenzioni saudite, il cavaliere prende di petto il blocco liberista-ideologico del suo governo, che ha imperversato nelle cronache agostane contro l'art. 18 dello Statuto dei lavoratori, quello che rende difficile la flessibilità in uscita, come oggi si chiamano i licenziamenti. Una guerra santa sul 18 non vuole farla, malgrado D'Amato, Fazio e certi suoi ministri. Piuttosto, vuole un aumento delle pensioni minime fin dalla Finanziaria 2002; una riforma del trattamento di fine rapporto (Tfr) per il decollo dei fondi pensione; la liberalizzazione del collocamento; il rafforzamento del part-time. Niente iperliberismo alla Martino-Marzano; niente liberalizzazione dei licenziamenti alla Maroni; niente anticipata abolizione delle pensioni di anzianità (Fini). È vero che tutto ciò renderebbe il governo della destra non dissimile da quelli di D'Alema e Amato, ma Genova ha fatto rivedere al Cavaliere le folle in piazza, le folle che ricordano il 1994. Liberisti sí, ma *primum vivere*. Il premier non vuole un altro autunno caldo dove stavolta si fonderebbero il caldo della protesta sociale e quello, che tante scottature ha provocato a Genova della contestazione no global.

È un governo, questo? Se lo chiede Giuliano Ferrara, al quale le leggi votate prima delle ferie, le esibizioni feriali dei ministri, le estemporaneità del presidente del Consiglio, la catastrofe di Genova, le fughe della Fao e della Nato verso altri lidi e tutto il resto, ricordano, piú che un governo, Monty Python, nota compagnia di sconclusionati comici inglesi. E, sotto il titolo «Il ritorno dei Monty Python», saluta sul *Foglio* del 1° settembre la ripresa dell'attività politica.

Il precedente governo Berlusconi era politicamente debole, maggioranza risicata ad esecutivo sempre con un piede a San Vittore, ma tutti riconobbero che la sua performance fu estremamente briosa. Si respirava nell'aria una comicità di altissimo livello, con quel particolare effettismo britannico, uno sketch che entra nell'altro senza soluzione di continuità, tipico (nel suo gran ritmo) del gruppo dei Monty Python. Ricorderete gli amorini lubrichi della Reggia di Caserta (ah, che G8 magnifico!), la liberazione per decreto di un paio di migliaia di onesti carcerati in attesa di processo, il dramma di Biondi e di Contestabile inseguiti a suon di calci per le vie di Roma, un ministro ciccione con il braccio rotto che dava di capomandamento al compunto Saverio Borrelli, la conquista della Rai, le pacche sulle spalle a Bossi e la sua indimenticabile canottiera, la svestizione del buon Tonino Di Pietro. Ieri per un momento siamo tornati a quei tempi magnifici, di cui si sentiva da queste parti (politica esclusa) una tremenda nostalgia. Berlusconi era tornato alla vigilia del Consiglio dei ministri, giovedí sera. Doveva vedere Ruggiero, Scajola e Martino a casa sua per un incontro riservato sul vertice Fao. Mentre arrivava il monito di Kofi Annan, che minacciava il suo arrivo a Roma in novembre e sculacciava il nostro nuovo eroe Staffan De Mistura, l'incontro si trasformava in un ricevimento di massa per tutti i ministri di Forza Italia, che giustamente premevano per non decidere a tavola, la sera prima, quel che non si sarebbe deciso il giorno dopo a Palazzo Chigi. C'è modo e modo di non decidere. Ogni rinvio a suo tempo. Poi ieri il Consiglio vero e proprio, con un odg attentamente preparato.

Vertice Fao? Pisanu ha detto che bisogna ascoltare Annan. Buttiglione ha proposto Pantelleria. Berlusconi cita un sondaggio gratuito secondo il quale settanta italiani su cento lo adorano, poi indica una località imprecisata, Roma esclusa (e, per strafare, ha rimesso in discussione anche l'accademia aeronautica di Pozzuoli per il vertice Nato, pare ci sia penuria di camere). Ruggiero ha lasciato filtrare sibillino di avere a cuore gli interessi del paese, ed è partito per Durban. Cicchitto e Cossiga hanno detto che Annan è uno sporco negro antioccidentale. Il Cav, visto che si tratta di fame nel mondo, ha invitato a pranzo per lunedí Jacques Diouf, capo dell'agenzia Onu. Poi, per il post Consiglio, ha riunito Fini e Maroni a tavola per parlare di pensioni e di deleghe ai vice ministri, temi sui quali ci sono almeno due o tre anni per non decidere (ma la Finanziaria sarà studiata con Tremonti domani a Porto Rotondo). A metà pomeriggio, anche per anticipare il tema urgente del conflitto di interessi, il Cav accoglie infine il suo simpatico socio in affari, Sua Altezza Reale il principe saudita Al Waleed. Nella reggia di Palazzo Chigi, con la sontuosa fanfara dei Lancieri di Montebello. È tornato Monty Python.

## Il prete Gianni

Immediata scatta la reazione di Palazzo Chigi. Vi provvede don Gianni Baget Bozzo, ed è il suo primo atto pubblico da quando ha indossato una nuova livrea, quella di «consigliere del Presidente del Consiglio a Palazzo Chigi». Il *motu proprio* del premier è della sera del 30 agosto tra la cena con gli amici ministri e i rimproveri ad essi rivolti per le esternazioni liberiste di agosto.

Non che al presidente del Consiglio manchino consiglieri a Palazzo Chigi – da Gianni Letta, sottosegretario addetto alle missioni delicate e ad accreditare un premier da paese normale, a Paolo Bonaiuti, portavoce ufficiale e addetto a ripetere che «le elezioni sono finite» ogni qual volta l'opposizione apra bocca. Ma Baget Bozzo è diverso, tutto il contrario della cautela, un cingolato che sta da una vita sotto i riflettori dell'intelligenza, della politica, della Chiesa, della stampa: sempre infuocato di amore totale nei suoi molti amori. Perciò gode di poter inaugurare il nuovo incarico attaccando il 4 settembre, sul *Giornale* della famiglia, il vecchio frondismo dissacratore. «Sono stato appena nominato consigliere di Berlusconi a Palazzo Chigi – scrive don Gianni – che mi tocca incrociare i ferri con un berlusconiano doc, come Giuliano Ferrara. Lo dico perché mi sono sempre sentito onorato di essere chiamato "consigliere" di Berlusconi quanto invece è dispiaciuto a Ferrara, che lo è stato molto piú di me.»

Ma il problema non sta in quel che don Gianni rivendica a suo titolo d'onore, ma in quel che dice all'eretico. Gli dice: «Il discorso di Giuliano sul *Foglio* è un discorso di rottura: non so se Ferrara lo modificherà. Berlusconi non ha nulla da temere dal *Foglio*, è *il Foglio* che deve temere da questa improvvisa e radicale deberlusconizzazione del suo editore».

Temere cosa? La radiazione dall'Ordine, come toccò a Montanelli per disposizione di Starace, dopo le corrispondenze demussolinizzate dal fronte spagnolo? O la chiusura dei finanziamenti e il prosciugamento della pubblicità come alla *Voce* nel 1994, anno del primo governo Berlusconi? O la perdita dei progettati dialoghi politici con Gad Lerner su «La 7», terzo polo televisivo generato e subito strangolato in culla per non dispiacere a Rai e Mediaset, destinate a cantare la stessa messa allo stesso presidente del Consiglio? Quel presidente che ha aiutato i proprietari di Telemontecarlo, incubatrice di «La 7», nella scalata alla Telecom?

Gianni Baget Bozzo ricorda, nel nome e anche nei comportamenti, un personaggio della mitologia medievale, il prete Gianni. Gli si attribuiva nel XII secolo, la paternità di una lettera ai re dell'Occidente in cui descrive le magnificenze del suo regno cristiano asiatico, mai trovato dai viaggiatori. Un po' come il mitico regno berlusconiano del Bene, decantato da Baget Bozzo. Il quale non dà alcuna risposta alle questioni sollevate da Ferrara nel «Ritorno di Monty Python», preferendo la piú consuetudinaria scomunica: sei un berlusconiano eretico, dunque sei tornato comunista.

«Ferrara – si legge nella bolla di scomunica – può sostenere Berlusconi se questi sta all'opposizione, non può sostenerlo se è al governo. Governare non interessa a Giuliano, a lui interessa la lotta politica, la passione politica. Commentare gli *Acta diurna* del governo dando ragione a Tremonti o a Maroni non sta nel genio di Ferrara, uomo di passione e di comunicazione... Per Ferrara un Berlusconi al governo non offre materia al contendere. E allora Giuliano torna comunista. Come è sempre stato, nella convinzione profonda che la politica è politica di idee, e che i fatti sono solo cose tecniche».

Silvio, invece, «è un uomo di fatti, e i fatti sono i suoi messaggi, le sue idee. È l'altro volto del grande comunicatore, che trasforma i "fatti" in messaggi. Berlusconi torna alla politica di Aristotele: e questo mi delizia – sdilinquisce il prete consigliere – perché accade mentre cattolici italiani generano fraticelli e anabattisti, don Vitaliano sogna la città di Münster, il comunismo in terra; e i vescovi non sanno che pesci prendere. Non sanno piú distinguere le eresie, avendo perso il lume dell'ortodossia».

Il prete Gianni, consigliere di Berlusconi, invece non l'ha perso il lume dell'ortodossia, distingue le eresie, ha le tenaglie, la corda, il rogo per estirparle, e l'anatema: «È *il Foglio* che deve temere da questa improvvisa e radicale deberlusconizzazione del suo editore». Si torna all'antica madre Chiesa, alle pratiche che affermano la verità e salvano le anime, distruggendo i corpi? «Una politica di leggi e decreti – sentenzia – è la cura che ci vuole, la politica che gli italiani vogliono. La Casa delle libertà non ha cultura? È la sua fortuna. Non ha intellettuali? Dio la liberi da maestri del nulla. Oggi Severino e Galimberti, che sono il top della cultura militante, esprimono il nichilismo trionfante [e non ha ancora letto *La gloria* di Severino, che uscirà in dicembre]. Distruggono la figura dell'intellettuale politico, lasciano Cacciari in mutande. Giuliano torna comunista perché riprende, contro Berlusconi, ciò che è essenziale al comunista: il sussiego intellettuale [...] Cosa dice Ferrara a Berlusconi? Fai spettacolo, non politica: quello che gli dicono i comunisti. Anzi di piú: eravamo buffoni assieme nel '94, io mi sono redento, tu no.»

Cosí tuona il prete, che da mezzo secolo offre la sua balenante intelligenza a tutte le cause dell'autoritarismo e dell'integralismo: dalla dossettiane *Cronache sociali* degli anni '50, al successivo *Quotidiano* dell'Azione cattolica di Gedda: da sinistra a destra, sempre bypassando il centro degasperiano. Sul *Quotidiano* (scrivono i biografi del prete) attacca Fanfani che «guarda a sinistra», mette in guardia i cattolici dall'affidarsi ai socialisti per la soluzione dei problemi italiani, auspica il cambiamento delle istituzioni della sovranità popolare e della rappresentanza democratica; intravede nel gollismo qualche spazio per superare la partitocrazia; ribadisce l'ortodossia ecclesiastica dopo aver affiancato i Comitati civici; appare, anche e a torto, il protettore clerico-fascista, del governo Tambroni, che finisce nel sangue a Genova, a Roma, a Reggio Emilia (e pensare che Tambroni era stato un ottimo ministro dell'Interno, oltre ad aver ricostruito la Marina mercantile e rinnovato come ministro del Tesoro il Piano Vanoni); si erge a contraltare degli «Amici del *Mondo*» che gli appaiono laicisti aristocratici, figli della decadenza liberale; denuncia eguale contagio laicista nella sinistra democristiana di Base, i Sullo e i De Mita, tutti infettati dal fanfanismo e dal maritainismo laicizzato dell'Università Cattolica, lancia come necessaria (con l'aiuto di Augusto Del Noce) l'idea di una comprensione «oggettiva» del fascismo, anticipando in qualche modo sia Nolte che De Felice, ma con effetti non storiografici, bensí di politica interna; coerentemente, giudica la democrazia parlamentare «una forma classica del liberalismo ottocentesco, che ha fatto il suo tempo», poco conciliabile con quella che oggi, quarant'anni dopo, Berlusconi chiama la «politica del fare», e con quello che, quarant'anni fa, era l'appoggio di don Gianni a Gronchi e Tambroni in una prospettiva «semipresidenziale»: una scelta che in Francia aveva per campione De Gaulle, capo della Resistenza antifascista, e in Italia i missini di De Marsanich e Almirante, eredi del fascismo repubblichino. Con intenti contrapposti e poco rilevati dal prete Gianni. Anzi, il prete è infervorato dalla creazione, fuori della Dc, di una rete di cosiddetti centri per l'Ordine Civile, a cui accorrono pochi cattolici e molti repubblichini di formazione evoliana, Giano Accame, Enzo Erra, Fausto Gianfranceschi, giovani intellettuali limpidi e onesti ma di dichiarata scelta reazionaria.

La permanenza di Baget Bozzo a Palazzo Chigi in vesti di consigliere del presidente dura solo qualche settimana: l'orgoglio luciferino del Grande Inquisitore lo porta fino al passo fatale, la scomunica del papa, accusato da don Gianni di lavorare per l'Islam. «Non è la prima volta nella storia che un prete scomunica un papa, – gli fa osservare qualcuno, – ma o sei Martin Lutero, e allora fai lo scisma e fondi una nuova chiesa, o non lo sei, e allora finisci abbrustolito.» Né può soccorrerlo il fatto, al momento ancora ovattato, che il Cardinal vicario la pensa esattamente come lui, deplorando che il papa dialoghi con l'Islam fino a digiunare per il ramadan e a non ricevere il ministro degli Esteri d'Israele Shimon Peres, quando la guerra si farà piú crudele dall'Afghanistan alla Palestina.

È quel che tocca, metaforicamente, al prete Gianni. Un comunicato di Palazzo Chigi fa sapere che il prete che ha appena scomunicato il papa sul *Giornale* della famiglia Berlusconi non ha incarichi presso la presidenza del Consiglio.

(A sua volta, il prete scomunicatore di riconcilierà col consigliere eretico quando questi, in un articolo del *Foglio*, proporrà una marcia di solidarietà con l'America e contro il terrorismo: proposta accolta con favore dal presidente Berlusconi, e fatta digerire al partito antiamericano della destra, An e anche Lega. Alla marcia, riparatrice delle omissioni della Perugia-Assisi, don Gianni aderisce «con entusiasmo». Come sempre.)

# Lunghi coltelli al Viminale

La definizione del secondo governo Berlusconi come il gruppo dei Monty Python, piú severa di quella alquanto convenzionale inflitta al primo, «Dilettanti allo sbaraglio», trova ragioni negli accadimenti dei quaranta giorni che vanno dai fatti del 20 e 21 luglio a Genova fino al rientro di Berlusconi per il Consiglio dei ministri del 1° settembre. Cominciamo dal Viminale, non fosse che per la gravità delle cose accadute. In Italia da almeno venti anni non c'era un morto negli scontri tra manifestanti e polizia; e da tempo immemorabile non c'era stata una destituzione in tronco di due altissimi funzionari della piú delicata fra le amministrazioni: quella della polizia di Stato.

Scajola aveva conseguito faticosamente la poltrona del Viminale. Il governo Berlusconi che – diceva la propaganda – sarebbe stato pronto in 24 ore a differenza di quelli di prima, impiegò giorni e giorni per nascere, esattamente come quelli di prima. Sui giornali la casella del ministro dell'Interno cambiava titolare quasi ogni giorno, Frattini, Pisanu, Scajola... Alla fine toccò all'uomo che aveva trasformato Forza Italia «da partito di plastica in partito organizzato sul territorio», appunto Scajola, ma con dolorosi tagli: il piú importante, forse, la delega sui servizi segreti a Frattini, ministro della Funzione pubblica.

Il doppio disastro di Genova – la devastazione della città da parte dei teppisti nell'inerzia quasi totale delle forze dell'ordine, e il pestaggio degli arrestati da parte di gruppi di tutori della legge – rianimano la partita del Viminale. Del resto, era stato lo stesso Berlusconi a gettare il seme della zizzania quando, con tutt'altri intenti, all'atto di varare il governo aveva detto ai suoi ministri che dopo qualche mese di rodaggio tutti sarebbero stati valutati sul piano del rendimento, per una riconferma o una sostituzione (ovviamente la valutazione sarebbe spettata a lui, non immaginava che all'esame di riparazione avrebbe dovuto presentarsi per primo).

Scajola si salva dai primi marosi del dopo Genova grazie alla forte immagine di unità, quasi di simbiosi con Berlusconi che gli hanno accreditato la gestione di Forza Italia e la stessa preparazione della città per il vertice del G8, con la personale supervisione di Berlusconi (e non solo alle fioriere e alle mutande, come dicono i critici piú corrosivi). Si salva individuando e colpendo immediatamente due «responsabili» del caos genovese, fino a livello di vice capo vicario della polizia, ma salvando il capo e quindi se stesso (il responsabile tecnico e il responsabile politico). In questo modo, limita ad alcuni settori operativi e direttivi l'immagine negativa che investe la polizia (piú all'estero che in Italia, dove invece l'immagine negativa è riservata quasi interamente ai manifestanti. A Ciampi che ha chiesto di far luce, Gasparri risponde a muso duro: stabilire se un poliziotto ha dato tre o quattro manganellate? Un dettaglio. E la stampa dell'ultradestra critica Scajola per aver ammesso la verità e che cioè c'erano stati a Genova comportamenti inammissibili, anche se limitati di appartenenti alle forze dell'ordine).

Si salva, Scajola, anche per un altro motivo: quello di essere stato scavalcato, nelle ore calde di Genova, dal vice presidente del Consiglio, Fini, presente in città addirittura nelle sale operative. Nessuno (né il presidente del Consiglio, né il ministro dell'Interno né quello della Difesa né quello della Funzione pubblica) spiegano come e perché ciò sia avvenuto. Appare tuttavia chiaro, dalle dichiarazioni anche di camerati di Fini, che ci sono due linee, oltre che due concezioni, dell'ordine pubblico: «Tra i violenti e le forze dell'ordine io sto con le forze dell'ordine a scatola chiusa», proclama ancora il ministro delle Comunicazioni Gasparri).

Le due linee emergono ancora piú nette quando, sempre con una inopinata dichiarazione di Berlusconi («Niente piú vertici in Italia, abbiamo già dato»), si apre la ricordata questione dei vertici della Nato e della Fao, in calendario per settembre a Napoli e per novembre a Roma. Si supplica la Nato di starsene a Bruxelles (come poi sarà deciso grazie a Bin Laden); per la Fao, dopo il rifiuto di Kofi Annan si ripiega su Rimini, infine la guerra in Afghanistan altera le priorità: ci si rivede a Roma, ma nel giugno 2002. Nelle polemiche che divampano, il ministro per i rapporti col Parlamento Giovanardi, dimenticando o ignorando che per legge il ministro dell'Interno è il «responsabile unico dell'ordine pubblico», dichiara che d'ora in avanti saranno vietate le manifestazioni nei centri storici delle città. (Incoraggiato da cosí plateale invasione di campo altrui, un altro ministro democristiano, Buttiglione, responsabile delle Politiche europee, dove s'annoia, dichiara che il governo varerà una politica della famiglia «antiabortista e sussidiatrice», occupando lo spazio del ministro degli Affari sociali Stefania Prestigiacomo, che è incinta.)

L'attacco alle Due Torri e al Pentagono come si diceva, ci trae dai nostri piccoli impacci di provincia, ma al Viminale restano aperti i problemi del dopo Genova, che s'intrecciano con quelli della ristrutturazione. Entro ottobre, che passa, le sette direzioni del ministero dovrebbero essere sostituite da quattro dipartimenti. Uno c'è già, ed è il dipartimento della Pubblica sicurezza, diretto dal capo della polizia prefetto De Gennaro. Ad esso si affiancheranno il dipartimento per le libertà civili, l'immigrazione e la cittadinanza; il dipartimento per l'amministrazione civile e gli affari del personale; il dipartimento della protezione civile. Tra i sette direttori generali del Viminale, ne andranno scelti quattro per i dipartimenti (o tre, se De Gennaro resiste). Si aspettano anche i successori di Andreassi e La Barbera (a loro volta prossimi a diventare in autunno numeri due del Sisde e del Cesis). Insomma, c'è da rifare tutto il vertice del Viminale.

Nel frattempo arriva una denuncia di Rifondazione comunista (anzi del suo giornale *Liberazione*): esiste un piano per imprimere una svolta di tipo militare alla politica dell'ordine pubblico, dopo le prove generali di Genova. La denuncia, nell'articolo di fondo del direttore Sandro Curzi, ha l'aria di una soffiata, arrivata dai piani alti del Palazzo. Il ministro e il capo della polizia – scrive ai primi di settembre il giornale, tornando sull'argomento – «si sono mostrati sorpresi, hanno sostenuto di essere all'oscuro di questo nuovo salto verso un sistema piú repressivo e militarizzato. Si può anche dar loro fede – concede volentieri il giornale – ma questo vuol dire soltanto che i piani per l'ordine pubblico hanno autorevoli punti di riferimento al di fuori e anche al di sopra del Viminale. Al ministero c'è chi pensa che si è formata nel governo una lobby decisa a perseguire l'obiettivo di far alzare la febbre dell'ordine pubblico. Le accuse fatte da ministri e partiti del governo alla magistratura di Genova, di voler sindacare illegittimamente i comportamenti delle forze di polizia, non solo erano dirette a creare tensioni fra le due istituzioni, ma avevano il chiaro scopo di sconfessare il capo della polizia, che aveva ammesso gli abusi, e il ministro dell'Interno, che aveva firmato i provvedimenti di rimozione nei confronti dei funzionari censurati dagli ispettori ministeriali. Non sappiamo se Scajola sarà capace di resistere alle pressioni e ai condizionamenti di chi vuol dare un colpo di acceleratore all'involuzione autoritaria della politica dell'ordine pubblico.

Il fatto che si dichiari all'oscuro di progetti pensati in altre stanze del governo, non ci sorprende affatto. Anche nella preparazione del G8 i condizionamenti esterni hanno avuto un grandissimo peso sul ministro dell'Interno. Per la prima volta nella storia della Repubblica, il Viminale ha dovuto gestire una delicata situazione di ordine pubblico in società col ministro della Difesa e con un ruolo preponderante dei servizi segreti. Il risultato si è visto nella priorità data alla militarizzazione della città e alle repressioni piuttosto che alla prevenzione».

Con tanti saluti a Martino (Difesa) e a Frattini (Servizi), nonché al generale Siracusa, comandante dei carabinieri, che è stato smentito (circa una sua presunta non conoscenza dei fatti) dal generale Tanzer, comandante della Liguria, nella deposizione al Comitato parlamentare d'indagine.

Sette giorni dopo la denuncia la *Liberazione*, gli attentati di New York e Washington coprono anche queste vicende. Ma esce proprio in quei giorni, con ritardo di sei mesi, il numero di maggio di *Polizia moderna*, la rivista della polizia di Stato, con una grande inchiesta sulla rete dell'estremismo islamico in Italia. Ci si rende conto, leggendola, che tutte le notizie venute alla luce dopo le imprese di Bin Laden circa il ruolo dell'Italia nella strategia del fondamentalismo, erano ben note alla polizia da anni e, in molti casi, aggiornate con nomi di persone, sigle di movimenti, sedi, funzioni logistiche (documenti, ospitalità, viaggi, armi), finanziamenti. Nulla è stato fatto per prevenire, né dal governo Berlusconi né da quelli che lo hanno preceduto. Eppure la tanto odiata procura della Repubblica di Milano aveva scoperto e arrestato, ancora nell'aprile del 2001, reclutatori per i campi di addestramento afghani. Ma allora l'Italia era impegnata con la campagna elettorale.


## Chi si rivede, l'epurazione

Nel frattempo, i «Monty Python del governo» non perdono il loro tempo e aprono la caccia al nemico interno. Il primo a sparare è il ministro leghista Roberto Maroni, sistemato al Welfare (Lavoro) dopo la smorfia di Ciampi a Berlusconi che lo proponeva alla Giustizia. Presso il ministero del Lavoro esiste una Consulta per le tossicodipendenze. Il medico Agnoletto ne fa parte dal 1993. Appena conclusasi la manifestazione del G8,

Agnoletto viene epurato: niente piú collaborazione col ministero del Lavoro.

Come esperto di lotta all'Aids, Agnoletto aveva contribuito a fondare, negli anni '80, la Commissione Aids presso il ministero della Sanità. Il 29 agosto, Girolamo Sirchia, medico anche lui e ministro della Salute, si allinea a Maroni ed epura anche lui Agnoletto: niente impegno contro l'Aids, se sei antiglobal. «Il professor Agnoletto, coi suoi recenti comportamenti, non risponde alla mia fiducia, avendo oltretutto ricoperto in questi avvenimenti un ruolo primario di contestazione e di opposizione al governo.» Meglio che la lotta all'Aids la facciano solo i sostenitori del governo, è la filosofia di Sirchia, personaggio della sanità milanese molto vicino al capo del governo anche quand'era solo capo della Fininvest: era lui il referente autorevole delle pagine promozionali dedicate dal *Giornale* a medicina e farmacia.

Tuttavia, secondo *il Manifesto*, il delitto maggiore che ha meritato ad Agnoletto l'epurazione, non sarebbe la marcia di Genova. «Altro probabile motivo dell'ostracismo – scrive – Agnoletto lo deve all'associazione di cui era presidente, prima di candidarsi alle elezioni [del 13 maggio, senza essere eletto]: la Lila. Essa è stata sempre invisa all'Anlaids di Ferdinando Aiuti, il quale non è diventato, come aspirava (e voleva An) ministro di questo governo, ma evidentemente aspira al primato assoluto e senza controlli sulla questione Aids. La terza ragione di censura (ipotizziamo) viene dalle case farmaceutiche, un pezzo importante del panorama globalizzato. Agnoletto (non da solo, e non solo in Italia) si è battuto per il libero accesso ai farmaci anti Aids nel sud del mondo, una lotta sfociata nella presa di posizione prima del Sud Africa e poi del Brasile nei confronti delle multinazionali che detengono i brevetti».

E Agnoletto cosa dice? «Chiederò al mondo scientifico di pronunciarsi in merito; il virus dell'Aids non guarda in faccia a nessuno, ricco o povero, bianco o nero, eppure c'è ancora qualcuno, un medico nel caso dell'attuale ministro della Sanità, che subordina alla fedeltà politica la valorizzazione delle risorse nella lotta al virus. Qualcuno suggerisce di non meravigliarsi, sono proprio le scelte politiche a condannare a morte milioni di persone, per tutelare le multinazionali del farmaco. Quelle stesse politiche che ho denunciato nel mio libro *La società dell'Aids*, che certo ha urtato le potenti lobby farmaceutiche e sanitarie.»

Quando Bin Laden scatena il terrore, l'estrema destra ha un'occasione in piú per gridare «viva Sirchia» «abbasso Scajola». Il ministro della Sanità annuncia con lodevole prontezza che sta studiando una task force contro l'eventuale attacco chimico all'Italia e che nei nostri ospedali verranno allestite squadre di esperti per soccorrere i cittadini. Per i giornali dell'estrema destra, è una boccata d'ossigeno fra tanti tergiversamenti del premier e dei suoi ministri sulla linea americana o cautelosa, interventista o pacifista da tenere nel conflitto. Se ne fa eco *Libero*, che denuncia la divisione del governo fra interventisti e temporeggiatori: «E cosí, mentre gli uni non nutrono dubbi neanche di fronte a una possibile quanto estrema opzione nucleare americana, gli altri tergiversano, mediano. Non è un caso che anche l'emergenza batteriologica crei differenza di vedute. Da una parte c'è il ministro della Salute Sirchia, che istituisce una task force, sia per intervenire e soccorrere i nostri cittadini in caso di attacco chimico sia per coadiuvare l'attività di prevenzione da parte dell'intelligence italiana. Dall'altra c'è il ministro dell'Interno Scajola, che pur essendo il titolare del dicastero che dovrebbe indagare per impedire l'eventuale diffusione del virus, mostra di non credere troppo a questa eventualità».

Al momento, il solo virus che si diffonde nel governo è quello dell'epurazione. Comincia Tremonti, dopo l'autoepurazione del direttore generale del Tesoro, Draghi, a epurare il direttore dell'agenzia delle Tasse, Romano. Seguirà il ministro della Giustizia, ingegner Castelli, che rimanda a casa i magistrati dell'Ufficio legislativo del ministro, accusati di non pensarla come lui in materia di rogatorie internazionali. Chi è costretto a mordere ancora il freno è il ministro delle Comunicazioni, Gasparri che vorrebbe epurare la Rai, ma non riesce, al momento, ad andar oltre le sanzioni economiche e la violenza verbale della sua cultura nativa.

Una cultura che il ministro per gli Italiani all'estero, Mirko Tremaglia, già giovanissimo arruolato della Repubblica Sociale, rivendica senza jattanza, ma con fermezza. Antonio Martino, che accompagna Ciampi a Porta San Paolo per onorare la resistenza antitedesca dell'8 settembre 1943, dichiara nel suo discorso: «A distanza di oltre mezzo secolo, le repugnanti scelte del fascismo che portarono all'approvazione delle leggi razziali, all'alleanza con il nazismo, alla guerra d'aggressione, costituiscono per gli italiani il piú severo ammonimento». Insomma, il tentativo del partito di Fini di epurare l'antifascismo tra i valori della democrazia e dalla Costituzione, viene rintuzzato dal ministro liberista della Difesa, figlio di un liberale europeista. E Tremaglia replica. «Ognuno dica quel che vuole. La politica è una cosa e la storia è un'altra. E io difendo la mia storia». Né rinnegare né rivangare.

Anche la lotta alla mafia, che ha ispirato la democrazia italiana negli ultimi vent'anni e perfino negli anni di Tangentopoli, viene epurata quanto meno dal dizionario delle idee correnti. Ci pensa un altro ingegnere, Lunardi, e ne abbiamo già parlato. Va aggiunto che il caso Lunardi non si ferma alle parole. Insorge perfino la Regione Calabria, governata da un magistrato di destra, tutt'altro che «caselliano». Cosí l'epuratore della lotta alla mafia deve precipitarsi in Calabria. Fa visita al procuratore della Repubblica di Palmi, Boemi, a cui stanno per togliere la scorta, e avvia insieme al magistrato una verifica dei cantieri di ammodernamento dell'autostrada Salerno-Reggio Calabria: «Per evitare che i lavori vengano assegnati ad aziende legate alla criminalità organizzata». L'ingegnere fondatore della Rocksoil, società di progettazione di grandi opere, vuol sapere se le imprese che lavorano nei cantieri sono esse stesse assegnatarie dei progetti e se sono affidabili. Perdonato dai politici forzisti, che non replicano all'infelice uscita sulla «convivenza con la mafia», il ministro riceve lo sgarbo di un alleato minore, Palmesano di Alleanza nazionale: «Noi non vogliamo "convivere" con Lunardi».


## Flessibili in uscita

Ma il colpo di fulmine o di sole piú forte, l'estate dei «Monty Python» lo riserva al vice presidente Gianfranco Fini: forse per il titolo dedicatogli dal *Corriere della sera*, «Aboliremo le pensioni d'anzianità», forse per il momento in cui lo dice (il solleone ha travolto non solo Fazio, abituato a chiedere riforme strutturali, ma anche Marzano, che propone un regime differenziato per i nuovi assunti, in modo da garantire ai vecchi lavoratori la tutela contro la «flessibilità in uscita», ossia licenziamenti. Flessibilità che non va giú a Cofferati.

Siamo alla vigilia dell'annuale seminario Ambrosetti a Villa d'Este di Cernobbio (di lí a qualche giorno il solito malpensante dirà: l'ultima estate della Belle époque, come quella del 1914), e Fini dice: «Le riforme vanno fatte. L'Italia è un paese che ha bisogno di riforme strutturali. Sulla sanità, dopo l'intesa con le regioni per contenere la spesa, abbiamo dimostrato che le riforme possono essere varate senza macelleria sociale, senza scontro istituzionale. E senza ticket. Sulla previdenza si tratterà di muoversi allo stesso modo, sapendo, come ha detto Maroni, che l'obiettivo non è quello di fare cassa ma di ridurre in modo strutturale e nel tempo l'incidenza della spesa previdenziale sulla bilancia dei conti pubblici. Avendo come obiettivo strategico l'abolizione delle pensioni di anzianità. Nel tempo noi dovremo intervenire sulla previdenza».

*Domanda*: Tremonti vorrebbe intervenire subito. *Risposta*: Tremonti è d'accordo con questa impostazione. Il nostro principale obiettivo è affermare il principio della libertà di scelta. Innalzare l'età pensionabile non può essere né un obbligo né un tabú. Bisognerà invece consentire al lavoratore di decidere l'età in cui andare in pensione. *Domanda*: Dalla Finanziaria anche le imprese attendono un segnale. *Risposta*: «Intanto di vantaggi le imprese ne hanno già avuti: dalla Tremonti bis alla legge sul diritto societario, dalla legge obiettivo sulle opere pubbliche alla riemersione del sommerso, dall'indicazione di un tasso programmato di inflazione al cosiddetto contratto europeo [...] Non si può dire che il governo non tenga conto delle loro richieste». *Domanda*: Cofferati dice che state onorando le cambiali firmate con la Confindustria. *Risposta*: «Sí, dice che siamo etero-diretti dai padroni. La verità è che questo governo ha cercato di stimolare un'economia stagnante [...] E poi, ci siamo fatti carico delle esigenze non solo della Confindustria ma anche delle piccole e medie imprese».

All'intervista di Fini, segue Tremonti, che, essendo professore, dà voti e definizioni: «Cofferati è l'archetipo del reazionario». L'archetipo commenta: «A Tremonti non rispondo, perché non ho tempo da perdere». Col noto senso delle istituzioni scende in campo il ministro delle Riforme, Umberto Bossi che risponde a muso duro a Fini, sulle pensioni di anzianità e sull'art. 18: «Io sono nato in Lombardia, figuratevi se uno che è nato in Lombardia licenzia un lavoratore». Figuratevi. E tante volte il vice premier non avesse capito, aggiunge: «E comunque in questo campo la competenza è di Maroni, ministro del Lavoro. E Maroni farà quello che dico io». Martino, ministro della

Difesa, arriva a Cernobbio e sconcerta tutti, giornalisti e colleghi: «Scusate, ma oggi non parlerò di Difesa, ma di economia: una cosa che conosco meglio» (obiezione di un inviato a Cernobbio: «Va beh che nell'attuale governo è ministro della Giustizia l'ingegnere leghista Castelli, che ha della materia la stessa competenza di una guida alpina, ma questo non giustifica il ministro della Difesa»). Il quale, interferendo nella materia che conosce meglio, dice: «Vorrei un governo piú determinato e disposto a correre i rischi di scelte nette sulle pensioni e la flessibilità del lavoro. In America la gente cambia posto in media una volta ogni cinque anni». Forse il ministro della Difesa non ha ancora letto le dichiarazioni di Berlusconi: il premier, che ha chiesto al Sondaggio un vaticinio su licenziamenti e pensioni d'anzianità, apprende che l'indice di gradimento è basso, e ordina il giro di boa.

A gonfiare le vele al vento delle riforme «liberiste» per lavoratori e pensionati, proprio mentre si varano le leggi sul falso in bilancio e altre aspettative confindustriali (ricordate o rinfacciate da Fini), è stato, come spesso, il governatore Fazio. Ma non dai palazzi della moneta o della politica, bensí da una abbazia ciociara non distante dalla natia Alvito, dove il governatore passa austere vacanze. La ripresa verrà – garantisce il governatore di Alvito – nella seconda metà 2002, ma a patto che si facciano le riforme di struttura: appunto pensioni, flessibilità in uscita, regimi delle prestazioni sanitarie. Bruxelles dice le stesse cose: l'Unione si appresta a fare, all'inizio dell'autunno cinque richieste all'Italia: riformare le pensioni e ridurre la fiscalità sul lavoro, aumentare l'occupazione femminile, prevenire la disoccupazione di lunga durata, asili nido e altre misure di sostegno sul lavoro, target nazionali per la formazione continua.

Ma quale retroscena c'è dietro la sortita di Fazio? Lo racconta il retroscenista ufficiale del *Corriere* (Verderami) che neanche ad agosto va in vacanza.

«La verità è che Fazio vede crescere la confusione nella maggioranza che ha vinto le elezioni, non capisce che cosa abbia in mente Silvio Berlusconi e, di conseguenza, guarda con preoccupazione alla rentrée [...] di qui la scelta di lanciare alcuni messaggi, quasi un "riformismo compassionevole" che intrecci riforme strutturali e attenzione alle disparità. Solo sviluppando l'economia è possibile quadrare il cerchio, mitigare gli effetti sperequativi della globalizzazione ("che negli ultimi anni è diventata soprattutto globalizzazione della finanza") e rilanciare l'occupazione. Ma c'è «crescita zero» e proprio per questo Fazio ha voluto indicare quell'obiettivo del 3% annuo che il governo Berlusconi ha fatto proprio ma che già dispera di raggiungere.»

Davvero? «Nella capitale si racconta – ecco il retroscena – come in colloqui privati con esponenti di punta dell'esecutivo, Fazio abbia suggerito di affrontare l'autunno annunciando già in settembre un programma di riforme incisive, se non draconiane [...] Ma l'impressione è che il governo faccia orecchie da mercante. Le violente polemiche sull'ordine pubblico e l'emergenza dettata dal calendario dei vertici internazionali di Napoli e Roma, paiono indurre il centrodestra verso una politica sociale molto prudente. E ciò spinge il governatore a temere che Berlusconi alla fin fine faccia come il centrosinistra degli anni '90. Molti tavoli concertativi, qualche privatizzazione, lifting dello Stato sociale, con in piú la tentazione di ricorrere ai condoni; ma nessuna riforma di quelle vere (sanità, pensioni, mercato del lavoro).»

Alla luce di queste vere o presunte sollecitazioni del governatore, appare ingiusta la definizione che *l'Unità* dà del vice premier Gianfranco Fini, «centometrista della macelleria sociale». Piú cauto, l'ex ministro Bersani che dice: «Maratona o cento metri, è sempre una marcia pericolosa. Lo *stop and go* delle dichiarazioni di Berlusconi non si smentisce, la direzione di marcia è quella: pericolosa, inaccettabile». Ma Fini (piú impreciso che centometrista, deve guardarsi anche dalla giovane-vecchia guardia del Msi, invano confinata al governo. Il ministro delle Politiche agricole, Gianni Alemanno, leader della «destra sociale», non ha fretta, né per le pensioni né per i licenziamenti: prima ci vuole «una manovra a largo raggio degli ammortizzatori sociali e del sostegno ai non occupati. Dopo può anche venire un eventuale modifica dell'art. 18».

## Sottosegretari e poltrone

Chiedono a Marzano, in questo bailamme: «È vero che state soffrendo una mancanza di leadership da parte del premier?». Marzano tranquillizza. «Le assicuro che la leadership di Berlusconi si fa sentire sui ministri. Ci ha spinto ad approvare i primi provvedimenti a tambur battente. È lui che ci stimola ad andare avanti per realizzare il programma. E se c'è riserbo nelle dichiarazioni, il motivo è un altro: si privilegiano le proposte concrete».

Mancano, fra le proposte concrete, quelle per le deleghe da conferire ai vari ministri. I sottosegretari scalpitano (e non solo Sgarbi, che ruba la scena al ministro ufficiale dei Beni culturali, Urbani; né solo Taormina, che vorrebbe la delega alla polizia e intanto costringe Scajola a intimargli di smettere di andare in giro per l'Italia con macchina e scorta del ministero per difendere criminali contro i quali lo Stato è parte civile). Soltanto il 19 ottobre, a quattro mesi dalla formazione del governo, saranno nominati vice ministri presso i rispettivi dicasteri Mario Baldassarre e Gianfranco Miccichè (Economia e finanze), Adolfo Urso (Attività produttive), Ugo Martinat e Mario Tassone (Infrastrutture e trasporti), Guido Possa (Istruzione e ricerca).

Ma, risolto il problema dei sottosegretari economici con la generosa nomina a vice ministri, il problema delle deleghe a tutti gli altri sottosegretari, che sono un esercito, resta e, dicono gli esperti anche confindustriali, è un nodo che frena il governo nella sua funzionalità. Anzi è proprio la Confindustria, attraverso il suo giornale, verso la fine di settembre, a dire basta a questo sconcio (figlio del timore di Berlusconi di veder decentrate competenze e decisioni): «Questa non decisione, che si protrae ormai da mesi – denuncia Il Sole-24 Ore – ha di fatto ostacolato l'individualizzazione di chiari interlocutori per il Parlamento e anche per i vertici della burocrazia, che ha come unici interlocutori i ministri». In mancanza delle deleghe, «nessun decreto ministeriale può essere firmato, nessuna trattativa ufficiale portata avanti, nessuna nomina approvata, se non dallo stesso ministro».

Per l'economia, il quadro è devastante: «Il caso piú eclatante è quello relativo al Mezzogiorno, che blocca gran parte delle decisioni degli altri ministeri. La spartizione delle competenze fra i due vice ministri Baldassarre e Miccichè; nonché la conferma delle attribuzioni su patti territoriali e contratti di programma al ministro Marzano (Attività produttive) anziché all'Economia (Tremonti) consentirà di sbloccare le deleghe di moltissimi sottosegretari». Ma, risolto lo scontro Marzano-Tremonti (di cui, peraltro, i giornali si sono guardati dall'informare il paese), resta il nodo se a gestire la programmazione negoziata sarà lo stesso Marzano (Forza Italia) o il sottosegretario Giuseppe Galati (Biancofiore); e intanto il vice ministro del ministero di Marzano e di Galati, che è Urso (An) a fine settembre non ha ancora la delega al commercio estero, che gli è stata promessa.

Il governo, per evitare che ministri, vice ministri e sottosegretari «si allarghino», come dicono i romani, punta su «deleghe obiettivo»: cosí i compiti e i limiti in cui esercitarli saranno piú chiari tanto ai vice ministri quanto ai sottosegretari. E verranno evidenziate meglio, cosí, anche le competenze che resteranno in pugno ai ministri, per esempio l'energia a Marzano, l'Anas e le Ferrovie a Lunardi.

Questo è il quadro a fine settembre. Ben tre mesi prima, il 27 giugno, dopo quindici giorni dalla formazione del governo e dal loro giuramento, i sottosegretari, ancora tutti senza delega sono stati convocati nella Sala verde di Palazzo Chigi, dove il ministro dei Rapporti col Parlamento Carlo Giovanardi (Biancofiore) ha dato alle matricole e ai vecchi riciclati i primi elementi del mestiere: rispondere subito alle interrogazioni, sentire il Tesoro prima di presentare emendamenti, non debordare (il riferimento è a Sgarbi, che è arrivato a dichiararsi lui il vero ministro, perché competente, con la replica di Urbani che fa sapere che lui non delega niente). «Folklore a parte, – scrive Barbara Jerkov, – su questa storia si è innescato un nuovo braccio di ferro fra gli alleati. Tutto politico. Perché è chiaro: al Viminale, una delega sui vigili del fuoco non vale la delega sugli enti locali; e alla Giustizia la delega sulle carceri (uguale: appalti) non può essere paragonata a quella sulla giustizia minorile.»

Affidato l'incarico di sbrogliare la matassa al sottosegretario alla presidenza del Consiglio Letta e al vice premier Fini, a fine ottobre la matassa, come si è detto, era ancora imbrogliata. Il fatto è che non c'è da navigare solo fra le concupiscenze dei quattro partiti che compongono la coalizione e del battaglione di circa sessanta vice ministri e sottosegretari semplici che rafforzano la squadra dei quattordici ministri con portafoglio e di quelli senza portafoglio. Il problema assai piú grave e difficile consiste nelle diversità delle linee politiche che sono confluite nella Casa delle libertà e che non si sono amalgamate nel governo. Con un po' di ironia prova a fare un ritrattino di questo problema il *Corriere economico*, con Edoardo Segantini che firma l'articolo solo apparentemente surrealista «La libertà di essere statalisti».

Statalisti nel governo Berlusconi, antiprivatizzatori? Quando mai. Come chiedere in Transilvania se esistono i vampiri. Domande da non farsi. I pochi liberali veri rispondono con un filo di sofferenza nella voce che sí, un po' di statalismo c'è: e citano l'intervista di Fini «Aboliremo le pensioni di anzianità», mentre i molti politici di professione (ex Dc, ex Psi, ex tutto) respingono ogni insinuazione e pensano che forse siete comunista. Renato Brunetta, per esempio: ma quale anima sociale nel Polo, «tutta una chiacchiera estiva», panna montata che s'è squagliata al sole, è un liberale autentico Gianni Alemanno, quale destra sociale. E le contrapposizioni tra il disegno centralizzatore meridionale del vice ministro Miccichè e Marzano, che molti considerano il miglior ministro di Berlusconi? Ma quali contrapposizioni. Miccichè vuol solo riunificare le competenze che Bassanini, sbagliando, aveva diviso.

Le privatizzazione saranno comunque il banco di prova piú importante, insiste Segantini. Già, ma vallo a dire a Bruno Tabacci, Ccd-Cdu, presidente della Commissione attività produttive della Camera. «L'Eni – dice Tabacci – deve restare sotto il controllo del governo. Storie come quella dell'Edf francese non vanno bene, non sono edificanti.» Dice ancora: «Non sono fra quelli che vogliono che il controllo delle municipalizzate resti ai comuni, quella della Lega è una posizione che proprio non mi va giú. Ma bisogna spostare la discussione sul sistema Italia, pubblico e privato, e capire come l'interesse nazionale può essere salvaguardato». E mentre il neopolista Giorgio La Malfa insiste che le privatizzazioni vanno riprese con forza anche localmente, la Lega insiste nella sua posizione di «Rifondazione comunalista», secondo cui le municipalizzate non si toccano.

## Siamo in guerra. O no?

Dopo l'11 settembre il tira e molla sulle competenze dei vari ministri, vice ministri e sottosegretari, viene surclassato dagli scontri di ben altra portata tra i ministri piú direttamente coinvolti nelle vicende della guerra vera: quella contro il terrorismo islamico. Il primo a entrare nel mirino dei talebani della maggioranza è il ministro degli Esteri Renato Ruggiero, già appannato nell'immagine dalla fallita trattativa col Genoa Social Forum e dal compromesso sul razzismo nel vertice Onu di Durban. Berlusconi è «deluso» del suo ministro degli Esteri, e oscilla fra l'oltranzismo americano (piú ideologico che militare) di Martino e il realismo postandreottiamo (piú praticabile che presentabile) del capo della Farnesina. Il conflitto tra i due ministri ha un «oggetto» precedente alla guerra, l'Europa, e precedente è la loro polemica.

Una paciosa ma non scettica diplomaticità napoletana ha permesso a Ruggiero, nei tre mesi del governo dall'insediamento alle Due torri, di dribblare in Consiglio dei ministri le amenità di Bossi e le critiche degli euroscettici. Ruggiero cerca di far capire che un governo cosí, inzeppato di postfascisti e leghisti, che in Europa si chiamano haideriani, dovrebbe evitare atteggiamenti, il cui risultato sarebbe benzina sul fuoco antitaliano di tante cancellerie e giornali. D'altra parte, postfascisti e leghisti si tengono per mano, in una nuova alleanza destinata a «far fronte» contro l'immigrazione e a tener testa all'asso pigliatutto, Berlusconi. Presto però dovrà intrecciarsi e poi cedere a un'altra alleanza, Fini-Casini, diretta a fronteggiare l'egemonia Berlusconi-Bossi-Tremonti. Ruggiero e gli euroconvinti (ma Martino per alcuni di essi ha un'altra definizione: eurofondamentalisti) godono dell'appoggio del presidente della Repubblica: che nella ricordata commemorazione di Porta San Paolo, il 9 settembre, dice con toni quasi aspri: «Ci sono 50 milioni di ragioni per essere a favore dell'Europa: i 50 milioni di morti nella guerra che portò gli europei al fratricidio, dal 1939 al 1945». Da Bruxelles plaude anche Prodi, che da quando non ha piú un governo amico a Roma (salvo Ruggiero) e da quando il discredito del nuovo governo accresce gli scetticismi delle cancellerie verso la commissione e il suo presidente, è diventato piú debole. Ed è criticato duramente.

Cosí il 13 settembre scoppia la lite nel primo Consiglio dei ministri «di guerra». Deve rispondere a Bush sull'automatica applicazione dell'articolo 5 del Trattato atlantico. Deve varare la legge Fini-Bossi sull'immigrazione. Deve andare da Ciampi che ha convocato al Quirinale il Consiglio supremo di difesa. Ma intanto dura sei ore e deve sorbirsi Bossi, il quale teme che «per colpa di quelli di Bruxelles» il progetto suo e di An sull'immigrazione resti a metà; e spara anche sui «fondi di cooperazione». È la scintilla che spinge Ruggiero a lamentarsi di un governo «che proprio non capisce l'importanza dell'Europa»; di «non aver mai sentito dai governanti toni euroscettici come quelli che mi capita di ascoltare qui dentro» (le parole fra virgolette escono su *Repubblica* con questo commento: «Promette male uno scazzo cosí alla vigilia di una fase in cui proprio l'Europa – dice Ruggiero ai colleghi – può svolgere un ruolo di mediazione col mondo arabo e costituire un punto di equilibrio anche rispetto alle possibili opzioni militari. Per questo Berlusconi e Fini spengono subito l'incendio, e rassicurano il ministro degli Esteri, ma portandosi dentro la preoccupazione per una divaricazione che cresce nel governo, proprio mentre di fronte all'attacco agli Usa il paese è unito e anche l'opposizione – riconosce il Cavaliere – si è comportata in modo responsabile».

Ma il fronte anti Ruggiero si estende oltre il Consiglio dei ministri dove, tuttavia, la Farnesina è vincente, col suo rifiuto di colpire nel mucchio, con l'attenzione agli arabi moderati, con l'automatismo politico e non militare dell'art. 5, col riconoscimento del ruolo di Putin che ha trascinato una coalizione di Stati piú vasta di quella atlantica a solidarizzare con l'America. Ma gli ultrà non si rassegnano, *Libero* pubblica liste di proscrizione dei «filo arabi italiani». Chi è il loro uomo-simbolo? Ruggiero, naturalmente. L'accusa che «la diplomazia pende a sinistra» è avallata da Cossiga: «È vero, l'entourage della Farnesina sta coi palestinesi», cioè è sempre sulla linea andreottiana-craxiana che ora tiene blindato Berlusconi, stoppando l'oltranzismo americano.

I protagonisti della «politica dei due forni» sono cinque, assicura *Libero*, tuttora attivi nei giochi di gabinetto della Farnesina. Essi sono:

1) *Giuseppe Baldocci*, già capo di gabinetto del ministro degli Esteri Gianni De Michelis, che serví i presidenti Andreotti e Craxi, l'uno nella politica dei due forni l'altro nel fattaccio di Sigonella (rifiuto agli americani di catturare, a bordo di un aereo italiano, il terrorista palestinese che aveva sequestrato e ucciso il cittadino americano Leon Klinghoffer sull'«Achille Lauro»). Oggi Baldocci è segretario generale di Ruggiero e affianca direttamente il ministro soprattutto nell'«unità di crisi», dalla quale dipende «la gestione politica di situazioni internazionali di tensione».

2) *Francesco Caruso*, capo di gabinetto di Ruggiero e già «vicinissimo» al filopalestinese Craxi e all'altrettanto filopalestinese De Michelis, sicché la sua musica «socialista e ulivista non è proprio quella che dovrebbe uscire dal grammofono di centro-destra».

3) *Gianni Castellaneta*, eguale ritornello Psi, identica variante sul tema Ulivo. Nato nel servizio di stampa di Gianni De Mi-

chelis, nel 1984 lavorava nel gabinetto di Craxi a Palazzo Chigi, poi consigliere diplomatico di Giuliano Amato al Tesoro, oggi consigliere diplomatico di Silvio Berlusconi «premier di centrodestra ingabbiato dalla burocrazia social-ulivista».

4) *Gianni De Michelis*, fulcro di questa storia. È amico di tutti e molti suoi amici stanno nei posti che contano. Nell'ombra, è il vero consigliere del principe.

5) *Renato Ruggiero*. La sua scheda, redatta dal giornale dell'ultradestra, merita di essere trascritta per intero:

«Lo sappiamo, sta alla Farnesina. E ora sappiamo anche che è circondato dagli uomini di cui abbiamo parlato. Noto pure il tormentone di fine maggio, epoca di totoministri e polemiche. Sulla poltrona degli esteri doveva sedersi, nelle iniziali intenzioni di Berlusconi, Pierferdinando Casini. Ciampi puntò i piedi: alla Farnesina voleva un uomo al di sopra delle parti, un personaggio capace di rassicurare la comunità internazionale (rassicurare su cosa e per quale motivo non è mai stato sul serio chiarito). Alla fine, su consiglio di Gifuni e Letta, spuntò la sagoma corpulenta e pacificatrice di Ruggiero. Non spuntò dal nulla. Venne fuori dal gran cilindro dell'avvocato Agnelli. Presidente del Wto, Ruggiero era anche vicepresidente della Banca d'affari Sss&B International (che significa finanza internazionale) e presidente della Sss&B Italia (che significa finanza internazionale con sede in Italia). Soprattutto era vice presidente, per conto di Agnelli, della Rcs Editori. Sarà pure una Rolls Royce, Ruggiero (e il suo fisico non c'entra) ma è targato Fiat. La Fiat, e siamo all'inizio della storia, che ebbe Susanna Agnelli sottosegretaria agli Esteri negli anni dell'Italia filopalestinese. La Fiat amica dei libici (anzi, salvata dai libici quando le cose andavano male). La Fiat che ha rapporti commerciali con tutto il mondo e la necessità di continuare a conservarli, e che ieri [giorno del Consiglio supremo di difesa] è stata ricevuta, nella persona ovviamente di Gianni Agnelli, dal presidente della Repubblica Ciampi. La Fiat sempre nella persona di re Gianni, che in campagna elettorale si è piú volte schierato col Cavaliere e contro chi, giornali stranieri compresi, lo attaccava. *Fiat lux* sul governo Berlusconi, che è andato a Palazzo Chigi al ritmo trionfale di un'ammiraglia, ma che si è ritrovato come in un'auto blindata, protetto e un po' soffocato, libero di girare e agire e alquanto ingabbiato, circondato com'è da troppe guardie del corpo...»

È il governo Monty Python visto dall'ultradestra, con la penna di Mattias Maniero, che in apertura della sua «paginata» pone questa epigrafe sul governo in parola:

«Filoamericano ma con un occhio di riguardo per Arafat e compagni. Atlantista convinto ma naturalmente anche "mediterraneo". Amico di Bush e dunque disposto a sostenerlo fino in fondo nella sua lotta al terrorismo internazionale, ma non del tutto nemico dei nemici di Bush e quindi almeno un po' dubbioso sull'intervento armato. Com'è il governo italiano, che si dibatte tra la solidarietà incondizionata agli Usa e la paura di finire nella lista nera dei nemici dell'Islam? Prima risposta: un po' vile. Seconda risposta: un governo consapevole dei limiti nazionali e quindi con molte attenuanti. Terza risposta: un esecutivo ostaggio di vecchie politiche e vecchi uomini, di cui non è riuscito a disfarsi e per colpa dei quali oggi vive di indecisioni e strabismi».

Indeciso e strabico e forse trascinato alla guerra. Da chi? Da Bush? Da Bin Laden? Ma no – esterna l'ex presidente Cossiga, – dal diplomatico Ruggiero: «Un caro amico, quando ero presidente del Consiglio lo scelsi come mio sherpa per i vertici. Ma è un diplomatico: i diplomatici non sono per la pace, ma per il compromesso, sempre. Tant'è vero che la maggior parte delle guerre è scoppiata grazie a loro». Vedete Peres? A furia di voler incontrare Arafat, costringe Sharon a fargli la guerra (!)

## La guerra dell'Airbus

Si chiama, in sigla, A 400M. È il primo aereo militare costruito dal consorzio europeo Airbus ed è un trasporto-truppe per operazioni a grande distanza. Si prevede di costruirne oltre 200 esemplari, per le varie aeronautiche: 73 Germania, 50 Francia, 27 Spagna, 25 Gran Bretagna, 16 Italia, 10 Turchia, 7 Belgio, 3 Portogallo, 1 Lussemburgo. La firma dell'accordo è prevista per il 16 novembre. A fine ottobre, l'Italia non ha ancora confermato il suo impegno all'acquisto, assunto da Sergio Mattarella per conto del governo Amato. Il ministro della Difesa Martino, con una parte dei generali, è per il no: ci costa oltre duemila miliardi, abbiamo già acquistato altri trasporti, ci mancano i caccia e la benzina per farli volare. Per il ministro degli Esteri Ruggiero, la spesa è utile, ci servirà per rafforzare i nostri legami con l'Europa (tanto piú, ma questo non lo dice ad alta voce, mentre siamo sulla bocca di tutti gli europei per le «priorità» giudiziarie del governo Berlusconi e della sua maggioranza in Parlamento).

Berlusconi vuol fare l'americano. Presiede riunioni con Martino, Tremonti e Marzano e decide l'uscita del consorzio Airbus. Martino telefona a Ruggiero comunicandogli addolorato la decisione di Berlusconi. Ruggiero prospetta le enormi ricadute antitaliane: in caso di nostra defezione, l'intero programma del consorzio potrebbe saltare, salvo un aumento del già massiccio ordinativo tedesco. Da Mosca, Putin commenta: ve l'avevamo detto che avreste fatto meglio a comprare il nostro Antonov 70, che vola già. Martino in tv annuncia il no dell'Italia. Ruggiero è gelido: fa sapere che quel no è stato deciso in una riunione alla quale non era stato invitato. Dalla City, il *Financial Times* mette in guardia il premier italiano: «L'ultima cosa da fare per un premier durante una crisi internazionale è indebolire il suo ministro degli Esteri». Berlusconi fa buon viso a cattivo gioco e, come ai tempi del valzer, fa un giro: «Non è stata presa alcuna decisione, anche se i responsabili della Difesa dicono che questo aereo non ci serve» (si pensa che serva soprattutto ad Alenia Aerospazio e Fiat Avio, pronte a partecipare al progetto). «L'unico progetto comune di difesa europeo», risottolinea Fini.

Anche nella tragedia della guerra terroristica, l'Italia continua con bronci, ripicche, lazzi, gelosie, malintesi, personalismi. Berlusconi, che s'era detto deluso di Ruggiero per la storia di Genova, se ne sente addirittura tradito per non averlo «difeso» contro le cancellerie, furiose per le sue dichiarazioni sulla «superiore civiltà occidentale». Ruggiero si sente ridimensionato da ministri che lo accusano d'allargarsi troppo e non lo difendono da Cossiga che lo chiama «coniglio». In tanto dibattito fra filoamericanismo e filoarabismo, si viene a sapere che Cossiga è furente perché ha chiesto alla Farnesina un passaporto diplomatico per la figlia Annamaria, e Ruggiero l'ha negato perché non può rilasciarne a chi non è diplomatico. Cossiga deve pensare che se in Italia il premier può iscrivere fra le priorità cancellare il falso in bilancio, vanificare le rogatorie internazionali, eliminare la tassa sulle successioni e donazioni miliardarie, ripulire i capitali sporchi, favorire le società non quotate in borsa, un ex presidente della Repubblica potrà ben chiedere un favore per sua figlia. Ruggiero, coagulo di tutti i mal di pancia della destra, è a un passo dalle dimissioni. Deve intervenire con una telefonata lo stesso presidente della Repubblica (secondo il bene informato Massimo Giannini) a chiedere a Berlusconi una posizione conciliante con Ruggiero. Il premier ci prova alla Camera senza convinzione. Corregge Martino («Niente è ancora deciso») ma resta sordo alle «esigenze» di una vera politica estera («Quell'aereo non ci serve, però...»). Il premier non riesce proprio a solidarizzare con un ministro degli Esteri che, secondo i sondaggi veri, quelli non destinati ai teledipendenti entusiasti, sta diventando piú gradito del presidente del Consiglio.

Che fare? Non resta a Berlusconi che cercare fra i «nemici» quegli «amici» che non ha in Casa delle libertà. E chi scopre? Romano Prodi, quello che nelle elezioni del 1996 non volle incontrare faccia a faccia, perché non era nessuno (poi diventò presidente del Consiglio dell'Ulivo) e che ora, a Bruxelles, soffre di doppie critiche: quelle che gli spettano di suo, e che mai gli sono mancate, e quelle che gli spettano come compatriota di Berlusconi, da quando questi è a Palazzo Chigi e sembrano remoti i tempi in cui l'Italia aveva acquistato due grandi meriti agli occhi dei suoi partner: la ferrea volontà che le consentí di entrare nell'euro fra i primi, e l'aperta scelta di campo euro-atlantica nella guerra contro Milosevič. Oggi Prodi è soltanto l'«italiano», l'europeo periferico, che occupa «dormendo» la poltrona di presidente della Commissione esecutiva dell'Unione. La piú severa è la stampa tedesca: «La cosa piú grave è che il presidente della Commissione, da due anni in servizio, non è capace di esprimere alcun chiaro pensiero sulle questioni che il nostro tempo pone» (*Frankfurter Allgemeine Zeitung*). «La sua credibilità negli ambienti europei sta crollando rapidamente, sotto la spinta di comportamenti capricciosi, che ne fanno ormai una figura ridicola.»

Che sarà mai? Ennesima congiura della lobby comunista che attacca Berlusconi un giorno sí e l'altro pure? Giuliano Ferrara, che sulle ginocchia di Togliatti ha imparato che la politica delle alleanze è veramente strategica solo se si fa con alleati improbabili, non si pone questioni di vecchie lobby, buone per la propaganda, ma di buone lobby, con obiettivi di conquista europea, e offre a Berlusconi il piatto (apparentemente) forte: tu sei col sedere per terra nella considerazione internazionale, Prodi pure, vai in soccorso di Prodi in nome della comune italianità, e Prodi dovrà fare altrettanto con te, rendendoti meno solo in

Europa. Detto fatto, ed esce l'intervista sul *Foglio* a fine ottobre, proprio mentre a Roma Arafat dice «Bravo Berlusconi, buona la sua idea di un piano Marshall per la Palestina».

Dice Berlusconi a Ferrara (o Ferrara fa dire a Berlusconi): «Ricordo anche altri interventi ispirati non dalla volontà di esprimere libere opinioni, ma dall'intento di ferire, di avvilire un profilo nazionale, di scaricare i problemi dell'agenda europea sulle spalle di un paese che viene considerato troppo forte per essere davvero escluso dalle decisioni che contano, ma abbastanza fragile per accettare senza reagire evidenti lesioni del suo prestigio». Colpa dei governanti europei? «Non scherziamo con le cose serie. Chi guida un governo ha altre cose a cui pensare. E i nostri rapporti con i leader europei occidentali sono franchi e amichevoli. Non ho alcun motivo per credere che il presidente della Commissione europea non faccia tutto quel che è in suo potere per consolidare e incrementare solidarietà, cooperazione e integrazione tra le leadership politiche dei Quindici. Il fatto è che intorno alle istituzioni politiche cresce qualche lobby che difende in modo indiretto, e talvolta molto sleale, interessi e punti di vista particolari. Sotto questo aspetto, la Commissione è un bersaglio ghiotto. Non era mai successo fino ad ora, neanche con la discussa commissione presieduta da Jacques Santer, che si usassero senza motivo toni tanto irridenti, tanto personali.»

L'articolo s'intitola: «Il Cav difende Prodi». Com'è cambiata la prosa di Ferrara in due mesi, dal Cav dei Monty Python al Cav difensore del connazionale di Bruxelles, se non fosse per quella monotona chiave interpretativa delle nostre sconfitte d'immagine: la lobby.


## Torna Balenottera bianca

Non è cambiato, invece, il sussurra e grida fra i partiti che compongono la Casa delle libertà: che è il vecchio pentapartito della prima Repubblica (Forlani-Craxi-Altissimo-Cariglia-La Malfa), allargato a Msi (ora An) e Lega, che del vecchio pentapartito erano invece all'opposizione. I piú futuribili sono gli eredi di Forlani, i democratici cristiani del Ccd-Cdu, che si chiamano Biancofiore e hanno per simbolo lo scudo crociato della Dc e una vela. Vogliono rifare la Dc, come Buttiglione ha dichiarato dal primo giorno senza reticenze. Hanno 49 deputati e 70 senatori, circa 2 milioni di voti (3,2%); hanno il presidente della Camera Casini; hanno due ministri, Buttiglione alle Politiche europee e Giovanardi ai Rapporti col Parlamento, e avrebbero potuto averne un altro, Follini, alle Comunicazioni, se Berlusconi non avesse voluto un guardiano.

Rimasto senza ministero ma diventato presidente del Ccd in seguito all'ascesa di Casini, Follini rivela oltre alla nota cautela democristiana una grinta non sospettata (fuorché da Berlusconi, che la temeva) quando, nel fervore delle polemiche estive, chiude a Formia la festa nazionale del partito con una perentoria avvertenza agli alleati Berlusconi, Bossi e Fini: «Non saremo il Polo della Confindustria, non faremo questo regalo alla sinistra». Un secondo calcio negli stinchi, dopo quello tirato in apertura da Buttiglione: «Rifaremo la Democrazia cristiana». Altro che 3,2 per cento.

Si spiegano i comportamenti da «corpi franchi» (secondo gli alleati) di alcuni personaggi neodemocristiani: il ministro degli Affari europei Buttiglione che proclama la necessità di rivedere aborto e divorzio (una Dc in chiave cattoclericale anziché laica); il presidente della Camera Casini che concede il voto segreto sulle rogatorie (come da regolamento) e la maggioranza va sotto per due volte; il ministro dei Rapporti col Parlamento Giovanardi, che in quell'occasione si fa scappare i Rapporti, consentendo la prima défaillance della maggioranza; il presidente della Commissione attività produttive Tabacci che, all'irritazione di Palazzo Chigi, replica a muso duro «Abbiamo firmato un accordo per cento giorni, non per la vita», e in ogni caso non siamo «soldatini» di nessuno; le scaramucce fra l'«indipendente» Casini e l'«organico» Pera, e via di seguito fino alla clamorosa «messa in libertà» dei parlamentari Biancofiore sul voto di sfiducia personale contro il sottosegretario Taormina (e all'accordo Casini-Fini per fronteggiare, nel nuovo anno, la crisi Ruggiero e altro).

L'insofferenza del Biancofiore sui «contenuti» della politica governativa si ripropone – l'abbiamo ricordato nel primo capitolo – con la vendita di RaiWay. Ma c'era stata già nel discorso di Formia una serie di messe a punto spedite a vari indirizzi. Al gruppo dirigente di Forza Italia: avete fatto bene la Tremonti bis per le imprese, ora bisognerà fare «una Tremonti per i figli» nonché per gli anziani e i malati. Non si vive solo di economia, occorre la socialità. «Proporremo l'assistenza domiciliare per aiutare i nuclei familiari, e sono milioni, che accudiscono in casa un malato o un anziano. Non è carità, è giustizia, Su questi punti il governo avrà molto di più del nostro appoggio, avrà la nostra costante e pressante sollecitazione.» Ad Alleanza nazionale: «Abbiamo detto no a chi stilava liste di proscrizione assai poco istituzionali» (Gasparri). «Abbiamo detto no a chi voleva introdurre il reato di immigrazione clandestina moltiplicando le pene senza aumentare la sicurezza» (leggi: Fini-Bossi). Alla Lega: «In passato abbiamo detto di no a chi farneticava di muri da costruire, moschee da abbattere, armi da impugnare per farsi giustizia da sé». Al collega Giovanardi: «Diremmo no a chi proponesse di vietare manifestazioni e cortei». In altre parole: vogliamo una Casa delle libertà che, grazie a Biancofiore Ccd-Cdu, stia al centro e non a destra, «Una deriva a destra non c'è e non ci sarà. Non lasceremo che ci sia». «Quanto all'articolo 18 dello statuto dei lavoratori» (messaggio per Marzano, Fini, Maroni, Confindustria, Fazio) «si può ritoccare quella norma, ma non si può in nessun caso gettare alle ortiche il fondamentale principio della giusta causa». Quanto alle pensioni: «Occorre improntare ogni misura a equità. Di sicuro non affronteremo l'argomento col passo da carro armato che suggeriva nel '94 il mai rimpianto ministro Dini».

«Il Ccd complotta», «Il Ccd come la Lega nel '94», strillano i titoli di *Libero*, proprio alla vigilia di un ulteriore siluro, stavolta direttamente al presidente del Consiglio: come mai Berlusconi, che vede sempre Fini e Bossi, con lei si sarà visto sí e no due tre volte? Domanda *Radio Radicale* a Follini, il giorno in cui Gasparri proibisce alla Rai di vendere RaiWay. Risponde Follini: «Ci si parla, ma preferisco la collaborazione fattiva alle parole». Niente Giuliette e Romei. S'inalberano i pasdaran di Feltri: «Martino e Ruggiero litigano? Il Ccd non litiga. Altra scuola, altro stile, vecchie parentele con chi nella sua storia è riuscito ad essere tutto e il contrario di tutto rimanendo sempre Dc. A leggere retroscena e dichiarazioni, il Ccd complotta o medita di complottare. Capisce di essere in qualche modo l'ago della bilancia, decide che il suo 3 e dispari per cento può valere quanto un 33 e passa per cento. E lavora, ricama, tesse, fa e disfa. Forse con un obiettivo preciso: non far rimpiangere l'assenza, in questa coalizione, di una Lega formato 1994...»

Non è ancora la nuova balena bianca, ma il balenottero cresce. L'exploit di Totò Cuffaro in Sicilia avrà anche caratteristiche tutte autoctone, ma quel Totò è arrivato alla Casa delle libertà nel segno di Biancofiore. E c'è chi ricorda che, senza Biancofiore, la Liguria, L'Abruzzo e la Calabria (e, dall'11 novembre, anche il Molise) sarebbero stati del centrosinistra e non del centrodestra. Alla vigilia del rinnovo del Consiglio regionale molisano, entra in Biancofiore la Democrazia europea di D'Antoni, l'ex segretario della Cisl. Ha visto andare a pezzi l'illusione di un terzo polo prima alle politiche del 13 maggio poi alle siciliane del 26 giugno, e ora riconosce nella destra la sua vera casa, magari negli appartamenti già occupati dalla corrente politico-sindacale bianca, da Pastore a Donat Cattin.

Nel Molise, che torna alle urne l'11 novembre a ripetere le elezioni annullate per i vizi di forma, la fragilissima maggioranza di centrosinistra guidata da Giovanni Di Stasi, Ds, viene travolta dalla litigiosità interna e dall'accorrere sotto le bandiere berlusconiane di vecchi capi democristiani parcheggiati per qualche anno nell'area popolare. Vince col 58 contro il 42 per cento il candidato del Polo, Michele Jorio, già presidente democristiano della regione nella prima Repubblica, passato ai popolari e tornato in regione nel 1995 come vice presidente di una giunta di centrosinistra. Con un ribaltone, defenestra il presidente Ds Veneziale e fa una giunta di centrodestra, aderisce a Forza Italia, scaccia il responsabile regionale di quel partito, se ne impadronisce, viene eletto deputato il 13 maggio, accoglie l'ordine di Berlusconi di lasciare la Camera e conquistare il Molise: dove organizza una grande coalizione rastrellando tutta la vecchia Dc, col risultato di tingere di bianco l'azzurro berlusconiano. Forza Italia è il primo partito della regione, in calo rispetto alle politiche del 13 maggio; secondo partito è il Ccd-Cdu, col 14 per cento; terza la Margherita col 13, quarto Democrazia europea di D'Antoni col 12 per cento. Sono quattro partiti postdemocristiani (la Margherita stessa nel Molise è soltanto feudo di un gruppo di potere dc).

Anche se il Molise non fa testo (nella prima Repubblica, la regione, detta la piccola Vandea bianca, dava alla Dc fino al 54 per cento dei voti in piena Tangentopoli), i pasdaran di Berlusconi si allarmano: il balenottero bianco cresce troppo, non finirà con l'ingoiare mamma Forza Italia? Le elezioni comunali siciliane del 25 novembre sono un terzo balzo in avanti per i Dc, dopo le politiche e le regionali. *Il Foglio*, che riserva solo a sé il diritto di criticare e magari di irridere i Monty Python, spara sul «presenzialismo» e sulle ambizioni di Casini, che si permette d'invitare Berlusconi a non inflazionare il Parlamento di decreti legge e voti di fiducia. A sua volta, *Libero* si precipita ad Arcore a intervistare il filosofo di Forza Italia, il deputato toscano Sandro Bondi, 42 anni, che ha la missione di completare l'opera di Scajola: questi ha trasformato il partito di plastica in partito di vecchia tradizione Dc-Pci, fortemente insediato nel territorio, ora Bondi dovrà fare il miracolo di dare un'anima al corpo, un'anima non aziendalista ma liberal-popolar-socialista. Vorremmo – dice Bondi – potenziare al massimo l'affinità strategica, politica e culturale tra le forze politiche della Casa delle libertà. Non si tratta di ridare vita alle vecchie identità politiche, e di giustapporle in un nuovo contenitore, ma di fondere il meglio delle nostre tradizioni politiche democratiche in una sintesi capace di rispondere ai problemi della nostra epoca». *Domanda*: Ce l'ha con chi, dopo il trionfo in Molise, propugna la nuova Dc e il nuovo Grande Centro? *Risposta*: «Piú che invocare la rinascita della Democrazia cristiana, inviterei Follini e Buttiglione ad un lavoro comune per riannodare i fili delle tradizioni politiche e culturali che fanno capo a Einaudi, Sturzo, Salvemini, Rosselli. Da questo lavoro può nascere la nuova cultura politica in cui si possono riconoscere tutte le forze politiche della Casa delle libertà».

I postfascisti di An si riconosceranno in Rosselli? I regionalisti alla Galan in Sturzo? I conservatori milanesi in Salvemini? I monopolisti in Einaudi? E i liberali riconosceranno il «fondamentale merito di Berlusconi» che, secondo il nuovo pensatore di Forza Italia, «ha consentito al liberalismo di acquistare la stessa forza di attrazione, lo stesso fascino, la stessa forza religiosa, che purtroppo soltanto il comunismo e il nazismo avevano saputo esercitare sulle masse»? Accetteranno la confusione fra la «religione della libertà» di Croce, tutta pensiero contro dogma, e la forza religiosa del liberalismo di Berlusconi, infusa nelle «masse» secondo il modello pagano di Hitler e di Stalin?

Torniamo ai democristiani, che sono stati, dopo il fascismo, la seconda autobiografia della nazione. «Non si preoccupi la maggioranza, – dice Follini alla *Stampa*, – il sospetto del *Foglio* che Casini voglia far le scarpe a Berlusconi, se c'è, è del tutto fuori luogo. Se in qualche settore della maggioranza c'è un fastidio, è bene che venga messo da parte. Noi siamo leali. La lealtà è una categoria della politica, il silenzio e l'ubbidienza no». L'aveva detto meglio Tabacci: «Non siamo soldatini». Ma il discorso è quello. E, fuor di metafora, vuol dire: la Casa delle libertà è un contenitore, imposto dal bipolarismo che costringe tutti a stare o di qua o di là; ma Forza Italia è un coacervo di ex democristiani, ex socialisti, ex liberali, ex fascisti, ex monarchici, ex repubblicani, ex tutto ed ex niente, tenuti insieme dal triplice collante: anticomunismo, potere, capo carismatico. Carismatico proprio perché, facendo rivivere l'anticomunismo, ha riunito tutti gli orfani della prima Repubblica in un'unica arca di Noè e li ha riportati al potere. Ma per chi viene da lontano, come i democristiani, l'essere saliti sull'arca di Noè non può costituire il punto d'arrivo: occorre ricompattarsi nella propria cultura (e non in quella eclettica di Bondi) per il giorno in cui l'arca andrà a insabbiarsi e Noè deciderà di scendere. Per ricompattarsi occorre, intanto, rivendicare nell'arca di centrodestra il proprio spazio politico.

Cosa vuol dire? «Vuol dire – risponde Follini – che i democristiani hanno gli stessi diritti politici degli altri e, forse, maggiori meriti. Il nostro essere Dc significa moderazione istituzionale, solidarietà in campo sociale, europeismo in politica internazionale. E una interpretazione laica, sottolineo laica, della dottrina sociale cristiana». Una linea che ha creato piú d'un attrito col presidente del Consiglio... «Noi siamo un piccolo partito che vive il suo ruolo con lealtà e autonomia. È vero, non siamo appiattiti sul governo. Ma credo che ciò sia utile alla Casa delle libertà, non vedo ragioni di sospetto. A meno che quello che fa paura non sia la politica in quanto tale».

Appunto. La politica che, con storiche bandiere e idee nuove, torna contro l'antipolitica. Ancor prima del 13 maggio l'antipolitica che, con la vittoria della cultura «moderata» sulla cultura «liberale», ha segnato la caratteristica meno percepita ma piú qualificante dell'Era berlusconiana. I democratici ne hanno preso coscienza. Giorno dopo giorno, ne vanno prendendo coscienza anche i socialisti craxiani (non quelli passati armi e bagagli a Forza Italia), che hanno accettato finora di stare come indipendenti nella Casa delle libertà. Lo sa, e ne imbestialisce, Ferrara, a cui danno la mosca al naso i dialoghi di Bobo Craxi, che riflette sulla innaturalezza di un socialista in Forza Italia, e perfino le lettere che la sorella di Bobo, Stefania, scrive per sostenere che tra suo padre e Berlinguer il progressista fu Bettino ed Enrico fu il conservatore. Non è che, tra Ds e socialisti, si stia per sciogliere il Muro di ghiaccio? Al direttore del *Foglio*, cui fa ridere l'eclettismo democristiano-liberalsocialista di Bondi, storie e bandiere non interessano. In un ritorno di fiamma stalinista, gli interessa la forza, il potere conquistato e da mantenere: «Vai pure – ingiunge a Bobo Craxi – ma spicciati, e ridacci il collegio di Trapani, dove ti abbiamo eletto con tanti voti».

## Malagodi? Il papà di Silvio

Nell'arca di Noè costruita ad Arcore, i piú lontani dal riconquistare coscienza della propria soggettività politica, appaiono i liberali, cioè gli ex elettori e dirigenti del Partito liberale. Il fatto che ora si riconoscano in un partito liberista come Forza Italia, sembra confermare l'antica mistificazione italiana: quella che ha consentito per decenni a conservatori e moderati di chiamarsi liberali, confondendo il partito della libertà col partito della proprietà. Il partito delle regole col partito dell'ordine. Il fatto che Forza Italia affianchi, al programma liberista, una politica di classe, appena annacquata di populismo democraticista; il fatto che pratichi il culto della personalità del capo, che identifichi lo «Stato minimo» con il rifiuto della legalità e per questo riscuota il consenso dei ceti e delle aree fisiologicamente refrattarie alla legalità; che sia clericale; che scelga gli alleati fra le forze postfasciste, radicali e leghiste alle quali il Partito liberale si è contrapposto per sessant'anni, dalla Resistenza a Mani pulite (1943-1993); che pratichi un uso strumentale delle istituzioni a copertura di interessi personali, confrontabile solo con l'uso che ne fece il fascismo per finalità di regime; tutto questo ed altro non è bastato ai liberali associati a Forza Italia a spingerli verso una ricomposizione del soggetto politico dei liberali, paragonabile ai tentativi dei democratici cristiani di Casini e Buttiglione o almeno a quelli frazionati e sofferti dei socialisti di Martelli, Craxi e De Michelis. Il ministro della Difesa Martino ha risolto in proprio il problema ridefinendosi a tutto tondo «liberista». È uno dei rami per aggrapparsi all'albero liberale. Altri si dicono *liberals*. Altri vivono nel culto delle memorie come Alfredo Biondi (l'unico avvocato-deputato di Forza Italia a cui Violante renda l'onore delle armi: non mescola professione e istituzioni). Altri si dicono libertari. Altri, infine, liberaldemocratici. «La semantica è dubbia», scrive ne *L'età liberale* Valerio

Zanone, ultimo leader del Pli prima della catastrofe di Tangentopoli. Ma è abbastanza evidente che fra l'individualismo integrale e anche anarchico dei libertari, l'individualismo mercantile e autoregolatorio dei liberisti, l'individualismo democraticista sociale dei *liberals*, solo quest'ultimo si avvicina al sentire liberaldemocratico: che è il sentire del liberale nella democrazia delle «masse», un sentire ostile all'oltranzismo anarchico dei libertari, all'oltranzismo *laissez faire* dei liberisti, all'oltranzismo democraticistico dei *liberals*; un sentire che detta le regole non solo «del gioco» ma dei giochi (del mercato, dei movimenti sociali, delle autonomie, delle organizzazioni pubbliche e volontarie); e quindi un sentire favorevole ai correttivi, alle soglie di sicurezza, alle redistribuzioni del potere e delle risorse, sempre evitando che essi distorcano, con l'assistenzialismo corruttore, la crescita il piú possibile autopropulsiva delle persone e le regole il piú possibile eque del mercato.

Per un quarantennio, la vicenda del Partito liberale italiano si è prevalentemente identificata con quella di Giovanni Malagodi, dal 1952, anno della sua elezione a segretario, al 1991, anno della sua morte. Nel 2001, per il decennale della scomparsa, il Senato ha pubblicato i suoi discorsi parlamentari, in tre volumi di circa mille pagine ciascuno: con presentazione del presidente Nicola Mancino e introduzione di Valerio Zanone. Il 4 dicembre, nel giorno in cui il Senato era preso dalla requisitoria del leghista Castelli contro la magistratura e dalle dimissioni del democristiano-forzista Taormina da sottosegretario, i tre volumi vengono presentati nella Sala Zuccari di Palazzo Giustiniani. Presiede il vice presidente del Senato Fisichella, essendo Pera occupato con Castelli e Taormina; e illustrano l'opera e il personaggio l'ex direttore del *Corriere della sera* Piero Ostellino, il professor Roberto Chiarini autore di studi sulla destra, Valerio Zanone e il sottosegretario all'economia Giuseppe Vegas.

Una domanda serpeggia nel folto pubblico di liberali e non, presenti nella sala: grati al presidente Mancino e al Senato per la pubblicazione, come mai i discorsi parlamentari di Malagodi non sono stati pubblicati dalla Camera, visto che piú di trent'anni della sua vita parlamentare Malagodi li ha passati a Montecitorio e non a Palazzo Madama? Fin dal 1999, i promotori dell'iniziativa si erano rivolti alla Camera, prima a Violante, poco sensibile, poi con una lettera di Antonio Patuelli, direttore della rivista malagodiana *Libro aperto*, al vice presidente Lorenzo Acquarone, che presiedeva il comitato di vigilanza sull'attività di documentazione. Acquarone, umanista di spiriti liberali, confermava la disponibilità, ma non per subito, essendo i fondi per le pubblicazioni già stanziati fino al 2001: se ne sarebbe riparlato quindi nel 2002, trascorso ormai il decennale.

Ma a spingere i promotori dell'iniziativa – Maria Grazia Malagodi De Carlo, Beatrice Rangoni Machiavelli, Valerio Zanone e Antonio Patuelli – verso altri lidi, appunto i lidi del Senato, fu anche un altro «contrattempo», e di carattere ben altro che finanziario. Nei colloqui coi responsabili di Montecitorio sull'eventuale piano dell'opera, si pose il problema di chi avrebbe scritto l'introduzione. Secondo l'interpellato di Montecitorio, sarebbe stato opportuno chiedere a Forza Italia, visto che «è l'erede del partito liberale, o almeno è lí che i liberali si sono trasferiti». E quindi l'introduzione l'avrebbe potuta scrivere il presidente del gruppo Pisanu (che al tempo di Malagodi apparteneva alla «banda dei quattro», come si diceva dei collaboratori della segreteria Zaccagnini), o meglio ancora il presidente del partito Berlusconi (che all'epoca di Malagodi intesseva costruttivi rapporti ideologici e pratici col Caf, il sistema di potere Craxi-Andreotti-Forlani).

Atterriti dall'idea di veder attribuita a Giovanni Malagodi anche la paternità politica di Silvio Berlusconi, familiari e collaboratori del vecchio leader si rivolsero appunto al Senato, dove trovarono disponibilità a pubblicare l'opera in tempo per il decennale e ad affidarne l'introduzione al vero figlio politico di Malagodi, che gli era succeduto alla segreteria del Partito e poi alla presidenza, appunto Valerio Zanone. C'è una breve ma significativa lettera agli uffici del Senato in cui si ringrazia «se questa importante iniziativa non è stata falsata da una errata collocazione».

Nelle prime righe, Zanone ricorda che Malagodi usava ripetere da Goethe che un'opera può fare a meno di tutto tranne che di un motivo fondamentale. Questo motivo di Malagodi si aggirava attorno al modo di governare la democrazia di massa nella libertà e per la libertà. I referenti di quel principio, come il leader li enunciava in un suo discorso, sono: «il mondo laico, il mondo dello Stato di diritto, il mondo della moderna economia sociale di mercato, l'europeismo appassionato nel segno di un nuovo Risorgimento; l'atlantismo sentito come condizione di pace, di distensione, di equilibrio, di collaborazione mondiale».

Qualcuno, rileggendo queste righe, si chiederà cosa c'entrino con Berlusconi e con Forza Italia lo Stato laico di diritto, l'economia sociale di mercato, europeismo, occidentalismo e mondializzazione intesi come grande anima liberale e non come «superiore civiltà» o Far West delle multinazionali. Cosa c'entri con lo sdoganatore di postfascisti e fondatore della Casa di tutte le destre un leader come Giovanni Malagodi, che fu irremovibile nel tenere chiusa la porta del Pli a ogni sollecitazione di Grande Destra italiana, e la porta dell'Internazionale liberale a qualsiasi tipo di destra: al nazionalismo francese di De Gaulle, al liberismo anglosassone di Reagan e della Thatcher e a maggior ragione al nazional-liberalismo austriaco di Haider. Tutti gli idoli liberal-liberisti del berlusconismo e del forzismo erano stati combattuti e rifiutati ante litteram dal Partito liberale di Malagodi: «Siamo contro l'onda conservatrice che dall'America di Reagan e dall'Inghilterra della Thatcher si propaga in Europa: nel grande problema di oggi, che è quello di stabilire un nuovo e diverso equilibrio tra il pubblico e il privato, i conservatori alla Thatcher sono molto lontani da noi. Ogni giorno piú lontani» (1986). Purtroppo, l'estrema sinistra italiana continuava a vivere nell'errore di confondere il progresso verso la libertà economica con «non so quale liberismo assoluto e totale, che disgraziatamente essi immaginano, e che per fortuna non esiste».

Non esiste. O almeno, non esisteva nella cultura politica quando Malagodi quindici anni fa, diceva queste cose. «La sua confutazione del liberismo integrale non era dissimile – scrive Zanone – dal distinguo di Einaudi, interprete della tradizione antiprotezionistica del liberalismo italiano, ma moralmente contrario al liberismo del "tutto è lecito", e culturalmente distaccato dalla teoria dello Stato minimo.»

Proprio l'opposto del liberismo berlusconiano, sia nell'edizione oligopolistica del leader, sia in quella bottegaia della Lega, sia in quella comunitaria di An convertitasi anch'essa al liberismo con la svolta di Verona, seguita ai lavacri di Fiuggi. Segno che, anche chi è incompatibile col liberalismo, come i postfascisti per convenienza, può ben convertirsi al liberismo. Il risultato s'è visto alle elezioni, come ha scritto Sergio Romano: «Il 13 maggio hanno vinto i moderati e hanno perso i liberali».

# VI. Guerra di Bin Laden
## *«Superiore civiltà»*

Elle Kappa, *la Repubblica*, 27 settembre 2001

Belle époque, si chiude - Silvio, se ci sei... - Berlino, la «storica gaffe» - Parole Fallaci - La diplomazia di Pinocchio - «Pronto, parla Cheney» - La pazienza di Ciampi - «Paradiso criminale»

## Belle époque, si chiude

Balthus, pittore di vergini impuberi, rapite nel portento dell'imminente maturazione, è morto da sei mesi. Ora è l'ignaro prosseneta della Gran Cena per Cinquecento, servita da Cipriani, Harry's bar, all'Arsenale. Offre Gianni Agnelli alla nuova classe di governo e di potere, dopo l'antipasto a Palazzo Grassi, Fiat, dov'è la mostra del pittore «inquietante». Venezia concilia, nel suo settembre che sa ancora di vita, gli odori suoi tipici e gli afrori della nuova classe.

Anche Gianni Agnelli concilia. Prima di raggiungere Venezia, ha aperto l'annuale seminario dello Studio Ambrosetti a Cernobbio. Dice che l'auspicato governo delle classi forti c'è, servono subito le riforme, ma le classi forti non siano impazienti su tutto. Il governatore Fazio non s'illuda e non illuda circa un'imminente ripresa con boom. Se ne riparlerà fra tre anni. I risparmiatori non si terrorizzino per le disavventure della Borsa, trascinata giú dai titoli di Tronchetti Provera: lo dice anche il premier Berlusconi, parlando nelle stesse ore alla Fiera di Bari: «Non vendete». I sindacalisti non minaccino l'autunno caldo, «non posso pensare che uno come Cofferati intenda fare un uso improprio della piazza». Cosí parla Agnelli a Cernobbio, spandendo la serenità degli dèi, forte cinico e sensato come Andrea Grammonte, il protagonista in cui Eugenio Scalfari lo raffigura nel romanzo che sta per uscire, *La ruga sulla fronte.*

A Cernobbio sono arrivati anche i leghisti con la loro guida valtellinese Tremonti. «Dal lago di Como increspato dal vento, – scrive manzoniana Concita De Gregorio la mattina del 10 settembre, – anziché il drago sputafuoco Bossi è uscita una trota, anzi tre. Tre belle trote lucide e vivaci, qui a Cernobbio: il capitano di ventura Umberto Bossi e i suoi scudieri Maroni e Castelli, tre ministri della Lega nella nuova versione partito-di-governo, beneducati, gentili, composti a tavola, lustri nei vestiti grigi, e moderatissimi nei toni, ragionevoli persino». Forse è per questo che i tradizionali inquilini del seminario li guardano un po' cosí, e Tremonti sbotta: «Beh, non siamo mica gli indiani alla corte di Spagna».

Indiani no, ma che questa Cernobbio settembrina del 2001 abbia qualcosa d'inedito, un fato incombente e insospettato, sembra cogliersi nel discorso di Martino, cosí lontano da ciò che sta per accadere: «Scusate, oggi non parlerò di difesa ma di economia, che conosco meglio». E si autocandida a matto, in polemica col suo premier Berlusconi che non vuole grane sociali, e con lo stesso senatore Agnelli, che dice riforme subito, ma senza ansia per la ripresa. Cita Benedetto Croce, che non era liberista come lui ma liberale: «Una società si regge sui savi e sui prudenti, ma se vuole crescere non può fare a meno dei matti, se vuol crescere e prosperare». Bellissima citazione, ma fuori tempo, anche se il ministro della Difesa che preferisce parlare di economia non può saperlo. Tra qualche ora cadranno le Torri di New York. Croce avrebbe scritto: «Sul finire di luglio, la calma era tornata; le famiglie pensavano agli esami dei loro figlioli e si apprestavano o già movevano spensierate per le villeggiature estive: quando, quasi fulmine a ciel sereno, sopraggiunse improvviso e inatteso, quantunque qualche settimana innanzi fossero risonati i colpi di pistola di Sarajevo, l'ultimatum dell'Austria-Ungheria alla Serbia, segnale della guerra europea...» (*Storia d'Italia dal 1871 al 1915*).

Rimandato il sogno del matto riformatore che sa di economia, il ministro rientra alla base, a indossare riluttante l'elmetto.

# Silvio, se ci sei...

Crollate l'11 settembre l'invulnerabilità americana e la tentazione neoisolazionista di Bush, grande è la confusione fra gli orfani italiani della Belle époque. Chi farà la guerra? Solo gli angloamericani, o anche gli europei, o anche i russi e magari i cinesi e gli arabi «non canaglie»? Cosa succederà delle promesse elettorali, avremo una Finanziaria di guerra? La ripresa slitterà al primo semestre del 2002? Magari al secondo? E come ci si comporterà verso l'immigrazione, verso la cultura multietnica e multireligiosa non facile da digerire?

La grande alleanza antiterroristica sarà multietnica e multireligiosa. Cominciano le visite a moschee e sinagoghe di Pera e Casini. Ciampi apre l'anno scolastico dal Vittoriano o Altare della Patria e dice agli studenti: «Difendere con tutte le nostre forze la nostra civiltà». Cioè la libertà, la tolleranza, la democrazia, il rispetto delle minoranze e delle diversità, le istituzioni internazionali, le istituzioni rappresentative, la solidarietà coi meno fortunati.

Ma il governo oscilla, anzi, come scrive qualche giornale della destra ultrainterventista, svicola, s'acquatta. Impegnato nel blitz dei primi cento giorni, che liberi fra l'altro il presidente del Consiglio dai suoi guai e cloroformizzi l'informazione, la variabile indipendente dell'11 settembre è per il governo una vera tegola in testa. Giustamente, quando alla fine parlerà, Berlusconi parlerà di «cento giorni non fortunati» (da Genova a Manhattan). Tra Martino e Ruggiero che cambiano opinione col cambiare velocissimo degli eventi (ne abbiamo accennato), s'inseriscono i protagonisti ad ogni costo. È l'ora della pubblicità. Cossiga spara a zero sul capo di stato maggiore della Difesa, Rolando Mosca Moschini (che avrà spiegato a Martino come stanno le forze armate italiane): «Non sembra aver capito che è cambiato il governo, che sola missione dei comandanti militari è realizzare la decisione del sovrano, che oggi è il governo democratico». Gli è a fianco don Gianni, che spara invece al sovrano, cioè ai ministri Ruggiero e Martino: con la loro cautela sull'impegno di truppe italiane, coi distinguo sull'automatismo o meno delle clausole atlantiche (art. 5 del Trattato), ci hanno messo fuori gioco con gli alleati.

Politici di lungo corso, Martino e Ruggiero corrono ai ripari. Il primo va in tv, il luogo deputato in Italia alla comunicazione istituzionale, e spiega a Biagi che, se entreremo in guerra, non ci sarà nemmeno bisogno di passare per un voto del Parlamento (24 settembre). Ruggiero corre da Powell, il segretario di Stato di cui proprio la mattina dell'11 settembre i giornali italiani scrivevano che non conta niente, che Bush fa tutto insieme a Condoleeza Rice, la consigliera della Casa Bianca per la sicurezza nazionale. I giornalisti filogovernativi criticano l'oscillante linea Martino-Ruggiero: «Il premier avrebbe dovuto attaccarsi a telefono con Washington il giorno dopo l'attentato e organizzare subito un viaggio qui, con Tony Blair. O almeno venire a Washington ieri, al posto del ministro Ruggiero» (Augusto Minzolini, *La Stampa*). L'arrivo, dopo Blair, di Chirac, ha dato l'impressione di un'assenza del nostro paese. Un paese che a otto mesi dall'ingresso di Bush alla Casa Bianca non ha ancora un ambasciatore americano a Roma. Il fatto è che «la nostra diplomazia è malata di staticità».

Già, ma fra le oscillazioni di Martino (che forse non vuol ripetere il bluff degli italiani che vanno in guerra senza cartucce), e la staticità di Ruggiero (che stavolta, a differenza di quanto accadde nel Golfo, annusa aria di disimpegno fra i nostri tradizionali partner arabi), il capo del governo cosa pensa e cosa fa? Dopo Ferrara col contestatissimo Monty Python, se lo domanda anche don Baget Bozzo. «Berlusconi è stato piú coraggioso dei suoi ministri, ma non ha saputo andare oltre la solidarietà. È mancato calore, è mancata attenzione per i nostri connazionali morti, come hanno denunciato gli italo-americani. E il premier non si è ancora reso conto che la nostra diplomazia è rimasta a quella di Andreotti: non filoamericana, ma filopalestinese.»

Rompete le file. Uno dietro l'altro, tutti i piú sfegatati chierici del principe si rivoltano a criticarlo: pure il senatore-giornalista Paolo Guzzanti, detto il talebano dalla barba rossa, che quando scrive usa la clava, come piace all'editore-premier. Stavolta la clava, invece dei soliti comunisti, colpisce il governo. In un effluvio di deluso misticismo, scrive sul *Giornale*: «Tutti noi abbiamo gioito per il grandioso goal del presidente del Consiglio quando ha saputo stringere un nuovo rapporto con George W. Bush, attraverso un feeling politico di assoluta sintonia, quasi amorosa. Abbiamo visto sfilare in questi giorni alla Casa Bianca i leader di tutti i grandi paesi europei e non europei, Filippine e Giappone inclusi, ma non l'immagine dell'Italia, il cui nome è in queste due settimane scomparso dalle cronache internazionali, cancellato dalle trasmissioni della Cnn e della Bbc [...] L'amico Bush cita indirettamente l'Italia nel suo discorso al Congresso e al Senato americani soltanto per ricordare che gli Stati Uniti hanno già schiacciato *fascismo* e nazismo, e poi definendo *mafiosa* la struttura del terrorismo. Troppo onore. Troppo rossore. E l'altro ieri abbiamo sentito la Cnn parlare di un *italian prime minister Ruggiero* a Washington...».

Non sorprende piú, ma impressiona per la gittata piú lunga del solito, il tiro di Giuliano Ferrara. Rileva (e forse sottintende che il guaio sta qui) che il Cav è al colmo della popolarità, ma governo e maggioranza perdono colpi. E intitola il fondino del *Foglio*: «Governo, le cose non vanno».

Perché il presidente del Consiglio non è andato a Washington, lui che era tra i meglio piazzati in Europa nel rapporto con l'amministrazione americana sul tema della sicurezza strategica? Perché ci siamo scordati della dimensione anche italiana dell'ecatombe di Manhattan? Perché sono stati dati segnali tanto contraddittori sui conti pubblici? Perché i mastini di An si allargano tanto e il petulante Maurizio Gasparri sproloquia contro il referendum? Perché abbiamo nella sostanza rinunciato, in un clima di commedia grottesca, a due appuntamenti internazionali utili per lo status del nostro paese come Nato e Fao? Perché la coalizione non comunica meglio il senso del suo agire politico? Oltre a coccolare Bossi per i suoi sessant'anni, c'è qualcuno che lo richiami autorevolmente alla necessità di una politica adulta? Che fine ha fatto il partito del presidente del Consiglio, che ha quasi il 30 per cento dei voti? Perché non è stato ancora risolto il problema operativo delle deleghe ai sottosegretari? Perché l'avvocato Carlo Taormina è ancora tra i numeri due all'Interno e contemporaneamente difensore di boss mafiosi? Dov'è il disegno di legge sul conflitto d'interessi? Perché sono state tolte le scorte ai magistrati in evidente stato di pericolo?
Silvio Berlusconi non è mai stato tanto popolare tra gli italiani, come dicono i sondaggi. Il suo sarà un governo stabile, perché ha i numeri e un'opposizione debole dalla sua parte. Perché è avviata una normalizzazione istituzionale, con l'aiuto di Carlo Azeglio Ciampi, che non prevede congiure di palazzo e ribaltoni a breve termine. Perché le questioni di sicurezza aperte dalla guerra al terrorismo internazionale esigono istituzioni stabili. Ce ne compiacciamo perché siamo tra i suoi sostenitori (non servili) ormai da molti anni, e niente può cancellare il ruolo storico della sua entrata in politica. Ma è poco percepibile la direzione di marcia del ministero che presiede. Sopra tutto, è poco percepibile il progetto personale del presidente. Berlusconi sa di essere figlio legittimo di alcune anomalie della storia italiana. Vuole ridurne il numero e l'im-

patto sulla vita del paese e sulla credibilità della nuova classe dirigente? Vuole lasciare una traccia? Vuole trasformarsi da capopartito in uomo di Stato? Desidera che gli venga riconosciuto quel che è suo, un ruolo di ricostruzione della democrazia italiana e di mutamento del sistema politico? Se sí, batta un colpo.

Gianfranco Fini, che è stato generato in un laboratorio politico, drizza le orecchie e avverte i Monty Python: è regola italiana che «i governi non cadono mai per atti dell'opposizione, ma sempre per contrasti interni alla maggioranza».

## Berlino, la «storica gaffe»

Avvinghiato ai suoi sondaggi, che gli danno il paese d'accordo con lui contro impegni troppo impegnativi, Berlusconi non osa giocare sul piano propagandistico la carta che gli passa callido Cossiga: e cioè che gli americani non ci tengono in considerazione perché sanno che, oltre i governi, esistono le opinioni pubbliche, e quella italiana «risente ancora del pacifismo cattolico, di un antiamericanismo mai superato, vedi la sinistra, che neanche a D'Alema ha perdonato il Kosovo». Buon per il premier che pensa ad altro. Proprio i cattolici, al massimo livello, dimostrano che Cossiga non ci sta con la testa. L'episcopato americano è presente all'adunata patriottica nello Stadio Yankee e si schiera con Bush per la «guerra giusta». Il papa, in visita a due repubbliche molto vicine al probabile teatro della guerra, Kazakistan e Armenia, dice che il fanatismo e l'odio che ne segue «profanano il nome di Dio e sfigurano l'autentica immagine dell'uomo». Tradotto in profano da Navarro Valls significa: l'autodifesa è lecita con tutti i mezzi. Lo ricordano anche i cardinali Sodano e Ruini: da sant'Agostino a Giovanni Paolo II, la Chiesa considera la legittima difesa piú che un diritto, «un grave dovere per chi è responsabile della vita di altri» (enciclica *Evangelium vitae*).

E viene il giorno della riscossa. Spinto dagli obblighi internazionali, anche il capo del governo italiano esce dal sonnambulismo e parte. Il 24 settembre va a Londra e incontra Blair, poi il 25 va a Berlino dove Schröder incontra Putin e cosí può incontrarli tutti e due. E qui, forse per recuperare il tempo perduto, forse per le cattive letture in Italia, forse perché l'uomo è fatto cosí, di getto, fa il passo sbagliato, la «storica gaffe» che gli costerà il broncio internazionale e settimane di quarantena. Finita la colazione con Putin, incontra i giornalisti all'Hotel Kempinsky, e alle loro domande risponde: «Dobbiamo essere consapevoli della superiorità della nostra civiltà, l'Occidente continuerà a conquistare popoli, l'ha già fatto con il mondo comunista e con i paesi arabi moderati». Passa un'ora e, sempre alla presenza dei giornalisti, ricomincia: «Non dobbiamo mettere due civiltà sullo stesso piano. La libertà non è patrimonio della civiltà islamica. L'Islam è rimasto indietro di 1400 anni, dobbiamo essere consapevoli della nostra supremazia». Le frasi sono registrate, riprodotte dalle agenzie di stampa, fissate nei compact disc da chi ha interesse a conservarle.

Scoppia il caso. Reagisce l'Unione europea, reagiscono i governi della Germania, della Francia, della Gran Bretagna, reagisce la Spagna di Aznar. Reagiscono tutti i giornali piú importanti. Insorgono i governi arabi con un passo diplomatico di tutte le ambasciate a Roma. Ci si chiede che cosa abbia potuto indurre Berlusconi a un passo cosí falso, a esprimere come capo di un governo occidentale pensieri che al piú ci si può permettere in privato. «Che mancanza di cultura storica mostra quest'uomo», avrebbe detto Chirac, secondo *Le Figaro*. Marcello Pera che per una volta non ha colpe, riceve l'offesa piú dura e ingiustificata: il presidente dell'Assemblea nazionale francese, Raymond Forni, «offeso, indignato, e scandalizzato» dalle parole di Berlusconi, annulla l'incontro fissato per il 9 ottobre col presidente del Senato italiano. Dal Cairo, Mubarak fa sapere di essere «in attesa di chiarimenti e commenti urgenti da parte del governo italiano». Dal Quatar, la televisione Al Jazira infierisce: «È un uomo di poco cervello, che è diventato primo ministro grazie ai suoi soldi».

Indulgenti sono soltanto il *New York Times* («non è questa l'ora di scusarsi d'essere occidentali») e il segretario della Nato Lord Robertson («è stato frainteso»). Per il resto un bombardamento da fortezze volanti. *The Guardian*: «È un maniaco megalomane, che si è paragonato a Napoleone, Giustiniano e Gesú, ma la figura pubblica somiglia piú a quella di Robert Maxwell». *The Independent*: « Gli alleati si sono dati da fare per non equiparare le azioni dei fanatici con la visione dell'immenso mondo musulmano. Mr. Berlusconi contraddice questo avvertimento». *El Pais*: «Col suo commento, il leader italiano ha sparato contro la linea di condotta dalla coalizione internazionale». *Le Monde*: «Dichiarazioni inaccettabili perché tendono a idealizzare i valori dell'Occidente demonizzando quelli del resto del mondo».

Si scopre che inopportunità come quelle di Berlino erano già sfuggite a Berlusconi una settimana prima, il 21 settembre, al vertice di Bruxelles dell'Unione europea, dove i capi di Stato e di governo convenuti per costruire il «fronte globale», inclusivo di paesi arabi e musulmani, sono riusciti a bloccarle. Assai prima, al vertice di Göteborg che aveva preceduto il G8 di Genova, il nostro s'era vantato d'aver cacciato i comunisti dal governo: gelo e sorrisetti fra i commensali, impegnati anche a cercare nuove relazioni coi postcomunisti dell'Est, che stanno per vincere le elezioni in Polonia (paese già diventato membro della Nato) o che entreranno tra poco nell'Unione europea allargata a quasi tutta l'Europa orientale.

Perché l'ha fatto? Secondo Ernesto Galli della Loggia, perché «Berlusconi è un politico insensibile alle ragioni della politica» (Radio Radicale). Cosí si distrugge con una stoltezza la fatica di decine di governi. «È vero, – replica Saverio Vertone, – Berlusconi è politicamente e intellettualmente uno sprovveduto, ma stavolta ha tutto il diritto di chiedere conto a chi indirettamente lo ha indotto al passo falso: e cioè al professor Panebianco, con quel suo incredibile articolo di fondo. Berlusconi aveva creduto d'avervi trovato la chiave per dare solide basi alla formula della "superiore civiltà".»

Ispirato dal cardinale Ratzinger, che aveva definito «strano e patologico» l'odio di sé che divora l'Occidente, il professor Panebianco prende di petto la cultura del relativismo, che porta gli occidentali ad autoflagellarsi davanti alle altre culture. «Voi, – scrive Panebianco a quanti sono vittime di nihilismo nutrito dalla secolarizzazione e dalla perdita di memoria storica, – voi dite che, siccome tutte le persone hanno "pari dignità" e vanno poste sullo stesso piano, come proprio la cultura occidentale ci insegna, analogamente tutte le "culture", "religioni", e "civiltà", vanno poste sullo stesso piano.» Sciocchi. «L'errore logico consiste nel pensare che quanto vale per gli individui debba necessariamente valere anche per gli aggregati culturali». E questo vi porta al relativismo culturale. Che non è un valore, ma la degenerazione di quel valore che è il principio di tolleranza, «inscritto nella democrazia liberale». In verità voi siete dei nihilisti: «solo chi non crede piú in niente può porre tutto sullo stesso piano». E dunque siete voi col vostro nihilismo e col conseguente relativismo culturale a costituire la piú preziosa quinta colonna di Bin Laden in Occidente. «Nulla piú del relativismo culturale rappresenta oggi agli occhi degli adepti dell'islamismo radicale l'inconfutabile prova che quella occidentale è una civiltà decadente, che può essere sconfitta».

È un delirio, una cosa sono il relativismo culturale e autocritica degli occidentali, altra cosa è quella «cultura della resa» che negli anni '70 e '80 spingeva l'Occidente ad arrendersi alle varie teologie (cristiane o comuniste) della liberazione. Senza il relativismo, inteso come obbligatorio confronto della propria cultura con le altre, si espianta il cuore stesso del liberalismo e si riduce l'Occidente a quella monocultura appagata di sé che è l'altra faccia della globalizzazione materiale. Berlusconi non coglie la differenza, legge e rilegge nell'aereo che lo porta a Berlino l'opinione di Panebianco che «le libertà occidentali sono state condizione indispensabile per la crescita della ricchezza e del benessere, cosí come la povertà dei paesi islamici si deve al clamoroso fallimento delle loro classi dirigenti». Neanche sospetta che, come da anni ricorda Benjamin Barber, l'Occidente ha potuto costruire libertà e democrazia su una ricchezza rastrellata in tutto il mondo. Si sente pienamente appagato dall'analisi di Panebianco e la diffonde in pillole a Berlino.

## Parole Fallaci

Insensibile alle ragioni della politica e perciò piú facilmente vittima dello sbandamento culturale, Berlusconi si dichiara «dispiaciuto» per l'equivoco, ma non si scusa. È colpa degli «oppositori», che vogliono «impiccarlo a una parola». Tuttavia, addomesticati i suoi elettori ai quali la spiegazione basta e avanza, si affretta a far sapere che, tempo quattro giorni, incontrerà a Palazzo Chigi gli ambasciatori arabi a Roma. Lo dice in un discorso al Senato. Ma siccome s'è permesso di definire la sua gaffe nient'altro che «una montatura della sinistra senza idee», gli arriva dalla Germania la sberla del «testimone» Schröder, dalla Gran Bretagna quella del ministro dell'interno David Blunkett, dalla Spagna quella di *El Pais* che definisce l'intervento al Senato «un discorso sussiegoso e accusatorio», da Tripoli il compiangimento del colonnello Gheddafi («È un uomo semplice, ha detto la verità che pensa, giustifica la "superiorità" come avevano fatto in passato Mussolini e Graziani per colonizzare la Libia»), dalla sede italiana della Lega musulmana mondiale il sarcasmo del presidente Mario Scialoja: «Il premier ci è sempre stato amico, nelle sue stesse società c'è capitale arabo, e credo che in un certo qual modo ieri Berlusconi abbia voluto chiedere scusa agli arabi». Dal *Financial Times* l'insinuazione piú maligna: «la polemica sulla "superiorità dell'Occidente" ha distolto l'attenzione su qualcosa che sta iniziando ad irritare i diplomatici occidentali a Roma: la determinazione del premier a risolvere i suoi problemi aziendali e giudiziari a colpi di leggi».

Indiretto, arriva il soccorso alla «superiore civiltà» da Manhattan, firmato Oriana Fallaci. Quattro intere pagine dal *Corriere della sera*, sicché c'è chi dice che trattasi dell'«avvenimento giornalistico» dell'anno: superiore alla stessa battaglia di Montanelli, quella contro la marea berlusconiana, seguita poco dopo dalla morte del «principe dei giornalisti». Dimentica d'aver scritto *Lettera a un bambino mai nato*, veemente polemica contro l'aborto e il femminismo, che sono due dati stabilizzati della civiltà americana, Fallaci riversa nelle quattro pagine un fiume d'indignazione per la pseudocultura musulmana e per gli italioti pronti a porgere le terga all'invasore e a insultare l'America. La prosa, come al solito, è eccitante, e la lettura va fino in fondo.

A qualcuno dispiace, piú all'estero che in Italia. Tahar Ben Jelloun, marocchino laicizzato in Francia, scrive anche lui di getto non quattro pagine ma un libro, scosso dalla domanda della figlioletta che guarda polvere e sangue in televisione: Papà, i musulmani sono cattivi? «Come tutti gli uomini», risponde, e scrive *L'Islam spiegato ai nostri figli*: il fondamentalismo come ricchezza dei disperati e la laicità come sola vaccinazione per le religioni contro la tentazione fondamentalistica. Intervistato dice: «I pregiudizi sono la tomba della ragione. Quelli di Oriana Fallaci e Silvio Berlusconi hanno provocato gran frastuono e mi sono sembrati i peggiori. Oriana Fallaci è una brava giornalista che conosce in modo approssimativo l'Islam ma aveva i suoi conti da regolare con un uomo che l'ha trattata male. Per questo la perdono. Berlusconi è un capo di governo, ha molte responsabilità e non può esprimersi come fosse al circo barnum ».

In Italia è tutt'altra solfa. Il giorno dell'evento giornalistico, 29 settembre, Berlusconi non fa in tempo a ringraziare la scrittrice, impegnato, fra l'altro a festeggiare i 65 anni: «Dentro mi sento un ragazzo, peccato che gli specchi in cui mi rifletto non siano piú quelli di una volta». Ma provvedono i suoi collaboratori a complimentarsi con la Fallaci. Baget Bozzo: «Finalmente qualcuno che dice la verità sul pericolo islamico». Giuliano Urbani: «Grazie di cuore, grazie davvero, condivido dalla prima all'ultima parola».

Curioso. Tra la prima e l'ultima parola ce ne sono alcune che un ministro di Berlusconi non dovrebbe condividere. La scrittrice, infatti, non si limita a sputtanare i compagni, i camerati, i lumbard, gli affaristi, i piagnoni, le mignotte dell'Italia senz'anima e senza ideali. Prende di petto anche il leader di questo porcilaio italiano: «Perdio, signor cavaliere, perdio! Malgrado la paura della guerra, in ogni paese d'Europa è stato individuato ed arrestato qualche complice di Osama Bin Laden. In Francia, in Germania, in Inghilterra, in Spagna... Ma in Italia, dove le moschee di Milano, di Torino, di Roma traboccano di mascalzoni che inneggiano ad Osama Bin Laden, di terroristi in attesa di far saltare la cupola di San Pietro, nessuno. Zero. Nulla. Nessuno. Mi spieghi, signor cavaliere: son cosí incapaci i Suoi poliziotti e carabinieri? Son cosí coglioni i Suoi servizi segreti? Son cosí scemi i Suoi funzionari? E son tutti stinchi di santo, tutti estranei a ciò che è successo e succede i figli di Allah che ospitiamo? Oppure a fare le indagini giuste, a individuare e arrestare chi finoggi non avete individuato ed arrestato, Lei teme di subire il solito ricatto, razzista-razzista? Io, vede, no».

## La diplomazia di Pinocchio

«C'è stata una situazione in cui mi sono state attribuite parole che non ho mai pronunciato», dice il presidente del Consiglio, la sera del 2 ottobre, agli ambasciatori arabi, ricevuti a Palazzo Chigi. L'incontro, previsto per la durata di un'ora, si protrae per tre. Ma non bastano a convincere gli ambasciatori. Alla fine, la ragion di Stato induce tutti ad arzigogolare un documento che gli stessi firmatari sanno privo di credibilità. Il premier non esce dal suo schema di bugie, orgoglio e comunicazione. Come già al Senato il 28 settembre, si dichiara innocente, perciò non deve scusarsi con alcuno. Ripete quel che ha detto il giorno prima all'opinione pubblica araba, intervistato dal maggior quotidiano saudita, *Ashrq al-Awsaat*: la responsabilità «è di certe persone della stampa italiana di sinistra che vogliono offuscare la mia immagine e distruggere le mie relazioni di lunga data con arabi e musulmani».

Capeggiato dal decano degli ambasciatori arabi a Roma, il saudita dal lungo nome Mohammed bin Nawaf bin Abdulaziz Al Saud, i diplomatici si trovano di fronte al duplice rifiuto di Berlusconi: non smentirà le cose che ha detto, perché sono altri ad avergliele attribuite, non chiederà scusa non avendo fatto nulla di cui scusarsi. Eppure gli arabi sono arrivati a Palazzo Chigi la sera del 2 ottobre dopo aver dichiarato in tutte le sedi (anche la Lega araba) di non considerare sufficienti le cose dette da Berlusconi al Senato. Il premier s'era dichiarato «dispiaciuto» di quel ch'era successo, sempre negando d'averlo provocato lui. Ma tra il 28 settembre e il 2 ottobre la Farnesina e anche a Palazzo Chigi fanno grandi pressioni per rompere il fronte arabo, e trovano il punto di minore resistenza nei palestinesi, ai quali già Berlusconi aveva avuto la buona idea di far balenare un piano Marshall per la Palestina una volta fatta la pace con Israele e costituiti i due Stati sovrani. È cosí che al ragionevole Nemer Hammad, che da una vita è portavoce dell'Autorità palestinese a Roma, non resta che prendere atto del «messaggio» lanciato da Berlusconi il giorno prima ad Arafat attraverso il ricordato quotidiano saudita: «Molte volte, sia da privato cittadino sia successivamente quando sono diventato capo del governo, ho personalmente aiutato ripetutamente Arafat». Molte volte, personalmente, ripetutamente, da privato, da premier: che aiuti saranno stati? Agli italiani non si dice nulla? Sta di fatto, che il furbesco coinvolgimento personale di Arafat nella *querelle* italo-araba costringe gli ambasciatori a contentarsi di un compromesso che salvi la faccia a Berlusconi e ribadisca l'impegno dell'Italia a una politica di amicizia verso il mondo arabo. La conclusione, adeguata al «dialogo fra sordi» svoltosi nelle ristuccate stanze di Palazzo Chigi, non rimargina il *vulnus* inferto dal presidente del Consiglio ai rapporti italo-musulmani: specie con l'Arabia Saudita e con l'Egitto convinti d'essere stati obiettivi specifici dell'attacco di Berlino: l'Arabia accusata di negare la libertà di culto alle altre fedi e di opprimere le donne, l'Egitto di discriminare i cristiani copti. (Accusa, come scrivono gli esperti di quelle aree, cui Mubarak reagisce sempre con veemenza, perché destabilizza il fronte interno egiziano.)

A conclusione, gli ambasciatori accettano un generico documento senza scuse ma rifiutano di inserirvi riferimenti alla congiura della stampa e della sinistra. Sanno che il testo delle dichiarazioni berlinesi, che il premier s'è premurato di consegnargli, è epurato dalle dichiarazioni sulla «superiore civiltà». «È un documento a cui tengo molto», dice agli ospiti Berlusconi, mentre fa proclamare addirittura da Bossi che: «I popoli musulmani hanno una serie di valori superiore a quelli degli occidentali, tutti orientati al mercato e all'individualismo». Un teatrino, con piccolo colpo di scena finale.

Quattro parlamentari della Margherita, i deputati Ermete Realacci, Roberto Giachetti, Paolo Gentiloni e la senatrice Cinzia Dato, confezionano un pacchetto-omaggio per il premier, con la registrazione di tutta la conferenza stampa di Berlino del 26 settembre. Mandano lo stesso *cadeau* al presidente della stampa estera Antonio Pelayo, al segretario del sindacato giornalisti Paolo Serventi Longhi e al presidente dell'Ordine Lorenzo Del Boca, accompagnandolo «con la solidarietà e l'apprezzamento per il lavoro svolto dai giornalisti con serietà e indipendenza di giudizio. Sostenere, come ha fatto il presidente del Consiglio in una intervista al quotidiano *Ashrq al-Awsaat*, che in Italia "la maggior parte degli organi di stampa è sotto il controllo della sinistra", è inaudito oltraggio alla libertà e all'autonomia della stampa italiana, chiamata in causa come capro espiatorio [...] Tanto più se simili accuse vengono da un uomo politico su cui continua a gravare un pesantissimo conflitto d'interessi tuttora irrisolto, come dimostrano i fatti di questi giorni in Parlamento, dall'approvazione della nuova normativa sul falso in bilancio allo scandaloso provvedimento delle rogatorie internazionali».


## «Pronto, parla Cheney»

La bugiarda rappacificazione italo-araba di Palazzo Chigi non cambia la posizione internazionale dell'Italia, che ormai è di totale isolamento. Il governo ne ha la gelida conferma il 7 ottobre, quando Bush dà l'ordine di attaccare i talebani. Gli è a fianco, nel momento solenne, l'alleato troppo entusiasta, Tony

Blair. Gli è a fianco idealmente l'orgoglioso Chirac, che da giorni fa navigare la sua piú grossa portaerei verso il Mare Arabico. E perfino Schröder, al quale non è facile dopo piú di mezzo secolo riaccendere i motori della Wehrmacht, è fra gli «eletti» a cui Bush personalmente comunica la decisione di attaccare. Ci sono anche Putin, il presidente del Pakistan e i premier del Canada e dell'Australia. Ad Arcore il telefono tace. Quando finalmente squilla, non è Bush che chiama, ma il vice Cheney. «L'Italia è in serie B». Nel discorso che Bush rivolge agli americani per annunciare l'inizio della guerra combattuta, l'Italia non è citata fra le nazioni che sono al loro fianco.

Da Palazzo Chigi si leva qualche voce di ragionevole spiegazione e qualche voce di arroganza stonata. Ragionevole è o può apparire la spiegazione del vice presidente Fini: «Il distinguo di Bush è fra alleati impegnati già nel primo attacco e chi al momento resta in retrovia. L'Afghanistan non è come il Kosovo, che ce l'avevamo di fronte». Arrogante come il suo premier è il portavoce Bonaiuti: «L'obiezione perché Cheney e non Bush appartiene al nostro sconsolante provincialismo».

Provincialismo a parte, appena tre giorni prima dello schiaffo di Bush, proprio Bonaiuti è stato chiamato in causa dal giornale oltranzista *Libero* come il sottosegretario che avrebbe curato la pratica dell'abortito viaggio di Berlusconi a Washington. Conviene rileggere l'articolo di *Libero* (firmato Paolo E. Russo), visto che almeno quel giornale non dovrebbe essere di sinistra. Il titolo è «Lo staff di Bush non vuole Berlusconi», e l'occhiello che lo sovrasta spiega: «Le dichiarazioni del premier sulle superiorità dell'Occidente imbarazzano il presidente Usa con gli alleati». In sintesi:

«Non sono bastati gli "ottimi rapporti personali" che il presidente del Consiglio intrattiene col presidente degli Stati Uniti. Motivi di calendario avevano impedito la trasferta di Berlusconi a New York dopo l'attacco alle due Torri, l'unico capo di Stato che è riuscito a incontrare Bush è stato Chirac. Dopo qualche telefonata esplorativa partita da Palazzo Chigi alla volta degli States, gli uffici della presidenza del Consiglio hanno avuto l'ordine di organizzare con omologhi della Casa Bianca, una visita di Berlusconi. Poi lo staff di Bush ha bloccato tutto, della pratica si sarebbe occupato lo stesso sottosegretario alla presidenza Paolo Bonaiuti. L'accordo era questo: Berlusconi sarebbe partito non appena si fosse riusciti a organizzare il viaggio. Le prime date utili erano il 24-25 settembre, la cosa sembrava fatta, l'aereo della presidenza del consiglio già scaldava i motori, il ministro degli Esteri, abituato a misurare le parole, aveva annunciato la "missione del Presidente" davanti al Senato. Ruggiero dava il viaggio come "probabilità" per la settimana a venire (1-7 ottobre). Ma Berlusconi non è partito... la missione si farà solo nelle prossime settimane. Il vero motivo di questi ritardi è da cercare non tanto alla Farnesina [come insinua Cossiga], quanto piuttosto in certi ambienti vicini al presidente americano. La verità è – scrive *Libero* – che le "famigerate" dichiarazioni sulla "superiorità della nostra civiltà", per quanto successivamente smentite, hanno convinto lo staff di George W. Bush a fare pressioni perché la visita venisse rimandata in data da destinarsi. La presenza di Berlusconi, che s'è guadagnato le prime pagine della stampa internazionale con critiche spesso feroci, avrebbe contribuito ad avvelenare un clima già teso negli Stati Uniti. Mostrare la foto di Bush che stringe la mano a Berlusconi avrebbe vanificato le parole del presidente Usa, che ha rassicurato gli alleati arabi moderati che questa "non sarà una guerra di religione"».

Conclusione: «Ambienti vicini alla Farnesina sostengono che sia stato il consigliere diplomatico di Bush, Santy Berger, a sconsigliare la visita, nonostante lo stesso Bush si fosse mostrato disponibile. L'avrebbe sconsigliata anche Condoleeza Rice, consigliere alla sicurezza nazionale. Questo spiegherebbe anche la freddezza con cui sono stati accolti i parlamentari italiani guidati dal ministro Tremaglia, in visita ufficiale a New York per il Columbus Day con tanto di aereo della presidenza del Consiglio. Hanno avuto come unico appuntamento ufficiale l'incontro con la comunità italo-americana. Per Gustavo Selva, Lamberto Dini, Pierluigi Castagnetti, Alfredo Biondi, Valdo Spini e gli altri 19 deputati e senatori della delegazione, neanche un diplomatico americano».


## La pazienza di Ciampi

«Italia, non aiutare Bin Laden»: è il titolo dell'editoriale dedicato dal *Los Angeles Times* alla legge sulle rogatorie internazionali emendata il 28 settembre dalla Camera e fatta approvare a tappe forzate dal Senato il 3 ottobre. (Sfuriata di Berlusconi per il contrattempo della Camera: «Ragazzi, cosí non va: questa è un'altra vittoria del pool di Milano».) Il titolo del *Los Angeles Times* è la sintesi dell'opinione internazionale: l'Italia sta aiutando due volte il terrorismo islamico, una volta proclamando la guerra fra civiltà superiori e inferiori, un'altra votando leggi che proteggeranno forse il presidente del Consiglio o i suoi amici ma vanno in urto con la guerra finanziaria dichiarata da Bush al terrorismo. Una guerra che impone di semplificare e non di rendere piú difficile la collaborazione giudiziaria internazionale. Il giornale di Los Angeles si appellava a Ciampi: «Faccia un'eccezione, non dovrebbe esitare a rigettare questa legge».

A quell'ora, Ciampi ha già promulgato la legge e ha pure telefonato a Berlusconi per dargliene notizia. Ha telefonato anche a Pera, insultato dall'opposizione – come vedremo – per aver costretto il Senato a «forzature regolamentari», e gli ha espresso la sua solidarietà. Poi ha ricevuto Bush padre, e gli ha detto di mettere una buona parola col figlio affinché riceva Berlusconi.

Bush padre è in Italia nei primi giorni d'ottobre, per un giro turistico e d'affari. Da Milano arriva a Roma, dove ottobre è particolarmente splendido. Visita i luoghi topici dell'Urbe. Di buon mattino fa colazione con Berlusconi, nella residenza privata di Palazzo Grazioli non essendo ancora pronto Palazzo Chigi, sottoposto a restauri per rimuovere la grigia modestia dei precedenti governi e restaurare lo sfarzo dell'antica dimora, piú adatto a un governo Berlusconi. Poi va in Vaticano dal papa, che non sarà al servizio di Maometto, come scrive Baget Bozzo, ma certo non vede con piacere la guerra. (Ma ai 240 vescovi del sinodo, che è in corso, dirà che «l'11 ottobre sarà giornata di preghiera non solo negli Stati Uniti, ma anche qui da noi».) Bush sale quindi in Campidoglio, a incontrare il sindaco Veltroni. A sera, ascende per cena al Quirinale. Intanto, tra un colle e l'altro, ha avuto tempo per offrirsi alle televisioni pubbliche e private e sciogliere il richiesto peana a Berlusconi. «Voglio essere sicuro – ripete due volte, per quegli italiani che non avessero capito bene la prima volta – che tutti, in Italia e in Europa, sappiano del rispetto e dell'affetto che mio figlio nutre per il vostro Silvio Berlusconi. Ho 77 anni, e davvero non riesco a ricordare un momento in cui l'Italia e gli Stati Uniti siano stati in maggior armonia. Un merito che è tutto, veramente tutto – ripete anche qui due volte, come s'addice in una democrazia di massa – da addebitarsi al vostro premier». (Colpa dei traduttori, s'intende, se accreditare è diventato addebitare.)

Ascoltate simili dichiarazioni, anche il presidente Ciampi si fa coraggio; e, da padre a padre, affida al vecchio George, la supplica pro Silvio per il giovane Dabliú. Ma pare che il vecchio si defili, si ridimensioni, come dire «non conto molto presso mio figlio». Insomma, una cosa sono le parole che si regalano in tv agli elettori teledipendenti italiani, un'altra farsi coinvolgere in decisioni politiche di Stato.

Scrive il retroscenista del *Corriere della sera*, Francesco Verderami: «La serata al Quirinale stava volgendo al termine, la cena si era protratta oltre i tempi stabiliti dal cerimoniale, complice un'atmosfera di sincera cordialità. È stato allora che il padrone di casa si è avvicinato all'ospite con un largo sorriso e, profittando del rapporto che si era stabilito lo ha invitato a intercedere presso il figlio, per quanto fosse stato possibile. Raccontano che l'ex presidente degli Stati Uniti si sia destreggiato con molta diplomazia e, dopo aver ricambiato il sorriso, ha derubricato a leggenda metropolitana la tesi secondo cui George senior avrebbe un'influenza sulle scelte di George junior, e di come George junior si irriti ogni qualvolta il *New York Times* ne scriva. "Semmai è mia moglie che lo sente piú spesso." "Allora confidiamo in sua moglie", ripiega Ciampi».

## «Paradiso criminale»

In Parlamento, piú di qualcuno, rammaricato per questo non felice esito della scesa in campo di Ciampi, si domanda perché il presidente della Repubblica si sia messo in quel frangente nella stessa giornata, 4 ottobre, in cui firmava senza esitazioni apparenti una legge sulle rogatorie che a Bush non poteva che dispiacere. «In Europa ci sarà probabilmente bisogno di alcuni cambiamenti legislativi perché i governi reagiscano come ci aspettiamo», aveva appena detto il presidente degli Stati Uniti, a commento della guerra contro i santuari internazionali della finanza. Tutta l'America è su questa lunghezza d'onda. Interpellato dal corrispondente del *Sole-24 Ore* per i nostri uomini d'affari e d'impresa, l'ex procuratore del distretto federale di New York, Richard Martin, ammonisce: «Non ci saranno piú scuse per i paesi che, col loro comportamento finiscono col dare copertura alle attività terroristiche. Ci sono paesi come la Svizzera che hanno cooperato fino in fondo. Una cosa è la protezione della privacy per questioni di diritto civile, una cosa è la protezione di crimini da codice penale».

Da Bruxelles il presidente della Commissione europea Romano Prodi risponde a Bush: «I dati confermano che le azioni terroristiche dell'11 settembre sono state accompagnate da un flusso finanziario di grandi dimensioni. Il compito che dobbiamo svolgere, e che svolgeremo col massimo sforzo, è individuare i beni e i conti correnti coinvolti, in modo da congelarli». Sulla stessa linea, il ministro dell'Economia Tremonti: «L'Unione europea dovrebbe dotarsi di strumenti nuovi, una specie di "decreto legge europeo" che permetta di dare risposta immediata alle esigenze della politica internazionale e della globalizzazione. Le attuali direttive europee richiedono tre o quattro mesi, quando sarebbe opportuno agire in tre o quattro giorni». Sempre Tremonti il 7 ottobre, quattro giorni dopo l'approvazione in Italia della leggi contro le rogatorie, incontra a Washington i colleghi del G7 (Stati Uniti, Canada, Regno Unito, Francia, Germania, Italia e Giappone), e accetta senza condizioni le due richieste degli americani ai partner: serrare le file della collaborazione per rilanciare l'economia mondiale, raddoppiare la vigilanza per spezzare i canali del finanziamento internazionale del terrorismo. Per la prima volta i sette ministri chiudono i lavori con una conferenza stampa congiunta: «Gesto simbolico, – dice il tedesco Hans Eichel, – per dimostrare quanto sia comune il nostro modo di pensare».

Non è cosí. L'Italia non ci sta, e continuerà a dimostrarlo anche dopo il pasticciaccio delle rogatorie e la polemica, finalmente dura, dell'Ulivo. «È un grave passo indietro nella cooperazione giudiziaria internazionale – dice l'ex presidente della Camera, Violante, che è stato anche magistrato. – La ratifica del trattato italo-svizzero che stiamo per approvare si occupa solo in parte della convenzione con la Svizzera. In realtà, modifica il codice di procedura penale e fissa una ragnatela di formalismi a cui adempiere pena la inutilizzazione dell'atto. Sono sostanziali impedimenti alla cooperazione tra Stati. Il provvedimento inoltre è retroattivo: significa che si possono annullare i procedimenti in corso compresi quelli in Cassazione. Stiamo parlando di oltre 7.500 processi. Si possono cancellare procedimenti per reati come pedofilia, riciclaggio, crimine organizzato, corruzione, trafugamento di opere d'arte. Un bel regalo ai delinquenti. Con questa legge, l'Italia rischia di diventare un "paradiso criminale", perché da noi i criminali avranno un trattamento piú favorevole che nel resto d'Europa».

Ne parleremo piú avanti. Per ora, restando ai contraccolpi internazionali, si può concludere con un'altra battuta, al vetriolo di Violante: «Il mondo intero ha dichiarato guerra al terrorismo. In Italia, invece, l'attuale maggioranza gli ha dichiarato la pace. Anche il *Financial Times* s'è accorto che l'Italia si sta tirando indietro per proteggere alcuni personaggi. Altro che grande coalizione internazionale contro il terrorismo».

Parola piú parola meno, queste cose vengono ripetute dall'Ulivo al presidente del Consiglio il 9 ottobre quando si presenta alla Camera e al Senato per chiedere, quarantotto ore dopo l'inizio delle operazioni angloamericane in Afghanistan, di poter assumere impegni militari affianco agli Usa. La sua maggioranza vuole invece che della legge sulle rogatorie non si parli piú. Men che meno dei suoi contraccolpi internazionali. E Berlusconi archivia il problema. Il suo discorso, equilibrato e positivo a giudizio anche dell'opposizione, manca di qualsiasi riferimento alla guerra finanziaria scatenata da Bush e al procedere contromano dell'Italia come se il problema non ci fosse.

(Qualche mese dopo, riunita a Bruxelles la conferenza per la creazione dello «spazio di sicurezza e di giustizia comune» il ministro dell'Interno, il belga Marc Verwilghen presenta una lista di ventotto reati da perseguire con «mandato di cattura europeo». Il governo Berlusconi si oppone: troppa roba, si rischia di caricare la barca e mandarla a fondo, dice Scajola, affiancato dal guardasigilli Castelli che annuisce. Il mandato di cattura europeo, per adesso deve limitarsi ai reati già contemplati nell'accordo italo-spagnolo: terrorismo, criminalità organizzata, traffico di stupefacenti, traffico d'armi, tratta di esseri umani, abusi sessuali contro minori. E quali reati il governo italiano non vuole siano perseguiti con mandato cattura europeo? Sono: corruzione, frode, riciclaggio, spaccio di monete false e altri reati finanziari. Chissà perché. Come se corruzione, riciclaggio eccetera non avvantaggino, oltre ai colletti bianchi anche i terroristi. Una telenovela che racconteremo diffusamente.)

# VII. Guerra di Bush
*L'Italia a Canossa*

Staino, *l'Unità* , 9 novembre 2001

Calci agli italiani - Nella valigia per Washington - Quanti casi: Michel, Ruggiero, Fini - Gand, periferia di Waterloo - A Ognissanti finisce la quaresima - Dilemma italiano: fare la guerra o far finta? - I «carabinieri della Farnesina» - Silvio e i precursori: Mussolini, Crispi o Cavour? - E Ruggiero lascia la repubblica dei fichi d'India

## Calci agli italiani

Berlusconi dice ai deputati e ai senatori il 19 ottobre: «L'Italia sarà a fianco degli Stati Uniti senza riserve e fino in fondo». «Si deve compiere il massimo sforzo di coesione e di impegno nazionale, al di sopra di qualsiasi divisione partigiana, perché l'intervento militare in Afghanistan è un atto di giustizia contro la barbarie». Quindi, per emendarsi dall'errore della «superiore civiltà», aggiunge che non ci si può fermare all'uso della forza contro la follia integralista. «Siamo certi che nessuna forza religiosa o culturale dell'Islam punta sul terrorismo. Noi vogliamo creare un ponte di amicizia fra le due civiltà.» E rilancia l'impegno per il piano Marshall da riservare al nuovo Stato palestinese, appena nascerà.

Sotto il pressing di Ciampi, maggioranza e opposizione si mettono alla ricerca di formule che permettano di votare le stesse cose senza arrivare a un documento comune. Le stesse cose sono: il riconoscimento della «legittimità dell'intervento americano in Afghanistan, l'indirizzo delle azioni belliche verso «obiettivi ben delimitati», l'impegno a fare il massimo sforzo

per «evitare vittime civili». Come era accaduto per le deliberazioni sulla guerra in Kosovo, la maggioranza vota il suo documento con l'astensione dell'opposizione; poi l'opposizione vota
il suo documento con l'astensione della maggioranza. In tal modo la stragrande maggioranza del Parlamento si ritrova su impegni comuni. Ma l'opposizione paga il prezzo piú alto: due partiti, i verdi e i comunisti italiani, non ci stanno. E insieme a Rifondazione votano contro l'assunzione degli impegni militari. Si
riaffaccia ancora una volta l'eterna spaccatura della sinistra sul
problema della guerra, e anche il rifiuto di una parte di essa di
essere forza di governo in senso blairiano o tedesco o francese.

L'impegno italiano è ormai chiaro e leale, al punto che il
Quirinale, com'è suo dovere e tradizione nei momenti cruciali,
si sente autorizzato a forzare la rappresentazione del «paese
reale» nel comunicato col quale, il giorno prima del voto in
Parlamento, ha dato notizia del Consiglio supremo di difesa,
riunitosi sul Colle. «La presenza dell'Italia in una vasta coalizione di paesi impegnati a difendere valori essenziali e principali sottoscritti dall'intera comunità internazionale nella carta
delle Nazioni Unite, corrisponde – dice il comunicato del Quirinale – a un sentimento condiviso da tutto il popolo italiano.»

Impegno del presidente della Repubblica, impegno del presidente del Consiglio, impegno anche dei ministri degli Esteri e
della Difesa, per troppi giorni esternatori di dubbi sulle modalità della nostra azione e ancor piú sulle possibilità stesse di una
azione militare efficace. «C'è stata una polemica infondata – dice Martino in una ritrovata sicurezza del ruolo – secondo cui
non saremmo stati in grado di fronteggiare un impegno militare di alto livello. Noi abbiamo subito dichiarato la nostra disponibilità. Francia e Inghilterra hanno spontaneamente offerto un loro contributo. Ma la disponibilità dell'Italia non è di livello piú basso.» Ci sono già ufficiali italiani in America, al comando strategico di Tampa (Florida), e quarantanove piloti sugli aerei radar Awacs, sempre in America. Il «grosso» seguirà,
non appena Bush lo richiederà. Martino si riscatta, cosí, dalla
sua parte di errori, forse non meno gravi (almeno nei rapporti
bilaterali con l'America) di quelli commessi da Berlusconi nei
confronti dell'intero orbe terraqueo con la «superiore civiltà».
Martino è stato svegliato nottetempo dal segretario americano
alla difesa Donald Rumsfeld, dopo incomprensibili dichiarazioni a «Domenica In» (la politica italiana fatta in tv) circa un pro-

babile-improbabile invio di truppe italiane all'estero. Anche il ministro Ruggiero esce ora dal cono d'ombra, dov'è caduto con l'auspicio di una guerra «che finisca presto», proprio mentre il presidente Bush parlava di guerra «molto lunga» e anche non circoscritta. Tutte queste gaffe hanno contribuito al doppio silenzio di Bush sull'Italia: la prima volta dopo la sortita di Martino, la seconda dopo quella di Berlusconi. Hanno contribuito anche a infiammare la faida nei palazzi romani, come diremo, fino alla ricordata sera dell'8 ottobre quando, mentre Ciampi riunisce il Consiglio di difesa, da Washington arriva la telefonata che preannuncia il disco verde per Berlusconi: potrà essere a Washington lunedí 15 ottobre. Ancora sette giorni, e la lunga Canossa del premier sarà finita. Almeno a Washington.

Resta l'umiliazione di arrivare ultimo, trentacinque giorni dopo la distruzione delle Due Torri. Resta che a Schröder l'amministrazione Usa, senza essere sollecitata, ha concesso in ventiquattro ore quello che al postulante italiano era stato negato per una settimana: pressioni di Ciampi con Bush padre, sollecitazioni dell'ambasciatore a Washington Francesco Salleo presso il Dipartimento di Stato, mobilitazione di tutta la Farnesina dopo che il «gruppo di fuoco» di Forza Italia ha convinto Berlusconi che Ruggiero giudica l'incontro con Bush solo una *photo opportunity* per il Cavaliere.

Inviato speciale della *Stampa* a Washington, il berlusconiano Augusto Minzolini racconta il teatrino romano visto dalla capitale dell'impero: «Mettete un presidente del Consiglio che apre una delle ultime riunioni del Consiglio dei ministri con una battuta "Non so se ho sognato o è avvenuto davvero, ma mia madre mi ha fatto giurare che non manderò nessun soldato italiano in guerra". Una battuta tra il serio e il faceto, certo. Ma che interpreta l'umore dell'opinione pubblica del nostro paese: gli italiani, secondo i sondaggi, condividono la guerra, però preferiscono che la facciano gli americani. Mettete un ministro della Difesa, vicenda di tre settimane fa, che a "Domenica In" riesce a pasticciare con la parole sull'intenzione di partecipare o meno a un intervento militare in Afghanistan, tanto che, nel giro di poche ore, al segretario di Stato americano Colin Powell viene chiesto cosa ne pensa della decisione italiana di non partecipare alla guerra. Mettete ancora un ministro degli Esteri che, a Washington per organizzare un incontro tra Bush e Berlusconi, trova il tempo di annunciarlo in diretta anche a "Porta a porta", e questo mentre il presidente del Consiglio confida di non avergli mai dato incarico in tal senso. Mettete, infine, un'opposizione che è un coacervo di pacifismo e antiamericanismo, e che anche su argomenti cosí delicati si lascia andare alla polemica politica. Insomma, è la solita vecchia Italia che ha il vizio di fare confusione in ogni occasione [...] e questo è il motivo per cui l'amministrazione di Washington non ci ha chiesto aerei e soldati e ci ha inserito tra gli alleati di seconda fascia: quelli che appoggiano senza partecipare, e che quindi nel momento delle grandi decisioni possono essere contattati anche dal vice presidente».

## Nella valigia per Washington

La stampa amica del presidente vede la vecchia Italia confusionaria e perciò poco affidabile, ma non vede quel che vede la stampa straniera, certamente piú ascoltata nelle cancellerie. E la stampa straniera continua a lumeggiare una nuova vecchia Italia, fatta non solo di confusionarismo, ma di illegalità e di arbitrio elevati a ragion di Stato. Il presidente del Consiglio rappresenta questa Italia, l'Italia di Berlusconi, non quella (o non solo quella) dei pasticcioni di sempre. Cosí sabato 13 ottobre, appena quarantotto ore prima della visita alla Casa Bianca, il nostro premier deve sorbirsi cose sgradevoli da un giornale, *Business Week*, che gli inquilini della Casa Bianca leggono: *Berlusconi's accidental gift to Bin Laden*, l'involontario regalo di Berlusconi a Bin Laden. È una requisitoria contro il cinismo degli italiani, di cui il cinismo di Berlusconi è la sublimazione, non l'oggetto misterioso.

Scrive Gail Edmondson, l'autore dell'articolo: «È una notizia che fa colpo. Dall'11 settembre, giorno degli attentati negli Usa, i dirigenti americani ed europei si sono affrettati ad incrementare la cooperazione internazionale nel settore delle indagini penali e dello scambio di informazioni sui conti correnti utilizzati dalle reti di terroristi, e a rendere piú severe le leggi in materia di riciclaggio di denaro sporco e di altri reati finanziari. Eppure c'è un paese che si muove nella direzione opposta, l'Italia, tra la costernazione delle autorità giudiziarie. E a guidare la carica altri non è se non il primo ministro Silvio Berlusconi. Il 3 ottobre il governo Berlusconi ha approvato una legge che rende piú difficili per i magistrati italiani le indagini sui flussi finanziari transfrontalieri sospetti. Un'altra legge approvata il mese scorso ha in parte depenalizzato il falso in bilancio, accorciato i tempi della prescrizione e ridotto le pene per i colpevoli.

«Le nuove misure sono anche un favore per i terroristi, i mafiosi e gli autori di reati dei colletti bianchi [...] I politici italiani – continua *Business Week* – si comportano spesso come se fossero al di sopra della legge, e gli italiani hanno la tendenza a prendere alla leggera i comportamenti corrotti dei loro leader. Ma proprio nel momento in cui si rinsaldano i vincoli politici ed economici dell'Europa, il comportamento di Berlusconi, teso tutto a sistemare i suoi affari, e la cinica tolleranza dei suoi compatrioti sembrano sempre piú fuori posto. Berlusconi ha gridato ai quattro venti che vuol essere il miglior alleato europeo degli americani. Ma su tutti i fronti il primo ministro italiano sembra un partner discutibile [...] Sebbene le sue parole abbiano avuto positiva accoglienza fra i suoi elettori anti-immigrati, hanno suscitato una sollevazione da parte dei leader arabi e sono state immediatamente respinte dai politici occidentali [...] Lavorando cosí assiduamente a tutela dei propri interessi, Berlusconi potrebbe favorire anche quelli di Bin Laden e dei suoi seguaci».

Gli italiani, grazie a molti dei loro giornali e giornalisti, ignorano che il loro presidente del Consiglio è l'unico «alleato» di cui si parli cosí in un paese amico, dove Berlusconi, rappresentante di un popolo che ha esaltato l'improvvisazione nella commedia dell'arte e l'illusione nell'opera lirica, si sta recando con la sua «ventiquattro ore» piena di sorprese. Piú importante di tutte, per un governo che ha fatto appena votare la legge contro le rogatorie, è un decreto contro la finanza sporca. Cosa fare di piú per dimostrare la buona fede e buona volontà italiane nella lotta a Bin Laden? Certo, si poteva fare la superprocura contro il terrorismo, come qualcuno consigliava. Ma solo a sentire parlare di superprocura, al premier e ai suoi fedeli si drizzano i capelli. E giustificano il rifiuto col fatto che in Italia l'istituto della superprocura si ricollega alla legislazione dell'emergenza. Che, si sa, chiude un occhio, talvolta, sulle garanzie o sulla retorica del garantismo. Anche se è l'unica giustizia che ha funzionato.

Invece della superprocura e degli odiati magistrati ci sarà uno strumento di esperti finanziari, il Csf o Comitato per la sicurezza finanziaria, che Tremonti ha già preannunciato a Washington il 6 ottobre ai colleghi del G7. È uno strumento di *in-*

*telligence* economica, con la collaborazione dei servizi segreti civile e militare, della Banca d'Italia, dell'Ufficio italiano dei cambi e della Guardia di finanza. L'idea è buona: il Cfs dovrebbe controllare che le varie istituzioni impegnate contro il denaro sporco (polizie, banche, magistratura) si scambino le informazioni: tutto il contrario di quel che si è appena fatto con le rogatorie, riformate appunto perché le informazioni non arrivino troppo presto. Di piú il Cfs potrà prelevare documenti, chiedere informazioni, aprire indagini, dando vita a una inedita figura di poliziotto-magistrato. Resta senza risposta la richiesta dell'opposizione, e cioè come governo e maggioranza concilino il loro garantismo nei tribunali con la concessione al Csf di poteri di sequestro dei patrimoni «in odore» di criminalità terroristica sulla base non di prove processuali ma di «dubbi motivati». Un potere sempre negato al procuratore antimafia Pierluigi Vigna, per gelosie del ministero dell'Interno, si dice. Cosí, proprio per evitare concentrazione di potere nelle mani di Vigna o di altro rigoroso magistrato, Berlusconi non ha nella valigetta per Washington una superprocura antiterrorismo che sia referente nazionale unico per la lotta internazionale a mafia, riciclaggio, terrorismo. Come invece l'Unione europea ha chiesto.

L'Unione europea richiede anche altre cose nelle settimane che verranno: chiederà (l'abbiamo accennato) che un lungo elenco di delitti sia perseguito con mandato di cattura europeo: Scajola e Castelli diranno no all'utilizzo di quel mandato di cattura per i reati di corruzione, frode, riciclaggio, spaccio di monete false e altri reati finanziari. Questo accadrà a metà novembre, un mese dopo la visita di Berlusconi a Bush. E non accadrà solo questo. Accadrà anche che il presidente del Consiglio blocchi, con lettera al Csm, l'assunzione di tre magistrati italiani presso l'Olaf, l'Ufficio europeo per la lotta alle frodi e alla corruzione. Sono i magistrati Mario Vaudano, Nicola Piacente e Alberto Perduca. Hanno vinto un regolare concorso, ma Berlusconi dice d'aver le prove che sono stati avvantaggiati nella nomina ai tempi del guardasigilli Fassino. S'infuria il commissario tedesco Franz Hermann Bruener, responsabile dell'Ufficio: «Quest'Ufficio – replica all'insolente premier – non può sollecitare né accettare istruzioni da alcun governo, istituzione, organo o organismo, nell'adempimento delle indagini e nelle procedure di reclutamento e di nomina dei dirigenti e funzionari dell'ufficio». Come dire, qui non si accettano raccomandazioni, chi vince i concorsi e viene qui non è raccomandato. E a Roma il Csm commenta: «Sembra spaventare la prospettiva di un organismo europeo che indaghi sui reati di frode e corruzione».

Completamente allergico a ogni impegno di carattere giuridico e giudiziario che riguardi la sfera degli affari, Berlusconi dunque arriva alla Casa Bianca glissando sulla guerra finanziaria; o, meglio, forte solo del Csf di Tremonti; e promette a Bush «truppe navali» (dice proprio cosí) nonché aeree e terrestri. Nella conferenza stampa che segue ai quaranta minuti di incontro nella Sala ovale, dice: «Noi siamo qui non solo per portare la testimonianza del dolore che l'Italia ha provato per l'attentato dell'11 settembre, ma per essere vicini agli Stati Uniti con sostegno morale e materiale». Insieme all'impegno militare nello scacchiere afghano, un probabile afflusso di nuovi reparti italiani nei Balcani, per sostituire gli americani che partiranno per l'Afghanistan. E poi collaborazione di *intelligence*, per la lotta al terrorismo sia sul piano interno che finanziario. Bush – assicura Berlusconi – ha molto apprezzato l'istituzione del comitato presso il ministero del Tesoro per il controllo dei flussi finanziari. A sua volta Bush, lo presenta ai giornalisti come «uno dei migliori amici degli Stati Uniti». Contentissimo Berlusconi «per come sono stato accolto e per il clima di grande amicizia e fiducia».

Sornione, il *Wall Street Journal* aveva scritto la mattina dell'incontro: «Col tempo, Bush potrebbe trarre beneficio dall'avere Berlusconi come premier. Sono entrambi ex uomini di affari, con un istinto profondo per il liberalismo del libero mercato, e che hanno il forte sostegno delle loro nazioni. Il leader che ha provocato uno scandalo sostenendo la "superiorità" della civiltà occidentale, va a Washington per incontrare il leader che ha creato una polemica solo leggermente minore, invocando una "crociata" contro il terrorismo».

## Quanti casi: Michel, Ruggiero, Fini

Se Bush, dopo un broncio durato piú di un mese (l'unica ed ultima telefonata fra i due leader risaliva al 13 settembre) decide di porre termine alla Canossa, in Europa c'è tutt'altra aria. Aria di quarantena per il premier italiano che entra a zaffate nelle stanze romane e le avvelena. A Bruxelles, a Parigi, a Berlino, a Londra, il viaggio di Berlusconi a Washington non ha modificato l'opinione di quelle cancellerie, ma in Italia essa viene imputata non al premier, ma ai suoi collaboratori, a cominciare da Ruggiero.

Le beffe post-Washington partono da personaggi decisamente minori, come il ministro degli Esteri belga Louis Michel, il cui premier è anche presidente di turno dell'Unione europea. Gli chiedono di dare i voti ai governanti europei, e lui, quando arriva Berlusconi, gli dà zero. La destra insorge contro Ruggiero che non tutelerebbe abbastanza il premier in Europa (ma l'obiettivo vero è un altro: rendere libera la poltrona della Farnesina). Ruggiero insorge a sua volta, ma contro i belgi, come è ovvio: pretende le scuse e, nell'attesa che vengano e siano giudicate soddisfacenti, raccomanda a ministri e diplomatici italiani «la massima freddezza con i belgi». Le scuse arrivano, dopo quelle di Michel giudicate insoddisfacenti, e portano la firma di Guy Verhofstadt, presidente del Consiglio belga, che scrive a Berlusconi in italiano. Ma nel frattempo il gioco di società inventato dal perfido Michel è piaciuto e si va diffondendo. Cosí anche Laurette Onkelinx, vice presidente del Consiglio belga, si fa professoressa; e, avendo dato zero ai talebani, migliora la classifica di Berlusconi portandolo a uno.

Ci si chiede se sia solo un modo di passare il tempo in piccoli paesi grigi, afflitti da complessi. Ma quando Chirac, prima che si inizi il vertice europeo di Gand, invita Blair e Schröder a un incontro a tre, si comincia a pensare che dietro a Michel e a Onkelinx ci siano altri e piú importanti personaggi. Posto che l'Italia è uno dei quattro «grandi» dell'Unione europea, ha parità di voti con gli altri tre in Consiglio dei ministri, fa parte come gli altri tre del G7 nonché del «Gruppo di contatto per i Balcani» con gli Stati Uniti, perché è stata esclusa da quell'incontro, che ha l'aria di voler risuscitare un direttorio europeo? Il premier incassa malissimo, fa sapere che lui sta incontrando Aznar e gli altri popolari europei e che non ha tempo per partecipare a incontri a tre... Ma Ruggiero sta per rimetterci le penne, preso nel fuoco degli americani, per la ricordata gaffe sulla «guerra breve», e del nucleo duro di Forza Italia che se ne vuole sbarazzare. La gaffe («speriamo che la guerra finisca al piú presto») è di soli due giorni dopo la visita del premier a Washington, in una riunione dei ministri degli Esteri a Lussemburgo. Salta il *Wall Street Journal*: «La dichiarazione del signor Ruggiero, che ha stupito alcuni diplomatici americani a Roma, è la prima chiamata alla "fine delle operazioni" che provenga da uno dei maggiori alleati della Nato».

In verità Ruggiero ha detto: «Importante è che le operazioni militari finiscano al piú presto raggiungendo i loro obiettivi», ma i suoi nemici, Cossiga in testa ci vanno giú pesanti. Qualcuno rivaluta le estemporaneità di Cossiga che l'ha definito «coniglio Rocky», «inafferrabile ministro degli Esteri»; qualche altro scrive rappresentando il «pachidermico ministro» come «troppo indaffarato a consultarsi con qualche loggia d'affari e a consigliare la politica estera degli Agnelli piuttosto che quella dell'Italia», sicché «lascia che il capo del governo prenda un ceffone un giorno sí e un giorno no».

*Arcana imperii*, ma arcani di un piccolo paese provinciale qual è diventata l'Italia di Berlusconi, che ha rimesso l'orologio della storia indietro a prima della caduta del Muro di Berlino, ed è fuori gioco da settimane. L'affondo anti Ruggiero dell'unico giornale americano vicino a Palazzo Chigi aizza i sospetti di congiura, come s'addice a qualsiasi paese nelle fasi della decadenza. «L'attacco del quotidiano statunitense a Ruggiero – scrive *la Repubblica* – avrebbe origine in ambienti della presidenza del Consiglio, dove alcuni esponenti di Palazzo Chigi, piú realisti del re, starebbero manifestando malumore nei confronti del ministro degli Esteri.»

Altri, come *L'Espresso*, si mettono a monitorare le tv del Cavaliere, per dimostrare, anche per quella via, quanto si ha poco gradito il ministro degli Esteri al vertice di Forza Italia e del governo stesso. Si scopre che, dall'attacco alle Due Torri dell'11 settembre fino al 2 novembre, Ruggiero ha parlato in video davanti ai microfoni di Arcore per un minuto e quarantasei secondi, cenerentola delle presenze, contro i quarantatré minuti di Fini, venti di Martino, diciannove di Alemanno e tredici della signora Moratti. Né manca chi in questo bailamme tra viaggi a Washington ritardati, zero in profitto, esclusione dal vertice di Gand, arzigogola di un non lontano «buen retiro» di Ruggiero all'Onu a dirigere l'azienda per la ricostruzione dell'Afghanistan. Nientemeno: con quelle parole, «importante è che la guerra finisca al piú presto», Ruggiero non sarebbe affatto caduto in una gaffe, ma avrebbe usato una *captatio benevolentiae* verso i paesi interessati ad avviare l'opera di stabilizzazione in Afghanistan. E chi lo sostituirebbe alla Farnesina? C'è chi pensa a Fini spedito da Berlusconi a Washington una settimana dopo il suo ritorno, per primeggiare in *tuxedo* e farfallino nero al galà degli italo-americani. Perfino il liberal *Washington Post* ne sarebbe rimasto *enchanté*: «È stato Gianfranco Fini, vice premier dell'Italia, a conquistare la scena, con il suo appassionato sentimento di unità ed amicizia per gli Stati Uniti». E all'inizio del 2002, dimissionato Ruggiero, la successione di Fini apparirà ad An e Biancofiore un mezzo per allentare la morsa del Cavaliere sugli alleati. Ma torniamo al mistero di Gand.

## Gand, periferia di Waterloo

Il vertice dei capi di governo europei nella città belga di Gand, col prevertice a tre Chirac-Blair-Schröder che escludono Berlusconi, si svolge nelle stesse ore in cui al capo opposto del mondo, nella metropoli cinese di Shanghai, s'incontrano i presidenti di Stati Uniti, Cina e Russia, presenti Giappone, Australia e altri sedici paesi del Pacifico. Dopo mezzo secolo di divisione del mondo tra occidentali e comunisti e di partenariato euroamericano, tutto sembra ribaltarsi di fronte all'utilità di nuove convergenze fra i supergrandi. L'Unione europea, con dichiarato rammarico del presidente della commissione Romano Prodi e del suo ministro degli Esteri Javier Solana, non ce la fa ad essere il quarto grande, anzi l'Europa dei 15 rischia ora di diventare dei 3 + 12.

A Gand, città non lontana dal campo di battaglia di Waterloo, l'appuntamento è per le ore 15 del 19 ottobre, e l'agenda è fitta: 1) *terrorismo*, per decidere sul mandato d'arresto europeo e sulle task force contro il rischio chimico batteriologico, 2) *guerra*, per gli interventi militari in Afghanistan e le pressioni in Medio Oriente dove i palestinesi hanno appena ucciso un ministro di Sharon; 3) *euro*, con relazione di Solbes sul passaggio alla moneta comune; 4) *crisi economica*, con prospettiva di ripresa ritardata al secondo semestre del 2002; 5) *riforme istituzionali*, anche in vista dell'allargamento dell'Unione ad altri paesi e della Convenzione per redigere la Costituzione politica dell'Europa. Un'ora prima dell'inizio dei lavori, Chirac si riunisce con Blair e Schröder che ha invitati a colazione.

I commentatori italiani sono allocchiti. Per i retori, Gand passerà alla storia (si fa per dire) come «lo schiaffo di Gand». Per i drammatizzanti, «è la fine della politica estera e di sicurezza europea», cominciata l'11 settembre quando Chirac e Blair corsero in aiuto dell'America senza sentire né gli alleati europei né la Nato. Per Berlusconi, l'evidente insofferenza e disistima della Francia nei suoi riguardi è soltanto una «meschineria» di Chirac. Ma non rinuncia a fargli la predica, con gli stessi argomenti che usa nei comizi per le platee italiane: «Ma si rende conto Chirac che cosí fa il gioco di Jospin e Schröder, cioè delle sinistre europee continentali, diffidenti verso il piú forte paese europeo guidato da un popolare?». (E gli italiani immaginano il capo di un paese come la Francia cartesiana, che fa politica nel terzo millennio con categorie come «fare il gioco della sinistra», e altre consimili, da piccolo propagandista di provincia?)

Qualcuno azzarda la spiegazione del risentimento: i tre si sarebbero riuniti senza l'Italia perché il nostro paese, che col governo Amato s'era impegnato ad acquistare aerei da trasporto militare del consorzio europeo Airbus, sta facendo marcia indietro: c'è Ruggiero che vorrebbe mantenere gli impegni e Martino che vorrebbe disdirli. Ma al vertice non era invitato neanche Aznar, eppure la Spagna mantiene i suoi impegni per l'Airbus. Qual è allora la vera ragione di questo risorgente direttorio? Da Parigi per indorare la pillola, fanno sapere che l'incontro era limitato ai tre paesi che Bush, nell'annunciare l'8 ottobre l'attacco ai talebani, aveva espressamente citato come già schierati sul campo di battaglia affianco agli Stati Uniti. A Roma, Cossiga non indora per niente la pillola e dice senza eufemismi: «Comincio a rimpiangere il tempo in cui con D'Alema a Palazzo Chigi e Scognamiglio alla Difesa l'Italia faceva parte del club dei grandi».

È a questo punto che arrivano a Berlusconi due ciambelle di salvataggio: una per la sostanza, da Rutelli, l'altra, per lo spettacolo, da Ferrara. Il consigliere «frondista» di tante occasioni, appunto Ferrara, gli ha già consigliato di recuperare l'amicizia degli arabi andando in Parlamento a dire: «Degli arabi sono amico, non potete impaccarmi ad una parola sbagliata». Il premier cancella l'aggettivo «sbagliata» e va in Parlamento a ripetere la battuta di Ferrara: «Non potete impiccarmi a una parola». Ora Ferrara ha un'idea per recuperare l'amicizia con l'America (che è sempre in freddo come dimostrano i giornali americani nei quali la visita del premier a Washington è passata inosservata). Una manifestazione di popolo, – scrive sul *Foglio*, – quasi l'antimarcia Perugia-Assisi, con tante bandiere americane, e Berlusconi che fa il discorso da statista amico dell'America. Il premier è colpito, gli alleati perplessi: ad An, Biancofiore e Lega non piace granché un capo del governo che promuove, sia pure attraverso il suo partito, a sua volta sollecitato da un giornale, una manifestazione di piazza dietro bandiere di un altro paese. Dopo quattro giorni Berlusconi accetta. «È una grande vittoria, – esplode Ferrara, – ci saranno le bandiere americane. Per una volta non saranno bruciate, ma sventolate. È questo il Cavaliere che ci piace: spontaneo, intelligente, deciso». La manifestazione si terrà a piazza del Popolo l'11 novembre (due mesi dopo l'attacco all'America).

L'altra ciambella arriva da Rutelli, e sembra sia molto gradita a Ciampi, tessitore di intese bipartisan. È un esplicito invito al Cavaliere: chiedici solidarietà in politica estera e l'avrai. Scrive Rutelli:

Perché si arrivi a definire un orizzonte condiviso della politica estera italiana è necessario confrontarsi senza reticenze ne infingimenti con la situazione di impasse che l'Italia sta vivendo a livello internazionale.
Non possiamo nasconderci, infatti le perplessità destate nelle ultime settimane da certe azioni di governo, che costituiscono la sostanza stessa di come l'Italia si muove e viene percepita sulla scena internazionale.
I proclami di superiorità sulla civiltà islamica, il silenzio della stampa americana sui contenuti della visita del presidente del Consiglio a Washington; le polemiche che ancora ieri riempivano la prima pagina del *Wall Street Journal* a proposito del sostegno italiano all'azione militare in Afghanistan; l'esclusione del nostro paese dal prevertice europeo di Gand e, ancora, le uscite di alcuni esponenti della coalizione di governo, come quelle di Speroni sulla chiusura delle frontiere ai musulmani.
Un elenco rapsodico di atti che stanno costando caro all'Italia faticosamente riaffacciatasi negli ultimi anni, grazie al governo di uomini come Ciampi, Dini, Prodi, D'Alema e Amato, a quel prestigio internazionale che storicamente le spetta.
Si impone, dunque, una decisione chiara da parte del governo: quella tra un'impostazione che porti il segno soltanto della maggioranza arroccata nelle sue responsabilità (mi sembra, a esempio, che sia questa la cifra di iniziative come quella di manifestazioni governative di piazza che, se non strumentali o addirittura pericolose, risulterebbero inutili) e un orizzonte solido e condiviso, invece, di convergenza aperta e leale sulle scelte della politica estera italiana.
Se questo fosse l'orientamento del governo, in un momento cosí grave, siamo pronti a tendere la mano, in nome del bene della na-

zione, come abbiamo saputo fare anche in Parlamento, non sottraendoci alle nostre responsabilità.

In concreto affrontare insieme le prossime sfide internazionali significa riprendere con energia l'iniziativa nei paesi dell'area del Mediterraneo, lavorando per rafforzarne la stabilità e la tenuta democratica e dando impulso a un proficuo dialogo culturale, economico e politico; giocare d'anticipo con l'Europa per una soluzione del conflitto israelo-palestinese [...]; rafforzare la nostra presenza nei Balcani, che resta fondamentale nel cammino democratico dell'area; impegnarsi, infine, per accrescere l'efficacia dell'azione delle Nazioni Unite, senza interrompere l'uso della forza nella lotta della coalizione contro il terrorismo, rafforzando il *framework* anche giuridico delle capacità intrusive contro la rete criminale dei terroristi. [...]

Se il governo sarà capace di questo coraggio, l'opposizione farà la sua parte senza riserve perché l'Italia venga ascoltata e rispettata come merita.

Alla fine il governo si ridesta dal tramortimento e approva un decreto legge antiterrorismo in quattro punti: viene definito il reato di «terrorismo internazionale», che consentirà di punire chi prepari in Italia attentati da compiere in altri paesi, si autorizzano le forze dell'ordine ad intercettare comunicazioni telefoniche o via Internet a scopo preventivo e senza previa autorizzazione del magistrato (come già si fa nella lotta alla mafia); si consente agli 007 di realizzare operazioni non convenzionali «sotto copertura», infiltrando gruppi eversivi e ritardando arresti per raccogliere altre informazioni sui complici; si consente agli agenti sotto copertura di circondare edifici e interi isolati per perquisirli e cercarvi terroristi o fiancheggiatori.

Il decreto appare organico e le pene adeguate. La reclusione andrà da 7 a 15 anni per chi promuove organizza o finanzia anche indirettamente associazioni con finalità di terrorismo all'estero. Il decreto non fa distinzione tra fronte interno e fronte internazionale, perciò prevede un giro di vite (reclusione fino a quattro anni) per chiunque, fuori dei casi di favoreggiamento, «dà rifugio o fornisce ospitalità, mezzi di trasporto, strumenti di comunicazione ai terroristi». Resta da capire se le prove raccolte dagli agenti al di fuori delle regole garantiste (sempre pretese dal Polo e sempre concesse dall'Ulivo) potranno essere utilizzate oltre che per proseguire le indagini, anche in dibattimento. Allo stesso modo ci si domanda come una simile disciplina possa conseguire pienamente gli obiettivi nonostante le nuove norme sulle rogatorie internazionali, strumento principe finora nella lotta ai delitti dei colletti bianchi, dei mafiosi e dei terroristi, che si realizzano quasi sempre su scala nazionale.

## A Ognissanti finisce la quaresima

Ma non basta neanche il decreto antiterrorismo a recuperare credibilità fra gli alleati. Siamo a fine ottobre. Cinque milioni d'italiani si mettono in macchina per festeggiare il ponte dei Santi, mancano poco piú di dieci giorni all'11 novembre data fissata per l'adunata forzista per l'America, i colloqui fra tecnici militari americani e italiani per quantificare e qualificare la nostra partecipazione alla guerra si sono conclusi (ne parleremo tra poco). Ma sul piano diplomatico tutto resta come prima. Anzi, si rischia addirittura il pregiudizio.

Succede questo. Tony Blair, reduce da una deludente missione in Medio Oriente, sulla via di casa fa una toccata e fuga a Genova, e ne mette al corrente Berlusconi. Ma evita di informare il collega italiano che a Downing Street 10, la sera del 4 novembre, si vedrà a cena con Chirac e Schröder. Quando poche ore dopo lo saprà, Berlusconi resta di sale. Dopo Gand, Londra? La notizia si sparge come un fulmine perfino fra gli italiani del «ponte», Berlusconi non riesce a trovare una giustificazione plausibile, e di fronte ad un'opposizione che vede in questi schiaffi la reazione delle scelte legislative del premier e gli contesta di portare il paese all'isolamento, se ne esce con un'altra storica frase: «La sinistra è antipatriottica». Eppure ha in tasca la lettera di Rutelli che gli offre piena solidarietà in politica estera.

La macchina di Palazzo Chigi gira a tutta forza, Downing Street è bombardata di telefonate che chiedono di aggiungere un posto a tavola per il nostro premier. Se continuate ad escluderci – dice in sostanza Roma a Londra – l'Italia non potrà piú affrontare con serenità l'impegno assunto con gli Stati Uniti, di mandare truppe navali, aeree e terrestri verso il Mare Arabico o nei Balcani. Londra nega che ci sia alcuna intenzione di fare o stabilizzare un direttorio a tre (che comunque non avrebbe alcuna giustificazione). Blair vuole soltanto informare Chirac e Schröder dei risultati della visita in Medio Oriente, cosa di cui s'è già parlato con Berlusconi a Genova. Ma Roma non è persuasa, e soprattutto diventano preminenti, stavolta, i problemi di immagine del premier, proprio nel momento in cui dall'America arriva l'ok all'offerta di aiuti militari italiani. Tale offerta – ricordano gli italiani a Downing Street – impone al governo di tornare in Parlamento, che deve deliberare lo stato di guerra. Come può il capo del governo presentarsi al Parlamento per dire «andiamo a combattere», mentre gli alleati europei non gli concedono neanche una cena? Non è bastato che gli Stati Uniti (e i suoi alleati piú pronti), dall'11 settembre abbiamo snobbato l'Unione europea e marginalizzato la Nato?

Naturalmente Londra spiega che è un equivoco, che soltanto dopo la sosta di Genova Blair ha saputo che Chirac voleva un incontro a tre prima di recarsi anche lui a Washington e New York. Ma Roma non ci crede, sostiene che Blair sapesse già tutto e che con la fermata di Genova avesse inteso tacitare Berlusconi. Palazzo Chigi dice che non riesce a capire come proprio il capo della destra francese sia il piú antipatizzante verso il capo della destra italiana (quasi non fosse noto – per quel che le ideologie valgono in politica estera – che Chirac è l'erede dell'antifascista De Gaulle e Berlusconi è lo sdoganatore degli eredi della Repubblica sociale). Non meraviglia la freddezza (sia pure non enfatizzata) di Schröder, ma colpisce che il premier spagnolo Aznar, «popolare» come Berlusconi, abbia un rapporto preferenziale col «socialista» Blair: sicché la tesi berlusconiana di una congiura dei socialisti europei non sta piú in piedi. L'incompatibilità è tutta interna al rapporto tra Chirac e Berlusconi, e non tocca minimamente il terzo esponente della destra, Aznar. Tant'è che quando Blair, per evitare ulteriore tensione nell'alleanza, persuade Chirac e Schröder a invitare Berlusconi alla cena di Downing Street, l'invito viene esteso ad Aznar e al primo ministro belga, che è presidente di turno dell'Unione, nonché a Solana, che ne è il commissario agli Esteri. Cosí la cena a tre diventa non a quattro ma a otto (c'è anche Jospin). Comunque, si dice a Roma, meglio in folta compagnia che in castigo a Portofino, dove il premier sta trascorrendo l'amaro week-end d'Ognissanti e chiacchiera con Maurizio Raggio, il contestato partner d'affari di Craxi e della contessa Vacca Agusta.

La quarantena è finita. «Altro che direttorio, altro che intenti punitivi contro di me», esulta per la platea Berlusconi. «È vergognoso che la sinistra si permetta di dire che vengo escluso da un vertice perché abbiamo varato la legge sulle rogatorie. Questa sinistra è davvero allo sbando, mai una volta che abbia in mente gli interessi del paese, è sempre smentita dai fatti.» In verità, Berlusconi aveva dovuto urlare a telefono (vecchia abitudine da imprenditore) direttamente con Chirac, ponendo la questione personale. Lo stesso portavoce Bonaiuti, edulcorando, comunica: «Proprio come avevamo detto fin dal primo momento, non c'è stato nessun caso, nessuna esclusione dell'Italia. Sabato sera Berlusconi e Chirac si sono parlati al telefono cordialmente, e stamattina [4 novembre] Blair ha chiamato il premier per invitarlo a cena».

Tutti contenti, soprattutto Ciampi, che qualche settimana dopo, parlando al Bundestag a Berlino, sentenzia: «Piú Unione europea e meno fughe in avanti». Anche Ruggiero si mostra contento, niente problemi, tutto ok. Gli chiedono, in un'intervista a cavallo fra il tanto atteso «via libera» americano ai nostri aiuti e la cena delle beffe:

*Tardivo il via libero americano agli aiuti militari italiani?*
No, sono i tempi naturali, anche i tedeschi sono nella nostra stessa situazione. Abbiamo offerto la nostra disponibilità per fornire alcuni mezzi militari, ne abbiamo discusso il tempo necessario, poi i nostri militari e quelli americani hanno approfondito sul piano tecnico.
*Nessun problema politico, dunque?*
No, non c'è nessun contrasto tra il ministro degli Esteri e quello della Difesa o col presidente del Consiglio. Al contrario, c'è un grande lavoro di squadra.
*E il conflitto sull'Airbus?*
Parlerei di equivoci. Spero che si riescano a tenere insieme gli aspetti politici di cooperazione europea e la validità intrinseca del progetto. Voglio fare non un accordo bidone ma un accordo valido in sé, con l'intesa piena dei militari e del ministro della Difesa.
*Allora non siamo piú in serie B?*
Aveva fatto male chi ha parlato di direttorio a Gand [...] Non c'è un'Europa a due velocità, ma c'è un cantiere Europa [...] Comunque, se torniamo al caso che c'interessa, la guerra al terrorismo, da Gand a Londra la cooperazione è migliorata. Nella città belga erano tre paesi a riunirsi, in Gran Bretagna Tony Blair ne ha invitati cinque piú la presidenza di turno belga dell'Europa e Javier Solana [...] È un progresso oppure no? Se non ci fosse stata la decisa azione italiana dei giorni scorsi, questo progresso non ci sarebbe stato.

Dove «decisa azione italiana» va letta «decisa azione della Farnesina». E forse anche del Quirinale, e di poteri extrapolitici. A parte la telefonata «cordiale e amichevole» tra Berlusconi e Chirac.

## Dilemma italiano: fare la guerra o far finta?

Arrivato finalmente l'ok dagli Stati Uniti all'offerta italiana di truppe navali, terrestri e aeree, il ministro Martino si affretta a guadagnar tempo, corregge la sua prima stravagante opinione che per decidere lo stato di guerra si possa anche non passare per il Parlamento, precisa che «l'intervento potrà comunque aver luogo solo dopo il previsto imminente passaggio parlamentare», aggiunge cautela a cautela dicendo qua e là informalmente che l'accettazione americana non significa che i nostri militari saranno effettivamente chiamati a intervenire: potrebbero anche essere tenuti di riserva, da utilizzare se necessario.

L'armata italiana sarà composta dalla portaerei Garibaldi, da due fregate di scorta e da una nave da rifornimento; da 8 caccia Tornado da ricognizione, un Boeing 707 da rifornimento e un C130 da trasporto tattico e logistico. Quanto a truppe di terra, promettiamo: 116 carabinieri paracadutisti del reggimento Tuscania, 390 uomini e 30 mezzi del reggimento blindato Centauro, da 122 uomini del Genio, da una compagnia di difesa Nbc (nucleare, batteriologica, chimica), da quattro gruppi di bonifica delle mine, da una unità logistica e da quattro elicotteri Mangusta A 129. Non è poco per l'Italia, anche perché sulla Garibaldi sono imbarcati 16 aerei da combattimento Harrier II, elicotteri Agusta Bell e Westland, nonché missili Teseo, Albatros e Dardo, mitragliere contraeree Breda e lanciarazzi Sclar. Nota in rosa: sarà possibile che del contingente, tutti volontari, facciano parte alcune donne soldato.

Siamo ai primi di novembre e nessuno pensa che l'Alleanza del Nord, ferma da settimane sulla linea del fuoco, osteggiata dal Pakistan per questioni etniche, bloccata in attesa che la grande alleanza internazionale riesca a comporre un governo post-talebano con tutte le rappresentanze tribali, stia per dilagare di lí a qualche giorno fino alla strategica Mazar el Sherif e giú a valanga su Kabul, Jalalabad e il resto del paese. In Italia, pertanto, si discute di come partecipare effettivamente a questa guerra, fortemente voluta dalla maggioranza (coi mal di pancia dissimulati di leghisti, postfascisti e cattopacifisti) e dall'opposizione (coi i mal di pancia non dissimulati di verdi, comunisti, rifondazionisti e sinistra diessina). Il problema è serio, perché, come sempre in Italia, i cuori «sono in alto», ma i conti sono in basso: ossia, non ci sono uomini, e nemmeno cartucce, e forse anche le navi sono un po' andate. S'era parlato di dissidi tra il ministro Martino e il capo di stato maggiore della Difesa, Rolando Mosca Moschini: il quale, forse per non essere poi accusato come Badoglio d'aver tenuto nascosto al Duce che l'esercito era impreparato alla guerra, aveva fatto presente la reale situazione militare del paese: beccandosi il già ricordato rabuffo di Cossiga, grande collezionista di soldatini di piombo come Gronchi lo era stato di trenini elettrici (il Quirinale ha spazi grandi per giocare). Pare che i dissidi iniziali tra il generale e il ministro fossero poi rientrati, entrambi contenti che l'America ci avesse finalmente degnato di attenzione ed entrambi preoccupati di come dimostrare adesso all'America che l'Italia non fa ancora un volta un bluff, che Martino non ha venduto aria fritta al collega Donald Rumsfeld.

L'Italia, al momento di entrare in guerra, ha 8500 uomini (tutti volontari) destinati a missioni all'estero, soprattutto nei Balcani. Dieci anni prima, lo aveva detto a suo tempo il generale Angioni impegnato in Libano, la capacità di proiezione militare all'estero era solo di 2500-3000 uomini. Oggi – dice Martino – è di 8500, «ai quali dovremo ora aggiungere circa 3000 in Afghanistan». Una metà di questi è formata dagli equipaggi delle navi, l'altra metà dai reparti che abbiamo ricordato. Ma il fatto è che gli 8500 che stanno per il mondo, sono stanchi, hanno riposi ogni 5 o 6 mesi e poi ripartono. Hanno paghe, i soldati, di 1 milione e 600 mila lire al mese, contro i 3 milioni di un volontario inglese. Ma il generale Arpino, intervistato da Enzo Biagi a «Il Fatto», corregge: i soldati hanno la stessa paga degli altri eserciti, sono gli ufficiali a non reggere il confronto coi pari grado alleati). Insomma, piaccia o non piaccia a Cossiga, quando Mosca Moschini dice che siamo prossimi al «logoramento» delle risorse umane dice la verità. Fino al punto che quando il ministro dell'Interno Scajola ha chiesto alle forze armate 4000 soldati da aggiungere alle forze di polizia per il presidio degli «obiettivi sensibili» nel paese, s'è visto mandare quasi altrettanti giovani di leva, non essendoci piú professionisti, e s'è sentito dire dai prefetti che quei 4000 sono comunque pochi, non bastano.

Questa situazione è stata prospettata dallo stato maggiore fin dalla primavera del 2001, in un «libro bianco» che ammonisce sulla capacità italiana di assumere altre missioni all'estero, senza cadere nel duplice rischio di stancare gli uomini e lasciare indifeso il paese. Naturalmente, il «libro bianco» ha anche l'obiettivo non dichiarato di sollecitare, per il 2002, una Finanziaria piú generosa verso la Difesa: per la quale, solite dolenti note, il contribuente francese spende 850 mila lire l'anno, quello tedesco 570 mila lire e quello italiano 370 mila. Una parte dello scontro, che ormai da piú di due mesi si svolge tra Martino e Ruggiero sul nuovo Airbus europeo, nasce proprio da queste cifre. È consapevole dello stato finanziario della Difesa il ministro Ruggiero? Il governo percepisce nella sua interezza che, oltre a trovare i soldi per la guerra in Afghanistan, c'è un piú grosso problema, l'ammodernamento delle Forze armate?

Non ho visto fin ora questa consapevolezza – dice con la consueta durezza Martino (*Corriere della sera*, 10 novembre). – Esiste un problema di destinazione di risorse alla Difesa e devo dire che il governo ha fatto un notevole sforzo. Ma c'è bisogno di molto di piú.
*Perché non vuole l'Airbus?*
Qualcuno ha ironizzato sulle spaccature nel governo. Non c'è alcuna spaccatura ma un dibattito fisiologico tra chi sottolinea le esigenza della Difesa e chi ha in mente altre esigenze, di politica estera o industriale […] Dobbiamo comprare aerei da trasporto per non usarli? […] Non abbiamo soldi per far volare gli aerei che abbiamo e ne compriamo altri?
*La posizione del ministro Ruggiero è opposta. Ne avete parlato tra voi?*
Con Ruggiero abbiamo un ottimo rapporto di stima e fiducia. Lui è preoccupato per i riflessi di politica estera, il ruolo dell'Italia. Io per la difesa. Vedremo di trovare una sintesi […] Se carichiamo l'aeronautica di aerei da trasporto non potremo chiedere le risorse per le cose che all'aeronautica servono davvero, a cominciare dai caccia […] Volessero comprare gli Awacs per la protezione dello spazio aereo, li vorrei subito. E c'è il problema dell'addestramento: visto che abbiamo puntato sull'esercito professionale, bisogna addestrare i soldati al meglio. Quando vengo a sapere che in addestramento non si possono usare munizioni perché costano troppo e poi si spendono soldi per altre cose, mi sembra una follia.

Cosí l'Italia apprende dal ministro della Difesa che siamo sempre ai tempi di Mussolini: non ci sono pallottole per sparare in addestramento. E non piange solo l'aviazione o l'esercito. Piange anche la Marina. L'ammiraglia, il gioiello della flotta, il biglietto da visita nel Mare Arabico, appunto la portaerei tascabile Garibaldi, si avvia all'età della pensione. Anzi, nei giorni delle suppliche a Washington, affinché ci arruoli nella guerra insieme a francesi, inglesi e tedeschi si temeva che la Garibaldi fosse malata. *La Repubblica* del 7 novembre parla di «giallo della Garibaldi»: «La nave è attualmente in rada a Taranto, nella base del Mar Grande. Ieri l'imbarco dei missili è stato terminato e la nave risulta a pieno carico e quindi pronta per un'eventuale missione. Ma gli ufficiali si sono impegnati tempo addietro per una esercitazione nel Mediterraneo in cui era previsto l'impiego di missili; e l'armamento potrebbe essere finalizzato proprio a questa missione». Soliti misteri italiani della vigilia, presto superati dai fatti: la Garibaldi fa le manovre nel Mediterraneo e poi va in Afghanistan. Ma la Marina ha dovuto smentire un'avaria alla nostra ammiraglia, diffondere un comunicato per dichiarare che «la nave è in piena efficienza operativa».

Parte domenica 18 ottobre per arrivare quindici giorni dopo davanti alle coste del Pakistan. Pare che le navi non avranno difficoltà a trovare un'area in cui operare. Tutto il contrario per l'aeronautica, che, mentre la guerra si dirige verso l'ultima roccaforte meridionale dei talebani, Kandahar, non ha ancora una base, nel teatro bellico, in cui sistemarsi. Ufficiali inviati in ricognizione sono tornati a Roma con informazioni deludenti. Nelle ospitali repubbliche ex sovietiche a nord dell'Afghanistan – Uzbekistan, Turkmenistan e Tagikistan – non ci sono aeroporti, ma soltanto piste prive di hangar, torri e luci. A sud dell'Afghanistan – Oman ed Emirati Arabi – le basi ci sono ma sono zeppe di aerei inglesi e americani. Perciò, per i nostri Tornado, o si chiede un po' di posto agli alleati angloamericani nei confortevoli aeroporti del sud, oppure si va a nord a costruire non diciamo aeroporti ma qualche struttura elementare, metti una torre di controllo, qualche alloggio per gli aviatori, un po' di luci affianco alle piste per quando fa notte. Però passerebbe tempo, si arriverebbe oltre l'aprile 2002. È vero che la guerra sembra ormai finita ma i Tornado possono essere utili anche dopo, si dice.


## I «carabinieri della Farnesina»

Per fortuna ci sono i carabinieri, che, ancor prima di essere promossi dai governi dell'Ulivo «quarta arma», affianco a Esercito, Marina e Aeronautica, erano già efficienti di loro. I generali americani che li hanno visti all'opera in Bosnia e Kosovo li vogliono in Afghanistan, essendo bravi tanto come soldati quanto come poliziotti. Ora che l'Alleanza del Nord ha dilagato in tutto l'Afghanistan, sulle piste spianate dalle superfortezze volanti e dalle superbombe a scoppio sotterraneo, quei carabinieri potrebbero sostenere il nuovo governo. Ne sarebbe contenta anche l'Onu, che non ce la fa a organizzare un suo corpo di caschi blu, e per questo chiede ai paesi che possono (come l'Italia) di mandare i loro uomini come se fossero uomini dell'Onu. Il compromesso – ricorda Martino – è il pane quotidiano della politica.

«I soldati del contingente internazionale devono entrare a Kabul con compiti di stabilizzazione – dice Kofi Annan – subito dopo la risoluzione del Consiglio di sicurezza.» Quindi spiega a Renato Ruggiero il problema dei paesi musulmani, che si sono dichiarati disponibili a inviare reparti per il contingente internazionale (Turchia, Indonesia, Marocco, Bangladesh) ma non hanno mezzi per poterli trasferire in tempi stretti. Gli unici a poter affrontare la situazione creata dalla guerra lampo degli antitalebani sono, oltre gli Stati Uniti e la Gran Bretagna già presenti in Afghanistan, i tre paesi europei che si sono offerti con Bush di partecipare; Francia, Germania e Italia. Schröder ottiene per soli due voti la fiducia del Parlamento rischiando la crisi di governo con i verdi. Berlusconi il voto lo ha già avuto, e quindi proprio qualche reparto italiano potrebbe cominciare ad aggiungersi ai cinquemila britannici da tempo ammassati in Oman. «Va bene, – risponde Ruggiero, – i nostri carabinieri sono pronti a partire. Non bisogna far passare giorni che porterebbero a vendette o faide tra le fazioni antitalebane.» Ma è proprio quello che l'Alleanza del Nord non vuole.

Comunque, di quali carabinieri parla Ruggiero, i carabinieri della Farnesina? Martino è sarcastico. Non è presente in Consiglio dei ministri, come non è presente Ruggiero che ha impegni all'estero. I carabinieri, è chiaro, sono di Martino. È anche chiaro che il linguaggio di Kofi Annan, rilanciato da Ruggiero e cioè partire subito, non è il linguaggio dell'alto comando di Tampa rilanciato da Martino: e cioè tutto deve svolgersi secondo i piani prestabiliti. Nessuna accelerazione, nemmeno per i carabinieri. Del resto le situazioni cambiano dall'uno all'altro osservatorio e in ciascun osservatorio di ora in ora. È la guerra dell'Afghanistan, «diversa da tutte le altre», l'aveva detto Bush. Ma la guerra personale tra Martino e Ruggiero (per non parlare delle altre) complica le cose in Italia. E poiché si dice (ma non è vero) che anche la Germania sta ripensando i suoi impegni per l'Airbus A400M, il ministro della Difesa prova l'affondo, la soluzione finale del conflitto col collega degli Esteri. Chiama a telefono il premier, che ha alle spalle la penosa giornata di Granada, dove Aznar ha dovuto strapparlo ai giornalisti cui ripete la storia che i giudici italiani hanno fatto la «guerra civile». Ha poi tallonato Ciampi a Tunisi, dove ha rilanciato la sua idea forte del piano Marshall per la Palestina. (Girano come trottole il capo dello Stato e il presidente del Consiglio, non si capisce se in ruoli autonomi, o complementari, se coordinati o scoordinati con la Farnesina, se per necessità nazionali o per trasferire sul palcoscenico della politica estera i reciproci malumori causati dalla politica interna.)

«Silvio, io credo di avere la ragione dalla mia parte, ma se non sei convinto sono pronto a farmi da parte...» cosí telefona il ministro della Difesa al presidente del Consiglio (secondo *la Repubblica*). Una crisi di governo mentre il paese è in guerra? Sarebbe una follia. Ma a molti, dopo quel che è successo finora, appare follia questo offrire agli alleati, che finalmente ci hanno accolto, la sensazione di una catena di comando inaffidabile. Una catena – dice un ministro – «in cui sistematicamente il titolare della Difesa tira da una parte, il ministro degli Esteri da un'altra, e il presidente del Consiglio parla a braccio».

Sul piano umano, tra Martino e Ruggiero il premier non può aver dubbi. Martino fu il primo consigliere del Cavaliere nel 1993-94 quando nacque Forza Italia: sua è la tessera numero 2 del partito. Ruggiero è un diplomatico di carriera, uomo dei poteri forti mondiali. Il premier non può fare scelte traumatiche, anche se la rottura con Ruggiero era parsa definitiva nella straziante attesa di una chiamata alla Casa Bianca. Berlusconi capisce forse che proprio la presenza di Ruggiero nel governo gli è ancora necessaria per qualche tempo, anche per giostrare fra i potentati di cui l'ambasciatore è portavoce e la consorteria della Casa delle libertà, dove la poltrona della Farnesina comunque assegnata modificherebbe equilibri in vista anche di future guerre di successione.

(Quanto alle truppe di terra, via via si ridurranno a 350 uomini. Ma a metà gennaio 2002 i due primi gruppi, in altrettanti «vagoni volanti», erano ancora fermi nella penisola arabica, causa «avverse condizioni atmosferiche». Nulla da ridire – scrive Franco Venturini sul *Corriere* del 14 gennaio – ma com'è deprimente.)

## Silvio e i precursori: Mussolini, Crispi o Cavour?

L'entrata in guerra non fa perdere all'Italia il piacere della farsa. La belle époque agostana continua, si aprono i giochi di società con partecipazione di politologi, politici, turibolatori, tutti alla ricerca del precursore, del termine di riferimento, del Battista. A chi, fra i nostri Padri, può essere paragonato l'uomo di Arcore che va in Afghanistan? La scelta, nella sua ristrettezza, può tuttavia essere varia. La risposta piú scolastica è Cavour, la piú polemica è Crispi, la piú irridente è Cecchi Gori, la piú sballata è Mussolini.

Quest'ultima, in verità, viene da lontano, dallo stesso Bin Laden attraverso la televisione del Qatar. Accusa l'Italia d'essersi spartita il mondo arabo insieme a Francia e Inghilterra dopo la prima guerra mondiale (1914-18). In realtà, solo francesi e inglesi si videro assegnare mandati e protettorati in tutto il Medio Oriente, l'Italia si «limitò» a riconquistare la Libia, dove era sbarcata nel 1911, e poi a prendersi l'Etiopia cristiana (1935-36), fondandovi il suo Impero fuori tempo. Col suo errore Bin Laden può solo creare problemi a Scajola, per via degli immigrati islamici in Italia.

Anche il gioco di società che appariglia Berlusconi a Cecchi Gori o al presidente della Roma Sensi non ha molto successo. Lo inventa l'ambasciatore Sergio Romano, che punta dritto a dare i voti ai piú bravi fra i protagonisti della diplomazia della crisi afghano-terroristica: dall'americano Colin Powell (il costruttore della piú grande coalizione della storia) a Tony Blair (una scheggia) al siriano Bashar Al Assad (il figliol prodigo) a Renato Ruggiero (un centravanti con un presidente dalle idee poco chiare).

*Berlusconi ha idee poco chiare sulla guerra?*
Eh, sí – spiega l'ambasciatore a *Sette* – noi non sappiamo quale sia la sua politica estera. Io non l'ho capito. Non so nemmeno cosa pensi dell'Europa.
*Ma Ruggiero si è dato da fare.*

Ha fatto un ottimo lavoro. Però ho l'impressione che Berlusconi l'abbia scelto con la logica del proprietario di una squadra di calcio.
*Ruggiero come Batistuta?*
È come se a un certo punto avessero detto: qual è il miglior centravanti sul mercato? Quando si gioca in coppa dei campioni è Ruggiero. E allora lui ha detto: prendiamolo. Dopodiché, avendo ingaggiato la migliore politica estera sul mercato, ritiene di aver risolto il problema.
*E invece?*
Invece, se Berlusconi fa delle dichiarazioni dovrà mettersi d'accordo con il suo ministro. Credo che non abbia ancora capito il meccanismo.

Ma il gioco «Silvio uguale Vittorio» (Cecchi Gori) non entra in molti salotti. Spopola invece, forse perché imprevedibile e incongruo, il paragone con Crispi. Lo lancia uno dei leader della sinistra Ds, l'ex ministro Cesare Salvi. Spiega che voterà in Parlamento contro l'entrata in guerra dell'Italia perché Berlusconi gli ricorda Crispi, «il quale esibiva i cannoni per poter contare. E l'attuale presidente del Consiglio offre la nostra partecipazione alla guerra per potersi sedere a tavola con Blair. La cena di Downing Street ci costa cara». Ma va? «Non c'è stata una richiesta americana, – insiste Salvi, – ma c'è stata un'insistente offerta italiana. L'interesse nazionale è la soluzione della crisi in Medio Oriente.»

Può essere vero, ma cosa c'entra Crispi? *Il Foglio*, la fronda intellettuale del regime (una specie di *Primato* di Bottai fra il 1939 e il 1943), giustamente protesta: se nel gioco di società di Salvi il sottinteso è che andiamo in Afghanistan per poi sederci al tavolo dei vincitori, allora il confronto è non con Crispi, che andò in solitudine a prendere le botte ad Adua, ma con Cavour che andò in folta compagnia (inglesi, francesi, turchi) a suonarle ai russi in Crimea, tanti anni prima.

Sollecitati dal giornale di Ferrara, gli storici si pronunciano. Gaetano Quagliariello, studioso della Sinistra storica e quindi di Crispi, giudica l'accostamento «impraticabile», anche se sono vere altre cose: 1) che il rango di un paese (serie A, serie B) nasce anche dalla capacità di assolvere i propri impegni militari; 2) l'uso della politica estera per superare problemi di politica interna è frequente: ma le situazioni interne di Crispi e Berlusconi sono «inconfrontabili», perché allora l'Italia viveva la «crisi di fine secolo» (cioè il passaggio dai «governi delle sciabole» alla democrazia liberale di Giolitti), mentre oggi vive il tentativo di stabilizzare un sistema democratico bipolare fondato su valori condivisi.

Rimesso anche Crispi negli scaffali, all'intellighenzia italiana in guerra non resta che il padre di tutti i riferimenti: Cavour. C'era una volta il piccolo Regno di Sardegna (Piemonte, Liguria e Sardegna), che era uscito sconfitto dalla prima guerra d'indipendenza contro l'Austria (1848-49) e si preparava a farne un'altra per allargarsi, o, secondo altre scuole, per fare l'unità d'Italia. Per combattere la nuova guerra, i sardopiemontesi non bastavano, Cavour lo sapeva e andò a cercarsi possibili alleati contro l'Austria fra gli inglesi e i francesi: che in quegli anni, 1853-56, combattevano coi turchi contro i russi. Cavour spedí 18 mila uomini (un'enormità, per un regno di pochi milioni d'abitanti), che diedero una piccola mano nella battaglia della Cernaia, piccolo fiume, dove morirono 14 soldati, piú 15 successivamente per le ferite (ne morirono in tutto duemila, ma di colera).

Paolo Mieli, tanto audace nei titoli («Cavour e Berlusconi: somiglianze e differenze») quanto rigoroso nelle conclusioni «etico-politiche», annota: «In ogni caso, Cavour riuscí, grazie a quell'intervento, ad avere un ruolo nel successivo congresso di Parigi e a farsi riconoscere dalle potenze che avevano sconfitto la Russia un "titolo" di cui si serví in seguito per farsi aiutare a fare l'Italia. Ne nacque però, o si ripropose, un modo tutto nostro di concepire la partecipazione a un conflitto: quello di chi, con il minimo contributo, cerca di mettersi nelle condizioni di poter poi avanzare grandi pretese: senza che questa italica astuzia abbia la minima possibilità di passare inosservata agli occhi degli alleati. Il che ha favorito il perpetuarsi di uno sgradevole stereotipo circa il comportamento militare dei nostri compatrioti. Quanto al paragone tra Cavour e Berlusconi, senza niente togliere all'attuale presidente del consiglio, è da rilevare una differenza: quella che per Cavour fu una decisione sorprendente e quasi azzardata, stavolta è invece un passaggio ovvio, quasi scontato. Cavour poteva tranquillamente star fuori da quell'alleanza anglo-turco-francese, noi no. E non è una differenza da poco». Ossia: Cavour era un genio, Berlusconi no.

Nella stessa chiave lo storico Giovanni Sabbatucci: «La nostra decisione di entrare in guerra è omogenea a quella dei partner europei, non è uno spariglio geniale, come fu quello del conte di Cavour, che avendo poche carte a disposizione riuscí in un"impresa proibitiva [...] E certo Cavour sarebbe andato in guerra (in Afghanistan), me non s'era bisogno di un Cavour per decidere di andare».

Ben lo sa il direttore del *Foglio*, che non potendo costruire per il suo leader né un riferimento blairiano (fulmine di guerra) né un riferimento cavouriano (patriota lungimirante), attinge dalle risorse della sua prima cultura il modello proprio: l'adunata di Stato, quella che in Italia si chiamava Piazza Venezia e in Urss Piazza Rossa. Se Berlusconi è arrivato ultimo a farsi riconoscere dall'America, un bel gioco di società proverà a ribaltare la classifica: una giornata di solidarietà col popolo americano ferito alle Due Torri, un premier occidentale (primo e ultimo) che conciona in un palpitare di bandiere a stelle e strisce. Il premier – come abbiamo ricordato – ci pensa quattro giorni, poi accetta, sempre convinto che la prima cosa sia la comunicazione e che ai governi e alle opinioni pubbliche occidentali si possano dare le stesse merci gradite agli elettori italiani.

Si arriva cosí, sabato 10 novembre, due mesi dopo gli attentati di New York e Washington, all'Usa Day di piazza del Popolo, quarantamila persone raccolte da 500 pullman in tutta Italia. Nelle stesse ore, nella stessa Roma, un corteo tre volte piú numeroso di no global, di pacifisti d'ogni tinta, e anche di chi, come Cesare Salvi, dopo aver perso al gioco di società con Crispi, poteva ora rifarsi vincendo al gioco di società con Ferrara. Nessuno dei due sembra preoccupato dell'immagine antiterrorista: l'immagine di un paese che il Parlamento ha unito nella guerra a Bin Laden (513 voti favorevoli e 35 contrari) e che la piazza torna a dividere, vanificando la credibilità delle istituzioni.

Vanificata, per un giorno, è anche la credibilità dei giornalisti piú abituati a fare il punto della situazione. Alla vigilia di piazza del Popolo, Stefano Folli scrive sul *Corriere della sera*: «Tutto lascia pensare che la manifestazione di domani sarà un gran successo di pubblico. Il governo ci arriva sull'onda del voto in Parlamento, e in qualche modo chiude il cerchio: dimostra di controllare il Palazzo ma anche di essere in grado di oscurare o almeno bilanciare la marcia Perugia-Assisi. Patriottismo contro pacifismo».

Non oscura nulla. Al contrario della previsione, fa flop e l'indomani il *Washington Post* definisce una «illusione» l'ampio voto del Parlamento italiano a favore dell'invio di truppe. «La guerra alle porte non ha unito agli italiani», constata il giornale che fa paura alla Casa Bianca. Le facce nere di Berlusconi e Fini al termine del comizio di piazza del Popolo sembrano prevedere, per l'indomani, quell'ennesima sconfitta mediatica. Imprevedibile, invece, è la bella star Clarissa Burt che, madrina della festa a piazza del Popolo, va due settimane dopo in tv e spiega: «Io non sono di destra, io sono americana. Non sono andata io dalla destra, è la destra che è venuta da me».

## E Ruggiero lascia la repubblica dei fichi d'India

Qualche giornale fa appena in tempo a «chiedere scusa» alle autentiche repubbliche delle banane per aver accostato ad esse l'Italia di Berlusconi, che provvede Gianni Agnelli (fuori stile Fiat) a drammatizzare: siamo assai meno che una repubblica delle banane. È il 5 gennaio 2002, la befana arriva anche alla «Certosa», la villa di Porto Rotondo dove il premier passa le sue vacanze e ha convocato i collaboratori disponibili: Pisanu, Frattini, Sirchia, Letta, Bonaiuti. La befana ha portato le attese, auspicate, incentivate, imposte dimissioni del ministro Ruggiero. L'ultima scena si svolge, secondo la legge fisica, a velocità crescente. La sera del 31 dicembre il presidente Ciampi lancia al paese un messaggio di assoluta fedeltà all'Europa. Il 1° gennaio entra in vigore l'euro. Il 2 gennaio il governo tace ma i ministri Martino, Tremonti e Bossi rinnovano le loro critiche agli euroentusiasmi. Il 3 gennaio Ruggiero rompe gli indugi e in un'intervista al *Corriere della sera* denuncia la linea subdola dei suoi colleghi: «Mentre tutti i governi sottolineavano il valore politico ed etico altissimo della nascita dell'euro, a casa nostra si è fatto tutto il possibile per sminuirlo». Il 4 Berlusconi dichiara decaduto Ruggiero in un'intervista a *Repubblica*: «Guido io la politica estera, lui è solo un tecnico». Il 5 Martino contrattacca Ruggiero in un lettera al *Corriere* in cui rivendica a sé l'europeismo suo, quello di suo padre Gaetano (tra i promotori dei Trattati di Roma) e «la profonda ispirazione europeista di Silvio Berlusconi e del governo». Ma lo stesso Martino è fuori gioco: ha vinto il partito valtellinese, il Patto d'acciaio Bossi-Tremonti.

L'ultimo incontro fra il ministro degli Esteri e i colleghi si svolge nei minuti che seguono, a Palazzo Chigi. Ma non col premier, come vorrebbe la buona educazione, ma col sottosegretario Letta, senza dubbio la persona piú gradevole e presentabile del governo, tuttavia con un rango formalmente di seconda linea.

È a quel punto che Gianni Agnelli, intervistato da Ezio Mauro, rivede il suo giudizio sulle repubbliche autenticamente bananiere. *Avvocato – gli domanda il giornalista – davanti alle dure critiche della stampa straniera a Berlusconi, mesi fa, in campagna elettorale, lei aveva detto che non siamo una repubblica banariera. Ma oggi, non sente in giro un po' di profumo di banane?* «Sa qual è la verità? – risponde il senatore. – Nel nostro paese, purtroppo, non ci sono nemmeno le banane. Ci sono soltanto fichi d'India.»

In campagna elettorale, il presidente Ciampi aveva incontrato occasionalmente Cossiga e, parlando dei destini d'Italia, entrambi avevano pronosticato l'arrivo a Palazzo Chigi di Berlusconi, un leader disistimato in Europa e quindi bisognoso, nell'interesse dell'Italia, di essere riabilitato. Cossiga va a Torino e ne parla con Agnelli, comproprietario, fra l'altro, di uno dei giornali spagnoli che piú violentemente criticano in quelle settimane l'uomo di Arcore e la sua Casa delle libertà. Agnelli si convince e si rivolge alla stampa straniera, con la soccorrevole accorata dichiarazione «L'Italia non è una repubblica delle banane». Poi, a Berlusconi vittorioso, dà in prestito un uomo dell'establishment storico, Renato Ruggiero, super partes, garante della continuità della politica estera nazionale, degli interessi nazionali e supernazionali dei poteri forti, e dell'equilibrio mentale del governo, ché non finisca travolto nella vertigine di dilettanti allo sbaraglio. In poco piú di sei mesi, la vertigine si dimostra incontrollabile. «Abbiamo gettato al vento un'opportunità – dice Agnelli a Mauro. – Ecco perché il capo dello Stato, che è l'europeista piú convinto e piú autorevole del nostro paese, ha cercato fino all'ultimo di sostenere Ruggiero, lo ha pregato di resistere, e lo ha aiutato. Sapeva, come so anch'io, che con la sua uscita saremo piú poveri, in termini europei e atlantici.»

*Lei come ha vissuto le polemiche sull'Europa all'interno del governo Berlusconi?* «Come una sciocchezza che può soltanto danneggiarci. Io non capisco quelli che dicono che dobbiamo essere piú vicini all'America che all'Europa. Ma cosa significa? Bisogna essere piú vicini a tutti e due insieme, all'America e all'Europa, perché questo è il nostro destino, la nostra scelta e anche la nostra convenienza.» *Ruggiero in questo era per lei una garanzia?* «Assolutamente. Ruggiero era un uomo che ha cantato per l'Europa fin dalla prima ora, non da ieri. Ma era anche un uomo che parlava con il segretario di Stato americano più facilmente e più frequentemente di tutti gli altri ministri messi insieme. Ecco perché dico che la sua uscita di scena farà del male al governo, ben al di là di quanto il governo stesso oggi pensi [...] Parliamoci chiaro: Ruggiero rendeva *palatable* tutti gli altri, in termini europei.»

Adesso, dopo le parole di Agnelli, il governo somiglia a un impalatabile kit di dilettanti. La sua voce è il roco gorgoglío di Bossi: «Possiamo fare a meno di questo signore e dei trafficanti della sinistra che gli stavano dietro. Adesso bisogna stringere sull'affare Telekom Serbia, bisogna interrogarli tutti, a partire da Fassino, bisogna chiarire chi sono questi qui. Se la sinistra vuole Ruggiero, come dice Mastella, se lo prenda». Con Berlusconi agli Esteri, gli ambasciatori si occuperanno di traffici padani.

C'è anche, chi, in questa befana di carboni, vede nelle dimissioni di Ruggiero qualcosa di più della ribellione di una cultura e di un orgoglio vilipesi. Vede un vero e proprio ritiro della fiducia a Berlusconi da parte dei poteri forti, Fiat in testa, delusi della sua politica: non si tratta solo delle attese di quei poteri frustrate, né solo dall'incomunicabilità tra governo e sindacati (che nelle stesse ore della crisi di Ruggiero si rivolgono a Ciampi per annunciargli che o il governo si mette a ragionare o si va a un «durissimo conflitto sociale»). Si tratta del clima sudamericano che dal governo e dalla sua maggioranza si diffonde nel mondo, dell'immagine di scempio nella politica estera ed europea, nella politica economica, fiscale, sociale, scolastica, nella legislazione penale e processuale, nella devastazione della giustizia, con ministri che intervengono a bloccare i processi che riguardano il presidente del Consiglio, avvocati-deputati che minacciano i collegi giudicanti di impugnare le loro decisioni in Parlamento, e altre edificanti vicende della repubblica dei fichi d'India: che però trova un difensore in Confindustria, il presidente D'Amato, al quale Agnelli aveva invano sbarrato la strada e al quale Berlusconi ha promesso di rifare l'Italia a immagine e somiglianza delle aziende più disinvolte.

# VIII. Guerra delle prove
## *Cavilli e cavalieri*

Maramotti, *l'Unità*, 4 gennaio 2002

L'imputato è occupato - L'avvocato ha un dibattito in tv - Capitani coraggiosi - Terremoto a Vaduz - Foto di gruppo per avvocati - Rogatorie a Pera - La legge di Semiramide - «Ragion di Stato» - Castelli «epurator» - L'Europa ci boccia

## L'imputato è occupato

In autunno, tre processi per corruzione di giudici infiammano le aule di due diverse sezioni del tribunale di Milano. Sono i processi Imi-Sir, Lodo Mondadori e Sme-Ariosto. Nei primi due il collegio giudicante è presieduto dal giudice Paolo Carfí, nel terzo dalla presidente Luisa Ponti. In tutti e tre è imputato, come corruttore di giudici, l'onorevole Previti. Ma nel terzo, quello Sme-Ariosto, è imputato anche Silvio Berlusconi.

Il tribunale vuol sapere se è vero, come sostiene l'accusa, che Previti e altri hanno corrotto i giudici perché favorissero gli eredi dell'industriale Rovelli, liquidando a loro favore un grosso risarcimento a danno dell'Imi (processo Imi-Sir); se è vero che, sempre Previti e altri, hanno corrotto i giudici perché annullassero il Lodo Mondadori, favorendo cosí la Fininvest nell'acquisto della casa editrice, a cui aspirava De Benedetti; se è vero infine che Previti ed altri (fra cui Berlusconi) abbiano cercato di ottenere, come dice la teste Ariosto, che l'Iri vendesse una parte della alimentare Sme (la Cirio) alla cordata Fininvest-Barilla-Ferrero, togliendola a De Benedetti.

Mentre a Milano si distende questo triplice scenario, a Roma il governo e il Parlamento, a tappe forzate, varano nuove norme, come le rogatorie internazionali, che possano annullare o impedire o ritardare l'acquisizione di prove nei processi che vedono coinvolto il gruppo berlusconiano; scatenano l'offensiva contro il «giustizialismo», cioè contro la pretesa dei giudici di giudicare anche i potenti e non solo gli straccioni; mobilitano il ministro della Giustizia perché blocchi il processo in cui è imputato il presidente del Consiglio. Per la prima volta nella storia d'Italia, incluso il periodo fascista, si vedranno avvocati-deputati minacciare i giudici (che non assecondano il loro ostruzionismo), di rivolgersi al governo e al Parlamento; e si vedranno uomini di governo interferire nei processi sfilando un magistrato dal collegio giudicante, in modo da sostituirlo con un altro, ricominciare il processo daccapo, e far cosí decorrere i termini per la prescrizione del reato. Una destra disperata e impazzita non sembra dare alcuna importanza al fatto che un qualsiasi presidente del Consiglio, imputato di reato gravissimo, che uscisse dal giudizio non per assoluzione ma per decorrenza dei termini, non sarebbe piú un presidente del Consiglio. Giolitti si era dimesso da presidente del Consiglio per molto meno, Giovanni Leone da capo dello Stato soltanto per accuse che riguardavano un suo amico.

Torniamo alla cronaca, al malinconico autunno. Il 6 ottobre comincia il dibattimento del processo Lodo Mondadori. Previti non c'è perché ha subíto un intervento ortopedico. Era assente anche il 1° ottobre nel processo Sme-Ariosto, dove il dibattimento si trascina di rinvio in rinvio dal marzo 2000; e il 5 al processo Imi-Sir, anch'esso a singhiozzo dal maggio 2000. La tecnica di difendersi non «nel processo» ma «dal processo», come scrive qualcuno, funziona, col soccorso di avvocati bravi, ricchi e, spesso, anche parlamentari

Ortopedia a parte, Previti è deputato della Repubblica, la Camera non ha concesso l'autorizzazione all'arresto, anzi, tramite il presidente dell'epoca Violante, ha chiesto alla Corte costituzionale di dichiarare se le esigenze parlamentari del deputato Previti siano preponderanti rispetto al dovere dell'imputato Previti di essere presente alle udienze, com'è necessario perché possano svolgersi. La Corte salomonicamente invita alla «leale collaborazione» fra i due poteri dello Stato (il legislativo e il giudiziario). Le udienze – suggerisce la Corte – potrebbero svolgersi nei giorni di inattività della Camera, e cioè sabato, domenica, festività, ferie estive e natalizie. Ma sono giorni in cui anche i cancellieri e gli altri ausiliari vanno in vacanza. Si rischia che i mesi e gli anni passino, e si avvicini la prescrizione dei reati.

Cosí, nell'autunno 2001, il giudice che presiede i processi Imi-Sir e Lodo Mondadori, Paolo Carfí, scrive al presidente della Camera Casini perché stabilisca lui i giorni in cui il deputato-imputato Previti possa presenziare alle udienze. La presenza dei cancellieri – ricorda incidentalmente il giudice – è richiesta a pena di nullità. Ci sarebbe il sabato, ma Previti è conteso da tre processi, come s'è detto, nei quali ci sono parlamentari imputati e parlamentari avvocati degli imputati: e siccome non si possono celebrare tre dibattimenti in contemporanea, resterebbe per ogni processo un sabato al mese. Ma – osserva il giudice – salterebbe in tal modo la «ragionevole durata del processo» (che la legislatura ulivista s'è affannata ad inserire addirittura in Costituzione), nel quadro del «giusto processo», sicché, con un'udienza al mese, il tempo si esaurisce, il reato si prescrive, e la giustizia è elusa. Veda lei, presidente Casini, se è possibile raccattare qualche giorno infrasettimanale senza seduta.

E Casini che fa? S'arrabbia. «Davvero irritato», scrivono i giornali. Non con Previti, ma col presidente del tribunale milanese Vittorio Cardacci, a cui indirizza la replica, non degnando di risposta il giudice che gli aveva scritto. Prima di tutto è irritati perché ampi stralci della lettera «custodita nei miei uffici con la dovuta riservatezza, sono stati pubblicati dai giornali. Questa circostanza – scrive Casini – e lo stesso tenore complessivo della lettera non mi sembrano in linea con il criterio della leale collaborazione fra poteri dello Stato che la Corte costituzionale ha indicato come criterio idoneo». E la sostanza? «Quanto alle richieste del dottor Carfí, esse riguardano decisioni di organi della Camera, in tema di organizzazione dei lavori, pubblicate negli atti parlamentari e costituzionali, per chiunque abbia interesse a conoscerle, sul sito Internet della Camera stessa». Ma, sfogata la rabbia e salvata la questione di principio, il presidente della Camera informa il presidente del tribunale d'aver disposto che gli uffici trasmettano al magistrato interessato le decisioni sull'organizzazione dei lavori «che saranno adottate nella prossima conferenza dei capigruppo».

Il giorno dopo, l'imputato Previti ricusa il giudice Carfí.

Questo alla fine d'ottobre. Ma due mesi dopo, poco prima di Natale, il conflitto Casini-tribunale si rinnoverà, sempre per un processo a carico di Previti. Stavolta si tratta del processo Sme, dove l'avvocato è accusato con Berlusconi d'aver corrotto il gip di Roma, Squillante. È sabato, alla Camera si sta votando la Finanziaria 2002, Previti non si presenta in udienza. La pm Boccassini propone che l'udienza sia spostata alle 16, visto che Montecitorio chiude alle 13,30. Ma la presidente della prima sezione penale, Luisa Ponti, si oppone: Previti non ha fornito la prova dell'impedimento «secondo i mezzi consueti che la tecnica oggi offre» (un fax, per dire); e respinge «per difetto di prova» la richiesta di rinvio e ordina la prosecuzione dell'udienza anche senza l'imputato. A Roma, Casini si dichiara sconcertato: i suoi uffici hanno fornito al tribunale, il giorno prima, i chiarimenti opportuni in merito alla seduta. A Milano, i giudici si rendono conto che lo sconcerto di Casini è fondato e proseguono l'udienza solo per leggere l'ordinanza con la quale sono dichiarate valide le rogatorie e viene respinta la richiesta di Berlusconi e di Previti di considerarle inutilizzabili in base alla nuova legge voluta dal governo. Protesta il difensore onorevole Ghedini, che chiede l'intervento del ministro.

## L'avvocato ha un dibattito in tv

Questo alla fine d'ottobre. Ma giova fare un salto indietro di sei mesi, nel pieno della campagna per le elezioni del 13 maggio. È il 20 aprile. La quinta sezione del tribunale di Milano decide di cancellare le cinque udienze del processo Sme in calendario fino al 13 maggio. La sospensione è stata chiesta dagli avvocati Gaetano Pecorella e Niccolò Ghedini, difensori di Berlusconi, e candidati dallo stesso Berlusconi nei collegi di Milano 6 e di Este (Veneto). I due minacciano di abbandonare la difesa e paralizzare il processo. Il tribunale alza bandiera bianca. «L'ordinamento – sentenziano i giudici nell'ordinanza che accoglie l'ultimatum – non appresta, concretamente, strumenti atti a contrastare una scelta di abbandono di difesa che del resto è stata esplicitamente preannunciata.»

È la terza volta che saltano le udienze nel processo Sme. La prima perché Renato Squillante, il capo dei gip accusato con altri giudici di aver preso la mazzetta miliardaria, presenta un certificato medico, e la visita fiscale convalida. La seconda perché non ci sono gli avvocati di un imputato, e perché l'avvocato Ghedini deve correre a Este a raccogliere le firme per la propria candidatura. Il tribunale prova a sostituirlo con un avvocato d'ufficio, ma l'on. Pecorella si oppone. La terza volta è appunto il 20 aprile: Pecorella non è presente, bloccato in America per una indisposizione; Ghedini c'è, ed è lui a minacciare l'abbandono della difesa; i due sostituti, Dinacci e Longo, sono assenti anche loro. Insomma, dei quattro avvocati schierati a falange da Berlusconi, ce n'è uno solo, e porta a casa la vittoria. Non senza aver prima spiegato ai giudici i motivi dell'ultimatum: tal Giorgio Carollo, coordinatore regionale di Forza Italia nel Veneto, ha sollecitato Ghedini a un dibattito televisivo locale, dal cui esito può dipendere la sua elezione. Che deve fare Ghedini? O fa il candidato di Berlusconi a Este o fa l'avvocato di Berlusconi a Milano. Va a Este. Cosí fa doppio piacere a Berlusconi. Il tribunale s'adegua.

Scrive nell'ordinanza: «Gli impegni elettorali dell'imputato Previti e degli avvocati dell'imputato Berlusconi, per quanto legittimi, non rivestono carattere di assolutezza». Insomma, non esiste proprio una «radicale impossibilità di scegliere tra la partecipazione all'udienza e gli innumerevoli impegni che ciascuno decida di assumere». E tuttavia spiazzati e impotenti di fronte alla minaccia di abbandono, i giudici sospendono il dibattimento fino al 14 maggio per non aprire una guerriglia con nomine a ripetizione di difensori d'ufficio, assegnazione dei termini a difesa, citazioni rinnovate, riannullate e rinnovate ancora a carico degli incolpevoli cittadini chiamati a deporre come testimoni.

Nel ringraziare i giudici, Ghedini e i difensori di Previti promettono – riferisce l'indomani il *Corriere della sera* – di recuperare le udienze in giorni diversi dal lunedí e venerdí. Da un anno, infatti, le udienze vengono fissate solo di lunedí o venerdí. Sono i due giorni della settimana in cui i parlamentari impegnati nel processo come imputati (Berlusconi e Previti) o come avvocati (Pecorella, Saponara e, per la parte civile, Pisapia) sono liberi dai lavori della Camera. In realtà, i giudici sanno anche che gli imputati sono non propriamente abitué di Montecitorio.

Il giorno prima che il tribunale di Milano decida la sospensione del processo Sme fino alle elezioni del 13 maggio, c'è movimento anche a Bellinzona, per il processo Imi-Sir. Il tribunale si trasferisce nella città svizzera per ascoltare alcuni testimoni chiesti dalle difese. Presiede alla rogatoria un funzionario svizzero, naturalmente di nome Rezzonico. La difesa di Previti obietta che quel Rezzonico non è, ai sensi della legge italiana, un giudice. Poi si oppone a una domanda del pubblico ministero, ma il Rezzonico respinge l'obiezione, dichiarandola ammissibile solo «in sede di trasmissione della rogatoria in Italia». E poiché il difensore di Previti, avvocato Sammarco, protesta, il «giudice» lo invita a tacere; quindi, alle rinnovate proteste, a uscire, se vuole. Sammarco esce, seguito da tutti gli altri avvocati delle difese, e lascia soli gli avvocati dello Stato e della parte civile.

L'opposizione di centrosinistra, benché tramortita dal colpo del 13 maggio (quasi non avesse lavorato per cinque anni a quel risultato) riesce comunque ad accusare i vincitori di voler ottenere con nuove leggi, come l'annunciata riforma delle rogatorie, l'impunità non raggiunta per la via giudiziaria. Una via – si sfuria però il rieletto on. Previti – fatta di «linciaggi», «agguati», «esecuzioni sommarie», «persecuzioni».

Previti illustra questa sua teoria generale della giustizia il 10 luglio, in un'intera pagina di *Libero*, gentilmente concessa da Vittorio Feltri. La gigantografia dell'avvocato nella posa abituale campeggia nel corpo dell'articolo, intitolato a nove colonne: «Previti, l'imputato perenne: Io e quei giudici... Sono un perseguitato della giustizia».

Cos'è successo di nuovo all'imputato perenne, per giustificare l'ampio sfogo? È successo che, mentre da un mese Berlusconi s'è insediato a Palazzo Chigi e non va alle udienze per ragioni d'ufficio, i giudici di Milano hanno rinviato al 17 settembre il processo Sme, invece di azzerarlo e ripartire da capo, come Cesare aveva creduto ormai possibile dopo l'ordinanza della Corte costituzionale. La Corte era stata sollecitata a prender nota della legge sulla riforma del «giudice unico», entrata in vigore nel maggio 1999. Essa stabilisce che, a decorrere dal 2 gennaio 2000, il magistrato che ha indagato su qualcuno come giudice dell'indagine preliminare (gip), non può essere suo giudice dell'udienza preliminare (gup). Ricade nell'incompatibilità il giudice Alessandro Rossato, che è stato gip ed ora è gup nel processo Sme. Rossato ha dunque solo sette mesi, dal maggio 1999 al gennaio 2000, per chiudere l'udienza preliminare. Se non ce la fa, tutto il processo riparte daccapo.

E allora, pur di farcela – lamenta Previti a *Libero* – «imprime un ritmo forsennato alle udienze. Cosí decide di non concedermi piú i rinvii per impedimento parlamentare (vorrei ricordare che ne ho chiesti 10, di cui solo cinque accordati, su un totale di cinquantasette udienze, soprattutto dopo l'accelerata data dal gup). Quando capisce che rischiava di non fare in tempo malgrado la proroga concessagli dal Parlamento, Rossato, dopo aver negato ogni prova alla difesa, stabilisce che l'impedimento parlamentare non è piú motivo di assoluta impossibilità a presenziare all'udienza».

La Corte costituzionale censura il comportamento del gup. Ma il tribunale di Milano, invece di rimandare gli atti alla procura rendendo nulli quelli compiuti da Rossato in due anni di lavoro, rinvia la decisione («prende tempo») al settembre 2001, facendo arrabbiare Previti che aveva puntato all'azzeramento: «Si è arrivati alla massima espressione di questa volontà persecutoria. Il processo a tutti i costi non è indice di imparzialità».

«La sentenza della Corte costituzionale – continua l'avvocato – è di elementare lettura, ha un dispositivo e delle motivazioni chiarissime. L'annullamento delle ordinanze di Rossato rende indiscutibilmente nulli tutti gli atti successivi, a partire dal rinvio a giudizio (dei processi Imi-Sir e Sme-Ariosto) nonché tutta l'attività svolta fino ad oggi. Ebbene, la prima sezione del tribunale, invece di prendere atto di queste censure (dirette anche allo stesso tribunale, che ha dato per buone le decisioni di Rossato), ha preso tempo, perché il caso era complesso e andava studiato. Forse per soluzioni "sostanzialiste"?»

L'avvocato sembra preferire le soluzioni «formaliste» o «tecniche»: le piú idonee a favorire la decorrenza dei termini ed esaurire il processo. (Ma smentirà questa illazione in una diretta tv con Santoro fornendo date e dati di fatto.) «Le norme penali – rammenta – non sono poste solo a garanzia della regolarità formale e sostanziale di quel che avviene e si raccoglie nel processo, ma sono, devono essere uno spartiacque tra il processo e il linciaggio. Qui non si devono raccogliere solo gli elementi che comprovino l'accusa, ma deve essere bilanciato ciò che porta l'accusa e ciò che porta la difesa. Altrimenti diventa un'esecuzione sommaria. Si sta facendo scempio di regole elementari. E se nel processo non vengono rispettate le regole processuali, noi non siamo piú in un sistema organizzato che tende ad accertare la verità processuale. Siamo in una giungla, dove l'agguato è possibile ad ogni angolo, dove non esiste un percorso e ognuno se lo traccia in relazione a un rapporto di forza. A quel punto – conclude Previti – un giudice non è piú un giudice, ma il rappresentante di una forza annientatrice, forse anche inconsapevole.»

## Capitani coraggiosi

Indifferente a tale arringa, e anche al programma dei cento giorni, il 20 luglio 2001 il tribunale di Milano emette una prima sentenza nel processo Imi-Sir. Gli imputati sono molti, e cioè gli avvocati Previti, Pacifico e Acampora, i magistrati romani Squillante, Verde e Metta (le «toghe sporche»), la signora Primarosa Battistella (vedova dell'industriale Nino Rovelli, padrone della Sir) e il figlio Felice. I tre avvocati sono accusati d'aver ricevuto dagli eredi Rovelli una tangente di 67 miliardi per «aggiustare» la causa civile intentata all'Imi, la banca pubblica ritenuta responsabile d'aver fatto fallire la Sir. I tre giudici sono accusati d'essersi fatti corrompere. Gli eredi Rovelli d'aver messo la tangente a disposizione di Previti (21 miliardi), Pacifico (33) e Acampora (13).

Quest'ultimo si distacca dai suoi coimputati, chiede di essere giudicato col rito abbreviato, e viene condannato il 20 luglio a 6 anni di reclusione, 5 di interdizione dalla professione, 1000 miliardi di risarcimento all'Imi (quelli che i giudici accusati di corruzione avevano accordato agli eredi Rovelli), e 5 miliardi alla presidenza del Consiglio dei ministri, che s'era costituita parte civile essendo l'Imi una banca pubblica.

Sentenza pesante, dove non manca l'involontario sberleffo. Era stato il presidente Massimo D'Alema a costituirsi parte civile. Ma nel frattempo il presidente del Consiglio è cambiato due volte, prima Amato, poi Berlusconi e sarà quest'ultimo a dover ricevere il risarcimento. Però egli «siede» fra gli imputati nel processo gemello a quello Imi-Sir, appunto il processo Sme-Ariosto, e la cosa appare imbarazzante.

Chi è l'avvocato Giovanni Acampora? Un ex capitano della Guardia di finanza, non il primo né l'unico che da quel corpo di polizia trasmigra alla piú redditizia professione di avvocato tributarista (e, se del caso, anche deputato di Forza Italia, come il capitano avvocato Berruti). Un suo ritratto, eseguito in occasione della condanna da Giuseppe D'Avanzo, ce lo raffigura «sveglio, freddissimo e di gran fantasia per i funambolismi fiscali». Incagliato nello scandalo petroli del 1979, ne esce assolto, lascia le Fiamme gialle, si fa tributarista e si ritrova subito con clienti illustri, che già controllava (in parte) da ufficiale della Finanza: il gioielliere Paolo Bulgari, l'avvocato Antonio Lefevbre D'Ovidio (a sua volta impigliato nello scandalo Lockeed con l'ingenuo presidente Giovanni Leone), il presidente della Finmeccanica Camillo Cruciani, chiacchierato anche lui, il giudice andreottiano Claudio Vitalone e, sempre fra gli andreottiani, il costruttore romano Gaetano Caltagirone, passato alla storia per aver sintetizzato con una sola domanda all'andreottiano Franco Evangelisti, l'etica e la sostanza della prima Repubblica: «A Fra', che te serve?».

Tramontato il Caf e sorgendo il Cav, Acampora viene introdotto ad Arcore, ma, nonostante la riconosciuta intelligenza, è ora l'unico dignitario di quella corte ad aver subíto una condanna per il pasticciaccio brutto che comprende le tre storie: Sme, Imi-Sir e Mondadori: condannato, cioè, secondo D'Avanzo, nell'«unico grande processo che ancora preoccupa il presidente del Consiglio, il suo governo, la sua maggioranza, i suoi amici: un processo, che prima o poi, metterà in mora la magistratura e la politica, la credibilità istituzionale dell'una e dell'altra». «In rapporto professionale con la Fininvest fin dal 1989 [...] Acampora è stato per lunghi anni coimputato di Berlusconi nell'indagine preliminare del Lodo Mondadori [ma per Berlusconi il reato è stato prescritto in appello; poi la Cassazione lo ha assolto, per non aver commesso il fatto]; nell'interesse di Berlusconi e per conto della Fininvest ha curato l'arbitrato con i francesi della Matra Hachette, dopo il fallimento della rete *La Cinq*; ha avuto rapporti con Rete Italia per l'acquisizione di programmi televisivi; è stato consigliere d'amministrazione della Natoc, la società finanziaria lussemburghese che ha rastrellato i pacchetti di minoranza di Telepiú; e infine ha curato gli interessi del Biscione nella spagnola Telecinco. In questo groviglio di ruoli – imputati che sono anche parti lese, e parti lese che si avvantaggiano di risarcimenti anche se sono coimputati – c'è qualche certezza che va sottolineata [la condanna di Acampora a sei anni]: certezza provvisoria, però, perché la sentenza di Milano è soltanto il primo grado e ancora priva di motivazione, ma sufficiente al momento per dire che la giustizia era in vendita nel tribunale di Roma come la verdura al mercato.»

Alla condanna di Acampora, la grande inquisitrice Ilda Boc-cassini dichiara: «Ero certa della fondatezza e dell'attendibilità della mia accusa». Si consola cosí Ilda la Rossa, a cui il ministro dell'Interno Scajola ha ridotto la scorta, per potenziare – dice – le misure anticrimine. Ma Borrelli e D'Ambrosio non ci credo-no, rinunciano alle loro scorte per solidarietà coi magistrati del-la procura e dichiarano: «Sembra indiscutibile che certe deci-sioni debbano collocarsi nel quadro di una ostilità contro magi-strati che continuano il lavoro di Mani pulite e che tengono alta nei confronti di tutti, senza timori e senza guardare in faccia nessuno, la bandiera della legalità».

## Terremoto a Vaduz

Ma all'improvviso il principato *off shore* del Liechtenstein toglie la scena all'amazzone Ilda. Nella settimana dal 28 settem-bre al 5 ottobre, mentre la Camera e il Senato della Repubblica italiana si scatenano per «riformare» le rogatorie internazionali e dare un po' di respiro a gente «disperata» (l'aggettivo è del direttore della *Repubblica* Ezio Mauro nel commento al voto sulle rogatorie: ne parleremo piú avanti), il principato si mette a indagare sulle «toghe sporche» italiane. Dev'essere arrivata fin nel cuore delle Alpi la strizza per la prima decisione di Bush di voler guardare nei santuari fiscali, tra i riciclaggi dei capitali sporchi e forse, criminali. Il fatto è che anche il processo Imi-Sir (appena al preludio con la sentenza per Acampora) è basato principalmente sulle rogatorie internazionali. È cosí che sono stati scoperti 18 conti correnti bancari esteri di Pacifico, 10 di Squillante, 7 di Acampora, 3 di Previti, anche se ora la Repub-blica italiana, il suo governo, il suo Parlamento si stanno ado-perando per vanificare tutta la montagna di documenti acquisi-ti e per azzerare i processi.

I grandi quotidiani mandano i loro inviati a Vaduz, capitale del Liechtenstein, ed ecco cosa ne viene fuori (*Corriere della se-ra*, 29 settembre e 6 ottobre) a proposito delle «toghe spor-che». Gli investigatori del Liechtenstein hanno trovato e bloc-cato conti bancari per oltre 40 miliardi di lire nella disponibi-lità di Attilio Pacifico e Renato Squillante. «Il Liechtenstein è un paradiso fiscale fra i piú gettonati del pianeta, – raccontano a quattro mani Giovanni Bianconi e Vittorio Malagutti, – ma

dopo le pesanti pressioni internazionali ha deciso di fare un po'
di pulizia, anche cercando aiuto all'estero. Nell'ultimo anno le
autorità di Vaduz hanno inviato quattro richieste di collaborazione all'Italia: lo ha comunicato il nostro governo, senza speci-
ficarne il contenuto, durante la discussione della nuova legge
sulle rogatorie. Ma basta arrivare in quest'angolo d'Europa per
scoprire che una delle richieste riguarda proprio i processi milanesi: toghe sporche, filone tangenti Imi-Sir, quasi 67 miliardi
spartiti, secondo l'accusa, fra gli avvocati Previti, Pacifico e
Acampora. Seguendo le tracce della presunta tangente, la procura di Milano era arrivata a una serie di conti bancari in Liechtenstein. Nel 1997 partirono le rogatorie per Vaduz, rimaste
inevase fin quando il Principato non ha avviato l'operazione
trasparenza [...] Si lavora in contatto quotidiano con l'Fbi per
tentare di scoprire i conti e le società segrete di Osama Bin Laden. Ma l'attenzione resta alta anche su altri fronti: tra questi,
proprio il dossier sull'accertamento per riciclaggio legata al
processo "Toghe sporche". Gli accertamenti sono terminati
[...] "Aspettiamo le risposte dall'Italia", dice un agente.»

Il «tesoro sotto sequestro» in Liechtenstein non comprende
solo i 42 miliardi attribuiti in parte a Pacifico e in parte a Squillante. Nelle 1600 pagine di rogatoria trasmesse dal principato a
Milano, c'è un secondo intreccio patrimoniale di Squillante con
Pacifico (dopo quello con Previti) costituito nel novembre
1997 addirittura dopo l'arresto del magistrato; «e c'è la conferma – ad opera di chi lo effettuò – del trasferimento alle Bahamas nel 1994, per conto dell'allora ministro della Difesa Previti, di franchi svizzeri, fiorini olandesi, dollari e yen», concludo-
no Bianconi e Malagutti.

A sua volta, Luigi Ferrarella, altro cronista giudiziario del
*Corriere*, offre il 6 ottobre questo affresco di una richiesta di Vaduz a Milano.

*Imi-Sir* – Il punto di partenza sono sempre i 66 miliardi che gli
eredi di Nino Rovelli, su disposizione del capofamiglia Nino sul
letto di morte, versano nel 1994 agli avvocati Cesare Previti, Attilio Pacifico e Gianni Acampora (l'unico sinora condannato a 6 anni) benché nessuno di essi risulti aver mai patrocinato la causa civile tra la Sir (Rovelli) e l'Imi, conclusasi a Roma con un risarcimento di 1000 miliardi a carico dell'Imi. Per l'accusa i 66 miliardi
furono il prezzo della sentenza. Previti e Pacifico hanno invece
sempre invocato mandati professionali come causale sia dei maxi-

versamenti a loro favore sia del loro silenzio sulle ulteriori destinazioni. Che risultavano essere stati conti in Liechtenstein delle società «Osuna», «Laoro» e «Ellave».

*Rogatoria* – Le 1600 pagine (depositate ieri nel processo dove la visita fiscale chiesta dal pm Boccassini ha confermato l'impossibilità di Previti di presentarsi sino al 6 novembre) non sono la risposta di Vaduz alle annose rogatorie italiane, ma al contrario sono il presupposto di una richiesta che Vaduz fa ora all'Italia per essere aiutata in una indagine per riciclaggio sul fiduciario Mario Zindel, sulla figlia di Pacifico e sul fiscalista Paolo Oliviero. Per questo sembrerebbero poter «resistere» anche alla nuova legge sull'inutilizzabilità retroattiva di rogatorie con vizi formali.

*Tra amici* – Il 17 ottobre 1995 Pacifico va in Liechtenstein da Cornelia Ritter (la fiduciaria che gestisce la società «Laoro») con il giudice Squillante: lo presenta come un amico che lavora in Borsa e al quale vuole trasferire tutti i beni della sua «Laoro» in cambio di un terreno negli Usa. Sulla parola. Perché tra amici non è necessario un contratto. E quello stesso giorno «Laoro» con i suoi 12 milioni di franchi svizzeri depositati da Pacifico, diventa di Squillante.

*Salvataggio* – Due mesi prima dell'arresto il 15 gennaio 1996, Squillante con suo figlio Mariano torna dalla Ritter e le spiega che, siccome altre persone sono venute a sapere che esiste la «Laoro», vuole spostarne il patrimonio altrove. I 12 milioni di franchi a fine gennaio vengono cosí spostati sulla «Telino Stiftung» presso la Landesbank. E ad essi se ne aggiungono molti altri quando Squillante scopre al bar Tombini una microspia in un portacenere: il 12 febbraio è infatti l'altro figlio di Squillante, Fabio, a versare sui conti della «Telino» i 9 miliardi portati via di corsa dal conto «Rowena» ormai quasi scoperto dai pm.

*Solo prestanome* – Una settimana dopo l'arresto del giudice Squillante, il 20 marzo 1996 il figlio Fabio si precipita dalla Ritter pretendendo che gli liquidi l'intero patrimonio della «Telino», a suo dire frutto di speculazioni in Borsa. La Ritter obietta che questo contrasta con quello che all'inizio le aveva detto Pacifico, e allora il figlio del giudice taglia corto: «Pacifico era solo un prestanome». La Ritter, recalcitrante, viene di fatto sostituita dalla figlia di Pacifico (Clara) con il fiduciario Mario Zindel: e mentre Renato Squillante in una lettera non datata manifesta la restituzione a Pacifico della «Telino» a causa del fallimento di «un affare immobiliare australiano», Zindel sposta i 20 milioni di franchi della «Telino» (decurtati di una provvigione per sé del 10 per cento) sui conti di una nuova società presso la Neue Bank di Vaduz, la «Lafeur Stiftung» di cui è beneficiaria Clara Pacifico. La quale a sua volta ordina un bonifico di 7,5 milioni di franchi a Paolo Oliverio. Chi è? Nel 1997 lui stesso si presenta cosí a Zindel: sono un consulente fiscale in Italia, sono un amico stretto di Squillante, e ho fatto un «investimento congiunto» nella «Telino».

*Il link Previti* – I micidiali appunti di Zindel raccontano che «Pacifico dichiarò inoltre che sussisteva un "link" con Previti, nel senso che Pacifico aveva introdotto denaro di Previti in Italia per conto di quest'ultimo», ma «specificò che questa faccenda non aveva nulla a che fare con i fondi del Liechtenstein». E appena il 18 giugno scorso Zindel ha aggiunto «che nel 1994 era stato contattato dalla Darier Hentsch Bank di Ginevra per trasferire, per il cliente Previti, denaro da Ginevra a Nassau (Bahamas)»: operazione compiuta da Zindel proprio tramite la sinora misteriosa società panamense «Osuna».

## Foto di gruppo per avvocati

Il 1° ottobre il presidente del Consiglio può finalmente sorridere dopo l'ira del 28 settembre. Quel giorno la Camera, a scrutinio segreto, ha modificato due norme della legge sulle rogatorie già approvata dal Senato, e ora costringe il Senato a una seconda «lettura», fissata per il 2 ottobre. Il 1° ottobre, dicevano, la Cassazione conferma l'assoluzione di Berlusconi dall'accusa di falso in bilancio nell'acquisto della casa cinematografica Medusa. Gli avvocati del premier, Ennio Amodio e Giuseppe De Luca (che non sono stato portati in Parlamento e che alla cultura del cavillo, della ricusazione e della prescrizione hanno sempre preferito quella della prova), constatano con soddisfazione come la sentenza non sia stata pronunciata sulla base delle nuove norme sul falso in bilancio: «Silvio Berlusconi vede confermata la sua innocenza, in questa come in altre vicende giudiziarie, non in base ai nuovi parametri di una legge fresca di stampa: sono i fatti a svuotare di ogni credibilità gli addebiti».

Non altrettanto roseo è quel primo giorno d'ottobre per Cesare Previti. La prima sezione del tribunale di Milano, riunitasi per pronunciarsi sui «legittimi impedimenti» invocati a luglio, se ne trova di fronte un altro: l'imputato ha subíto un'operazione, e quindi chiede il legittimo impedimento per convalescenza. Il processo è fermo da tre mesi. Ilda Boccassini s'infuria: «Portate l'imputato Cesare (!) in barella». Ma non c'è un medico per la visita fiscale e l'udienza è rinviata all'8 ottobre. Prima non si può, perché «Cesare» è imputato il 4 e 6 ottobre per il Lodo Mondadori, il 5 per l'Imi-Sir. Boccassini vorrebbe il 3, proprio il giorno in cui il Senato della Repubblica approverà fra tumulti la nuova legge delle rogatorie. Ma la presidente della prima sezione, Luisa Ponti, taglia corto: 8 ottobre. L'udienza è tolta. Dalla poltrona di casa, Previti insorge di nuovo contro l'accanimento persecutorio, vera spia di un golpe istituzionale: «Comincio a pensare che in questi tre mesi siano avvenute concertazioni improprie, tendenti a perfezionare le modalità operative di un atto di ribellione alle istituzioni, come il rifiuto di eseguire l'annullamento [del processo] contenuto nella sentenza della Corte costituzionale».

La sua protesta non fa piú notizia, tanto assordante è ormai la giostra avvocatesca nei tribunali e in Parlamento. Cosí, a quell'acuto osservatore del costume che è Gian Antonio Stella viene in mente di dedicare una foto di gruppo al «partito degli avvocati»: in Parlamento la Casa delle libertà ne ha portati 78 tra professionisti e laureati in legge. «Senza i suoi avvocati Silvio non fa un passo. Se li è portati alla Camera, al Senato, nelle Commissioni, nei ministeri. Ha affidato loro la difesa di tutte le materie che gli stanno piú a cuore: falso in bilancio, rogatorie, conflitto d'interessi».

La foto comincia da Niccolò Ghedini, che – ricorderete – avevamo lasciato a Este, alla conquista del collegio: «Un giovane ricamatore di cavilli, finito sui giornali tempo fa perché, da difensore del futuro premier, e insieme suo candidato alla Camera, aveva chiesto il millesimo rinvio di un'udienza del processo "Toghe sporche" perché doveva andare a un dibattito in tv. Ora sostiene che l'idea di un'Authority disarmata rispetto all'americano *blind trust*, per il conflitto d'interessi per il suo premier, non è troppo blanda, ma è troppo dura: "Non mi piace che per legge non si consideri trasparente l'operato del governo"».

Domenico (Memmo) Contestabile come avvocato del Cavaliere non è granché, nel ritratto. Si impegnò in cause di diffamazione a mezzo stampa, ma pare le abbia perse quasi sempre. Perciò nel 1994 il Cavaliere lo portò al Senato e lo fece sottosegretario alla Giustizia. E Memmo offrí l'ampio petto *alle inimiche lance* quando piovvero sul povero Biondi (che aveva dovuto firmare, come guardasigilli, il «decreto salvaladri» ispirato dal ministro della Difesa Cesare Previti): si sa del resto che Berlusconi voleva Previti alla Giustizia, dove a sbarrargli la strada fu l'odiatissimo Oscar Luigi Scalfaro.

Un posto nella foto di gruppo merita Michele Saponara, che si guadagnò il cuore del Cavaliere denunciando, al tempo del primo governo Berlusconi, certi metodi del pool Mani pulite (sperimentati in prima persona come avvocato), che poi avrebbero spinto il guardasigilli a mandare gli ispettori ministeriali a

Milano. Quindi Massimo Berruti, anche lui ex capitano della Guardia di finanza, che con quella divisa aveva fatto un'ispezione alla Fininvest, e qualche mese dopo, smessa l'uniforme, era diventato legale della Fininvest medesima. Indi Gaetano Pecorella, professore e sindacalista (già presidente delle Camere penali), ora presidente della Commissione giustizia della Camera e autore della riforma del falso in bilancio e delle rogatorie, già avvocato di Soccorso rosso nei verdi anni, che soccorreva i contestatori di sinistra. Ma come forza sismica, il primato spetta a Carlo Taormina, già difensore del generale della Finanza Cerciello condannato (in primo grado) per aver preso soldi anche da aziende berlusconiane; rifondatore della Democrazia cristiana con Flaminio Piccoli (ma rimasero appunto in due); critico di Cesare Previti («è indefinibile»); battuto dall'avvocato civilista Ennio Parrelli nelle elezioni del 1996; critico anche di Berlusconi, di cui denunciava il conflitto di interessi tra politica e magistratura. Secondo Stella, Scajola lo avrebbe bollato come «moralista a tassametro». Berlusconi li ha messi entrambi al Viminale, l'uno ministro l'altro sottosegretario.

«Comincia a porsi il problema del partito degli avvocati», dice l'ex magistrato Violante; troppo spesso propongono leggi a difesa dei loro clienti. L'onorevole Siniscalchi, che è avvocato anche lui, e di fama, sta impostando il problema di contemperare le funzioni parlamentari con quelle legali. E poi, qualcuno ha osservato che «dopo il cosiddetto partito dei giudici e il cosiddetto partito degli avvocati, si sta formando un partito degli imputati». Ci torneremo piú avanti.


## Rogatorie a Pera

Sono le 18 di martedí 2 ottobre. S'alza al Senato il sipario sull'ultimo atto della legge sulle rogatorie. Tutto dovrà finire nella seduta antimeridiana del 3, il governo non ammette ritardi né defezioni. Ma c'è un problema: l'ordine del giorno della seduta. Ne riparleremo tra un po'. Prima sarà utile al lettore rileggere, in poche righe, contenuto e storia della questione.

La rogatoria è la richiesta che il magistrato di uno Stato rivolge al collega di un altro Stato per acquisire prove o compiere atti processuali relativi alla causa che sta istruendo. Il magistrato straniero trasmette le prove e i risultati che acquisisce al magistrato che glieli ha chiesti, e questi li porta nel processo. Quasi tutti i principali processi di Tangentopoli, e quelli per mafia, terrorismo, riciclaggio e consimili, si sono svolti grazie anche a prove e atti acquisiti con rogatorie.

Nel 1998, tra il governo Prodi (ministro della Giustizia Flick) e il governo svizzero fu stipulato un trattato bilaterale per sveltire la cooperazione fra i due paesi, fino allora basata su rapporti diretti fra magistrati. Siglato l'accordo, la legge di ratifica del trattato fu approvata dalla Camera a larghissima maggioranza, ma fu fermata al Senato, e vi rimase fino alla vigilia delle lezioni del 13 maggio: il tentativo compiuto troppo tardi dall'Ulivo di ratificarlo anche al Senato fu bloccato dall'opposizione del Polo.

Nella nuova legislatura uscita dal voto del 13 maggio, la maggioranza polista riprende il problema delle rogatorie, ma trasforma la legge di ratifica del trattato in una vera e propria riforma del codice di procedura penale, per la parte che attiene all'utilizzo processuale delle prove. Viene stabilito che non sono utilizzabili i documenti acquisiti se presentano vizi di forma anche lievi (mancanza di un timbro in una qualsiasi pagina, per citare). L'inutilizzabilità non vale solo per le rogatorie future, ma anche per quelle già fatte e utilizzate nei processi in corso; e non riguarda solo le rogatorie con la Svizzera, ma tutte le rogatorie con tutti i paesi. La riforma, come ora vedremo, viene approvata definitivamente il 3 ottobre dal Senato e subito firmata da Ciampi. Immediatamente gli avvocati impegnati in processi di Tangentopoli, di terrorismo, di contrabbando chiedono l'azzeramento delle rogatorie acquisite. Ciò equivale a ripartire da capo, rischiando in moltissimi casi la prescrizione dei reati e l'impunibilità degli imputati.

Torniamo ora al pomeriggio del 2 ottobre, aula di Palazzo Madama. L'ordine della seduta reca soltanto: illustrazione della legge Finanziaria 2002 da parte del ministro Tremonti e la conversione in legge del decreto sulla violenza negli stadi. Come fare? Il governo vuole le rogatorie, pensi Pera al modo in cui inserirle nell'ordine del giorno, e ripari così alla «leggerezza» del collega Casini, che alla Camera ha fatto passare i due emendamenti dell'opposizione a scrutinio segreto, costringendo il Senato a questa «seconda lettura»

L'Ulivo chiede al presidente Pera di non farsi mallevadore di una forzatura del regolamento. «Se modificate l'ordine del giorno per inserirvi le rogatorie – dice il presidente dei senatori Ds Angius – autorizzate qualsiasi seduta a modificare l'ordine del giorno. Nessun senatore saprà piú, entrando in quest'aula, che cosa c'è o non c'è da votare». «È un aberrazione non consentita né praticata in alcun Parlamento – insiste Occhetto. – L'unico precedente è quello di Mussolini, che nel novembre 1936 irruppe nella Camera fascista per far istituire il grado di Primo Maresciallo dell'Impero, di cui fregiarsi.»

Comincia il tumulto. All'apposizione che non vuole «la strozzatura del dibattito su una legge che rischia di alterare i valori giuridici del nostro ordinamento, e di compromettere nel mondo l'immagine dell'Italia come Stato di diritto», la maggioranza risponde soltanto con boati, per non consumare tempo in interventi, e lascia in solitudine Pera a ragionare tra il giuridico, il filosofico, il sociologo e il procedurale, per convincere gli ulivisti che va bene cosí, come vuole la maggioranza. Ricorrono nomi extraparlamentari, come quelli di Kant e di Popper, nonché espressioni da codice civile come «clausola risolutiva» (ossia, ironizza il senatore Massimo Brutti, l'applicazione del negozio giuridico al calendario del Senato).

Nello «sbrego» istituzionale che si va consumando, ognuno affonda il coltello come sa e può. Memmo Contestabile, l'avvocato craxiano-berlusconiano, che continua a chiedere amnistie per i reati dei suoi amici di Tangentopoli, accusa il senatore della Margherita Renato Cambursano di essere «cornuto» e di averne le prove. Alle reazioni della vittima e di Dalla Chiesa, il presidente Pera replica espellendoli dall'aula. Intanto a Chivasso, cittadina piemontese di Cambursano, la signora è costretta a correre in continuazione al telefono, perché anonimi cittadini le chiedono di commentare. Hanno seguito la «diretta» da Radio Parlamento e si divertono su Senato e senatori. Ma Pera, tetragono sull'alto della presidenza, dichiara respinta la proposta alternativa di calendario e legittima il testo che iscrive le rogatorie prima delle comunicazioni sulla Finanziaria e del decreto sulla violenza negli stadi. «Sei il supercapogruppo della maggioranza», gli grida l'opposizione, mentre Tremonti al banco del governo sfoglia il giornale. (Poi parlerà in una pausa, ma poco piú di dieci minuti. Non era mai successo. *Rogatoria premut*, insulta il centrosinistra.)

Pera è affranto, mortificato da sarcasmi e parole irate, dal tumulto dell'emiciclo dove una falange di commessi separa un centinaio di ulivisti dal contatto fisico coi polisti. A molti torna un'immagine di mezzo secolo prima, la domenica in albis del 1953 quando al posto di Marcello Pera sedeva Meuccio Ruini; e nel tentativo di far votare la legge elettorale maggioritaria (la «legge truffa», cosí detta da sinistra e da destra) si prese in testa anche la tavoletta divelta da un banco e dovette ricorrere all'infermeria. Allora si votava una legge per rendere «forte» il governo, oggi un'altra per renderlo «immune». «Chiudi presto, che ho già tanti problemi nel governo», telefona Berlusconi, secondo i giornali dell'indomani. Ma l'ufficio stampa di Pera smentisce: nessuna telefonata.

## La legge di Semiramide

Che a quell'ora Berlusconi abbia «già tanti problemi» lo sanno anche i senatori. Sta ricevendo a Palazzo Chigi gli ambasciatori arabi, che gli hanno chiesto conto delle affermazioni sulla «superiore civiltà occidentale» rilasciate a Berlino. È stato lo stesso premier a sollecitare l'incontro di chiarificazione. Manifesta agli ambasciatori «stima e simpatia» per l'Islam. Se ci credano, non si sa. Si sa invece, a Palazzo Chigi, alla Farnesina, in Parlamento, al Quirinale, che altri ambasciatori stanno dando i numeri, quello belga, ma soprattutto quello svizzero, furibondo per la storia delle rogatorie: «Non mi è mai capitata una cosa simile in vita mia, che un paese dichiari non seri gli atti giudiziari trasmessi dall'autorità di un altro paese». Replica da Palazzo Madama il senatore Centaro, Forza Italia, magistrato, ex segretario del Csm, siciliano: «Farebbero bene, svizzeri e belgi, a non interferire negli affari interni italiani, perché queste norme attengono al nostro ordinamento giuridico e non inferiscono su quello internazionale. Quando si fa una legge, si tiene conto della questione generale, mica si può guardare se nei processi ci sono imputati piú o meno eccellenti».

«Libertà, libertà» urla l'opposizione. «Libertà no – ribatte Pera – non siamo un Parlamento di talebani.» «Talebani, talebani» gridano dal centrodestra al centrosinistra. Dalla Chiesa, espulso senza motivo, viene riammesso in aula, Cambursano resta in castigo.

Nella vicina sede romana del *Corriere della sera*, il cauto Stefano Folli si piega sulla macchina da scrivere e prepara «Il Punto» per l'indomani. Sorpresa: una vera e propria secchiata d'acqua fredda su Berlusconi, affinché si scuota dall'onnipotenza; e si renda conto, direbbe un dantista, che sta camminando sulla strada di Semiramide, *che libito fe' lecito in sua legge*. «Il testo sulle rogatorie – scrive Folli – sarà approvato oggi, 3 ottobre, ma già ieri si è visto quanto il prezzo politico sia salato. I tumulti, i cori scanditi dall'opposizione, la dura reazione del presidente Pera, l'imbarazzo della maggioranza, descrivono meglio di qualsiasi analisi il passaggio piú controverso e oscuro dalla nascita del governo Berlusconi».

Per liberarsi da Tangentopoli, continua Folli, forse ha ragione Tabacci: o c'è un'uscita complessiva, con l'amnistia e l'indulto, oppure si continuerà con «salvacondotti individuali offerti a questo o quel personaggio: come appunto nel caso delle rogatorie. Sta di fatto che il prezzo in termini di credibilità e di coesione interna lo paga la maggioranza. È vero che siamo all'inizio della legislatura e c'è tempo per mettere tra parentesi questa pagina poco brillante. Ma gli effetti della battaglia sulle rogatorie sono un veleno insidioso destinato a intossicare il clima. E non solo perché sono venuti alla luce certi malesseri nella Casa delle libertà, soprattutto nell'area centrista ex democristiana. Ma soprattutto la vicenda ha riacceso la diffidenza, mai veramente sopita, della stampa internazionale nei confronti di Berlusconi. Tutto si tiene. Il passo falso sull'Islam, benché poi corretto, ha fornito per giorni abbondanti munizioni agli opinionisti europei e americani: in definitiva, solo il *Wall Street Journal* ha difeso il premier italiano. Ma il peggio è stato la coincidenza, ossia il fatto che la gaffe internazionale, fin troppo amplificata, si sia sovrapposta alla questione delle rogatorie. Nei vari commenti, tale coincidenza è stata rilevata: il senso è che un premier inesperto delle cose del mondo si rivela abile quando deve trattare questioni giudiziarie che riguardano lui o qualche suo collaboratore [...] Significativo è il commento del *Financial Times* di ieri, che parla di un "avvio turbolento" del governo e del "cupo malessere" che si respira in certi ambienti della maggioranza. Il giornale inglese descrive un governo in cattiva salute, benché non in pericolo, e soprattutto nota l'irritazione di alcuni diplomatici occidentali a Roma di fronte alla forzatura parlamentare delle rogatorie.» (Nota dell'autore: al punto che Francesco Cossiga consiglia al tedesco Schröder di pensare «ai suoi lager», e a quel «coniglio» del ministro Ruggiero di replicare con piú vigore agli ambasciatori occidentali sulle rogatorie e a quelli islamici sulla superiore civiltà.) «Il che tuttavia finirebbe per isolare l'Italia», scrive ancora il *Corriere della sera*. Che conclude:

«Ma la sostanza è un'altra: la faccenda delle rogatorie ha acceso i riflettori sul conflitto d'interessi. È a questo appuntamento che il giornale inglese e altri organi di stampa attendono Berlusconi. Lo fanno con la stessa diffidenza con cui seguirono la campagna elettorale del centrodestra».

Mentre prepara il suo commento, il piú diffuso giornale italiano non può immaginare che l'indomani sarà superato nella critica al governo dal giornale della Confindustria di D'Amato. Anche per il *Sole-24 Ore* quello che si sta per votare al Senato «è un po' troppo». Se si stenta a capire come mai il centrosinistra, avendo avuto due anni e mezzo per ratificare il trattato italo-svizzero, non ci sia riuscito, «non aiuta a fugare i timori la condotta dell'attuale maggioranza: prima dilatoria, e poi tesa a far approvare a scatola chiusa, insieme alle norme semplificatrici introdotte dall'accordo, una serie di regole ulteriori che infittiscono la rete di condizioni e di limiti all'esecuzione delle rogatorie e all'utilizzazione dei loro risultati [...] Ancor piú quando, in una qualche misura, vengono a ricevere portata retroattiva, amputando di elementi decisivi il materiale a disposizione dei giudici in processi già avviati, e incidendo sul decorso della partecipazione o sul mantenimento di misure cautelari nei confronti di imputati anche di delitti gravissimi».

La legge di ratifica, come abbiamo accennato, «stabilisce che siano radicalmente "inutilizzabili" i documenti e gli altri mezzi probatori assunti per rogatoria, ogni qual volta si riscontri una violazione di norme del nostro codice o delle convenzioni internazionali nella loro acquisizione o nella loro trasmissione alle autorità italiane. Ma questa è una sanzione severissima – constata il giornale degli industriali – neppure suscettibile di sanatoria: non per nulla, quando si tratta di atti compiuti in Italia, il codice stesso la limita a situazioni di particolare gravità. Qui la si estende a tutto campo, come se ogni pur minima inosservanza costituisse una lesione del diritto di difesa o di altri valori fondamentali. Non è un po' troppo?».

Reazione prevedibile: ora è la Svizzera (ne parleremo nell'ultimo capitolo del libro) a rifiutarsi di ratificare il trattato, mentre molti giudici italiani respingono le richieste di annullamento delle rogatorie e Taormina urla: «Arrestate quei giudici».

## «Ragion di Stato»

Sarà pure «un po' troppo» come scrive il giornale della Confindustria, ma non per la destra, perché – disvela *il Foglio* – «quella legge è pura ragion di Stato contro un nuovo golpe istituzionale». Tradotto: questa legge serve per evitare che, trovandosi Berlusconi implicato in processi il cui esito dipende da prove acquisite con rogatorie, un magistrato possa inviare al premier un «avviso», come quello che nel 1994 gli fu mandato a Napoli e concorse alla caduta del primo governo Berlusconi.

«Silvio Berlusconi – spiega il consigliere frondista – denuncia accanimento da parte di quei magistrati che lo indicano come colpevole di atti illegali. Fino ad ora i tribunali gli hanno dato ragione: o lo hanno assolto, o hanno decretato la prescrizione, cioè il fallimento dei processi a suo carico. Ma su un punto hanno avuto ragione i giudici: non un punto di giustizia, ma di politica. Sono cioè riusciti a rovesciare il primo governo Berlusconi con un'accusa di tangenti alla Guardia di finanza, che è poi caduta in virtú di una sentenza di assoluzione. Ricominciamo? Di nuovo un'opposizione giustizialista che fa appello al capo dello Stato per un nuovo ribaltone fondato su accanimenti giudiziari? Mandiamo un avviso di garanzia agli elettori del 13 maggio? No grazie.»

In altre parole, gli italiani hanno votato un leader, se questo leader ha problemi con la giustizia (sorti assai prima che scendesse in politica) è necessario cancellarne le prove, in modo che non ci siano processi, e il rapporto di fiducia fra gli elettori e il governo non sia vanificato da ribaltoni nella maggioranza o da interventi del Quirinale sotto l'urto della questione giudiziaria. Ragion di Stato. Se il capo del governo è in debito con la legge, egli deve poter restare al suo posto, fino a quando gli elettori italiani, suoi unici giudici naturali, decideranno di sostituirlo.

Del Quirinale si parla ormai spesso, anche per allusioni, al punto che un ex democristiano, ora capogruppo del Ccd-Cdu al Senato, Francesco D'Onofrio ne approfitta per una vendetta postuma contro Scalfaro. Quando dichiara il sí del Biancofiore alla legge delle rogatorie, veste i panni di Aldo Moro, che contro i terroristi delle Brigate rosse proclamò nell'aula della Camera «La Dc non si farà processare in piazza», e ripete pari pari (non alle scomparse Brigate rosse, ma a Querce e Margherite) che il centrodestra non si farà processare, che non ci sarà una nuova Mani pulite «favorita o tollerata da un presidente della Repubblica [Scalfaro] e da un ministro dell'Interno [Mancino] pusillanimi». «Questa maggioranza non sarà processata perché ha la coscienza pulita esattamente come allora» (come ai tempi di Tangentopoli). E paragona il coro giacobino del centrosinistra, «Previti, Previti», a quello «Citaristi, Citaristi» che si levava a Montecitorio nel 1992-93 (cioè quando gli attuali alleati leghisti e missini di D'Onofrio agitavano il cappio nell'aula per impiccare i compagni di partito di D'Onofrio, o circondavano Montecitorio perché non fuggissero nottetempo come i ladri).

È la ragion di Stato. Qualcuno, nel Senato presieduto da un intellettuale, appunto Pera, ricorda che Machiavelli, in fondo, tifava per Cesare Borgia: una cosa è la politica del principe, un'altra le sue mani pulite o sporche. Ma ciò che si accetta dalla piacevole lettura di Ferrara, non si accetta dai discorsi in Parlamento. Sicché, quando il capogruppo postfascista Nania giustifica il voto di An alle rogatorie perché «le norme ipergarantistiche sono doverose in un sistema democratico per garantire i soggetti deboli», le urla degli «straccioni» (è la definizione di Cossiga per i senatori del centrosinistra) arrivano oltre la volta dell'aula: «Debole chi? Previti?» E giú dai banchi dei Verdi un lenzuolone con la scritta «Previti conta perché ha questo conto: 224.373». Grida Pera: «Togliete quello striscione»; ma dai banchi verdi risponde un fiorire di cartelli: «Credito Svizzero di Chiasso. Conto corrente numero 224.373 Ferrido». La seduta è sospesa.

Siamo arrivati all'ora di pranzo e qualche italiano segue dal teleschermo di Rai Tre la «diretta» dal Senato. Ma di queste scene non gli è permesso veder nulla. La ripresa è stata autorizzata, era diritto dell'opposizione chiederla. Ma viene fatta con le telecamere fisse, quelle perennemente installate nelle aule per i circuiti interni di Montecitorio e Palazzo Madama che hanno un campo visivo limitato al solo oratore. Un'informazione parsimoniosa. Chi se ne serve, può ascoltare il tumulto di fondo, non avere il quadro reale di ciò che accade nell'aula.

Va meglio per chi legge i giornali. L'implacabile Gian Antonio Stella è piazzato in tribuna stampa (cosa inaudita per i gior-

nalisti parlamentari) e annota tutto per i lettori del *Corriere*,
che l'indomani si ritrovano un quadretto di questa «politica
sbraitata», dove le buone ragioni della destra e della sinistra sono «pelose». Scrive:

«Impegnato in interminabili chiacchierate con Marcello
Dell'Utri [che insieme a Paolo Guzzanti e Lino Jannuzzi ha
elaborato gli emendamenti della legge], Carlo Taormina aspetta
con baldanzosa impazienza: nel solo processo in cui è imputato
il suo ex cliente Francesco Prudentino, il re del contrabbando,
difeso inizialmente dal sottosegretario anche dopo la nomina al
governo, il pubblico ministero Giuseppe Scelsi teme l'annullamento di decine di migliaia di documenti fotocopiati che dovranno essere richiesti un'altra volta e chissà quanti mesi o anni
ci vorranno. (Solo per Gerardo Cuomo, il boss dei traffici internazionali di sigarette, processato a Bari, la Svizzera ne ha
mandato cinque casse – di documenti – ma senza firma o timbri foglio per foglio come vuole la nuova legge.)

«Ma certo la sinistra – continua l'inviato in tribuna stampa –
non aveva buoni motivi per salire in cattedra e dar lezioni [...]
La sinistra ha tenuto per due anni la legge in ammollo. Forse
per sciatteria, forse per usarla come lama di coltello puntata
addosso al Cavaliere, o forse, come dice la destra, perché aveva
combinato un pasticcio e irritato gli svizzeri (informazioni acquisite per rogatoria dai nostri magistrati sarebbero finite nelle
mani del fisco senza previo accordo con Berna). Certo è che solo all'ultimo istante della scorsa legislatura, dopo le infuocate
accuse di Antonio Di Pietro, l'Ulivo aveva provato a far diventare legge l'accordo con la Svizzera firmato da Giovanni Maria
Flick nel 1998.»

«Non potemmo approvarla quando ci arrivò in Senato, si
giustifica il capogruppo di Forza Italia Renato Schifani, perché
alla fine della legislatura mancava ormai poco piú che una settimana. Vero. Ma è altrettanto vero, – rinfaccia Stella – che stavolta la Casa delle libertà è riuscita a doppiare gli scogli sia della Camera sia del Senato in sette giorni, tre per aula piú la domenica. Obiezione: ora c'erano i numeri. Respinta: sulla carta
c'erano anche l'altra volta, tant'è vero che quella legge – oggi
cambiata – aveva avuto alla Camera il voto anche di Forza Italia. Voto sconfessato subito dopo dai forzisti in Senato, con la
presentazione di centinaia di emendamenti, quasi tutti firmati,

da chi? Da quel Pera che ieri è stato accusato di aver forzato le regole per andare spedito».

Cosí un giornalista non parlamentare fa sapere ai suoi lettori che l'attuale seconda carica dello Stato ha lavorato nella scorsa legislatura per impedire che il Trattato italo-svizzero, approvato a Montecitorio anche dai suoi distratti colleghi forzisti, diventasse già allora legge dello Stato col voto del Senato. A differenza dei distratti deputati forzisti, il senatore Pera, che a quel tempo studiava da ministro della Giustizia, fa capire a Berlusconi che quel trattato non gli conviene, che è meglio sterilizzarlo. E modifica con centinaia di emendamenti la legge di ratifica, invadendo il codice di procedura penale. La ragion di Stato, forse, non è una scoperta del *Foglio*.

## Castelli «epurator»

Ma non tutte le ciambelle escono col buco. Andata due volte «sotto», alla Camera, col voto di Tabacci ed altri deputati indisponibili a fare «i soldatini di Berlusconi», anche il voto riparatorio del Senato non è senza strappi nella maggioranza. Ne commette uno il vice di Pera, anche lui professore e per di piú inventore di Alleanza nazionale, il vice presidente del Senato Domenico Fisichella. Nella votazione finale sulla legge, il professore si astiene. Al Senato l'astensione vale voto contrario. È la prima volta dall'inizio della legislatura che un parlamentare della maggioranza, e ad altissimo livello istituzionale, vota a scrutinio palese contro una legge del governo.

*Micromega*, rivista che non piace alla destra ma neanche alla sinistra piú amante del quieto vivere, si fa spiegare da Fisichella le ragioni del suo voto, visto che non ha avuto o potuto motivarle in aula. Risponde: «Credo che di fronte alle forti riserve dell'opposizione e di numerosi ambienti internazionali, sarebbe stato prudente e realistico da parte della maggioranza cercare tempi e modi per un approfondimento dei passaggi piú controversi del disegno di legge sulle rogatorie, anche al fine di introdurre correttivi in grado di assicurare alla normativa, al di là dei dubbi formulati, efficacia di indagine e di sanzione *erga omnes*. Ciò non avrebbe precluso l'approvazione del provvedimento e avrebbe evitato di alimentare sospetti e ipotesi maliziose circa la ragioni di tanta fretta parlamentare. Penso che il merito della legge ne avrebbe guadagnato e le garanzie per una giustizia piú penetrante, nel rispetto del diritto dei singoli, sarebbero state comunque assicurate. Ora viceversa il clima è diventato piú difficile e la politica della giustizia dell'attuale governo rischia di essere letta, con frequenza, in un'ottica partigiana.

«C'è stato certamente in passato un insieme di situazioni che ha indotto ampi settori d'opinione pubblica a parlare di "interferenze politiche" della magistratura. Questa stortura merita di essere sanata, ma in pari tempo occorre evitare di cadere nel pericolo opposto di una magistratura additata come aprioristicamente ostile a un intero assetto di potere politico e quindi meritevole di essere depotenziata nelle funzioni che le sono istituzionalmente proprie. La sequenza tanto ravvicinata di provvedimenti normativi e amministrativi in questa fase iniziale della legislatura alimenta la preoccupazione di quanti vedono in talune scelte della maggioranza piú un intento punitivo che il proposito di ricondurre i rapporti tra politica e giustizia nell'alveo istituzionalmente e funzionalmente corretto. Non si persegue una politica di "legge e ordine" delegittimando la magistratura, la cui autonomia costituisce garanzia per l'intero ordinamento civile».

Non la pensa allo stesso modo l'ingegnere leghista Castelli, che ha preso il posto di ministro della Giustizia covato da Marcello Pera per cinque anni. Non appena il Senato approva la legge con 161 voti favorevoli, 110 contrari e un astenuto (appunto Fisichella), il ministro, che durante il dibattito non è stato in aula pur essendo in gioco una modifica del codice di procedura penale, licenzia in tronco cinque dei sette magistrati del suo ufficio legislativo. Li accusa non solo di avergli prospettato in un appunto molte critiche al disegno di legge sulle rogatorie, ma anche di averne sussurrato i contenuti a parlamentari dell'opposizione. A titoli di scatola, l'indomani Vittorio Feltri spara su *Libero* (in lutto per il suicidio dell'editore Stefano Patacconi): «Sospetti di spie nel governo». Decisione clamorosa, spiega Feltri, «che sarebbe legata al fatto che i cinque magistrati non si sarebbero limitati a fornire al guardasigilli un parere sulla legittimità del provvedimento, ma avrebbero fatto delle valutazioni politiche, esorbitando cosí dai loro compiti. Un'invasione di campo che sarebbe andata di traverso a Castelli. Ma ancor piú gli sarebbe andata di traverso la fuga di notizie che ha portato all'esterno il parere "politico" in questione».

Cos'era successo? «Martedí 2 ottobre il senatore diessino Guido Calvi aveva chiesto (senza esito) che il ministro venisse in Senato a chiarire perché non aveva tenuto conto di questo parere negativo; e sosteneva di possedere il documento originale, di cui il sottosegretario Giuseppe Valentino, che ha rappresentato il governo in aula smentiva l'esistenza. Secondo l'agenzia *il VeLino* [diretta dal senatore craxista-forzista Lino Jannuzzi] è stato proprio dopo lo *scoop* di Calvi, presumibilmente favorito dall'interno di via Arenula, che il ministro ha tolto l'incarico ad Antonio Petrono, Antonietta Carestia, Elisabetta Rosi, Giuseppe Cascini e Vittoria Stefanelli, lo staff messo in piedi dall'ex direttore dell'ufficio, Vladimiro Zagrebelsky prima che il governo Amato lo promuovesse giudice della Corte europea in «zona Cesarini». Ora spetterà al Csm affidare ai cinque un nuovo incarico, mentre Giovanni Venucci e Giampaolo Leccisi continueranno a guidare l'ufficio» (e altri magistrati ad abbandonare il ministero).

L'opposizione, ovviamente, protesta: non era successo nemmeno al tempo del famoso «decreto salvaladri» del primo governo Berlusconi nel 1994. Allora il guardasigilli Alfredo Biondi si limitò a disattendere il giudizio critico espresso da alcuni magistrati del suo ufficio legislativo. Stavolta Castelli estende il provvedimento anche a magistrati, come Carestia e Cascini, i quali avevano preparato per il ministro una relazione su un'altra legge, il falso in bilancio, approvata dal Parlamento poco prima delle rogatorie. Ma Castelli, dando per certo che le spie sono i magistrati colpiti, precisa: «Non ho fatto altro che accelerare i tempi di un avvicendamento già previsto». Al Csm, cui alcuni dei magistrati «licenziati in tronco» avevano già chiesto di cambiar aria, spetta ora non solo nominare nuovi magistrati dell'ufficio legislativo (su indicazioni nominative del ministro), ma anche precisarne meglio i compiti: debbono formulare pareri soltanto tecnici o anche «politici»? E come si fa a distinguere, in un parere «tecnico», l'eventuale «finalità» politica?

## L'Europa ci boccia

Nessuno se la sente di contestare (a parte i metodi da padroncino *lumbard*) il disagio di un ministro della Giustizia in un ministero dove a decidere quasi tutto erano i giudici. Lo stesso ministro, del resto, sollecita subito un confronto col Csm; e propone dopo qualche tempo, che la riforma della giustizia sia elaborata discutendone coi magistrati e con le loro associazioni: metodo a cui Gennaro, presidente dell'Anm, farà un'apertura di credito. Per ora, a Castelli non resta altro da fare, come ministro della Giustizia, che il parafulmine di Berlusconi, cosí come Ruggiero lo fa quando i fulmini piovono sulla politica generale del governo (estera e interna).

Attacca Pierluigi Vigna, procuratore generale antimafia: «Stiamo andando in senso contrario all'Europa. I giuristi di tutti i paesi cercano di studiare norme che deformalizzino i rapporti tra i vari organismi giudiziari, scambi spontanei di notizia in possesso dei singoli giudici di uno Stato ai giudici di un altro. Del resto, i criminali operano senza frontiere, altrettanto devono poter fare i magistrati». Rivela Antonio Di Pietro: «Ricordo che il castello di barriere eretto per non farci capire cos'era successo con la maxitangente Enimont si sgretolò quando riuscii ad avere i conti di Giorgio Tradati, il prestanome di Craxi. Feci la rogatoria, ma grazie al rapporto diretto col magistrato d'Oltralpe le carte mi arrivarono via fax. Ma oggi, se passano le idee di Berlusconi, non potrei piú. Di Enimont non sapremmo forse nulla. Corrotti, mafiosi e terroristi possono continuare a muoversi alla velocità della luce, mentre a magistrati e detective togli pure il fax».

Si chiedono opinioni al procuratore generale di Ginevra, Bertrand Bertossa: «Questa legge è una catastrofe per la giustizia internazionale. In dodici anni di collaborazione giudiziaria con paesi di tutto il mondo, non ho mai visto norme del genere [...] Si tratta evidentemente di norme politiche, dirette a far cadere le indagini e i processi piú delicati. Per noi magistrati svizzeri, diventerà molto piú difficile anzi impossibile continuare a collaborare con l'Italia nelle indagini sulla corruzione, sul riciclaggio dei patrimoni mafiosi e sulle organizzazioni che finanziano il terrorismo. Non resta che sperare in un intervento di Bush sul vostro premier Berlusconi. Osama Bin Laden ha soldi in Italia?».

Allo sgarbo dell'alto magistrato svizzero, segue quello dell'ambasciatore in Italia, Alexei Lautenberg: «Nessuna legge nazionale può modificare un accordo tra due Stati. E cosí il vostro Parlamento, attraverso la legge di ratifica dell'accordo, sta cambiando le norme del vostro codice di procedura penale, con effetti che però si ripercuoteranno sulle rogatorie e le collaborazioni di tutti gli altri paesi. Noi siamo attenti a taluni aspetti di certe, modifiche». *Per esempio?* «Per esempio quelli che potrebbero non solo non aiutare, ma addirittura rendere piú difficile l'assistenza giudiziaria reciproca: il che significherebbe ottenere l'effetto contrario a quello perseguito da un accordo di collaborazione.» *Ma perché c'è voluto tanto tempo per arrivare a questa legge di ratifica?* «Questo non lo so. So solo che la Svizzera ha fatto quel che doveva, da tempo. Siamo in attesa che l'Italia faccia altrettanto. Tra l'altro, questo accordo tocca la materia finanziaria e fiscale, settore molto delicato, sul quale ci siamo spinti molto avanti nella collaborazione con l'Italia. Con nessun altro paese abbiamo fatto i passi realizzati con voi, e ora si resta stupiti di fronte a certi atteggiamenti. Per esempio, che chi riceve atti formali da un paese amico diffidi della loro qualità. In tanti anni, non mi era mai capitata una situazione simile.»

Ed ecco Carla Del Ponte, altro incubo, ex capo della procura di Lugano, referente abituale di Mani pulite prima di dedicarsi ai criminali di guerra jugoslavi. «L'Italia, con i suoi ricorrenti problemi giudiziari, per me ormai è una realtà lontana. Ma non consento che qualcuno possa mettere in dubbio la trasparenza del mio lavoro precedente. I rapporti di cooperazione giudiziaria con l'Italia sono avvenuti per anni, prima dalla procura di Lugano, poi da quella federale di Berna, nella piú assoluta trasparenza e nel rispetto della legalità, sin dai tempi di Giovanni Falcone che è stato il primo magistrato italiano a richiedere il nostro aiuto e a definirlo prezioso e indispensabile [...] L'accordo Italia-Svizzera voleva semplificare le procedure e non certo renderle piú formali.»

Il colpo di scena arriva da Strasburgo, dove il Parlamento europeo vota il 4 ottobre, proprio all'indomani del voto del Senato italiano, una risoluzione che impegna tutti i governi dell'unione a «non porre nuovi ostacoli giuridico-legali, che possano in qualche modo compromettere gli sviluppi della cooperazione giudiziaria». La mozione, aggravata da un emendamento degli eurodeputati socialisti (l'invito a non utilizzare «cavilli») è approvata a grandissima maggioranza, anche col voto di Forza Italia. I deputati forzisti hanno tentato di convincere la presidente, Nicole Fontaine, che si sta interferendo in questioni italiane, violando «l'indipendenza del Parlamento italiano». Nell'indifferenza dello stesso Partito popolare europeo, al cui gruppo Forza Italia è iscritto, l'Europarlamento non si smuove dalle sue convinzioni, e cosí anche i forzisti votano la mozione, per non restare isolati: avrebbero mostrato altrimenti a tutta l'Europa la solitudine degli avvocati e dei parlamentari di Berlusconi. Aperta la falla nel fragile muro di Forza Italia, gli euro-socialisti si divertono a far passare un secondo emendamento, col quale l'Europarlamento «respinge fermamente le opinioni che proclamano il primato di una civiltà sulla base dell'adesione a una determinata religione». E anche stavolta i deputati forzisti debbono fare buon viso a cattivo gioco, e trangugiano il rospo, per evitare che il loro leader venga identificato come il teorizzatore della «superiore civiltà».

Si parla di una esplicita minaccia dei socialisti europei a Berlusconi, formulata una settimana prima che il Parlamento italiano approvi la legge sulle rogatorie. Secondo il presidente, Enrique Baron Crespo, se quella legge passasse, «Berlusconi smentirebbe la propria firma apposta alle conclusioni del Consiglio straordinario di Bruxelles. Il gruppo Pse richiama perciò l'attenzione di tutti i gruppi dell'Europarlamento, e li sollecita a far pressioni sul governo d'Italia, perché receda dai suoi propositi». Le conclusioni del Consiglio straordinario di Bruxelles, sottoscritte il 21 settembre da Berlusconi, dicono: «La lotta al finanziamento del terrorismo costituisce un aspetto decisivo. È necessaria un'azione internazionale energica [...] Il Consiglio è d'accordo sull'istituzione dell'ordine di arresto europeo...».

Perciò Elena Paciotti, eurodeputata Ds e già presidente dell'Associazione nazionale magistrati, definisce la legge italiana sulle rogatorie «un pugno in faccia ai partner europei [...] Con gli emendamenti al disegno di legge di ratifica dell'accordo italo-svizzero e con la modifica di alcuni articoli del codice di procedura penale, si procede contro le norme generali del nostro ordinamento e si violano le norme di diritto internazionale [...] Queste stabiliscono che vale la legge del luogo dove si svolgono gli atti. Se c'è da fare un accertamento in Italia, si opera secondo l'ordinamento italiano, se c'è da intervenire in Svizzera si fa con le norme svizzere».

Domandano alla Paciotti: Poniamo che si scoprano i finanziatori di Bin Laden, che succede? «Ammettiamo che sia stata raggiunta la prova che lo sceicco è stato finanziato da qualcuno che versa i soldi in un conto svizzero. Al giudice viene inviato tutto il prospetto dei movimenti bancari. Ma queste prove potrebbero non essere utilizzate se, nell'acquisire la documentazione, non è stata seguita una certa modalità. Non solo. La magistratura non potrà utilizzare neppure la dichiarazione del funzionario di banca che si basa su quei documenti ritenuti "inutilizzabili". Insomma, prove acquisite e gettate nel cestino.»

Primo atto. Il secondo sarà il «no» del governo italiano al mandato di cattura europeo. Ma penseranno i quattordici partner a farglielo rimangiare.

# IX. Guerra delle istituzioni
## *Assedio al Quirinale*

Elle Kappa, *la Repubblica*, 9 gennaio 2002

Il presidente presidenziale - Ciampi non parli di federalismo - Bin Lumbard sulle Due Torri di Roma - Datamedia: il Presidente è in calo - La giacca del Presidente – «Berlusconi si copre dietro Ciampi» - Tabucchi, o le delusioni di una presidenza - Un referendum per la legalità - Cossiga: «M'ha detto di aiutare il Polo» - Il rischio di diventare Coty

## Il presidente presidenziale

«Qualcosa è cambiato, dice quel grande sigillo ovale che pende sulla testa di Berlusconi, quell'insegna dorata piú napoleonica che americana con la scritta *"Il presidente"* sotto lo stemma della Repubblica e le dodici stelle della bandiera europea.» La prosa è di Sebastiano Messina, testimone della conferenza stampa di Natale sul bilancio dell'Anno I: «Qualcosa è cambiato, dice il sorriso principesco del presidente del Consiglio tra gli affreschi, gli stucchi e gli arazzi della sala piú bella di Villa Madama, progettata da Raffaello per madama Margherita de' Medici. Qualcosa è cambiato, dicono le cifre che il Cavaliere snocciola trionfalmente davanti ai giornalisti, per arrivare rapidamente alla conclusione che "mai nessun governo in cosí poco tempo aveva fatto tante cose". È lui la novità che ha cambiato tutto. Dal giorno in cui ha rimesso piede a Palazzo Chigi, l'Italia è entrata nella sua nuova era, l'età berlusconiana. Se ne sono accorti gli italiani, se ne sono accorti i governanti europei, se n'è accorto l'amico Bush, se ne accorgeranno anche i linguisti, ai quali Berlusconi ha consegnato ieri due neologismi – la

257

*sottolineazione* e la *modernazione* – e una nuova formula per la smentita: *Disdico quanto ho letto sui giornali*».

Sono proprio questi neologismi la cosa piú preoccupante. Fra i sintomi di ogni regime allo stato nascente, c'è – appena percepibile tra sorriso o piglio principesco, nuovi stemmi del potere, raffica trionfale di opere e soprattutto di progetti – c'è, dicevamo, la nuova lingua. Aveva colto quel sintomo Giosuè Carducci nei bruttissimi versi giovanili dedicati a Giulio Cesare, distruttore della repubblica: *Dittatore universo, anche la vaga / lingua d'Ennio ei mutò, l'anno ha costretto / errante già per la siderea plaga*. Ma sarebbe far torto al latino paragonare l'italiano dei nostri giorni alla vaga lingua di Ennio, cosí come sarebbe far torto alla riforma cesarea del calendario affiancarle la nuova conta (Anno I dell'era berlusconiana, Anno II, ecc.).

A Villa Madama, Berlusconi bombarda i cento giornalisti di cifre, di aneddoti, di annunci mirabolanti: dal presidenzialismo alla riforma del codice rurale dell'agricoltura. E spiega a tutti che abbiamo la fortuna di avere un premier che all'estero ci invidiano. Uno che ha ridotto l'immigrazione clandestina del 247 per cento (ecco riformata, insieme alla lingua e al calendario, anche la matematica). «Uno – aggiunge Messina – che sta lavorando all'ambizioso progetto di "un modello universale standard di organizzazione statuale" (che sarebbe uno Stato pret-à-porter, una democrazia chiavi in mano, buona sempre e dovunque per i paesi disgraziati di ogni latitudine). Uno che rivolterà come un calzino la burocrazia italiana, a cominciare dagli ambasciatori, che dovranno diventare alla svelta "agenti commerciali dell'Italia", testa di ponte delle imprese nazionali nelle capitali estere [...] Promette una Repubblica presidenziale, ma non subito, e non necessariamente a sua misura, perché lui al Quirinale non ci ha mai pensato, giura, occupato com'è a governare.»

«È a questo punto che gli cresce il naso», scrive Bruno Vespa nell'editoriale ciclostilato per gli innumerevoli quotidiani da Bolzano a Palermo che lo pubblicano con fotina d'autore nel titolo. Berlusconi – testimonia Vespa – non solo guarda al Quirinale, ma pensa anche di cambiarlo facendo eleggere direttamente dal popolo il capo dello Stato, e dandogli, oltre ai poteri attuali, anche poteri di governo. Insomma, tutto riunificato nelle sue mani: esecutivo, legislativo, giudiziario, come ai tempi del Re Sole: *l'Etat c'èst moi*. Forza Italia – ricorda il giornalista di «Porta a porta» – è nata presidenzialista nel '94. An lo è sempre stata (lo era il Msi, figlio della mussoliniana Rsi). La Lega era diffidente verso ogni rafforzamento del potere centrale, ma ora che ha ottenuto decentramento e devolution può anche consentire una soluzione americana o alla francese. Infine i Ccd-Cdu hanno accettato il presidenzialismo come bilanciamento del federalismo di Bossi. Il problema fu già discusso in Bicamerale, ma non ci si accordò se l'onnipotente capo plebiscitato dovesse essere l'inquilino del Colle, cioè il capo dello Stato, oppure l'inquilino di Palazzo Chigi, cioè il primo ministro.

La cosa sembra ormai chiarita, dopo una pluriennale girandola di progetti, sempre diversi l'uno dall'altro. Ora Berlusconi vuole:

– un presidente della Repubblica eletto direttamente dai cittadini, con funzione di capo dello Stato e anche con alcuni poteri di governo; (come Chirac in Francia);
– un Parlamento eletto dai cittadini con sistema proporzionale, ma con una manciata di seggi in piú («premio di maggioranza») per il partito o coalizione di partiti che arriva primo;
– un governo eletto dal Parlamento, guidato da un primo ministro (come il francese Jospin) con poteri limitati come s'è detto dall'attribuzione di una parte di essi (esteri, difesa...) al capo dello Stato.

Sono accantonati quindi sia il presidenzialismo americano (un capo dell'esecutivo che è anche capo dello Stato: Bush); sia l'elezione diretta del primo ministro (Sharon) che si pratica solo in Israele. S'avanza invece un modello francese opportunamente italianizzato. Il semipresidenzialismo francese è esposto al rischio della coabitazione: Chirac di destra al vertice dello Stato e Jospin di sinistra a capo del governo. È perché la legge maggioritaria, con cui viene eletto il Parlamento francese, garantisce sempre una maggioranza di governo, ma non garantisce che abbia lo stesso colore del capo dello Stato, eletto direttamente. Ciò costringe alla coabitazione l'uomo di destra e l'uomo di sinistra.

Il nostro futuro presidente della Repubblica Berlusconi non vuole correre il rischio di coabitare con una maggioranza e un governo dell'Ulivo. Per prevenirlo, annuncia che farà eleggere il Parlamento non piú col maggioritario attuale, ma col vecchio sistema proporzionale, corretto tuttavia da un «premio di maggioranza» al gruppo che abbia avuto un voto piú degli altri.

Pensa che quel gruppo sarà ancora il suo, Casa delle libertà o d'altro, e vuole metterlo in condizioni di esprimere il primo ministro. Nella sfera di cristallo, Berlusconi legge cosí: il popolo lo manderà plebiscitariamente al Quirinale, da dove lui potrà governare in proprio e attraverso Palazzo Chigi, dove siederà un uomo della sua parte, fiduciato da una maggioranza parlamentare «premiata». Niente rischi di coabitazione. Tutto il potere a tutta la destra. È il modello della repubblica di Weimar, ricorda Augusto Barbera, miseramente travolto da Hitler che irruppe nella frattura tra presidente forte e Parlamento debole.

Il progetto non piace a sinistra, ma non piace neanche a destra. «La combinazione tra presidenzialismo e sistema proporzionale – dice D'Alema – è un'ipotesi disastrosa per il nostro paese. Da una parte favorisce la frantumazione del sistema politico, e dall'altra parte crea il massimo di legittimazione nel vertice delle istituzioni, con forte rischio di derive autoritarie. Il problema non è il presidenzialismo in sé. Si tratta di capire qual è il bilanciamento dei poteri. Se rispetto al Presidente c'è solo il Parlamento eletto col sistema proporzionale, allora siamo in presenza di un progetto pericoloso, disegnato sulle esigenze personali dell'onorevole Berlusconi, non certo sulle esigenze del paese.»

Nel sistema presidenziale francese, come si diceva, il Parlamento è eletto col maggioritario a due turni. Ancora piú secco il sistema americano, dove il Congresso è eletto con maggioritario a un turno, e dove il bilanciamento dei poteri sta, innanzitutto, nella netta separazione dei tre poteri (esecutivo, legislativo e giudiziario), nel ruolo della Corte suprema, nell'indisciplina dei partiti che al Congresso si compongono e scompongono in maggioranze occasionali su questa o quella proposta di legge, nel potere degli Stati della Confederazione, nella pluralità dei potentati mediatici, nell'assoluta indipendenza della stampa, nella magistratura elettiva, nella legislazione antimonopolistica, nell'inammissibilità del conflitto d'interessi. Il principio chiave, che Berlusconi ignora e i suoi costituzionalisti nascondono, è che, fin dal suo atto di nascita nel Settecento, «presidenzialismo non significa solo concentrazione del potere, ma, per definizione, anche separazione del potere» (leggere, in inglese o in italiano tradotti dal Mulino, Linz, Valenzuela, Shugart, Sartori, Carey, Lijpart, Stepan, Skack, Suleiman, ecc. ecc.). Berlusconi prospetta la concentrazione del potere, ma non la separazione dei poteri: l'esecutivo continuerà a condividere col legislativo l'iniziativa delle leggi, minaccia di sottoporre la giurisdizione al governo (pubblici ministeri) e al Parlamento (indicazione delle priorità nell'esercizio dell'azione penale). Cosí accresce a dismisura la confusione fra i poteri e la sostanziale concentrazione di tutti e tre nelle mani di uno solo: l'esecutivo. Anzi, il vertice dell'esecutivo, cioè Berlusconi intronato al Quirinale.

Il Parlamento uscirebbe devastato dalla riforma proporzionalista. Ignazio La Russa, capogruppo di An alla Camera, risponde a giro di posta a Berlusconi: «Il proporzionale trasmette un ricordo di vecchiume, di intrighi, di guerriglie nei partiti». *Eppure, sembravate cosí contenti del maggioritario.* «Alleanza nazionale ha fatto una battaglia per il maggioritario, ha preparato un referendum per il maggioritario, si è rotta le corna per il maggioritario. La nostra scelta è chiara e inequivocabile. Ad Alleanza nazionale interessa il bipolarismo, la garanzia che non si frantumino gli schieramenti in mille piccoli potentati, che non si ritorni alla pratica della vecchia Dc.» *Cosí offende Buttiglione e i centristi, non le pare?* «Ci sono centristi e centristi. Quelli che stanno ai patti, e Buttiglione ci starà di sicuro, e quelli che attendono il proporzionale per garantirsi la libera uscita.» *Con l'intenzione di fare come ai vecchi tempi?* «Ai vecchi tempi, esatto.» *I ricatti?* «I ricatti, esatto». *Le camarille?* «Le camarille, esatto.» *Un incubo?* «Un incubo, esatto» (Antonello Caporale, *la Repubblica*).

Dunque c'è dolo in Berlusconi? *Dolus bonus*, minimizza Cossiga, «partendo dall'assolutamente decoroso mestiere del commerciante, cui già il diritto romano concedeva il privilegio della inesattezza-errore-bugia, tecnicamente chiamata appunto *dolus bonus*». Piuttosto, «Chi vuole e può intendere a qualunque livello, intenda». Il «chi», manco a dirlo, è Ciampi. Cosa dovrebbe intendere? Primo: che se si sceglie l'elezione diretta del capo dello Stato occorre ridisegnare la sua complessiva posizione costituzionale. Secondo: se si riformano Quirinale e legge elettorale, occorre che sia Ciampi che l'attuale Parlamento vadano a casa in anticipo.

Nessun dubbio. Il progetto accreditato a Berlusconi è quello di fare la riforma entro il 2004 (occorreranno due votazioni alla Camera, due al Senato e un referendum confermativo); di indire le elezioni presidenziali per il 2005, con un anno di anticipo sulla scadenza della legislatura e di Ciampi, che è il 2006 per entrambi. Ciampi si sarebbe dichiarato disponibile a fare come Coty con De Gaulle, togliere il disturbo e consegnargli le chiavi dell'Eliseo. Cosí Berlusconi, eletto al Quirinale col voto diretto dei cittadini, insedierebbe il suo successore a Palazzo Chigi, scegliendo fra i molti a cui ha promesso la successione: Fini che oggi sembra indebolito, Casini in crescita, Letta il diplomatico, Formigoni il clericale, Tremonti il leghista che ha gli strumenti per farsi un «blocco padano» (vedi le fondazioni bancarie, dove gli enti locali del Nord avrebbero un ruolo primario, diversamente che nel resto d'Italia). La pluralità dei nomi e le concrete possibilità che la destra vinca anche le prossime elezioni spiegano l'agitarsi di questi leader (con l'eccezione di Letta, il quale sa piú di tutti che chi entra papa in conclave ne esce cardinale).

Per evitare che Ciampi scalpiti o si rimangi la promessa di liberare il Quirinale per il 2005, il capo dello Stato è mantenuto sotto minaccia: ultima, per modo di dire, quella dell'inchiesta parlamentare sull'*affaire* Telecom Serbia e Telecom Italia, che secondo l'ipotesi accusatoria avrebbe fruttato a Milosevič 52 miliardi di tangenti, serviti per le spese della guerra e l'arricchimento della cricca. Fin dal marzo 2001, in piena campagna elettorale, il superaccusatore forzista Paolo Guzzanti (detto talebano dalla barba rossa) scriveva sul *Giornale*: «Come si sa, la polemica ha sfiorato in modo molto prudente, rispettoso e quasi astratto, il ministro del Tesoro dell'epoca, l'attuale presidente Ciampi». *Culpa in vigilando*, a dir poco. Sarà per questo, o solo da fratello maggiore, che Ciampi avrebbe offerto a Berlusconi con la disponibilità a ritirarsi prima del 2006, il consiglio di dar prima «una piena, compiuta prova di governo». Sta di fatto che, dall'offensiva sulla Telecom Serbia in poi, le punzecchiature al Quirinale sono state ininterrotte da parte della destra forzista e leghista piú Cossiga, con l'effetto di imbrigliare il capo dello Stato nei confronti di Berlusconi e procurargli, per reazione, gli attacchi di liberi battitori del centrosinistra. Quirinale tra due fuochi.

Ma con stile e moderazione, l'ultimo dell'anno, Ciampi rompe l'accerchiamento e sviluppa a sua volta una manovra avvolgente alle spalle non tanto di Berlusconi, cultore di volatili architetture istituzionali, quanto degli oltranzisti del governo monocratico, tipo radicali, postrepubblichini e altri. Cosí nel messaggio di capodanno – seguito da 14 milioni di teleutenti – fissa tre parole d'ordine; la prima, per le forze politiche, è *dialogo*; la seconda, per le istituzioni, è *non invasione* delle competenze altrui; la terza, per se stesso, è *consiglio*. È compito del Quirinale, cioè, non limitarsi a firmare le leggi approvate dal Parlamento e dirigere la banda dell'inno di Mameli, ma dare consigli a chi governa e a chi fa l'opposizione, affinché si comportino al meglio, attraverso il dialogo.

A rigore, non è una novità di Ciampi. Venticinque anni prima analogo concetto con altre parole era stato espresso da Giuseppe Saragat, quando aveva definito il potere del Quirinale «magistero di persuasione». Definizione perduta nella smemoratezza di politici e commentatori, ma pur sempre fissata nelle Tavole della repubblica. Naturalmente quel magistero è da esercitare con vigore variabile, tanto più forte se le forze politiche, protese ad un'occupazione totale e privatizzante dello Stato, esasperano la tensione con le istituzioni. Lo comprendono i partitocrati, con salmerie di costituzionalisti al seguito, e non riescono a nascondere il malumore. Ma, per una notte, il Quirinale è tornato vertice fisso del paese.

## Ciampi non parli di federalismo

Nell'ultima decade di settembre due scadenze avevano fatto salire la temperatura. Una, di cui abbiamo scritto, è la legge sulle rogatorie internazionali, che, approvata dal Senato deve essere approvata dalla Camera il 28 settembre (per poi tornare al Senato in seconda lettura il 2-3 ottobre, dopo i due tonfi di Montecitorio). L'altra scadenza è il referendum costituzionale fissato per il 7 ottobre. Gli elettori sono chiamati a dire se confermano o meno la riforma del titolo V della seconda parte della Costituzione: quella che riguarda le Regioni, le Province e i Comuni. Nella precedente legislatura, l'Ulivo ha riformato in senso federalista le norme di questo titolo, accrescendo i poteri locali e riducendo quelli dello Stato centrale. La Costituzione è stata dunque cambiata, ma poiché i voti per il cambiamento non hanno raggiunto due terzi dei deputati e dei senatori, occorre un referendum popolare confermativo: spetta cioè al popolo dire se approva o non approva la riforma della Costituzione votata dal Parlamento senza il quorum dei due terzi.

Mentre ci si avvicina alle due scadenze, i partiti si preparano alla battaglia sulle rogatorie, ma nel paese tutto tace sul referendum federalista. L'Ulivo, naturalmente, auspica un voto confermativo da parte dei cittadini. Il governo non sa che pesci prendere: la Lega è furibonda, sostiene che la riforma è truffaldina perché spaccia per federalismo qualcosa che non lo è: il vero federalismo – dice – nascerà dalla *devolution* che il ministro delle Riforme Bossi sta preparando. Cosa sia la devolution nessuno lo sa, ma il grido di guerra è questo. Non si leva soltanto dagli ex secessionisti lumbard, quel grido, ma anche dai nazionalisti di Fini: non perché vogliano la devolution, e men che meno la secessione, ma perché pensano che piú forte sarà la paura di spezzettare lo Stato a favore della periferia, piú urgente sarà il bisogno di costituire nel cuore dello Stato un forte potere esecutivo. Cosí il presidenzialismo, cardine del Msi, fin dall'indomani della sua nascita dalle macerie della Repubblica sociale, potrà finalmente essere realizzato. Berlusconi non sa che pesci prendere sul referendum, perché i suoi consiglieri forzisti sono divisi tra chi teme una rivincita dell'Ulivo e i presidenti polisti delle regioni. Costoro, tranne il veneto Galan, sono favorevoli alla conferma della riforma ulivista come prima tappa verso una riforma ancor piú incisiva, si chiami devolution o in un altro modo.

In questo quadro di divisione e di paralisi della maggioranza, la via piú praticabile appare al governo quella di evitare che del referendum si parli: cioè fa tacere la Rai, la quale già tace di suo, al pari delle reti Mediaset. La Rai giustifica la sua latitanza affermando che non si tratta dell'abituale servilismo verso chi governa, ma di mancanza di disposizioni da parte della Commissione parlamentare di vigilanza, competente a fissare le regole delle campagne elettorali in tv. In realtà, la Commissione parlamentare non esiste dal 30 maggio, giorno in cui si è insediato il nuovo Parlamento. Il centrodestra non contesta al centrosinistra il diritto di averne la presidenza, trattandosi di commissione di controllo, e quindi destinata, in quanto tale, ad essere presieduta da deputato o senatore dell'opposizione. Ma, obietta, dovete prima far dimettere Zaccaria e il consiglio di amministrazione della Rai nominati a suo tempo dall'Ulivo: altrimenti avremo un controllore (la Commissione parlamentare) dello stesso colore politico del controllato (il Consiglio d'amministrazione della Rai). Replicano Zaccaria e i suoi consiglieri che si dimetteranno solo nel febbraio del 2002, e cioè alla scadenza naturale del loro mandato. La legge, infatti non impone al consiglio d'amministrazione Rai di dimettersi quando un Parlamento scade e ne viene eletto un altro.

Cosí insoluta la pretestuosa *querelle*, si arriva al 20 settembre senza che la Rai dedichi una sola «tribuna» al referendum del 7 ottobre (delle reti private, nemmeno parlarne). Alla fine, di fronte al montare della protesta dell'opposizione, si muove discretamente il capo dello Stato; e la situazione si sblocca con l'elezione del diessino Claudio Petruccioli, senatore di osservanza occhettiana. Parte cosí, in zona Cesarini, la direttiva alla Rai, per la campagna elettorale, che può andare a cominciare. Per suo conto, il capo dello Stato, in un discorso a Milano il 19 settembre, ha rilevato «l'importanza dell'appuntamento referendario». Attraverso il referendum – dice Ciampi, lacerando il velo di silenzio – gli italiani potranno confermare o meno, «con effetto diretto e immediato sulla Costituzione», la riforma federalista approvata dal vecchio Parlamento in marzo, due mesi prima delle elezioni.

Scoppia il mal di pancia ai leghisti. Il medico Alessandro Cè, un ultrà veneto che ha sostituito il (quasi) mite Giancarlo Pagliarini alla presidenza del gruppo leghista della Camera, intima al presidente della Repubblica di non intervenire nella vicenda; e alla Rai di non parlare di «riforma federalista». (Pavida la Rai si adegua. Propinerà agli utenti la formula: «Referendum confermativo sulla riforma della parte seconda, titolo quinto della Costituzione».) «Ritengo gravi le dichiarazioni del presidente della Repubblica – dice il medico Cè. – Egli sostiene che il referendum chiamerà gli elettori ad esprimersi sulla riforma federalista. È assolutamente improprio. Il referendum ha come oggetto la riforma del titolo quinto della seconda parte della Costituzione. Ogni riferimento ai contenuti della riforma è da considerarsi valutazione di tipo politico.» Come dire; il presidente della Repubblica è uscito dai suoi limiti, non lo faccia piú.

Il governo non ha nulla da obiettare alla reprimenda del medico veneto? Anzi, la sera del 19 settembre, mentre tutto questo si svolge (discorso di Ciampi e mal di pancia leghisti) Berlusconi invita il suo ministro Bossi, che compie 60 anni, a Palazzo Chigi, e gli offre, insieme ai colleghi, una torta con tante candeline. Di suo, il ministro aveva già provveduto ad autocomplimentarsi sulla *Padania*, il giornale di cui è direttore, autodedicandosi l'intera prima pagina con foto gigante e due colonne, una a destra e l'altra a sinistra della foto, zeppe di auguri inviati in redazione dai militanti. Esempio: «La Lega è come l'oro, non prende mai macchia. Umberto Bossi è come l'oro» (Teresa, da Cantú). Oppure: «La Padania è un sogno, che ha messo le vele» (Mario, da Paullo). Pochi sono i messaggi con la parola «ministro», molti preferiscono «condottiero», «guerriero», «guida spirituale».

## Bin Lumbard sulle Due Torri

Il 7 ottobre, il 64 per cento degli elettori recatisi alle urne (non moltissimi) vota sí alla conferma della riforma costituzionale, il 36 per cento vota no. L'Ulivo vede nel risultato l'inizio dell'era federalista, i presidenti polisti delle regioni un primo passo verso il federalismo, la Lega un'inutile pagliacciata. Insieme alla squalifica della riforma, la Lega ha squalificato, nel silenzio del governo, anche il Quirinale, che a quella pagliacciata aveva sollecitato gli italiani a partecipare. Unica contromisura, prima di imbarcarsi per Roma dove infuria la polemica sui calci che l'Italia sta ricevendo dagli Stati Uniti e dall'Europa. Berlusconi si reca al suo seggio elettorale di Arcore per votare. Cittadino investito dalla suprema responsabilità di governo, non può comportarsi come Bossi.

Nel frattempo, è successo ben altro nello scontro fra la maggioranza e il Quirinale. Ad attaccare frontalmente sono sempre i leghisti, quasi 007 della Casa con licenza di uccidere. È accaduto, come i lettori oramai sanno, che il 28 settembre la Camera ha, sí, votato il testo del Senato sulla riforma delle rogatorie; ma a scrutinio segreto ha introdotto due modifiche, sicché ora la legge deve tornare al Senato per una nuova votazione. I vertici di Forza Italia ne sono angosciati perché temono che di questo contrattempo approfittino i giudici che stanno processando alcuni esponenti del partito, sulla base di prove in gran parte acquisite con rogatorie: che la nuova legge dovrebbe rendere inutilizzabili.

L'emendamento presentato da Pisapia (Rifondazione comunista) introduce il reato di «truffa fiscale» per chi procuri a sé o ad altri ingiusto profitto con danno dell'ente pubblico defraudato di un tributo. L'emendamento Fanfani (Margherita) prevede che, ove sia necessario ripetere le rogatorie, sia sospesa la decorrenza dei termini di prescrizioni del reato, se l'imputato è detenuto (paradossalmente, l'emendamento premia proprio gli inquisiti parlamentari di Forza Italia, che in quanto parlamentari non possono essere detenuti: in loro favore, i termini di prescrizione decorreranno).

Il doppio capitombolo della maggioranza manda in tilt gli equilibri nervosi di Palazzo Chigi. Convocati i responsabili dei gruppi parlamentari, Vito, La Russa, Cè e Volontè, Berlusconi li strapazza duramente: «Cosí non va, ragazzi, e non mi venite a dire che è stato un incidente. È l'ennesima vittoria del pool di Milano, vi è chiaro no? La maggioranza deve serrare i ranghi». Ma dov'è venuta meno la maggioranza? Sono mancati all'appello 67 voti: in parte, hanno approfittato dello scrutinio segreto per votare a favore dell'opposizione, in parte maggiore sono assenti o addirittura usciti dall'aula al momento di votare (come il forzista Lucio Colletti, che dichiara irridente: «Sono andato a fare pipí»). Ancora piú sprezzante un altro deputato della maggioranza, Bruno Tabacci del Biancofiore: «Oggi il Parlamento ha riconquistato la sua dignità. Il Parlamento non può votare una brutta legge, sapendo che il governo è già al lavoro per correggerla subito dopo con un decreto. Perché il ministro Castelli non era in aula? Perché il sottosegretario Letta non ha voluto accettare gli emendamenti suggeriti nei giorni scorsi dal ministro Carlo Giovanardi? Da Giovanardi mi sono precipitato per lanciare l'allarme. Ma Carlo mi ha risposto: "Dobbiamo andare avanti, ordini superiori" Di chi? Di Letta? Allora sono andato da La Russa. Anche lui mi ha fatto presente che il suo Fini aveva cercato, senza successo, di far ragionare gli uomini di Berlusconi a Palazzo Chigi. Niente. Se questi pensano di andar avanti a colpi di blindatura, non hanno ancora visto niente. Qui non c'è nessun Mastella, e non siamo soldatini, non stiamo nella maggioranza per eseguire gli ordini di nessuno. Adesso arriverà la Finanziaria, allora è meglio che Tremonti si metta in testa che deve scendere a discutere».

Con aria piú cauta e calma, rincara la dose lo stesso leader del balenottero bianco, Follini: «A Berlusconi dico che non deve temerci, abbiamo firmato un patto politico e stiamo dentro quel patto. Ma devono ascoltare di piú, non solo noi del Ccd ma tutte le voci del centrodestra. Occorre ripensare le regole di quel grande condominio che è la Casa delle libertà. Lo schiacciamento dei partiti dentro il governo non giova. Cosí come non giova la progressiva desertificazione delle forze politiche, né l'illusione che possa esistere un rapporto diretto fra governo e paese». È questa la risposta dei «parlamentaristi» ai «presidenzialisti»: Berlusconi non si illuda di essere stato eletto direttamente dal popolo, come ripete disconoscendo il ruolo di Ciampi e del Parlamento nella genesi del governo e la natura del suo rapporto col Quirinale e con le Camere. L'Italia, piaccia o no, è ancora una repubblica parlamentare e men che meno Palazzo Chigi è la riedizione soft di Palazzo Venezia.

Ma Palazzo Chigi è furibondo per l'accaduto. Così la mattina del 30 settembre il ministro Bossi decide di abbattersi come un kamikaze di Bin Laden sulle Due Torri di Roma: il Quirinale e il Parlamento, per colpire i due guardiani, Ciampi e Casini. Chi ha consentito che si votassero gli emendamenti a scrutinio segreto? Il presidente della Camera Casini. Chi ha ispirato Casini in questa interpretazione del regolamento? Il presidente della Repubblica Ciampi. La storia si ripete, dicono all'unisono Bossi e il suo premier Berlusconi. Chi lo frequenta a Palazzo Chigi riferisce ai giornalisti: «Basta nominargli quei due, Ciampi e Casini, per fargli affilare gli occhi e serrare le labbra. E capiamo che è meglio non continuare».

Siamo tornati al 1994, al ribaltone? Naturalmente no, ma l'incubo è sempre incombente. Nulla di meglio, per scacciarlo, che utilizzare lo stesso artefice di quel ribaltone, appunto Bossi. E questi, senza farselo dire due volte, chiama Ciampi e Casini al *redde rationem*: «Rispetto al voto segreto di giovedí scorso, – scrive *la Repubblica*, – Umberto Bossi dice infatti: se ci sono una decina di franchi tiratori, vuol dire che qualche deputato non vuole quella legge. Ma se i franchi tiratori sono cinquanta o sessanta, allora vuol dire che quello che succede in aula è organizzato. È roba da presidenti. Anch'io ne ho avuto una che mi faceva dannare, la Pivetti. Si parlavano dalla Camera al Quirinale tagliando fuori tutti, e poi succedevano certe cose».

Ciampi e Casini come Scalfaro e Pivetti? A molti sembra un tentativo, da parte di settori irresponsabili del governo, di portare un attacco al capo dello Stato, per delegittimarlo piú di quanto non si stia facendo da mesi e metterlo ancor piú in cattive luce con l'elettorato del centrodestra. È il modo migliore per trovarlo innocuo quando verranno al pettine nodi ancora piú gravi: come il conflitto d'interessi. Prima del Bin Laden Lumbard, aveva pensato Taormina a «rivelare» appunto in Transatlantico che Casini aveva avuto pressioni da Ciampi e perciò s'era affrettato a concedere lo scrutinio segreto. Tuttavia, al momento in cui parla ai giornali, Bossi sa benissimo come sono andate le cose in aula: non ci sono stati 50 o 60 franchi tiratori nel segreto dell'urna, ma 27; gli altri responsabili del capitombolo sono ben 112 deputati del centrodestra assenti: 45 di Forza Italia (a Natale non avranno l'orologio-*cadeau* di Berlusconi), 37 di Alleanza nazionale, 14 del Biancofiore (Ccd-Cdu), 11 della Lega, 4 del gruppo misto. Dunque l'attacco al Quirinale si conferma manovra concepita a freddo, con l'intento di indebolirlo nell'opinione pubblica e di creare un diversivo.

## Datamedia: il Presidente è in calo

Il diversivo è imposto dal fatto che, pur rinviando la legge delle rogatorie al Senato il giorno dopo il capitombolo, cioè il 28 settembre, con l'ordine perentorio a Pera di portarla all'approvazione nel giro di due o tre giorni, l'attenzione dell'opinione pubblica «rischia» di concentrarsi sulle catastrofiche conseguenze che l'opposizione attribuisce a quella legge. Né Pera può muoversi come un fulmine di guerra, perché il 28 settembre è venerdí e il Senato resterà chiuso il 29 sabato, il 30 domenica e il 1° ottobre lunedí. Al massimo, forzando la consuetudine, si potranno convocare lunedí le Commissioni esteri e giustizia, competenti a esaminare la legge, e inserirla nel calendario dell'aula del 2 ottobre che era stato predisposto quando non s'immaginava il ritorno delle rogatorie azzoppate. Potrà Pera fare questo dono al suo partito, proprio mentre gliene sta confezionando un altro non meno cospicuo, l'approvazione della riforma del falso in bilancio?

Per di piú, l'opposizione minaccia a sua volta di bombardare il Colle, per «rafforzarlo». È stato lo stesso capogruppo Ds Violante a prospettare l'appello al presidente della Repubblica «sulle conseguenze gravi che avrebbe l'approvazione del provvedimento sulle rogatorie»: il rischio è di far saltare migliaia di processi, di spalancare le porte delle galere a pedofili, terroristi, mafiosi, per salvare gli imputati eccellenti di Forza Italia (il bis del «decreto salvaladri» del 1994, che aveva fatto uscire dal carcere duemila detenuti per evitare che vi entrasse qualche amico e forse lo stesso fratello del presidente del Consiglio).

Il governo sa che, pur essendo cambiato il clima del paese e diventati gli italiani assai meno sensibili alla questione morale, il rischio sul piano dell'immagine è forte. Cosí, per garantirsi la botte piena e la moglie ubriaca (cioè l'impunità per gli eccellenti e la permanenza in prigione degli altri), un trust di cervelli governativi sta cercando di mettere a punto un «decreto correttivo» (cosí lo definisce Ignazio La Russa) da approvare immediatamente a ridosso dell'approvazione della legge, nelle 24 ore successive: la legge per gli amici, il decreto per gli altri. Ma l'idea «legge piú decreto correttivo della legge» deve apparire paradossale perfino a un governo italiano di destra. E non se ne fa niente. Si preferisce replicare all'opposizione con un po' di scherno, come il ministro Giovanardi: «Vedremo fra sei mesi quanti criminali saranno usciti dal carcere».

E gli appelli, anzi le ipotesi di appelli a Ciampi continuano a fiorire nel centrosinistra, nonostante gli inviti di D'Alema a non coinvolgere piú di tanto il capo dello Stato: anche perché piú lo si invoca da sinistra, piú lo si rende sospetto all'elettorato di destra. Nell'imminenza della riforma del diritto societario, che modernizza la concezione del falso in bilancio e sostanzialmente lo depenalizza, è il senatore Ds Guido Calvi ad auspicare che sussistano le condizioni per un intervento del capo dello Stato. Ma il senatore Calvi ha, con altri giuristi popolari e Ds, la responsabilità della mancata approvazione di queste leggi quando l'Ulivo era maggioranza, e avrebbe potuto approvarle con altri contenuti. Ora si vorrebbe che il capo dello Stato non firmasse le leggi e le rinviasse alle Camere, magari rilevando che si pone un chiaro caso di «conflitto d'interessi». Cioè «il bottino di guerra», che il Cavaliere, secondo la definizione di Pierluigi Castagnetti, ha afferrato «in piena crisi internazionale».

Ma anche considerazioni di carattere costituzionale vengono offerte alla riflessione del Quirinale. Si vuol prospettare in anticipo al capo dello Stato un avvenire di possibili impugnazioni delle nuove leggi davanti alla Corte costituzionale o con referendum abrogativi. È il senatore Stefano Passigli, della sinistra repubblicana confluita nei Ds, a formulare a Ciampi alcune ipotesi di incostituzionalità. La prima riguarda la retroattività delle norme sulle rogatorie, che cosí verrebbero estese ai processi in corso: proprio quelli in cui sono imputati personaggi della maggioranza (che pertanto, con legge votata dalla maggioranza, si autoproscolgono). Un'altra obiezione, a testata multipla, riguarda il conflitto d'interessi e la prospettata Authority di tre saggi che dovrebbero sorvegliare gli atti del governo. Progetto incostituzionale, scrive Passigli, dal momento che: 1) l'Autorità non può avere alcun potere reale, perché soltanto una legge costituzionale (e non una legge ordinaria) potrebbe conferirglieli; 2) l'Autorità potrebbe esaminare solo i provvedimenti attivi del governo, mentre il conflitto d'interessi si realizza spesso attraverso omissioni, che non rientrano nel suo ambito di esame (per esempio, la mancata modifica del sistema televisivo); 3) l'Autorità non potrebbe esaminare atti che investissero, oltre agli interessi di un membro del governo, anche quelli di una pluralità di soggetti. «Oggi forse solo lei – conclude la lettera aperta a Ciampi – può indurre il capo del governo e della maggioranza a quell'etica della responsabilità che è il vero segno degli uomini di Stato. In mancanza di un tale ripensamento, all'opposizione non resterebbe che ricorrere a referendum abrogativi, che manterrebbero aperte nel paese ferite e tensioni.»

Ma a Palazzo Chigi sembra si dormano sogni tranquilli per quanto riguarda il Quirinale. Si dice che, già da una ventina di giorni, dall'indomani dell'attacco terroristico dell'11 settembre, il direttore di Datamedia, Luigi Crespi, abbia portato al Cavaliere «un sondaggio che fotografa un crollo senza precedenti della fiducia degli italiani nel Quirinale; e che il presidente del Consiglio, prudentemente, abbia ordinato al sottosegretario all'informazione Paolo Bonaiuti di segretarne senz'altro il contenuto. Salvo commentare, sorridendo, con Giuliano Ferrara: l'importante è saperle certe cose» (*Repubblica*, 2 ottobre).


## La giacca del Presidente

Colpita dal Bin Lumbard e dai suoi sodali, la Torre del Quirinale oscilla, continuamente rafforzata da colate di Fratelli d'Italia, tricolori e celebrazioni. Il Consiglio superiore della magistratura chiede al suo presidente, appunto Ciampi, d'essere ascoltato prima che il disegno di legge sulle rogatorie sia definitivamente approvato. Poi, approvata la legge, i magistrati distaccati negli uffici di via Arenula se ne vanno a frotte, non solo dall'ufficio legislativo del ministro. Se ne va anche Piercamillo Davigo, l'ex dottor sottile di Mani pulite, uomo di destra, da qualche anno componente della commissione di via Arenula per l'attuazione delle convenzioni internazionali. Ma il presidente parla da presidente. Al Csm riunito dice: «La giustizia continua ad essere al centro dei miei pensieri: tutti hanno il dovere di contribuire a mantenere la nostra tradizione giuridica, nell'ambito dell'esercizio e del rispetto delle funzioni e delle autonomie di ogni istituzione». Parole chiare per contenuto e destinazione, ma ininfluenti su apparati e culture da partito-azienda. Il presidente vi tornerà, con ben altro vigore, un mese dopo, nel discorso di Novara (di cui riferiamo a fine libro).

Piú liberi di parlare, e perciò piú espliciti, i deputati svizzeri in visita ai colleghi italiani della Commissione esteri presieduta da Gustavo Selva: «Se con le nuove normative l'assistenza giudiziaria dovesse essere resa piú difficile e macchinosa, – dice l'onorevole Marty Dick, – in Svizzera saremmo veramente preoccupati, perché la lotta alla criminalità internazionale può essere combattuta solo da una collaborazione internazionale efficace, non ostacolata da inutili ostacoli». E il capodelegazione, Bruno Frick, gelido: «Ci rammarichiamo per questa legge».

Lo riferiscono a Berlusconi, che tenta di reagire a modo suo, coprendosi dietro l'ombra di Prodi. Il 10 ottobre (il 3 il Senato in tumulto aveva espresso il sí definitivo) va a Bruxelles e, benché scongiurato dai collaboratori di non ripetere coi giornalisti il bis di Berlino, ci ricasca. Accusa la stampa, senza distinzione di frontiere, di essere al servizio di un «Club della menzogna», che promuove una versione mistificata della legge sulle rogatorie. Legge sacrosanta, secondo lui, perché garantisce a ogni cittadino d'essere giudicato sulla base di prove certe, mentre è successo che «nell'ultimo decennio qualche giudice non abbia seguito questo principio»: col risultato che «gli avvocati penalisti italiani si sono ritrovati nei fascicoli delle copie senza nessuna garanzia sulla loro autenticità». «Io, – conclude mentre Prodi cerca di sprofondare nel pavimento e i giornalisti bisbigliano la loro divertita incredulità, – io non ho nessun interesse personale nelle rogatorie.» Con cattiveria mitteleuropea gli replica da Roma il capogruppo dei senatori della Margherita, Bordon: «Appena lasciato solo dai suoi ministri, è tornato il propagandista che conosciamo. Si tranquillizzi, comunque, non esiste alcun Club della menzogna. Anche perché, se ci fosse, sarebbe difficile contenderne a lui la presidenza».

In questo scollamento degli equilibri e dei rapporti istituzionali, procedente di pari passo con l'approvazione di leggi che non contribuiscono a «mantenere la nostra tradizione giuridica», come Ciampi vorrebbe, il centrosinistra non sceglie la via di una difesa giolittiana del Quirinale, che cosí rischia la solitudine come nel 1922: quando di fronte allo squadrismo i partiti antifascisti, invece di sostenere la Corona, giocarono a sfasciatutto, pensando di fare la repubblica.

In mancanza di una politica istituzionale dell'Ulivo, che faccia capire ai cittadini piú evoluti il pericolo di un Quirinale sotto schiaffo, una surrogazione impropria (e spesso polemica) viene da uomini di cultura, che già all'indomani delle elezioni chiamano in causa il Colle. Di questa polemica civile sono appassionati campioni Eugenio Scalfari e Giovanni Sartori, con articoli di eccezionale acutezza e penetrazione, che però non osano affrontare gli scenari ultimi, teorizzabili, di un conflitto dichiarato fra il capo dello Stato e il capo della maggioranza. È il 25 maggio, le Camere elette il 13 non sono ancora convocate, c'è anzi ancora una coda elettorale il 27, per il secondo turno delle amministrative a Torino, Roma e Napoli, vinte dall'Ulivo con Sergio Chiamparino, Walter Veltroni e Rosa Russo Jervolino. Il 25 maggio sul *Corriere della sera* Giovanni Sartori pone il problema del conflitto d'interessi. La tesi è questa: Berlusconi sostiene che gli italiani lo hanno votato, cancellando cosí l'incompatibilità politica del conflitto d'interessi, che comunque il governo affronterà nei prossimi mesi. Ma il capo dello Stato non può accettare qualsiasi finzione spacciata come soluzione del conflitto d'interessi. Non è soluzione valida il *blind trust*, il fondo cieco, che può contenere solo capitali, della cui gestione il proprietario-premier non saprebbe niente; ma non può contenere aziende (come Mediaset) che il proprietario-premier sa di possedere e può quindi favorire attraverso atti o omissioni del suo governo. Men che meno potrebbe funzionare un'Authority di controllo, scelta dello stesso controllato e priva di poteri.

Passano due giorni ed è la volta di Eugenio Scalfari, perentorio: «Presidente Ciampi, aspettiamo un messaggio». Cosí presto? Prima ancora che si insedino le Camere, destinatarie del messaggio? Nel mirino del fondatore di *Repubblica* c'è la concentrazione dei mezzi d'informazione e propaganda nelle mani del futuro presidente del Consiglio (presagio fondato: la prima decisione del primo Consiglio dei ministri, come abbiamo ricordato, è la riesumazione dello scomparso ministero della Comunicazione, la «grande sorella»).

Fatta l'analisi, Scalfari passa all'arbitro: «C'è n'è uno solo per ruolo, per statura intellettuale, dirittura morale ed è il presidente Carlo Azeglio Ciampi. Noi sappiamo che egli deve registrare il voto popolare e la maggioranza parlamentare che ne è scaturita; sappiamo che dovrà incaricare il leader vittorioso a formare il governo con tutti i poteri che la Costituzione gli attribuisce. Ma sappiamo anche che la Costituzione affida a lui un'altissima funzione di garanzia di tutte le minoranze, e in modo particolare della loro voce e del loro diritto di tribuna. Incombe dunque al presidente della Repubblica d'impedire che i vincitori del 13 maggio includano nella cosiddetta spartizione delle spoglie anche il sistema radiotelevisivo pubblico, in aggiunta alle emittenti private già in loro possesso. Il presidente ha i mezzi diretti e indiretti per neutralizzare la nascita di un monopolio totale dell'informazione. Mi rendo conto che si tratta di un compito gravoso e tuttavia, mi permetto di dirlo, non eludibile. Come estrema *ratio*, il presidente è titolare del diritto di messaggio al Parlamento. Mai come su questo tema dovrebbe usarlo».

E non siamo che alla vigilia dei primi «cento giorni». Alla fine, dopo una notevole devastazione etico-giuridica del paese con leggi ad personam quali mai s'erano viste in regime democratico, il *cahier de doléances* nei confronti del Quirinale è diventato lungo. Il capo dello Stato, firmando e promulgando tutto, ha fatto il suo dovere costituzionale, ma duole a molti che non abbia dato segni percepibili di rammarico. (In verità ne ha dati, ma pochi sono in grado di percepirli e la stampa, che potrebbe enfatizzarli, non lo fa.) Cosí arriva novembre, il brutto ponte d'Ognissanti per il Quirinale. Dal presidente, la cultura di opposizione non vuole piú il rito patriottico quotidiano, benché stia facendo riscoprire la religione laica della patria, se non quella piú liberale delle istituzioni.

È ancora la coppia Scalfari-Sartori a colpire duro, quasi in una ribadita supplenza dell'Ulivo. Sartori prende di petto i rapporti tra Ciampi e Berlusconi e arriva ad affermare che il Cavaliere si nasconde dietro il Colle. Ne scrive sul *Corriere della sera*, poi dà un'intervista a *Repubblica* cosí devastante che lo stesso giornale sembra intimidito e la pubblica su una sola colonna.

So anch'io – dice il politologo italo-americano – che «il capo dello Stato è in disagio, non è contento della piega presa dagli eventi, ma non può farci nulla, può soltanto subire, perché è super partes». Eh no, obietta. «Essere sopra le parti non vuol dire chiamarsi fuori o praticare lo struzzismo.» Veniamo ai casi del momento. «Nei suoi primi cento giorni, il governo Berlusconi non si è mosso male su altri fronti, ma su quello degli interessi privati dobbiamo registrare un trasparente perseguimento di interessi privati in atti d'ufficio. È possibile che questi provvedimenti siano anche di interesse generale (non certo quello sulle rogatorie), ma sono provvedimenti resi altamente sospetti dal fatto che provengono da chi ne beneficia.» All'origine delle critiche, dunque, c'è il conflitto d'interessi.

## «Berlusconi si copre dietro Ciampi»

«Che fare? – si chiede Sartori. – È chiaro che Berlusconi tira diritto con sempre maggiore baldanza. Lo confessa il fatto che, fra tutti i vari progetti, il Cavaliere ha scelto la formula Frattini, che è, per la risoluzione del suo conflitto d'interessi, la piú risibile di tutte (come ho già avuto occasione di spiegare). Ma temo che stavolta il Cavaliere sottovaluti troppo il mondo che lo osserva e lo giudica (e non beve piú la frottola della solita "congiura delle sinistre ai suoi danni"). Quando le Camere avranno approvato la formula Frattini, e la patata bollente arriverà sul tavolo di Ciampi, cosa farà il capo dello Stato? Potrà fare tre cose: 1) controfirmare e applaudire (il problema è risolto); 2) controfirmare e tacere; 3) controfirmare e dissociarsi (esternando, come può benissimo fare, le sue riserve).

«Se farà la prima cosa, insulterà l'intelligenza di coloro che ce l'hanno, non salverà la credibilità di Berlusconi e danneggerà la propria. Se firma e sta zitto, la partita è troppo clamorosa per essere chiusa col silenzio. Berlusconi è già quasi un monopolista dell'informazione. Come dice Enzo Biagi, tre reti sono sue, le tre della Rai lo servono con intervistatore di servizio, che s'impegna persino a chiedere quali domande intendano fargli i frequentatori dei salotti televisivi. Vedi caso, l'altro giorno è anche inopinatamente deceduta la possibile televisione concorrente di Montecarlo. Aggiungi che Berlusconi ha già in tasca metà della stampa, e che la restante metà non può ignorarne i pesanti condizionamenti. Dunque – conclude Sartori – in Italia sta scomparendo un principio fondante della democrazia: la pluralità e concorrenzialità degli strumenti di formazione dell'opinione. Come può un capo dello Stato, "custode della Costituzione", far finta di niente e lasciar passare senza fiatare un fatto di tanta gravità? Io spero, allora, che il presidente Ciampi dica esplicitamente che firma come atto dovuto, ma che lui non avalla. Questa esternazione è un suo diritto. Mi auguro che se ne avvalga.»

Riusciranno Gaetano Gifuni e Gianni Letta, i due moderati di multiforme ingegno che tessono la tela fra Quirinale e Palazzo Chigi, a evitare che la si laceri? L'auspicio è diffuso, ma i pronostici incerti. Ormai, la *querelle* dell'intellighenzia antiberlusconiana nei confronti del Quirinale è al calor bianco, come la furia «innovatrice» del Cavaliere impegnato a costruire un paese a immagine sua, del suo ceto e dell'intendenza al seguito.

All'intervistatrice Barbara Jerkov, il professore raccomanda subito di non definire queste sue parole come «appello» a Ciampi. *E perché professore?* «Perché già gliene feci uno di appello, e Ciampi mi fece sapere che la cosa lo aveva irritato. Evitiamo altri incidenti.» *Parliamo allora di «scenari».* «Io dico solo: Ciampi faccia un po' quel che crede, ci mancherebbe altro. Però penso anche che se lascia passare quella cosiddetta legge sul conflitto d'interessi cosí, senza far niente, non ne esce bene. Qui c'è un pericolo vero. Forse lui non lo vede ancora, ma io, qui da New York, sí.» *Di quale pericolo parla?* «Rischierebbe di finire anche lui travolto dallo stesso disprezzo internazionale che ha già travolto Berlusconi. Almeno Berlusconi fa i soldi, Ciampi farebbe solo una brutta figura.» *Professore, ci va giú pesante.* «È che sono molto preoccupato per come vanno le cose... Ciampi non si renda complice: se solo prendesse coraggio, sarebbe l'unico in grado di fermare Berlusconi». *In che senso?* «Nel senso che Berlusconi se ne infischia del giudizio dell'Occidente solo perché sa di avere dietro di sé una figura unanimemente rispettata come quella di Ciampi. Se Ciampi non lo copre piú, dia retta a me, Berlusconi il giudizio dell'Occidente da solo non lo affronta.»

Sembra di rivedere lo «scenario» di tanti anni fa, Vittorio Emanuele III e Mussolini. Il prestigio del Re Vittorioso a copertura del Duce delle camice nere. Sono le esagerazioni, i fantasmi, gli incubi di una lotta politica che, per alcuni o molti, sta uscendo dai binari. Ma anche per chi vuol restarvi, e vi resta, lo «scenario» non è meno pesante. E non c'è due senza tre: dopo il fondo del *Corriere* e l'intervista a *Repubblica*, eccone un'altra all'*Unità*.

*Perché il presidente ha dato finora l'impressione di non voler bloccare la legge Frattini?* «L'ho già scritto. Abbiamo un presidente che finora non ha voluto affrontare Berlusconi. Ma siamo arrivati a un'ultima spiaggia: ormai, o il coraggio lo trova o dev'essere aiutato a trovarlo.» *Perché ultima spiaggia?* «Perché se la legge-truffa Frattini passasse con il silenzio-assenso del capo dello Stato, da quel momento la sinistra si troverebbe davvero alle corde e il capo del governo potrà impunemente fare tutto quello che gli conviene (a danno dell'interesse generale, ma anche dei legittimi interessi dell'opposizione). Inutile che la sinistra starnazzi.» *Allora cosa dovremmo fare?* «La sinistra non si può piú illudere. Il fatto che il presidente Ciampi abbia lasciato passare senza neppure un vibrare di sopracciglia (che pure ha belle e folte) la vergognosa "legge con fotografia" sulle rogatorie, dimostra che va messo subito sull'avviso. Se il capo dello Stato si propone di avallare senza fiatare la legge Frattini, allora deve sapere che da quel momento sarà trattato come un presidente parteggiante. Altro che super partes. Se il presidente desidera piú d'ogni altra cosa apparire equanime, allora gli dev'essere assicurato che *non* apparirà tale. Per equità devo precisare che il coraggio è mancato finora anche alla sinistra. Se la sinistra è ancora in forza, questa è l'occasione per battere un colpo» (16 novembre). Ma, sempre per equità, già da settimane la stampa rileva che i temporeggiamenti di Ciampi non sono piú apprezzati nel centrosinistra, «dove la popolarità dell'inquilino del Colle è in netta discesa».

Passiamo da Sartori a Scalfari, dal conflitto d'interessi secondo Frattini all'attacco ai giudici, sferrato personalmente dal presidente del Consiglio. Si tratta, per il fondatore di *Repubblica*, dell'«assalto finale ai poteri dei giudici». Accuse di «guerra civile», di «rivoluzione politica effettuata per via giudiziaria», di decapitazione di un'intera classe politica «occidentale e democratica», di processi istruiti con accanimento e finiti con sentenze di condanna senza prove. «Affermazioni di questa gravità, possono essere legittimamente sostenute in un giudizio storico [...], ma se provenienti da un imputato, che ha tuttora pesanti conti da regolare con la giustizia, e che per di piú si trova ad essere il capo del potere esecutivo, raffigurano un palese conflitto fra due poteri dello Stato che va ben oltre una

semplice polemica fra il cittadino Berlusconi e i cittadini Borrelli, D'Ambrosio, Colombo o lo stesso Di Pietro e quant'altri
si sentissero diffamati e ricorressero ai tribunali per avere giustizia».

Non una *querelle* privata, ma conflitto fra poteri dello Stato.
E chi è l'arbitro, Corte costituzionale a parte? Il capo dello Stato, naturalmente. La strada è scritta nella Costituzione: tra gli
attori legittimati a proporre alla Corte costituzionale il conflitto
tra potere esecutivo e potere giudiziario, c'è il Consiglio superiore della magistratura. Ma il presidente del Csm è lo stesso
presidente della Repubblica: «Può e vorrà il presidente del
Csm autorizzare l'organo da lui presieduto a sollevare conflitto
tra poteri costituzionali, per violazione dell'autonomia della
magistratura, di fronte a una interferenza intimidatoria da parte del potere esecutivo?».

L'ingerenza intimidatoria e la lesione dell'autonomia – riepi-
loga Scalfari nel suo promemoria per il Quirinale – non si realizzano soltanto attraverso la tesi storico-politica del presidente
del Consiglio, sia pure pervenuta a un punto tale di radicalità
da chiedere sanzioni gravi: o a carico dei magistrati, se han fatto quello di cui li accusa Berlusconi, o a carico di Berlusconi, se
ha mentito sul conto dei magistrati. L'ingerenza intimidatoria si
realizza ad opera del ministro della Giustizia Castelli, l'altro
*imam* della Lega. Non sopporta che alcune procure della Repubblica impugnino la nuova legge sulle rogatorie, facendo
prevalere le norme internazionali su quelle interne. Sentenzia
che «i magistrati non possono interpretare le leggi ma debbono
soltanto applicarle. Preannuncia ispezioni ministeriali che
stronchino sul nascere ogni ipotesi di inapplicabilità della legge
sulle rogatorie». L'interferenza del ministro della Giustizia è
più grave, se possibile, di quella del presidente del Consiglio,
perché «questi attribuisce ai magistrati un reato "storico", l'altro víola l'autonomia attuale della giurisdizione».

Come ne esce Ciampi, capo dello Stato, presidente del Csm?

## Tabucchi, o le delusioni di una presidenza

Male, ne esce malissimo per la penna devastante di uno
scrittore popolare e intransigente, Antonio Tabucchi, quello di
*Sostiene Pereira*. Tabucchi attacca sull'*Unità*: poi, visto che crea

una crisi tra il giornale e il partito di riferimento (i Ds, dove D'Alema scuote la testa), torna alla carica su *Micromega*, nel quaderno di fine ottobre che lancia l'iniziativa di un referendum per la legalità: «*No alle leggi Forza Ladri*». L'articolo si intitola, senza mezze misure, «Le delusioni della presidenza Ciampi». Difficile dire fino a qual punto si tratti di delusione di una persona o di un più vasto schieramento, che preferisce farsi interpretare dallo scrittore. Uno schieramento che, comunque, è destinatario del primo schiaffo dello scrittore: quelli dell'Ulivo cosa s'aspettavano sulle rogatorie da un gruppo di potere di cui fanno parte persone che, «se processate con rogatorie rapide e concrete, potrebbero forse cambiare le loro poltrone con un tavolaccio delle patrie galere»? Questa legge avrebbe potuto essere varata nella scorsa legislatura quando l'Ulivo era maggioranza e non riuscì a farla passare lamentando che l'opposizione glielo impediva. Se l'Ulivo quando è maggioranza, si lascia superare dall'opposizione, e quando è opposizione non riesce a opporsi alla maggioranza, cosa viene a piangere? Mi pare una domanda logica, dice lo scrittore. E su questa storia della logica, inchioda il Quirinale. (È un arbitrio, perché la logica dello scrittore, che è il pensiero a tutto tondo, non può essere la logica del politico, che è la realizzazione del possibile nelle condizioni date.)

«Quello che mi pare sorprendente è che gli stessi parlamentari che hanno tanto gridato allo scandalo, non abbiano manifestato a sufficienza il loro stupore per il fatto che il giorno prima della discussione della legge in Senato, il presidente della Repubblica avesse offerto una "colazione di lavoro" (l'espressione è del portavoce del governo) al capo del governo e a molti suoi ministri. Non ho mai avuto notizia di un altro paese dell'Europa comunitaria in cui il capo dello Stato, il giorno prima della discussione di una legge tanto controversa, e importante al punto di incidere sulla vita giudiziaria di un'intera nazione, abbia invitato il governo di turno a pranzo. Nella mia ingenuità politica, ho sempre pensato che una familiarità così stretta fra due cariche istituzionali così distinte, dove una ha funzioni esecutive e l'altra di controllo delle istituzioni, si verificasse solo in certi paesi dell'America latina.»

Riabilitata l'America latina (come dire, anche in Europa ci sono banane), Tabucchi torna a colpire l'opposizione, ormai individuata come una specie di Alice nel paese delle meraviglie, ma avendo sempre il Quirinale nel mirino. «Con lo stesso clamore con cui si erano scandalizzate per la nuova legge votata dal governo, le stesse persone si sono mostrate sorprese che il capo dello Stato abbia firmato seduta stante una legge cosí battagliata. Ma nessuno degli scandalizzati ha aggiunto la considerazione logica piú elementare: e cioè che se un presidente della Repubblica, la mattina, mentre prende il caffè, controfirma una legge votata la notte precedente, vuol dire che a lui quella legge piace. Questo è elementare, direi ai tanti Watson del nostro paese. Ora, nessuno pretende che un capo dello Stato si opponga a una legge votata regolarmente in un Parlamento democratico (anche se altri presidenti lo hanno fatto) [...] ma se avesse lasciato passare anche un solo pomeriggio, poteva significare che ci stava pensando su, che aveva qualche dubbio. Evidentemente non aveva nessun dubbio. Ce lo dice la logica.»

Saltando fior da fiore, Tabucchi arriva a Palazzo Madama. «L'opposizione ha criticato duramente il presidente del Senato Pera, accusandolo di avere condotto la seduta in maniera scorretta. Il giorno dopo il capo dello Stato ha manifestato pubblicamente la sua stima al presidente del Senato. Se il presidente della Repubblica elogia l'operato del presidente del Senato, significa che è d'accordo con lui. Questo è logico.»

E dal Senato, con un gran volo all'indietro andiamo a Genova, 19-21 luglio, G8: «Quando la polizia è entrata nella scuola Diaz, e poi durante gli arresti della caserma di Bolzaneto, c'è stato un vuoto costituzionale». «L'onorevole Berlusconi è apparso in tv annunciando agli italiani che la polizia ha fatto solo il suo dovere. Il capo dello Stato ha preso un'iniziativa inedita in Europa, dove i presidenti della Repubblica, nei momenti gravi del proprio paese, di solito si rivolgono da soli alla nazione, ed è apparso in televisione a fianco del presidente del Consiglio, confermando con la sua sola presenza le parole di quest'ultimo.» E se quest'ultimo avesse mentito, «il capo dello Stato avrebbe appoggiato incautamente parole menzognere. È logico».

«Infine, in questi giorni c'è la lettera del capo dello Stato al presidente americano Bush [...] Una sorta di credenziale per l'onorevole Berlusconi [...] Ma temo che nella sua lettera di impegno alla lotta contro il terrorismo internazionale il capo dello Stato faccia un salto di logica laddove afferma che l'Italia si impegnerà anche contro le ramificazioni finanziarie del terrorismo stesso. Non so come si possa affermare questo con tanta sicurezza, dopo che in Italia è passata una legge con valore retroattivo (le ultime leggi con valore retroattivo in Francia sono state quelle del regime di Vichy), che impedisce in pratica alla magistratura di fare luce sui possibili intrighi che certi capitali italiani imboscati in Svizzera o a Santo Domingo possono avere intrecciato con il frastagliato impero finanziario di Bin Laden [...] Resta da vedere se gli americani, che godono della reputazione di ingenuità, per la legge sulle rogatorie crederanno alle "garanzie" del presidente della Repubblica italiana o all'allarme manifestato dall'Europa e dal procuratore di Ginevra Bertrand Bertossa, che di conti oscuri all'estero se ne intende».

## Un referendum per la legalità

È logico, questo è logico, ce lo dice la logica, insiste Tabucchi nell'esprimere le sue delusioni. Fra i politici si ripete che è la «logica» dello scrittore, come cosa diversa dalla logica della politica. Ma quando qualche giornalista di solito informato, previsionale e autore di «punti» quotidiani, come Stefano Folli, illustra la logica della politica nel caso Ciampi-Pera, la pelle si aggriccia a piú di qualcuno.

Scrive dunque il puntualista del *Corriere*: «La firma del capo dello Stato in calce alla legge sulle rogatorie contiene un segnale eloquente. È un invito ad abbassare la tensione, a riportarla nell'alveo di un contrasto politico che non può investire la sfera istituzionale. Ciampi ha capito molto bene che l'attacco indiscriminato e "delegittimante" a Marcello Pera aveva in sé un elemento distruttivo, che in prospettiva avrebbe minacciato anche il Quirinale. Un rischio da cancellare senza indugi».

Par di capire, ma l'augurio è di non aver capito, che Ciampi ha chiuso gli occhi (almeno in pubblico) sulle forzature di Pera, e anzi gli ha espresso (almeno in pubblico) la sua solidarietà, per farsi un'assicurazione. Il Quirinale, in tal modo, si sarebbe assicurato contro il rischio di attacchi al Colle da parte dell'opposizione, per eventuali e non prevedibili forzature del Capo dello Stato in una qualsiasi occasione. Ma se cosí fosse, la «logica» di Tabucchi avrebbe centrato in pieno l'obiettivo. In molti invece, pur di centrosinistra, sperano che l'abbia mancato.

Purtroppo, è ancora Folli a danneggiare il Quirinale per eccesso di difesa. Scrive infatti il valoroso discepolo di Spadolini:

«La solidarietà reiterata dal Quirinale al presidente del Senato e la rapida firma apposta al testo di legge, senza cedere all'ipotesi del rinvio alle Camere, sono due mosse in qualche misura connesse. Due mosse che tengono conto anche della necessità di far argine ai contraccolpi di una legge controversa. La voglia di ribellione che serpeggia in certi settori della magistratura non può non preoccupare il presidente del Csm. Soprattutto rispetto a una minaccia di sciopero... In altre parole, la cornice istituzionale regge».

Talvolta però la cornice istituzionale regge le candele a chi fa giochi antistituzionali. Si ricorda, come paradigma estremo, il 28 ottobre 1922: il Quirinale chiama il capo delle camice nere che avevano marciato su Roma e gli conferisce l'incarico di formare il governo, il capo delle camice nere forma il governo di larga coalizione (fascisti, nazionalisti, liberali, popolari) e lo porta a giurare al Quirinale, quindi va a esporre il programma al Parlamento, che gli vota la fiducia. Tutto da copione. La cornice istituzionale regge, e come. Quello che accade dopo è storia nota. Vero è che Folli consiglia al governo e alla maggioranza di trovare nella cornice i margini per guarire dalle ferite, ricordando che in Italia, come dice Fini, le crisi di maggioranza e di governo non nascono mai da atti dell'opposizione ma da comportamenti di governi e divisioni delle maggioranze.

Tuttavia, delusi dalle mancate risposte della cornice istituzionale, e scarsamente fiduciosi nella volontà del governo di guarire da malattie dalle quali sembra trarre vantaggio, partiti dell'opposizione ed energie della «società civile» provvedono ad assumere iniziative di autotutela contro le malattie del governo. Nasce, annunciato da Rutelli, Parisi, Fassino, il movimento per il referendum abrogativo della legge sulle rogatorie, che già si muove autonomamente intorno alla rivista *Micromega*. Poche righe di manifesto e prime firme, sotto il titolo «Un referendum per la legalità».

La legge sulle rogatorie, anziché ratificare un trattato con la Confederazione elvetica, teso a rendere piú rapida, efficace, semplice, la collaborazione giudiziaria tra i due Stati nella lotta contro il crimine, soprattutto dei «colletti bianchi», vanifica di fatto l'acquisizione di prove che riguardano migliaia di processi (per corruzione, riciclaggio, traffico d'armi, mafia, pedofilia, terrorismo...) e per il futuro rende al limite dell'impraticabile le indagini per rogatoria. Un regalo alla delinquenza, un rifiuto a globalizzare la lotta contro il crimine, che spinge l'Italia ai margini del mondo occidentale. Questa legge indegna, e oltretutto «pasticciata», ha l'unico effetto di garantire nuove prescrizioni, e dunque ulteriore impunità, agli amici di Berlusconi e a Berlusconi medesimo.

Un referendum è dunque necessario per abrogare tanta inciviltà giuridica. Un referendum che veda protagonista la società civile e non si riduca perciò a un mero scontro fra schieramenti di partito. Come cittadini, questo è il minimo che dobbiamo fare.

*Roberto Benigni, Andrea Camilleri, Paolo Flores d'Arcais,*
*Dario Fo, Alessandro Galante Garrone, Rita Levi Montalcini,*
*Dacia Maraini, Federico Orlando, Alessandro Pizzorusso,*
*Franca Rame, Pietro Scoppola, Paolo Sylos Labini,*
*Antonio Tabucchi*

Pochi giorni dopo, cento deputati Ds, Margherita, Rifondazione, Verdi e Pdci aggiungono le loro firme a quelle dei promotori.

## Cossiga: «M'ha detto di aiutare il Polo»

Il primo a dire che questa posizione del presidente della Repubblica configura una copertura della Corona al governo (ai tempi di Giolitti era il governo a coprire la Corona) è Francesco Cossiga. Succede questo: il Consiglio dei ministri, riunitosi nel clima di grande euforia dopo il voto quasi unanime del Parlamento per l'entrata dell'Italia in guerra (alla Camera, 513 sí, 35 contrari e 2 astenuti) decide di tributare una calorosa manifestazione di stima e simpatia al ministro degli Esteri Renato Ruggiero, vittima di attacchi sconsiderati. L'iniziativa sorprende (si fa per dire), visto che gli attacchi sconsiderati sono stati sferrati dal presidente del Consiglio, che aveva accusato Ruggiero d'aver fallito la trattativa di Genova coi no global, di non averlo difeso nei consessi europei e internazionali, costringendolo ad arrivare ultimo alla Casa Bianca, ultimo alla cena di Downing Street, ultimo all'allineamento militare nell'alleanza; dal ministro delle Riforme Umberto Bossi, dall'«antitecnocrate» Tremonti, che fin dalle prime settimane di vita del governo avevano costretto Ruggiero a manifestare stupore e rincrescimento per l'antieuropeismo che si respira a Palazzo Chigi; dal ministro della Difesa Antonio Martino fieramente contrario all'acquisto dell'Airbus A400M di cui il predecessore Sergio Mattarella aveva prenotato nel 2000 non meno di 16 esemplari:

prenotazione che Ruggiero vuole rispettare perché, sostiene, è il prezzo europeistico che dobbiamo pagare a Francia, Germania e Gran Bretagna, principali azioniste del consorzio che costruirà l'Airbus. Una contrapposizione, quella fra Martino e Ruggiero, ancora aperta nel momento in cui il Consiglio dei ministri finge di tributare stima e solidarietà al ministro degli Esteri; e mentre il presidente Berlusconi, secondo una severa osservazione giornalistica (di fonte governativa), al mattino sta con Ruggiero per la partecipazione al consorzio e la sera sta con Martino per la non partecipazione.

Alla notizia degli applausi di Palazzo Chigi a Ruggiero, Cossiga insorge con furia: ma come, siete voi i detrattori di Ruggiero, voi che avete detto con me che è un corpo estraneo al governo, piú sensibile al terzomondismo di Andreotti e agli interessi Fiat di Agnelli che non all'ultramericanismo a cui Berlusconi si attacca per non restare solo al mondo: e adesso, voi detrattori lo applaudite contro gli attacchi sconsiderati e lasciate scoperto me, come l'uomo di quegli attacchi? E il capo dello Stato concorda negli onori a Ruggiero contribuendo per parte sua a isolarmi?

Ma non è tanto al governo o al presidente del Consiglio che Cossiga vuol indirizzare la sua ribellione. Vuole scaricarla sul capo dello Stato, come è triste e inevitabile quando il capo dello Stato diventa (o sembra) troppo pappa e ciccia col presidente del Consiglio. La scarica con cossighiano malessere, rinfacciando al capo dello Stato d'averlo invitato in campagna elettorale a sostenere Berlusconi, cosí venendo meno all'equidistanza che il Quirinale deve mantenere nei confronti degli schieramenti contrapposti. «Debbo aver violato importanti doveri costituzionali», ironizza Cossiga. E rimette a Ciampi, polemicamente, di decidere se egli debba o no dimettersi da senatore a vita.

Nell'Italia del teatro berlusconiano, accade anche questo: che un ex presidente della Repubblica, che è senatore a vita per volontà della Costituzione e non per concessione del nuovo capo dello Stato, rimetta retoricamente a questi un potere che non ha, quello di decidere sulla sua carica. Ma il lettore gradirà certo alcuni passaggi della lettera surrealista, termometro della nostra situazione istituzionale nell'Anno I dell'Era berlusconiana.

Signor presidente,
è con sincera umiltà, ma anche con profonda amarezza, che Le scrivo per far pubblica e doverosa ammenda per il mio recente e reiterato comportamento, concretatosi in dure e ripetute critiche da me coraggiosamente rivolte all'operato ed anche ai silenzi dell'Ambasciatore Ruggiero, in forza di quello che io, mi accorgo ora, erroneamente ritenevo un mio responsabile e fondato giudizio. Profonda è la mia amarezza nell'apprendere, dal coro unanime e dalla interpretazione comune della piú autorevole stampa nazionale [...] che il Governo della Repubblica, con pronunciamento solenne in Consiglio dei Ministri [...] mi ha bollato.

[...] Chi ha condannato – con il Suo politicamente, istituzionalmente ed eticamente autorevole avallo – è il governo della Repubblica, di una Repubblica che ho cercato di servire [...] certo con minor competenza e decoro di Lei e dell'onorevole Silvio Berlusconi ma solo per evidente pochezza (ora constatata anche da Lei) di virtú politica e culturale, e non – mi creda – per mancanza di senso patriottico e repubblicano.

[...] Lei sa come, anche per Sua sollecitazione e consiglio, io mi sia impegnato (sin da quando si profilavano, in modo che a Lei e a me sembrava certo, la vittoria elettorale della coalizione democratica di destra denominata "Casa delle libertà", e quindi la nascita di un governo di destra democratico, guidato dal prestigioso leader della coalizione e della sua componente maggioritaria Forza Italia) mi sia impegnato a sostenere (con quello straccio d'autorevolezza politica e morale che certo ormai non merito piú [...]) il futuro governo del nostro Paese, che entrambi sapevamo e concordavamo sarebbe nato e avrebbe operato, tra la diffidenza e opposizione anche se largamente ingiusta, e da noi insieme temuta, di importanti ambienti italiani e stranieri: politici, diplomatici, economici, finanziari e culturali, previsione che poi dolorosamente si è dimostrata fondata.

Se, caso unico credo nella storia d'Italia, salvo quello del Re Vittorio Emanuele III, un ex Capo dello Stato viene bollato da cosí duri giudizi del Governo nazionale, con l'avallo gentile, diplomatico e prudente del Capo dello Stato, egli deve avere violato inconsciamente importanti doveri di etica istituzionale e politica; e offeso valori o compromesso interessi essenziali della Repubblica e della comunità, oltre a quelli naturalmente del Gruppo Fiat [...].

Per dare credibilità a questo mio pentimento e a questa mia ammenda, per comportamenti da Lei e dal Governo della Repubblica cosí duramente stigmatizzati, mi dichiaro irrevocabilmente pronto a dimettermi a Suo giudizio o a Sua richiesta da Senatore a vita, ed anche, se necessario e opportuno, a ritirarmi totalmente dalla vita politica, se questo è nell'interesse del paese.

Mi creda, addolorato e pentito, Suo estimatore e umile e fedele servitore Suo e della Repubblica, *Francesco Cossiga, avvocato.*

# Il rischio di diventare Coty

Ignorato dal presidente Ciampi, ma tutt'altro che tenuto a freno da Berlusconi (ammesso che l'impresa fosse possibile), Cossiga sferra l'attacco supremo al Colle, trasformandosi in bomba umana: informa il paese che il presidente della Repubblica ha o ha avuto lo stesso male che costringe a periodici controlli sia lui che Berlusconi. Il 10 dicembre, scegliendo come aereo kamikaze la prima pagina di *Libero*, a cui accede senza controlli, fa esplodere il plastico. (Ma l'indomani la stampa italiana risponde all'italiana: col silenziatore.) «Le scrivo – esordisce Cossiga in una lettera a Berlusconi – nella tranquillità di una stanza dell'Ospedale di Circolo a Varese, dove vengo a sottopormi ai periodici controlli cui Lei mi ha sempre raccomandato di sottopormi, come prudentemente e con sincerità Lei fa: ed è questo che entrambi ci unisce al Presidente Ciampi, controlli previsti dai normali protocolli internazionali per chi soffra o abbia sofferto di cancro.»

Ma a Cossiga, al finto oppositore del governo Berlusconi, non basta raffigurare un vertice dello Stato italiano con tanti talloni d'Achille. Nel clima malato dell'Anno I, continua a ingiuriarne l'istituzione piú alta, appunto il Quirinale, parlando delle «eurofantasie» del suo presidente, dalle quali Berlusconi farebbe bene a fuggire, consiglia Cossiga (come Ulisse dalle sirene). Non accetti, quindi, di sottoscrivere il mandato d'arresto europeo, sollecitato dagli altri 14 paesi dell'Unione. «Se proprio la *moral suasion* da ex governatore della Banca d'Italia, e le minacce del suo ministro degli esteri Renato Ruggiero, e i "ragazzi del coro" di un'Europa impazzita, costringeranno il Suo governo ad aderire a questa proposta, Lei, per il giuramento prestato, anche se soltanto di fronte a Carlo Azeglio Ciampi, ha il dovere di rispettare la Costituzione, e di fare quindi espressa "riserva di ricezione" nel nostro ordinamento giuridico interno di siffatta aberrante misura, piú di polizia che di giustizia.»

Ogni precedente è superato. Impari al plastico cossighiano appare la stessa zagaglia barbara di Bossi, che nel giorno in cui il Parlamento vota l'entrata in guerra polemizza sulla *Padania* con Ciampi, reo d'aver auspicato «un tricolore in ogni casa». «Io – dice il Bin Lumbard della gronda pedemontana – proprio non ce lo vedo un banchiere che fa il nazionalista. Lo sento piú abituato a sventolare banconote, magari in euro, che bandiere. Questa cosa proprio non mi convince.» E non convince nemmeno Roberto Calderoli, vice presidente leghista del Senato: «In casa mia sventola la bandiera padana. Appare un po' eccessivo il richiamo alla bandiera e al nazionalismo da parte del presidente Ciampi, tanto eccessivo che qualcuno potrebbe dargli un significato politico». Per esempio, un segnale antisecessionista per neutralizzare la presenza di (ex) secessionisti nel governo della destra. Ma il governo tace.

Cosí si compie la seconda fase, quella demolitoria, dell'operazione Ciampi. La prima è l'investimento che il Polo delle libertà fece su Ciampi quando, insieme all'Ulivo, lo elesse al Quirinale. Quel voto guardava lontano. Mandando al Quirinale il ministro del Tesoro di Prodi, dopo aver mandato Prodi alla Commissione di Bruxelles, sempre insieme all'Ulivo, la destra toglieva al centrosinistra i suoi due uomini simbolo, gli uomini dell'europeizzazione e del risanamento finanziario, e lo rendeva acefalo in vista della campagna elettorale. Era stato con Prodi e con Ciampi che la borghesia produttiva del Nord aveva stipulato nel 1996 il «patto» che portò l'Ulivo alla vittoria. Un patto la cui logica era questa: consentiamo alla sinistra di governare, a patto che la doppia chiave del governo, quella politica e quella economica, sia nelle mani dei due capifila della modernizzazione liberaldemocratica. Appunto Prodi e Ciampi. Una modernizzazione fatta di risanamento e innovazione. È opinione diffusa che se l'Ulivo, conseguito l'ingresso nell'euro, avesse sciolto le Camere e convocato le elezioni nell'autunno 1998, l'accoppiata Prodi-Ciampi avrebbe sbaragliato l'accoppiata Berlusconi-Fini, non ancora rafforzata dalla trasfusione bossiana e dallo choc di D'Alema al governo (i cosacchi a San Pietro).

Mandato Ciampi al Quirinale, si metteva il suggello a un periodo storico, si decapitava la leadership dell'Ulivo, si rendeva il nuovo capo dello Stato fortemente predisposto verso il centrodestra che tanto aveva combattuto cultura e metodi di Scalfaro. Tanto piú che, nell'armamentario della Casa delle libertà, oltre ai soliti dossier che in questo paese non si negano a nessuno, c'era anche la minaccia del presidenzialismo: bomba a orologeria, che potrebbe riservare a Ciampi il destino di René Coty, l'ultimo presidente della Quarta Repubblica francese. Era una repubblica parlamentare, gemella della nostra. Quando essa si mise a letto col mal d'Algeria che veniva a complicare gli altri, e non erano pochi, i francesi chiamarono al capezzale

De Gaulle, cui Berlusconi, *si licet parva...*, ama affiancarsi. Coty designò De Gaulle alla guida di un ministero «nazionale», De Gaulle ebbe dal Parlamento tutti i poteri che aveva chiesto, il Parlamento cadde in sonno, De Gaulle invece liquidò l'impero, fermò la secessione militare, cambiò la legge elettorale francese, introdusse una bozza di regime presidenziale, indisse le elezioni, le vinse, il Parlamento lo elesse presidente della Repubblica, lui andò da Coty muto osservatore della trasformazione, Coty gli diede le chiavi di casa e se ne andò.

Ma all'Eliseo era arrivato l'uomo che vent'anni prima aveva salvato l'onore della Francia contro i nazisti e l'aveva guidata nella Resistenza. Insomma, una cosa un po' diversa.

# X. Guerra del soldi
*Gli spalloni di ritorno*

Maramotti, *l'Unità*, 24 ottobre 2001

Chiaroscuri dei cento giorni - Liberisti tutto Stato e clan - Verso una Finanziaria depressa - Dal «buco» alla lesina - Scudo fiscale o amnistie occulte? -
Come ti riabilito gli evasori - Le frecce al curaro di Geronimo - Giochi di mafie in vista dell'euro - L'Unione europea non ci sta (e nemmeno Pavarotti) -
Precedenze a ricchi e abusivi

## Chiaroscuri dei cento giorni

«Abbiamo fatto piú noi in cento giorni che i governi precedenti in due anni», dice, a suggello, il ministro Tremonti. Poche
parole secche e senza dati. Lontana la logorrea elettorale. Lontana anche la paranoia di quella sera di luglio quando, all'ora di
cena, il ministro entrò nelle tv annunciando d'aver scoperto un
buco nei conti dello Stato fra i 45 e i 62 mila miliardi. Evidente
colpa del centrosinistra, della Finanziaria leggera fatta da Amato per le elezioni del 13 maggio.

È felice il ministro di aver scoperto un simile buco, che forse
giustificherà il governo se non potrà mantenere tutte le promesse elettorali. È felice anche il governatore della Banca d'Italia, che per anni ha trovato unico conforto al centrosinistra nelle sante messe in memoria degli zuavi di Pio IX e dei re Borbo-
ni che avevano combattuto contro l'«usurpazione» dei liberali
e dei Savoia. In quegli anni, il governatore ciociaro ammoniva
un giorno sí e l'altro pure contro l'imminente catastrofe. Da
quanto ha vinto la Casa delle libertà, invece è ilare: il blitz dei
cento giorni ha conseguito o ha posto le condizioni per conse-

guire la detassazione al 50 per cento degli utili reinvestiti nelle aziende (Tremonti bis), la sanatoria del lavoro sommerso, la soppressione delle imposte su successioni e donazioni anche plurimiliardarie, l'eliminazione di molti adempimenti burocratici (190 milioni di atti ogni anno, stima il ministro) l'accorpamento in unica data di molte scadenze tributarie, la preparazione di un decreto per liberalizzare i contratti a termine, il progetto di detassare il *venture capital* per iniziative legate a nuove tecnologie, la proroga selettiva del blocco degli sfratti e quella di tre mesi del bonus fiscale sui carburanti.

Bene, bravi, esulta Fazio. Però, fatto il blitz, ora consolidiamo le conquiste. Si realizzi dunque uno «sforzo corale» su pensioni e lavoro, per conseguire la vera vittoria, cioè la ripresa. La ripresa è possibile perché, in sostanza, «Berlusconi ha oggi la forza che il centrosinistra non aveva». Allo stesso campanile suona il presidente della Confindustria D'Amato. Trascorsa inutilmente l'estate, bacchettati a Capri i giovani confindustriali che s'erano permessi di criticare la Finanziaria 2002 prospettata da Tremonti, il napoletano insiste: «Pensioni, mercato del lavoro, fisco: se non facciamo adesso queste tre riforme, non le facciamo piú. Lo strumento idoneo per farle è la delega al governo. La logica delle riforme parziali, a pezzi e bocconi, nasconde l'obiettivo di non fare le riforme vere, e questo non va bene» (Giunta della Confindustria, novembre). È lo svegliarino per il governo, che s'è distratto fra leggi in favore di inquisiti eccellenti, tentativi di recuperare la perduta o mai avuta credibilità internazionale, impegno imprevedibile di risorse per finanziarie la spedizione nel Mare Arabico, recessione americana e mondiale al galoppo. Con tutta questa onda anomala addosso, non è che il governo dimenticherà le aspettative dei ceti forti che lo hanno portato al potere? Non penserà di accontentarli col blitz estivo di Tremonti, magari per non scontentare la Cgil e altri sindacati dei lavoratori, contrari a tutto: dalle proposte estive di Fini, Marzano e colleghi su pensioni e flessibilità, fino al rifiuto della delega al governo per pensioni, lavoro e fisco, che invece D'Amato indica come «strumento idoneo»?

Il blitz dei cento giorni dunque, non ha conseguito l'effetto pausa, benché la scansione di Tremonti sia chiara: 1) pacchetto dei cento giorni; 2) Finanziaria 2002; 3) deleghe al governo su pensioni, lavoro e fisco. Le attese del blocco sociale egemone sono ansiose, intatte e urgenti, pur con diffusi riconoscimenti per le cose fatte o avviate nei cento giorni. Con Natale D'Amico, anche lui di scuola Bankitalia e ora vice presidente dei senatori della Margherita dopo l'esperienza di sottosegretario al Tesoro, con D'Alema e Amato, diamo un'occhiata «esperta» al blitz dei cento giorni, un'analisi «strutturale» delle varie leggi che siamo venuti fin qui illustrando: falso in bilancio, successioni, legge obiettivo, emersione, rogatorie, società non quotate, conflitto d'interessi.

«Partiamo dai cadeau miliardari per i ricchi?

– Prima cosa, non si pagheranno più le *tasse di successione* sulle eredità miliardarie. Quest'anno ricorre il quarantennale della morte di Einaudi, il presidente Ciampi ha ricordato in un articolo sulla *Repubblica* l'insigne maestro, che aveva definito quella sulle successioni l'unica "tassa liberale". Il centrosinistra l'aveva eliminata per il 95 per cento degli italiani, il centrodestra ha legiferato per il residuo 5 per cento, esigua minoranza del paese, gli stararicchi. Nessun paese al mondo ha abolito la tassa di successione, solo gli Stati Uniti dicono di volerlo fare e i suoi grandi ereditieri chiedono invece di mantenerla, per educare i propri figli a non sentirsi troppo privilegiati. Ma in Usa la tassa è pari al 47 per cento dell'eredità quasi un esproprio. In Italia oscilla tra il 4 e il 6 per cento. Nemmeno questo hanno voluto più pagare gli stararicchi italiani, e il centrodestra, che ne gode i favori, è stato felice di accontentarli.»

– Poi vengono i provvedimenti di rilancio economico. C'è la Tremonti bis, detta «detassazione degli utili reinvestiti», in realtà, i reinvestimenti non c'entrano, – dice Natale D'Amico, – perché si detassa qualsiasi spesa, anche la *spider* nuova. Ed è pure discriminatoria: infatti, a detrazione del reddito imponibile viene ammessa la differenza fra gli investimenti realizzati nell'anno e la media degli investimenti realizzati nei cinque anni precedenti. Risultato: fra due imprese che hanno fatto nell'anno pari investimenti e pari profitti, paga meno tasse chi ha fatto meno investimenti in passato.

– Nella stessa legge che prevede la Tremonti bis, c'è *l'emersione*. L'Ulivo aveva previsto regole d'emersione del lavoro nero. Si chiedeva, per intraprendere il percorso, che il datore di lavoro coinvolgesse i suoi lavoratori, che dicesse loro: io non vi ho pagato i contributi, voi non avete pagato le tasse; lo Stato, invece di punirci, consente gradualità nel regolarizzarci, facciamo dunque insieme un contratto di emersione. Invece la Tremonti dà al datore di lavoro un lasciapassare non solo per i contributi non versati ai dipendenti, ma anche per i redditi non dichiarati al fisco (altrimenti – dice Tremonti – non emergono). È un condono, o quasi. Ma è politicamente difficile accettare un condono senza coinvolgere i lavoratori. Come si fa a sapere se è esatto il numero dei lavoratori per i quali si chiede il condono? Qui probabilmente sta il doppio profilo del prezzo politico da pagare alla Lega. *Sotto il profilo economico-finanziario*: se emerge l'imprenditore delle aree leghiste, che ha guadagnato molto, pagherà qualcosa di piú al fisco, ma continuerà a stare sul mercato; nelle aree depresse, invece, chi emerge non ce la farà a reggere la concorrenza. Infatti ha bisogno non di abbuoni, ma di condizioni per poter correre. *Sotto il profilo sociale*: in otto casi su dieci, il lavoratore in nero del Nord è un extracomunitario. Ma la Lega, se emerge, non vuole dargli il permesso di soggiorno. Perciò il Polo si ritrova (nella politica dell'emersione) il massimalismo elettorale di chi voleva e vorrebbe piú extracomunitari in fabbrica e meno nelle strade.

Scrive un lettore della rubrica Forum sull'*Espresso* del 26 luglio: «Se fossi un elettore modello del Polo, avrei la fabbrichetta, con metà operai extracomunitari in nero; avrei la casetta, attaccata alla fabbrichetta, in continua evoluzione (scminterrati, terrazze); la domenica andrei in giro con l'auto della ditta, a forte velocità (l'abitudine). E i risparmi del mio duro lavoro? All'estero, come insegna il capo». Firmato planne@cif.it.

Restituiamo la parola al senatore D'Amico:

– *Riforma del diritto societario*: Fin dai convegni lontani degli «Amici del Mondo», la sinistra democratica sosteneva la necessità di riformare le società per azioni. Il codice civile è del 1940. Il progetto del centrosinistra nella scorsa legislatura, cosiddetto progetto Mirone, era stato condiviso dalla destra, ma non arrivò in porto. Dopo il 13 maggio, il centrosinistra ha concesso l'urgenza alla nuova maggioranza per riprendere quel progetto. Ma essa vi ha introdotto il falso in bilancio e l'attacco alle cooperative. E in poche settimane l'ha approvato. Sappiamo tutti che ci sono al mondo due modelli per il controllo degli amministratori d'impresa: quello prevalentemente penalistico, coi reati di falso in bilancio, false comunicazioni sociali, eccetera; e quello prevalentemente civilistico (Usa e altri paesi), che consente:

a) un'azione collettiva (*class action*) degli azionisti per il risarcimento dei danni (sistema non penale ma punitivo, che risarcisce chi ha effettivamente subíto il danno);

b) il sistema (*contingency fee*) consistente in un contratto con l'avvocato, al quale viene pagato l'onorario solo se si vince la causa: ma in Italia è proibitissimo;

c) una condanna al risarcimento che può eccedere il danno effettivamente subíto, con finalità punitive.

Il modello americano prevalentemente civilistico sarebbe accettabile. Ma la destra – che ora crede d'aver riformato il sistema italiano – non lo realizza, anzi mantiene ben 16 reati in materia societaria, alcuni dei quali, come l'«Indebita ingerenza dell'amministratore nelle deliberazioni dell'Assemblea», assolutamente non configurabili. Viene dunque mantenuto dal centrodestra l'approccio panpenalistico alla riforma (che era l'errore del centrosinistra), mentre sarebbe stato utile rafforzare il controllo civile, riducendo il penale. L'unico reato sul quale l'intervento della magistratura penale viene indebolito è il falso in bilancio, che tutti i paesi, anche gli Usa, considerano invece il piú grave fra i 3 o 4 reati societari che conservano. Il centrodestra italiano demolisce proprio quello, lasciando in piedi l'inammissibile pletora degli altri reati, compresi quelli difficilmente configurabili. Guarda caso.

– Oltre al falso in bilancio, la modifica del diritto societario riguarda le *cooperative*. La destra vuole punirle perché – dice – danno molti soldi alla sinistra (improbabile, vista la crisi finanziaria della sinistra). Forse si vuole invece colpire il rapporto «culturale» fra centrosinistra politico e mondo delle cooperative. Ma la Costituzione italiana incoraggia la cooperazione, come forma di miglioramento della società attraverso il solidarismo. Tutta la campagna elettorale della destra è stata fondata sul revanchismo e sul trionfo dell'egoismo: non l'egoismo che procura utilità sociale (Adam Smith), ma quello che è fine a se stesso. Cosí si attacca la parte forse piú moderna della Costituzione e, con essa, il segno della nostra diversità. Ed è gravissimo che al governo sia conferita la delega per stabilire quali cooperative debbano essere considerate costituzionalmente protette e quali no. Si dà al governo un potere di vita e di morte sulla cooperazione.

Non finiscono qui i chiaroscuri del blitz dei cento giorni, nell'analisi dell'economista «di punta» della Margherita. «Passiamo al
– *Pacchetto Lunardi* e alla Finanziaria. L'articolo 33 della Finanziaria si riferisce alle "grandi opere", altro pezzo forte della campagna elettorale della destra. Questo articolo fa tornare in mente l'Iri, la risposta data dall'Italia di Mussolini, nel 1933, alla crisi delle grandi imprese. Tanto piú, nella Finanziaria si trovano risuscitati anche gli istituti di credito speciale (Imi, Isveimer, Irfis, Mediocredito), e cioè i soggetti che raccoglievano risparmio, utilizzando le protettissime banche pubbliche, e lo investivano non secondo criteri di utilità, ma secondo direttive politiche. Per esempio, si finanziavano le imprese chimiche di Rovelli, tipo Sir, protagoniste del famoso crac (e del processo, tuttora aperto, Imi-Sir).
Oggi le banche pubbliche non ci sono piú, ma si fa riferimento alla "Poste Spa", per dire, che è una specie di banca pubblica. A chi presterà i soldi? Rispondono: finanzierà le opere. Ma una banca finanzia un'autostrada se pensa di rifarsi col pedaggio. Qui invece si dice che si procederà al finanziamento "secondo l'indirizzo politico". E allora? Torniamo all'Isveimer e all'Imi. Cosí si ricostituisce qualcosa che somiglia all'Iri e agli istituti di credito speciale. Ma di dimensioni maggiori, perché la raccolta postale è dell'ordine di centinaia di migliaia di miliardi. Un mostro piú grande di quelli precedenti. Se per smantellare l'Iri c'è voluto lo scandalo di Tangentopoli, qui cosa occorrerà? Tutto questo in nome del liberalismo.
Ecco l'aspetto piú preoccupante dell'intera manovra finanziaria predisposta da Tremonti. Nella scorsa legislatura, Ciampi, Prodi e D'Alema seppero resistere alle pressioni che venivano da settori imprenditoriali legati allo Stato affinché venisse ricostituito qualcosa tipo Iri. La destra non sa o non vuole resistere. E si ricreano concentrazioni di potere economico e politico, che non risponderanno né agli elettori né al mercato. E imperverseranno per decenni».

## Liberisti tutto Stato e clan

Cosí sul liberalismo dei ministri di Berlusconi cominciano a fiorire perplessità. Un'inchiesta di *CorriereEconomia* del 29 ottobre, dedicata al superattivo ministro delle attività produttive, Antonio Marzano, lo definisce «*Un liberista. Però di Stato*». Quanto a Tremonti, «*Le Spa sono autonome, ma la cassa…*» (è sua). Ecco la strana coppia Marzano-Tremonti, interpretata da Roberta Scagliarini attraverso un'esternazione del primo sugli enti energetici (Eni ed Enel) e tre righe (del secondo) prelevate dal testo del decreto sull'euro: piú noto come vedremo avanti, come legge sul rientro dei capitali.

«L'uscita di Antonio Marzano, accolta dal coro di critiche degli opinionisti *liberal*, si inserisce in un mosaico di prese di posizione che sembrano puntare nella medesima direzione: ristabilire il primato decisionale del governo in materia di politica industriale e, in particolare, energetica.» L'affermazione può sembrare coerente con l'opinione, diffusa fra i ministri di Berlusconi, che le Authority siano figlie della crisi della politica, successiva allo svergognamento della prima Repubblica, ma che ora le cose debbono rientrare nei loro alvei naturali. Per citare, la regolazione delle tariffe dell'energia elettrica e del gas o le importazioni di energia dall'estero, gestite dall'Authority per l'energia istituita nel 1995, debbono tornare fra le competenze del governo.

Solo che il problema non si ferma qui. Quale ministero sarà competente, quello di Tremonti o quello di Marzano? Quando fu smembrato il ministero delle Partecipazioni statali, l'intera partecipazione nell'Eni e nell'Enel fu intestata al ministero del Tesoro (oggi Economia). Ma Marzano vuole rappresentanti del suo ministero (Attività produttive) nei consigli d'amministrazione dell'Eni e dell'Enel. Per fare cosa? Appunto, ristabilire il primato del governo in materia di politica industriale e, in particolare, energetica. E perché rappresentanti di Marzano anziché di Tremonti? Perché – spiega Bruno Tabacci, ex presidente dc della Lombardia e ora a capo della Commissione attività produttive della Camera – «la gestione delle partecipazioni pubbliche e la loro dismissione non possono rispondere a criteri solo di natura finanziaria, ma devono ispirarsi anche a logiche industriali».

Piú chiaramente: in base alla legge Ciampi sulle privatizzazioni, il ministro del Tesoro (o dell'Economia) deve gestire le partecipazioni in un'ottica finanziaria, per venderle al meglio. Marzano vuole invece superare questa cultura e mettersi in prima persona nella politica industriale. Di qui lo scontro fra il ministro «liberista di Stato» e il superministro valtellinese dell'Economia: scontro che già aveva arricchito la telenovela estivo-autunnale della spartizione delle deleghe fra i ministri, i vice ministri e i sottosegretari dei vari ministeri, quando sia Tremonti che Marzano si contesero le deleghe per il Mezzogiorno. Scontro che era poi continuato intorno al decreto sblocca-centrali, emanato da Marzano per velocizzare la costruzione di nuovi impianti, ma che – lamentava Tremonti – sminuisce intanto il valore di mercato delle genco, messe in vendita dall'Enel. (Le genco sono società produttrici di energia costituite dall'Enel.) Così nel governo Berlusconi il dibattito sulla liberalizzazione del mercato energetico diventa, nella pratica dei colonnelli, scontro di potere fra due superministeri. «Marzano da liberal a dirigista», sorride il suo predecessore Enrico Letta. E Tremonti?

Anche peggio – secondo l'economista Nicola Rossi, Ds. Peggio perché? Perché, se Marzano vuol fare politica industriale in campo energetico aumentando i posti nei consigli d'amministrazione, Tremonti vuol decidere addirittura (sostituendosi ai relativi manager e consigli d'amministrazione) quali investimenti liquidi debbano fare le società controllate dal Tesoro. «Il ministro dell'Economia e delle Finanze – detta l'articolo 23 del ricordato decreto sull'euro (o sul rientro dei capitali che dir si voglia) – può dare indirizzi a società da esso controllate direttamente o indirettamente e non quotate in mercati finanziari regolamentati, al fine di ottimizzare la gestione della liquidità.» «Tre righe secche – replica l'inchiesta di *CorriereEconomia* – che preludono all'emanazione di una serie di atti di indirizzo, nei quali di volta in volta il dicastero di via XX Settembre suggerirà ai manager quali titoli, azioni o valute comperare […] Spiegano fonti del ministero che la disposizione nasce dalla volontà di valorizzare le partecipazioni che fanno capo al Tesoro, attraverso una gestione unitaria e armonizzata delle risorse libere.» «Così – ribatte l'economista Rossi – si torna indietro all'epoca degli enti pubblici. Le società per azioni controllate dallo Stato, come le Ferrovie o le Poste, hanno sostituito gli ex enti per rendere più autonoma la gestione d'impresa dall'influenza politica. Se il ministro non è soddisfatto dei risultati dei manager pubblici, può far valere i suoi diritti di azionista in assemblea, e sostituire i membri dei consigli d'amministrazione. Questa è la prassi prevista dal codice civile.»

Ma a chi saranno rivolti gli «atti di indirizzo» del ministro Tremonti? Non certo alle piccole realtà, ma alle grandi. Ferrovie? Poste? Rai? Le partecipate non quotate dell'Iri? Oppure gli enti previdenziali Inps, Inail, che il ministro vuol trasformare in società per azioni? E inoltre: amministratori blasonati come Giancarlo Cimoli o Corrado Passera si faranno insegnare da Tremonti come gestire i «liquidi» delle loro società? Quanto alla snobbata prassi del codice civile, richiamata da Rossi, a qualcuno sembrerebbe meglio non parlare di corda in casa di Forza Italia e, in genere, della destra. Alla quale, nell'assalto alla diligenza per farne una *spider*, sfugge non solo la «prassi» dei codici, ma anche l'inopportunità di mettere in fila una serie di cose – successioni, falso in bilancio, rogatorie, rientro dei capitali, rivalutazione delle partecipazioni non quotate – che, lette nella loro sequenza serrata, offrono, per esempio al senatore D'Amico, la chiave del conflitto d'interessi.

«Ciò è fin troppo chiaro nell'esenzione fiscale delle successioni. *Fortune* scrive che una delle eredi di Berlusconi vale alcune migliaia di miliardi. Bravura? Fortuna? Abolire la tassa di successione equivale a chiudere la partita dicendo: "Il problema non c'è più". Forse è altrettanto chiaro l'obiettivo della legge sul rientro dei capitali. Chi ha posto, al vertice del proprio impero societario, intrecci finanziari, sa che, pagando pochi soldi (2,5 per cento del capitale da rimpatriare) risistema tutte le partite costituite all'estero, senza spiegare come a suo tempo furono costituite. E in questo modo chi ha risparmiato in Bot paga il 12,5 per cento di tasse, chi ha costituito capitali all'estero, cioè ha evaso, paga il 2,5. Quante società all'estero posseggono alcuni dei nostri stessi governanti? È vero che nel provvedimento sul rientro dei capitali si parla solo di persone fisiche, ma c'è chi chiede di estenderlo alle società.

«Alla fine – riprende D'Amico – viene decisa una particolare rivalutazione dei titoli non quotati in Borsa. Per agevolare la circolazione della ricchezza, e poiché l'Italia è il paese dei condoni, il centrosinistra aveva previsto che sarebbe stato praticato uno sconto-condono a chi rivalutava le partecipazioni possedute. La differenza di valore delle azioni, dal momento in cui furono acquistate, si può conoscerla solo se si tratta di azioni quotate in borsa. Ecco perché vengono escluse dalle rivalutazioni le azioni non quotate; perché non si può sapere quanto valgono. La destra decide invece di rivalutare anche queste azioni, sulla base di una dichiarazione giurata del commercialista. Quale valore darà il mio commercialista alle mie azioni non quotate? Probabilmente, un valore molto significativo. Anche nella catena di controllo Fininvest ci sono società non quotate, molte. Saranno anch'esse interessate a questa rivalutazione? Dubbi, domande. Ma non c'era mai capitato di dovercene porre tante, come da quando è al governo la destra. E con riferimento non a un qualsiasi magnate, ma al capo del governo.»

## Verso una Finanziaria depressa

Qualcuno, anche nella maggioranza, domanda: fatto il miracolo per i governanti, almeno c'è qualcosa anche per gli affezionati e sempre piú entusiasti elettori? Cosa hanno dato a costoro i cento giorni,cosa prevede per loro la Finanziaria 2002? «Nessun miracolo», intitola *Famiglia Cristiana*, che se ne intende (n. 40 anno 2001). Anzi, «il cosiddetto "Patto con gli italiani", cioè l'insieme degli impegni che Berlusconi prese con gli elettori, segna il passo e lascia il posto a quella "ragionevolezza" che aveva contraddistinto i governi precedenti. Stretto dalla crisi internazionale, dalla recessione alle viste, dagli impegni che comunque ogni aderente al patto europeo di stabilità deve mantenere, il governo Berlusconi ha fatto quello che ha potuto, presentando una legge Finanziaria in tono minore, ma certamente utile per le famiglie e i pensionati che finalmente cominciano a intravedere qualche beneficio. Per la rivoluzione, si dovrà invece attendere». (Qualche mese per disegnare il nuovo Stato sociale, qualche anno per le nuove aliquote fiscali.)

Non è una «Finanziaria di guerra», ma di famiglia, come s'addice al modello Italia, tutta fabbrichetta, villetta, Bmw e contro all'estero, emarginata da ruoli internazionali attivi.

La Finanziaria 2002, dunque, prevede:
- una manovra di bilancio di 33 mila miliardi, fra maggiori entrate e minori uscite;
- tagli per 9500 miliardi alla spesa di tutti i ministeri, tranne sette, e incrementi di spesa per Difesa, Interno, Esteri e Giustizia;
- entrate fiscali non coattive per 6-7000 miliardi (emersione dal sommerso, rimpatrio di capitali, rivalutazione di beni aziendali);

- aumento delle pensioni a un milione al mese per chi abbia piú di 75 anni; aumenti ai pensionati al di sotto dei 13 milioni annui che non possano contare su altri redditi;
- incremento delle detrazioni fiscali alle famiglie per i figli a carico, passando dalle 540 mila lire all'anno a 1 milione per le famiglie con reddito non superiore agli 80-100 milioni;
- nessuna riduzione di aliquote Irpeg alle imprese;
- inflazione programmata all'1,7 per cento;
- deficit dello 0,5 per cento rispetto al Pil;
- niente calo dell'Irpef; bloccato quello previsto dalla finanziaria 2001 del governo Amato;
- dismissioni di immobili, con un incasso di 13-14 mila miliardi per l'erario.

Una Finanziaria freddina, che concorre a sua volta a raffreddare l'idillio fra i partiti della maggioranza: tra i quali si susseguono i distinguo e le fiammate di «autonomia». Cosí, dopo i due capitomboli a scrutinio segreto sulle rogatorie, passa alla Camera anche l'emendamento Buontempo che mette in crisi l'«autoritario» decreto del governo sulla violenza negli stadi; e subito dopo passa un emendamento di Rifondazione comunista alla legge Lunardi «padroni in casa propria», e stavolta passa non a scrutinio segreto, ma per la quasi plateale latitanza dei gruppi della destra (17 ottobre). Mancano 70 deputati di Forza Italia, 53 di Alleanza nazionale, 20 del Ccd-Cdu. E fuori del Palazzo cominciano gli scioperi delle ferrovie, degli insegnanti, degli studenti, si critica che gli stanziamenti in Finanziaria si limitino a modesti incrementi della spesa per asili nido, libri di testo, sostegni a chi sceglie le scuole private. E s'aggiungono gli scioperi dei metalmeccanici. Restano a terra gli utenti, l'unità sindacale, la luna di miele.

Non è una Finanziaria di guerra, anche se Berlusconi, in visita a Londra il 17 settembre affianco a un Blair sempre piú vitalista e primo della classe, ammette che, dopo l'attentato alle Due Torri, «danni ci sono stati e ci saranno; sul turismo, sui trasporti aerei, sulle assicurazioni». Parecchio anche in Italia è destinato a cambiare: «La Finanziaria? Già prima era difficile, perché c'è un extradeficit [espressione per l'estero: in Italia si dice «un buco»] di 25 mila miliardi [ma non erano 45-62 mila?]. Ora abbiamo dovuto cambiare un po' i nostri piani». Una Finanziaria non di guerra, ma straordinaria. Comunque, si farà di tutto per mantenere le promesse elettorali. E «non metteremo le mani nelle tasche degli italiani: non ci saranno nuove aliquote ma solo piccoli spostamenti di bilancio da ministero a ministero».

E però l'economia di guerra è nell'aria, come i pollini della primavera. Non è colpa del governo, si capisce. Però il governo dovrebbe tenerne conto. La cosa piú triste, per chi ha fatto del liberismo e del privatismo un mito selvaggio, discriminante e revanchista, è la riscoperta del «pubblico»: nella tragedia, nell'emergenza. Vale di là dall'Atlantico, figurarsi di qua. «Gli americani riscoprono lo Stato – scrive *Le Monde*, dieci giorni dopo l'attentato alle Due Torri. – Pompieri, soccorritori, lavoratori ospedalieri, servizi di sicurezza, sono stati alla ribalta nella catastrofe. L'inchiesta mobilita tutti i servizi di polizia, giustizia, dogana. Le forze armate americane si preparano per una risposta. Parallelamente, sul piano economico, il governo prepara una serie di misure di sostegno, di grande ampiezza. È verso i servizi pubblici che si volge ora un'America piú abituata a esaltare i meriti dell'iniziativa privata e la libera impresa. Ed è a un presidente repubblicano che viene in sorte, per ironia, di organizzare una specie di economia di guerra, speculare agli "atti di guerra" dei terroristi, secondo le parole di George W. Bush.»

A Roma, il Tesoro stima che l'effetto Due Torri potrebbe costare all'economia italiana 20 mila miliardi nel biennio 2001-2002, rispetto a quanto programmato nel Documento di programmazione economica e finanziaria (Dpef) 2002-2006. E rispetto al Dpef, la crescita del prodotto interno lordo nel 2001 sarà dello 0,2-0,3 per cento in meno, cioè 5-7000 miliardi. Nel 2002, l'ammanco potrebbe essere superiore, fino a 7-10 mila miliardi. Niente da segnalare per il 2003 e 2004, le previsioni del Pil non subirebbero modifiche. Cosí altra crisi sulla crisi del «buco», misterioso fantasma di mezzanotte del governo di centrodestra, di cui Tremonti dice d'aver visto la vasta ombra.

Ma non tutti sono d'accordo nell'attribuire il ridimensionamento della Finanziaria alla tragedia americana, sulla quale Berlusconi scarica l'impossibilità di realizzare i sogni elettorali. Paolo Onofri, docente di economia, che fu consigliere economico di Amato a Palazzo Chigi, contesta al premier di aver distribuito illusioni: «Diciamo subito che la tendenza in atto fino all'attentato di New York era al rallentamento; e perciò anche prima dell'attentato era poco credibile una ripresa immediata. Anche gli annunci del governatore della Banca d'Italia erano poco credibili. L'effetto dell'11 settembre è di rinviare di qualche mese la ripresa, che non era dietro l'angolo. E non possiamo sapere se ci avvii a una recessione. Però il governo, nel rivedere al ribasso il Pil, sa che l'effetto è di limitare la crescita delle entrate. Si avranno meno soldi da impiegare per opere pubbliche, retribuzioni, servizi. Tutto questo avrebbe dovuto essere considerato anche prima dell'11 settembre».

## Dal «buco» alla lesina

Il pimpante blitz dei cento giorni si trasforma in una grigia campagna di trincea nelle Commissioni parlamentari, dopo altre due battaglie campali dalle conclusioni molto incerte: la Tremonti bis e le agevolazioni al rientro dei capitali. Sul secondo provvedimento il governo mette il voto di fiducia. Non si fida piú della sua maggioranza, dopo i capitomboli su rogatorie, legge Lunardi, violenza negli stadi. I deputati del centrodestra hanno votato come «soldatini» (Tabacci), i ministri hanno lesinato i minuti all'aula (Tremonti) o hanno mandato sottosegretari) a rappresentarli. L'opposizione ha piagnucolato sul duplice problema irrisolto: l'incomunicabilità fra maggioranza e opposizione e quella fra governo e Parlamento (Violante).

L'ex presidente della Camera, in verità ha iniziato la lamentazione sin dall'esordio della nuova legislatura, contestando il 12 luglio a Tremonti d'aver annunciato un «buco» fra 45 e 60 mila miliardi senza spiegare cosa intenda per «buco»: se fabbisogno, indebitamento o rapporto tra fabbisogno e indebitamento («Se fosse indebitamento, saremmo praticamente fuori dall'Europa «). Gli contesta anche d'averlo detto in tv anziché in Parlamento e magari ai sindacati coi quali era in riunione fino a pochi minuti prima dell'exploit nel telegiornale delle 20; d'aver detto una cosa in Europa e una cosa in Italia; insomma un'operazione alle spalle del Parlamento, delle parti sociali, dell'Europa e anche dei risparmiatori (aveva detto infatti d'aver parlato in tv a mercati chiusi, ma l'indomani i mercati sarebbero stati aperti). Donde la richiesta di Violante affinché Tremonti venga in Parlamento a riferire su: 1) perché non abbia parlato in Europa del buco, 2) in che cosa tale buco consista, 3) quando si è costituito, non potendosi escludere che sia accaduto nelle prime settimane di vita del governo Berlusconi, 4) per quali motivi non giudichi necessaria una «manovra» per affrontare il problema, 5) come concilierà la manovra dei cento giorni col buco. (Sulla richiesta di Violante concorda perfino Elio Vito, capogruppo di Forza Italia. E il ministro andrà a riferire a Montecitorio in giornata.)

Passati tre mesi, si arriva al voto finale della Camera su alcuni dei quattro pilastri che costituiscono il pacchetto dei cento giorni:

- l'esonero fiscale per le successioni e le donazioni miliardarie (di cui s'è già detto)
- la semplificazione fiscale, che elimina circa 190 milioni di adempimenti per le imprese, unifica le date delle varie dichiarazioni fiscali, consente di tenere un unico registro per l'Iva e le vendite, sposta i versamenti periodici all'ultimo giorno del mese, consente di tenere la contabilità aziendale su libri numerati e bollati dall'Ufficio del registro;
- l'emersione dal lavoro nero, in cambio di regime fiscale agevolato per tre anni (10, 15 e 20 per cento sull'imponibile), aliquote Irpef tra il 7 e il 10 per cento, sanatoria delle situazioni pregresse ai fini penali e amministrativi;
- Tremonti bis, cioè la detrazione, consentita a tutte le imprese per il 2001 e il 2002, della metà delle spese sostenute per acquistare macchinari o fare formazione e aggiornamento del personale.

C'è inoltre, nella gerla dei cento giorni, finalmente approvata dal Parlamento, la chiave che apre la porta al decreto legislativo che recepisce la direttiva europea sul lavoro a tempo determinato, rafforza la posizione degli inquilini ultrasessantacinquenni di case di enti pubblici messe in vendita (potranno restarvi vita natural durante), prospetta un quasi concordato preventivo per le questioni fiscali dei lavoratori autonomi, attenua scadenze e polemiche sulla riforma delle pensioni affidata al ministro del Welfare Bobo Maroni.

Tutto va bene? Non proprio. Lo stesso ministro dell'Economia, appena votata la Tremonti bis, dichiara che l'intero pacchetto dei cento giorni «era stato pensato quando le prospettive economiche erano diverse». Non è colpa di nessuno se, fra stagnazioni mondiali, Bin Laden e prevedibili incrementi dei bilanci militari, le prospettive che allietano la propaganda berlusconiana sono cambiate. Ma chi aveva obbligato il governo a portare alla Camera la Tremonti bis senza rimettervi mano alla luce della tragedia americana e dei suoi riflessi sull'economia mondiale? Bastava aver rispetto dei fatti, dolorosi fatti per milioni d'italiani: i loro risparmi bruciati in Borsa, i loro consumi in caduta.

La Margherita si desta e denuncia l'«inaudito comportamento» di un governo che nemmeno di fronte al crollo delle Torri Gemelle si sofferma per un attimo a dialogare col Parlamento, con l'opposizione, a riflettere insieme se, per caso, il mondo sia un po' cambiato. «Si ha la netta sensazione che il governo voglia a tutti i costi giungere all'approvazione di questo importante provvedimento piú per fatto di immagine che per il merito e gli effetti che esso può realmente produrre» (onorevole Mario Lettieri).

Anche per l'ex segretario della Uil ed ex presidente della Commissione finanze Giorgio Benvenuto, con la legge dei cento giorni il governo «rende omaggio all'ideologia, agli *idola tribus*: le risorse vengono destinate a chi non ne ha bisogno; vengono favoriti solo particolari settori del nostro paese, per quanto importanti; si mette in discussione, tanto in questo disegno di legge quanto nei provvedimenti previsti nella Finanziaria, il principio in base al quale noi dell'Ulivo destinavamo le risorse del paese per due terzi alle famiglie e per un terzo alle imprese. Cosí non c'è niente per le famiglie. Gli stessi interventi sulle pensioni minime e quelli per il nucleo familiare si realizzano rinviando *sine die* la riduzione generale dell'Irpef, che l'Ulivo aveva previsto per il 2002». Si dice «sgomento», Benvenuto, del filo rosso che lega, «al fine dell'interesse privato», molti provvedimenti dei cento giorni; deluso che manchino nella Tremonti bis, a differenza della prima legge Tremonti, «misure serie contro l'elusione fiscale»; angosciato che lo *spoil system*, introdotto da Tremonti nell'amministrazione finanziaria, diventi un sistema di spoglie a cascata, «giacché a carico dei dirigenti e anche a livelli intermedi s'introduce l'arbitrio di revocare gli incarichi non quando cambia il governo, ma quando e come vuole il governo». È vero che il direttore dell'Azienda dei tributi, Massimo Romano, da poco revocato, fu controparte di Tremonti in una vertenza in cui l'attuale ministro patrocinava la Fininvest?

È la questione che Francesco Giavazzi rilancia nell'editoriale del *Corriere della sera* del 27 ottobre: la questione del rapporto dell'attuale ministro del Tesoro (oggi Economia) con l'amministrazione di quel dicastero che «è stato per oltre dieci anni il cardine del risanamento finanziario italiano»: con ministri che si chiamano Guido Carli, Carlo Azeglio Ciampi, Giuliano Amato, Lamberto Dini, Piero Barucci, Vincenzo Visco. Pari al ruolo di codesti ministri è stato quello dei funzionari del Tesoro, a cui quei ministri hanno sempre garantito l'indipendenza. E infine le regole. Fu Ciampi il primo a disporre le regole per le privatizzazioni, il Comitato di garanzia come filtro tra funzionari e politici per limitare la discrezionalità dei governi nella scelta di privatizzazioni senza tempi e modi predeterminati; a garantire al direttore generale del Tesoro la rappresentanza dello Stato nelle assemblee delle società di cui lo Stato stesso è azionista. È soprattutto a queste regole che si deve se l'Italia, negli anni '90, piú di altri paesi si è affrancata dall'ingerenza dello Stato nell'economia. E oggi?

Oggi, «il ministro Tremonti, che pure si è mosso bene su altri fronti, non ha ricostituito il Comitato per le privatizzazioni; ha invece attribuito al vice ministro Baldassarre tre deleghe che limitano l'autonomia dei funzionari e impediscono che le scelte tecniche siano svincolate dalle decisioni politiche. L'obiettivo è sottrarre competenze ai funzionari e attribuirle ad agenzie esterne. Non era stato il ministro Frattini a tuonare contro il proliferare di inutili agenzie esterne ai ministeri? Ora si è creato lo spazio per appetiti che parevano dimenticati da tempo. La settimana scorsa, il consiglio d'amministrazione dell'Anas è stato sciolto e, su proposta del ministro Lunardi, sostituito da un collegio di commissari graditi alla Lega, al Ccd-Cdu e ad Alleanza nazionale. Ci ha sorpreso l'affermazione del ministro Marzano di voler riservare al ministero delle Attività produttive un posto nei consigli d'amministrazione Eni ed Enel: traspare gran desiderio di svolgere attivamente politica industriale, ma un governo liberista fa politica industriale tramite le agenzie preposte ai servizi di pubblica utilità (luce, telefoni, energia), non nei consigli d'amministrazione di società quotate in Borsa».

Ma è sulla capacità stessa del pacchetto dei cento giorni di incidere a favore dell'economia che arriva il grande freddo. Nel mirino è proprio la Tremonti bis. Non nel mirino dell'opposizione, che dà «appuntamento alla piazza» (senza data) contro la Finanziaria della destra «sbagliata e inefficace» Il mirino è invece quello della Banca d'Italia, ed anche quello del presidente della Confindustria. La prima svela che la Tremonti bis ha partorito un topolino, il secondo boccia le «prudenza» dell'esecutivo sulle pensioni, il mercato del lavoro e il fisco. La Banca d'Italia ha condotto il suo periodico sondaggio congiunturale su un campione di 1600 imprenditori, doppio rispetto a quello normale, e ha scoperto che l'84 per cento delle imprese non ha aumentato nel 2001 i propri investimenti per usufruire dei benefici della Tremonti. In larga maggioranza, sembrano voler confermare lo stesso disimpegno nel 2002. Resta il fatto che il 16 per cento delle aziende interpellate dichiara d'aver accresciuto gli investimenti, e una percentuale lievemente piú alta lo farà l'anno prossimo.

Dunque la corsa agli investimenti, scatenata dalla detassazione degli utili, non c'è stata, e la Banca d'Italia, che ha puntato sul governo della destra, propende ad attribuirne la causa a modalità applicative della legge. Invece, c'è ben altro che le «modalità applicative» nel giudizio degli analisti che a fine anno considerano fallita (almeno per il 2001) la Tremonti bis. È la sua stessa filosofia che è giudicata ideologica, e quindi non valida. Vincenzo Cipolletta, ex direttore generale della Confindustria, oggi presidente del gruppo Marzotto, denuncia il carattere «molto congiunturale» di quella legge, «mentre le imprese hanno bisogno di una riduzione permanente della pressione fiscale, cosa che è stata promessa da questo governo e che quindi ci aspettiamo». La Tremonti bis fa, insomma, quel che non bisogna fare: «Non bisogna consigliare alle imprese di fare investimenti solo per risparmiare tasse, perché se cosí facessero poi avrebbero problemi di ammortamento troppo elevati. Gli investimenti vanno fatti in base alle prospettive, e in questo momento le prospettive non sono esaltanti».

Certo non è colpa di Tremonti se c'è stato il terrorismo. Ma è colpa di Tremonti aver immaginato un mare di tranquillità (e aver scelto come strumento congiunturale la detassazione sul reinvestimento), laddove le acque erano increspate dalla recessione americana e non solo americana già prima della follia di Bin Laden. Lo aveva ben capito Ciampi, che per varare la Tremonti bis ne aveva preteso la copertura in Finanziaria. Ora è facile il sarcasmo, «la Tremonti è servita piú alla Bmw che alle nostre imprese», per dire che i padroncini hanno «reinvestito» per comprarsi la macchina nuova. «L'investimento si fa se serve, – ammonisce l'economista Nicola Rossi, – se non serve non si fa, neanche se è gratis.» Ne consegue che gli investimenti che oggi vengono fatti, sarebbero stati fatti anche senza la Tremonti bis, e quindi non a spese dello Stato.

La conclusione politica la tira, per l'opposizione, Massimo Riva: «A parte le "modalità applicative" di Fazio, forse è il caso di segnalare che l'efficacia di una legge dipende soprattutto dalla sua congruità rispetto al momento nel quale vien posta in esecuzione. Se il cavallo della congiuntura non beve, non è che gli si possa fare un clistere. Anche in questa vicenda, quindi, viene in luce quello che appare un vizio pericoloso di Silvio Berlusconi e dei suoi ministri: cioè la difficoltà a commisurarsi con la realtà, quando questa si riveli contrastante con i loro disegni. Vizio che ha un nome antico e sgradevole: pregiudizio ideologico».

## Scudo fiscale o amnistie occulte?

Modesto nei risultati strategici, il carniere del governo è però pieno delle prede di passo, che per un verso risolvono problemi privati e per l'altro aprono problemi pubblici. Il decreto legge del governo per favorire il ritorno in Italia di capitali costituiti all'estero, predisposto dal ministro Tremonti, porta il numero 350 e la data del 25 settembre 2001. Il titolo è «disposizioni urgenti in vista dell'introduzione dell'euro». Il giorno prima, 24 settembre, Ciampi ha autorizzato la presentazione del decreto.

Di che si tratta? A quanto ammontano i capitali detenuti all'estero da italiani? C'è chi dice 400 mila miliardi, chi un milione di miliardi. L'obiettivo del governo è fare cassa, e poter cosí mantenere almeno alcune delle promesse piú popolari. Viene precostituita, per il ritorno dei capitali, una corsia preferenziale. Basterà pagare al casello un ticket del 2,5 per cento. Cioè, se uno ha imboscato o ha trafficato in vario modo e accumulato cento miliardi all'estero, gli basterà pagarne due e mezzo e portare in Italia, lavati e sbiancati che piú bianco non si può, i rimanenti 97 miliardi e mezzo. Il decreto è multiuso: comprende norme per il passaggio dalla lira all'euro, la cartolarizzazione dei crediti statali, e infine il cosiddetto «scudo fiscale» a tutela di chi, riportando in Italia i capitali esportati o sporchi, non dovrà poi incorrere nelle curiosità di qualche magistrato o agente del fisco.

Ciampi si tiene il decreto per tre giorni sulla scrivania. Il segretario generale Gaetano Gifuni e il consigliere giuridico Gianfranco Salvemini gli segnalano alcune storture. Allora il Colle chiama gli esperti del ministero dell'Economia che fu dello stesso Ciampi oltre che di Einaudi e Malagodi ed ora è di Tremonti, e chiede modifiche tecnico-formali per correggere alcune storture.

Una stortura riguarda l'articolo 14, formulato come se si trattasse di vera e propria amnistia. Dice infatti che il versamento del 2,5 per cento, o, in alternativa, l'investimento in titoli di Stato del 12 per cento delle somme rimpatriate «estingue i delitti di cui agli articoli, ecc. ecc.». Dal Quirinale obiettano che le amnistie sia pure dissimulate non rientrano nelle competenze dei ministri. Tremonti sbuffa osservando che la natura del decreto non divaria da quella di altre misure, anche recenti: come il cosiddetto «ravvedimento operoso», che fa uno sconto al contribuente infedele, se volontariamente riconosca omissioni o irregolarità e si impegni a pagare nei termini. O come la riduzione delle pene, introdotta dal ministro Visco per il contribuente che concordi di pagare una certa somma e sanare la contestazione. Ma non convince il livornese del Quirinale, che impone di cambiare la «estinzione» dei delitti e dei reati con una piú confacente «non punibilità».

Il Quirinale intigna anche sull'articolo 12, secondo il quale le somme imboscate possono tornare in Italia – fra il 1° novembre 2001 e il 28 febbraio 2002 – con il pagamento di una «commissione di rientro». Nossignore, dice il Quirinale: dovete spiegare che, pagando il 2,5 per cento, si sana la posizione delle somme dichiarate, non anche di quelle che dichiarate non fossero. Tremonti passa sotto le forche caudine e ottiene l'autorizzazione del Colle a intraprendere l'iter parlamentare.

Ma l'opposizione, pur apprezzando il puntiglioso impegno del capo dello Stato e dei suoi collaboratori, non fa salti di gioia per il «via libera» al decreto. In primo luogo, visto che diciamo di voler conservare lo Stato di diritto, c'è una questione giuridico-formale da risolvere. Vero o presunto si intravede uno stravolgimento della normativa che regola la presentazione dei decreti legge. Si rammenta che essi sono atti «particolarmente dedicati» perché entrano in vigore prima che il Parlamento abbia potuto esaminarli e convertirli in legge. Ecco perché – nota *la Repubblica* – i decreti sono stati illustrati sempre anche con una relazione tecnica che ne quantifica gli effetti finanziari. Tremonti vuol sbalordire, e aggiunge una «relazione giornalistica». Pubblicata sul sito Internet del ministero dell'Economia, essa spiega la filosofia del decreto senza però fornire elementi su dati di fatto. E a qualcuno tornano in mente le veline, non quelle di «Striscia la notizia» bionda e mora, ma quelle con cui il Minculpop spiegava le notizie ai giornali.

In secondo luogo, appare strano che, perfezionato il decreto con la firma del capo dello Stato, che ne autorizza la presentazione, il governo possa cavarsela cosí alla chetichella per una materia dove lo scandalo ha proporzioni da Guinness dei primati. «Recenti stime – insiste il *Corriere della sera*, ma a pagina 23 – hanno indicato in 500 miliardi di dollari (somma pari a 550 miliardi di euro, oltre un milione di miliardi di lire) il volume globale delle attività finanziaria detenute da cittadini italiani all'estero. Una parte consistente di questa cifra è custodita nelle banche svizzere, ma una fetta rilevante è anche nei capaci forzieri dei paradisi fiscali. Se è vero che ben 320 miliardi di dollari (circa 360 miliardi di euro) sono usciti illecitamente, l'Italia sarebbe addirittura prima nella classifica europea degli esportatori illegali di capitali, distanziando la Germania (280 miliardi di euro), e la Francia e la Spagna (92 miliardi di euro ciascuna).»

Ma è solo l'antifona. Il salmo è tutto da recitare.


## Come ti riabilito gli evasori

Incredibile ma vero, il salmo lo recitano in perfetta sintonia due voci dei poli opposti, l'ex ministro ulivista dell'industria, Enrico Letta, e l'ex ministro democristiano del Bilancio, Paolo Cirino Pomicino, collaboratore del *Giornale* di Berlusconi con lo pseudonimo di «Geronimo». Entrambi spiegano che questo decreto del rientro dei capitali è una legge per l'Italia dei disonesti: il governo li premia, per far soldi. Una legge «mimetica» già nel titolo, che è «Disposizioni urgenti in vista dell'introduzione dell'euro». Cosa centra l'euro con l'esportazione di capitali all'estero? Niente, ma piace alla destra il gioco delle tre carte. Per esempio: si scrive «Riforma del diritto societario» e si cancella il reato di falso in bilancio; si scrive «Ratifica della convenzione Italia-Svizzera» e si modifica il codice di procedura penale sulle rogatorie. Allo stesso modo si scrive «Disposizioni urgenti per l'euro» e si aprono le lavanderia italiane per sbiancare capitali anche sporchi.

Il mimetismo è cosí banale che non regge. Alla Camera impongono (l'opposizione e anche la maggioranza) di cambiare il titolo alla legge. Si chiamerà: «Disposizioni urgenti in vista dell'introduzione dell'euro, in materia di detassazione dei redditi di natura finanziaria, di emersione di attività detenute all'estero, di cartolarizzazione di altre operazioni finanziarie».

Dice il relatore Giorgio Jannone, pacato commercialista bergamasco di Forza Italia: in passato, varie concause hanno spinto molti cittadini italiani, timorosi per i propri risparmi, a esportarli illecitamente. Oggi la situazione è cambiata, ed è utile offrire a quei capitali l'occasione per tornare in patria. La ripulitura proposta da Tremonti si può realizzare in due modi: «Il *rimpatrio*, cioè il rientro volontario, o la *regolarizzazione*, cioè il mantenimento oltre confine degli investimenti. Inclusi quelli di natura non finanziaria e immobiliare. Entrambe queste scelte – conclude il relatore – potranno essere attuate in quattro mesi tra il 1° novembre 2001 e il 28 febbraio 2002, seguendo la normativa. E saranno sottoposte a un imponibile del 2,5 per cento». I consensi non mancano: da quello dell'on. La Malfa, presidente della Commissione finanze e tesoro, che per tranquillizzarsi ha voluto audire Banca d'Italia, Guardia di finanza e Ufficio italiano dei cambi, tutti garanti che «il provvedimento non comporta, in nessun caso, pericoli per la possibile estensione di attività illecite»; al consenso dell'Associazione bancaria italiana, Abi, che forse annusa l'affare. «Non è che l'idea sia sbagliata – scrive la stessa *Unità*. – Se il rientro dei capitali avvenisse, sarebbe un evento epocale, una storica inversione di costumi e cultura di casa nostra.» Il fatto è che all'idea non seguono (sarà un caso?) le regole: mancano i filtri, si rischia che le migliaia di miliardi riciclati dai traffici mafiosi di armi, droga, sigarette, prostituzione, trovino in questa legge una favolosa lavanderia, che li ripulisce e li sovrappone all'economia legale. Riciclaggio autorizzato e inquinamento certo.

In verità, il decreto dice che possono rientrare solo capitali puliti. «Ma come fa Tremonti a distinguere i capitali puliti da quelli sporchi?», chiede ironico Alfiero Grandi, della Commissione finanze. «Il decreto non dà alcuna garanzia, in quanto basta la dichiarazione dell'interessato. Nessuna indagine, nessuna verifica. E allora, perché mai chi fa rientrare i capitali dovrebbe dire che essi hanno un'origine malavitosa?»

Gira e rigira, emerge la morale. «I primi atti politici del governo sono stati i condoni. L'emersione del lavoro nero è una gigantesca sanatoria, che ora si ripete: il 2,5 per cento è una tassa irrisoria di fronte ai guadagni lucrati coi cambi prima dell'euro, e con le speculazioni in Borsa. Prima dell'euro, e quindi prima dei controlli conseguenti agli impegni europei ci sono state operazioni dirette a consolidare i profitti, che in parte sono stato mantenuti all'estero. Sono questi i decreti destinatari delle misure del governo.»

Ma rientreranno? Tremonti ci conta, anche per la copertura del pacchetto dei cento giorni. Ma per l'opposizione è «esagerata speranza ritenere che ci sarà un rientro di capitali, perché a parte i *sciur Brambilla* che portavano la valigetta coi soldi in Svizzera, erano numerose le aziende legate alla internazionalizzazione dell'economia che esportavano capitali con l'intenzione di costruirsi forme di finanziamento a buon mercato. Questa fase non è conclusa, né è cessato l'interesse delle aziende a disporre di capitali all'estero, anzi l'intreccio delle iniziative in Europa e nel mondo è destinato a crescere. Quella che potrebbe rientrare è proprio la quota speculativa, mentre la chiave per il rientro, cioè la dichiarazione personale dell'interessato, non garantisce dall'inquinamento».

I vantaggi sono per i disonesti? Risponde l'ex ministro Enrico Letta: «La linea di discontinuità di questo governo rispetto al precedente, indica che viene premiato chi marcia contro le regole, al contrario di chi le rispetta. Ciò vale per le tre scelte fin qui fatte dal governo in materia economica: il falso in bilancio è la piú grave, ma anche la riemersione dal sommerso che sana una serie di reati. Questa è la terza volta. Tre indizi formano una prova».

Altra domanda: pagando 2 miliardi e mezzo si legalizzano cento miliardi? Altra risposta: «È proprio grossa. Giudico particolarmente grave che tutto ciò accada proprio in questi giorni, per l'evidente stridore di queste misure rispetto all'esigenza di combattere l'illegalità e in particolare l'illegalità finanziaria. I messaggi del governo sono in evidente conflitto con la necessità di contrastare la criminalità finanziaria, che è uno dei canali attraverso i quali si alimenta il terrorismo. Il governo è in rotta con l'Eurogruppo, come nella vicenda delle rogatorie e del falso in bilancio».

## Le frecce al curaro di Geronimo

Ma sono ancora colpi di spillo rispetto al nugolo di frecce avvelenate che sta per partire dal calamaio di Geronimo contro lo «scudo fiscale» o protezione dei capitali che tornano. Geronimo stavolta non scrive sul *Giornale* della famiglia, non sarebbe possibile, e si rivolge all'organo della Fronda, appunto *il Foglio*. Ma stavolta lo stesso cardinale frondista, il direttore Giuliano Ferrara, ondeggia, frastornato dalla durezza del colpo: pubblica, ma con replica di esperti. È il 27 settembre e la prosa di Paolo Cirino Pomicino viene divorata dai deputati della maggioranza, che tra un paio di settimane dovranno convertire in aula il decreto, col loro sí.

Leggono *il Foglio* e non credono loro occhi:

Con questo provvedimento, si rischia di mettere in moto la piú grande occasione di riciclaggio di denaro sporco, senza offrire nel contempo quella tranquillità necessaria a chi ha, invece, capitali leciti ma fiscalmente occultati e vuole pentirsi. Questo giudizio sgomenta innanzitutto me stesso, anche se spero vivamente d'aver preso lucciole per lanterne. Cominciamo dalla prima lanterna – scrive lo sgomento Pomicino, a cui l'infamata prima Repubblica deve ora apparire un casto collegio di educande, un po' birichine. – La banca o altro intermediario che riceve la dichiarazione riservata non deve segnalare al fisco i nominativi di chi ha fatto rientrare in Italia denaro o attività finanziarie, limitandosi e versare all'erario le oblazioni ricevute complessivamente. In tal modo è impossibile capire se il denaro o le attività finanziarie rimpatriate siano proventi di natura criminale o comunque illecita perché non si dà alcun obbligo al contribuente pentito di provare la liceità delle ricchezze rimpatriate. Nel contempo (art. 17) il rimpatrio di queste ricchezze non può essere di per sé elemento sufficiente ai fini della valutazione dei profili di sospetto che fa scattare l'obbligo della segnalazione alle autorità competenti per contrastare il fenomeno del riciclaggio. Non credo ci sia bisogno di fare ulteriori commenti. Ma c'è di piú. Al comma 8 dell'articolo 14 il decreto legge consente al contribuente pentito di dichiarare alla banca il reddito che ha percepito dall'estero a partire dal giorno dopo la sua entrata in vigore versando esclusivamente la somma dovuta per l'oblazione del 2,5 per cento. In parole povere un qualsiasi cittadino può dire di aver ricevuto cento milioni da attività estere rimpatriate e versare solo due milioni e mezzo con i quali di fatto rende lecita una ricchezza di novantasette milioni e mezzo. Mille di questi cittadini a questo punto regolarizzano quasi cento miliardi di lire. È difficile trovare per la mafia, e per tutta la grande criminalità organizzata, diecimila cittadini rispettabili e casomai già prestanomi di attività non sospette e riciclare, cosí, mille miliardi di lire? Non credo, né credo che venticinque miliardi di gettito possano costituire un grande interesse per la finanza pubblica italiana e neanche duemilacinquecento miliardi se a fronte di questo dovremmo rendere «lecito» il possesso di centomila miliardi di provenienza illecita. E se, oltre la mafia, Bin Laden dovesse avere cento suoi affiliati residenti fiscalmente nel nostro paese, anche a lui e alla sua banda offriremo questa possibilità? Fin qui, dunque, il varco per la criminalità di ogni tipo. Per quanti, invece, volessero far rientrare capitali leciti detenuti all'estero non c'è alcuna tranquillità perché lo stesso articolo 17 al primo comma impone, comunque, l'obbligo della segnalazione prevista dal decreto del 1991 anche se, poi, al secondo comma, sterilizza questa segnalazione ai fini del sospetto di riciclaggio. Non è difficile prevedere che decine di procure della Repubblica dinanzi a segnalazioni di rientro di capitali superiori a qualche miliardo aprano indagini sul contribuente pentito rendendogli cosí, per molto tempo, la vita e il lavoro impossibili. Mentre la criminalità ha mille persone su cui distribuire ricchezze illecite per farle rientrare legalmente senza alcun rischio, un imprenditore o un professionista metterà sulla sua sola testa la ricchezza rimpatriata, e rischia di essere travolto da indagini a tutto campo.

D'altro canto, non riesco a vedere quale possa essere l'interesse di chi, avendo leciti capitali all'estero, ancorché fiscalmente non dichiarati, debba esporsi a problemi del tipo di quelli descritti. A conti fatti, mi sembra proprio che di questo provvedimento resti solo l'opportunità per la grande criminalità. Ma non è ancora finita. L'altra lucciola che scambio per lanterna è quella per cui chi è stato pizzicato dalla Guardia di finanza non può usufruire di queste agevolazioni, mentre chi è stato sinora fortunato o furbo e non si è fatto scoprire, potrà avere tutti i benefici previsti da questo strano provvedimento.

Mi fermo qui solo per brevità – conclude minaccioso Geronimo, anzi Paolo Cirino Pomicino firmato per esteso – dal momento che molte altre cose di quel provvedimento mi lasciano perplesso e vorrei tanto che lei o i suoi collaboratori mi spiegassero invece che ho solo avuto delle traveggole, per un'incipiente vecchiaia che incalza troppo velocemente.

Non cosí duro, anche il governatore Fazio stavolta boccia il decreto sul rientro dei capitali, nell'audizione del 12 ottobre presso le commissioni Bilancio di Camera e Senato. Ma si corregge in meno di venti giorni, dopo qualche autorevole strigliata. E alla Giornata mondiale del risparmio, sotto l'occhio severo del ministro dell'Economia, distilla: «I provvedimenti diretti a favorire il rientro dei capitali, a far emergere le attività sommerse, a incentivare il reinvestimento dei profitti, acquistano efficacia nel contesto di un'attività economica in espansione». A turbare la festosa riconciliazione pensa l'ex ministro Visco, che prospetta un referendum abrogativo. Rilancia Bordon: «Referendum sí, ma sull'insieme delle vergogne dei primi cento giorni del governo Berlusconi: non solo il rientro dei capitali dall'estero, ma anche le rogatorie e il falso in bilancio».

C'è un filo rosso fra questi provvedimenti, come sospettava D'Amico? C'è, insiste la sinistra con un'altra penna al curaro, piú volte ricordata, Curzio Maltese sulla *Repubblica*: «Chi conosce gli affari del presidente, sa che se passa il combinato disposto delle tre leggi speciali – falso, rogatorie, capitali – potrebbero venir azzerati tutti i processi che vedono ancora Berlusconi fra gli imputati. Un obiettivo essenziale per il presidente, che può presentarsi come martire del giustizialismo in un'Italia disposta a credergli sempre, ma non può piú permettersi di veder condannati altri suoi compagni d'affari e di politica. Ieri Dell'Utri e Berruti, domani Previti...».


## Giochi di mafie in vista dell'euro

Alla Camera, la maggioranza ribadisce che non si intende estendere alle persone giuridiche i benefici che il decreto riserva alle persone fisiche. Pare che il Quirinale abbia telefonato. Il ministro Tremonti getta acqua sul fuoco. «Il governo ha recepito dieci o undici emendamenti piú significativi presentati dall'opposizione», compreso un emendamento di Violante (disposto per questo, a un'intesa, però sventata da Castagnetti). «Il decreto – assicura il ministro dell'Economia – non sana l'evasione fiscale», offre la possibilità di un «ravvedimento operoso ai frutti e non al capitale esportato», «utilizza la rete degli intermediari finanziari con tutte le garanzie del caso», non modifica la normativa contro le infrazioni valutarie; e inoltre le sanzioni per chi non aderisce al decreto e viene successivamente scoperto aumentano fino al 25 per cento del capitale e alla possibile confisca degli importi non dichiarati, mentre la perdita dell'intero capitale e l'incriminazione per associazione a delinquere incombono su chi cercherà di riciclare denaro proveniente da attività criminali o illecite.

Può bastare? No, replica il solito Massimo Riva: la grande criminalità internazionale, che controlla i traffici di armi, droga e prostituzione dagli Urali all'Atlantico, è sotto pressione perché entro il 28 febbraio anch'essa deve convertire in euro i frutti delle sue attività. A chi ha lire, non sarà facile presentarsi con migliaia di miliardi a chiedere di cambiarli in euro: sarebbe facile domandargli da dove viene tutto quel ben di Dio. Uno stratagemma è perciò in atto da mesi, e consiste nel cambiare la moneta sporca in valute esterne all'euro: sterline, franchi svizzeri, dollari. (Alcuni ritengono che questa fuga massiccia di capitali criminali verso le monete esterne ad Eurolandia sia fra le cause della debolezza dell'euro.) Ma le casse del crimine continueranno a riempirsi di monete nazionali giorno per giorno, fino al 28 febbraio, e non riuscirebbe a riciclatori convertirle tutte in monete fuori-euro entro il 28 febbraio. Grosso rovello per i clan malavitosi, «fino a quando, insperatamente, una via d'uscita è loro aperta dal decreto del cosiddetto "scudo fiscale", col quale il governo italiano promuove il rientro dei capitali dall'estero, proprio in occasione della nascita dell'euro [...]: inopinata opportunità, regalata ai malavitosi per superare senza danni la scadenza dell'euro. Sulla base di queste norme, infatti, i finanzieri della criminalità, in proprio o attraverso prestanome, potranno presentarsi agli sportelli bancari con valige di miliardi e ottenerne la conversione in euro, pagando un modesto obolo del 2,5 per cento: pressappoco l'aggio che prendono di norma gli spalloni che attraversano i confini con i loro carichi di denaro sporco. Il tutto con la garanzia di un totale anonimato, presente e futuro».

Ma il ministro dice che sono esclusi da tali benefici denari di provenienza criminosa. Gli replicano che non sono stati ancora inventati i Boc, ossia monete con la soprastampa «Biglietto di origine criminosa». Perciò la via aperta del decreto vale per le monete pulite come per quelle sporche. Il riciclatore non ha nulla da temere. La fiducia posta dal governo sul voto di conversione del decreto è dovuta alla profonda inquietudine che ormai serpeggia nei gruppi parlamentari della maggioranza, nei loro rapporti con lo stesso presidente del Consiglio. «Mai s'era visto un gabinetto che dispone di un margine numerico di quasi cento voti nell'aula di Montecitorio, costretto a ricorrere al voto di fiducia per blindare l'approvazione di un suo provvedimento.» Conclusione di Riva: «La strenna per i mafiosi contenuta nello "scudo fiscale" è la classica goccia che sta per far traboccare il vaso della sopportazione, da parte di numerosi deputati che finora si sono visti e sentiti usati per sistemare partite di interessi relative a Silvio Berlusconi e al suo clan. Prima il falso in bilancio, poi le rogatorie internazionali, dove già nel voto segreto a Montecitorio erano emersi i primi segni di insofferenza. Adesso anche il decreto che spalanca le porte ai riciclatori. L'alluvione di emendamenti presentati anche da parecchi esponenti della maggioranza aveva ed ha per Berlusconi il chiaro significato di un "Ora basta"». Il premier è costretto a ingaggiare con i suoi una prova di forza, che in realtà è un segnale politico di grande debolezza, «perché lo espone all'ennesimo e orribile sospetto di manipolazione dell'ordinamento per fini occulti e inconfessabili. Di questo egli deve essere disperatamente consapevole: non si spiegherebbero, altrimenti, il suo attacco frontale di ieri contro una magistratura che avrebbe pronunciato "condanne senza prove", e la sua perorazione per una grande riforma che riporti a un "corretto equilibrio fra domanda di giustizia e capacità di risposta giudiziaria". Tempi tristi, forse tragici per la Repubblica».

L'Unione europea non ci sta (e nemmeno Pavarotti)

Il decreto sulla ripulitura dei capitali sporchi, approvato dal Parlamento, fa torcere il naso a Bruxelles. Il commissario Frits Bolkenstein, responsabile del mercato interno e dei servizi finanziari, e il direttore generale per gli affari economici e monetari, Klaus Regling, si girano e rigirano fra le mani il *monstrum* di Tremonti e ne sono sempre meno convinti. In sintesi, il *monstrum* definitivo dice:
– 1) Possono regolarizzarsi tutte le persone fisiche e le società non di capitali che, prima del 31 luglio 2001, abbiano costituito illegalmente all'estero una o piú situazioni patrimoniali. Può mettersi in regola anche chi abbia detenuto beni all'estero nascondendosi dietro società fiduciarie o prestanomi.
– 2) In alternativa al pagamento del 2,5 complessivo del patrimonio da rimpatriare, si potranno sottoscrivere Buoni del

Tesoro pluriennali (decennali) per un importo pari al 12 per cento della somma da regolarizzare.

- 3) Il rientro riguarda anche immobili, obbligazioni, azioni, gioielli, opere d'arte, multiproprietà: chi non ne approfitta, pagherà – se scoperto – dal 5 al 25 per cento delle somme non dichiarate, e, se titolare di capitali o beni d'origine criminale, subirà la confisca e sarà sottoposto alla normativa antiriciclaggio, antimafia e antiterrorismo.
- 4) Chi si sottopone al lavaggio, dovrà autocertificarsi presso banche, sim, fiduciarie e poste. L'autocertificazione resterà riservata. Il pagamento del 2,5 per cento costituirà «scudo fiscale» e quindi i capitali lavati non dovranno entrare nella dichiarazione dei redditi. Affare fatto entro il 28 febbraio 2002.

Esaminando il tutto, Bruxelles ha parecchio da ridire, ma concentra le sue obiezioni sull'opzione, offerta agli evasori italiani, di godere della sanatoria investendo in buoni del Tesoro una parte dei capitali da ripulire. Klaus Regling prende carta e penna e scrive al governo italiano dandogli un mese di tempo per controdedurre in merito alla seguente considerazione: l'acquisto di Buoni del Tesoro per assicurarsi l'«amnistia fiscale» è «incompatibile con la libera circolazione dei capitali, garantita dall'articolo 65 del Trattato». Infatti l'amnistia è un deterrente «contro investimenti di portafoglio in altri Stati membri».

Il governo italiano oppone la piena sovranità dei governi nazionali in materia fiscale. Bruxelles replica che l'opzione offerta agli evasori «è indipendente e non direttamente connessa al sistema fiscale». In altre parole, nel momento in cui rinuncia alla leva fiscale, il governo italiano non può imporre o prospettare altre opzioni e limitazioni, che sono contrarie ai Trattati. Tutte le misure che i governi intendono adottare in materia, «debbono essere compatibili col diritto della Comunità». E poi Bruxelles difende le banche straniere che non abbiano filiali in Italia, dal momento che i loro clienti sarebbero obbligati a servirsi di banche italiane per rimpatriare i capitali; e trova disdicevole la perdita dell'anonimato per gli evasori che decidano di mantenere i capitali all'estero dichiarandoli al governo italiano per regolarizzarsi.

Tremonti rassicura che a tutte le suddette obiezioni basterà una circolare a far chiarezza, e parla tuttavia di «ombre rossocrociate» (la bandiera Svizzera è infatti rossa con la croce bianca). «A contrastare il decreto sul rimpatrio dei capitali – scrive – ci sono gli interessi delle banche svizzere. Il solo fatto che abbiamo toccato questi interessi, ci convince che è una cosa giusta.»

Di cose giuste si occupa, negli stessi giorni della diatriba Roma-Bruxelles, il tribunale di Modena, che processa il tenore Pavarotti per evasione fiscale attraverso la costituzione di capitali all'estero: un caso emblematico, nell'Italia di Berlusconi e di Tremonti impegnata al rimpatrio dei capitali. Il grande artista non ha fatto in tempo a godere del «doppio scudo» predisposto – come scrive il giornale della Confindustria – «per gli italiani onesti che non hanno onestamente dichiarato le tasse».

La vicenda Pavarotti comincia quando gli 007 di Visco, allora ministro delle Finanza, contestano al tenore dichiarazioni infedeli per 40 miliardi, provenienti da attività artistiche internazionali negli anni 1989-1995. Il patteggiamento porta a dimezzare la cifra, che Pavarotti sta pagando in rate di 500 milioni. Ciò nonostante, si arriva al processo, il 17 settembre 2001. L'avvocato del tenore dice: «Si tratta di stabilire se il centro degli interessi del nostro assistito era in Italia o fuori». Poi Pavarotti espone la sua filosofia civica: «Ho sempre creduto che sia evasore fiscale chi guadagna in Italia e spende i suoi proventi all'estero. Io guadagno all'estero e porto i soldi in Italia. Non mi sento un evasore fiscale. Posseggo un appartamento a New York dove passo la maggior parte del mio tempo [...] A Montecarlo ho un altro appartamento che acquistai come rifugio, quando la mia relazione con Nicoletta non era ufficiale. Ho una casa a Pesaro. A Modena no. Il patteggiamento me l'hanno consigliato i miei fiscalisti, ma io non mi sento colpevole [...] Qualcuno disse che la legge è uguale per tutti e per Pavarotti anche di piú. Alle mie orecchie è suonata come una persecuzione».

È la realtà vista dai colletti bianchi, quelli che il falso in bilancio, l'evasione fiscale, l'abuso edilizio lo fanno come reati di benessere, non reati da marciapiede. L'altra faccia della realtà, quella prosaica, vista dai magistrati, la descrive il pubblico ministero di Modena, Manfredi Luongo, parlando coi presenti mentre il maestro, finita l'udienza, s'allontana in Mercedes targata Principato di Monaco. «Se Pavarotti accettasse di essere interrogato, gli chiederei come mai nell'83 trasferí la residenza a Montecarlo, lasciando la famiglia in Italia. Ci sono anni in cui il maestro dichiarava 2-3 milioni di imponibile, quando guadagnava fino a 7 miliardi l'anno. Altro che evasione. La sua è stata eversione. Non uno scippo, ma un furto. Di chi non solo non paga le tasse, ma costringe gli altri a pagarne di piú.»

Sul *Foglio*, Giuliano Ferrara attacca l'Ulivo per le critiche al decreto, parlando di «opposizione svizzera», come aveva già detto Tremonti, e cosí si fa anche perdonare dal principe l'eccessiva fronda concessa a Geronimo. Ma ricorre anche lui al curaro. In una lettera di sole sei righe al *Corriere della sera* scrive: «Mi è sfuggita una battuta polemica contro Giulio Tremonti. Chi evade le tasse supera la mia capacità di pensiero, come direbbe il mio ex collega di governo. Ma non è il suo caso».

## Precedenze a ricchi e abusivi

Forte dell'illimitata apertura di credito ricevuta dagli elettori, il governo si mantiene fedele al principio che lo guida: prima i ricchi e i fuorilegge, poi *quod superest date pauperibus*, quel che avanza datelo ai poveri, come insegna santa madre Chiesa: benché Tremonti dica e ripeta che intende cominciare dai poveri. Vediamo come, riprendendo il viaggio nel «tremontismo» col liberale D'Amico, che fu affianco a Visco nella preparazione e nella battaglia parlamentare della Finanziaria 2001. «La nostra legge – dice – accresceva i redditi di tutte le famiglie. Lo facemmo con tre strumenti: la riduzione dell'Irpef, l'abolizione dei ticket sanitari, l'aumento delle pensioni. Quella manovra valeva 25 mila miliardi, oggi possiamo dire 13 miliardi di euro. Insomma, 25 mila miliardi rimasti nella disponibilità delle famiglie.

«La Finanziaria Tremonti per il 2002 continua a ridurre le imposte e aumentare le pensioni, ma togliendo quello che alle famiglie era già assicurato per legge. Per esempio, la riduzione di un punto dell'Irpef, che non c'è piú. Si sono rimangiati anche il fiscal drag. Cosí pagano i miglioramenti con i tagli. Il risultato fra le due Finanziarie, in termini sportivi, è 25 mila a zero.»

Sarà pur vero quel che promette Tremonti, che la sua riforma fiscale partirà dai piú poveri, ma intanto la sua Finanziaria va in senso contrario ai redditi piú bassi. E va anche in senso contrario alla legalità, quasi un tic, ormai, del governo Berlusconi. È il caso della sanatoria edilizia. Al Senato è scoppiata una bagarre dei senatori contro i deputati; perché la Camera aveva votato «senza rendersene conto» una vera aberrazione, di cui si chiede la correzione al governo. «Si tratta di questo – dice D'Amico –: se hai commesso un abuso edilizio sul tuo terreno, non ti viene condonato; se l'hai commesso sul demanio pubblico, ti viene condonato. Insomma, questo governo non condona il reato semplice, lo condona solo se aggravato. È il bis dell'evasione fiscale: se ti limiti a evadere le tasse, sei e resti evasore; ma se evadi portando i soldi all'estero, ti facciamo ponti d'oro affinché tu possa riportarli in Italia, all'irrisorio pedaggio del 2,5 per cento. Cioè ti facciamo il condono fiscale.»

Altro da osservare? «Nell'ordine, fisco, pensioni e banche. Il governo ha chiesto e il Parlamento ha concesso una delega per la riforma fiscale. Tremonti ha annunciato di voler ridurre tutte le aliquote a due sole, quella piú altra al 33 per cento, quella piú bassa al 23. Attualmente i piú ricchi pagano il 44. Con la nuova aliquota massima, la contribuzione dei ricchi viene ridotta esattamente di un quarto. E quella dei poveri? Dovrebbe essere un po' di piú di un quarto. Ma, anche a fissarla a un quarto per tutti, ci si troverà con un minor introito di 65 mila miliardi. Il governo ha anche promesso l'abolizione dell'Irap, non per intero ma escludendo dalla base imponibile il costo del lavoro. Totale, altri 30 mila miliardi. Sono dunque 95 mila miliardi in meno per le casse dello Stato. Dove prenderanno i soldi per mantenere le promesse elettorali? Per esempio, per aumentare le pensioni minime a tutti? Tremonti dice che le risorse arriveranno dallo sviluppo dell'economia. Ma lui stesso sa, e gliel'hanno detto anche gli osservatori europei, che le sue previsioni sono ottimistiche. La prospettiva è di ridurre le tasse ai ricchi e di non aumentare il reddito ai poveri.

«Passiamo alle pensioni. Era stato detto: 1 milione a tutti quelli che non lo raggiungono. Sono 7 milioni e mezzo, gli aumenti riguardano 2 milioni e mezzo di pensionati. Ne restano fuori cinque. Sempre meglio di niente, si sa, ma troppo pochi rispetto alle promesse. Evidentemente, occorre aumentare le entrate per pagare le pensioni. E cosa si inventano? Prendono i giovani e le donne con lavori precari, i cosiddetti collaboratori coordinati e continuativi, circa due milioni, e gli aumentano i contributi previdenziali di 4 punti. Un bel gruzzolo, a fine anno, dal quale non avranno alcun effetto sulle loro pensioni future, perché hanno redditi bassissimi. Ma serviranno intanto a pagare gli aumenti delle pensioni di chi le percepisce oggi. Si chiede ai giovani e alle donne piú deboli di pagare per gli anziani e i vecchi piú deboli. Il povero aiuta il povero. Il figli dei ricchi non hanno il problema: loro lavorano nella fabbrichetta o nella fabbricona, nell'esercizio commerciale, nello studio professionale del padre o della madre. Vanno all'università, vanno all'estero. È l'etica del governo di classe. Si promette tutto a tutti, perché la gente ama sentirsi fare promesse, e ci si comporta da Robin Hood alla rovescia: si toglie ai poveri per dare ai ricchi.»

E ai partiti. Perché tornano alla grande i partiti a infeudarsi nelle banche. Col governo dell'Ulivo, erano nate le Fondazioni ex bancarie, cioè la trasformazione delle casse di risparmio e degli istituiti di diritto pubblico in società per azioni. Sono 22 le banche sulle quali le fondazioni esercitano il controllo. Ma con un emendamento alla Finanziaria, Tremonti ha ridefinito il ruolo e gli obiettivi delle fondazioni, prevedendo una netta separazione tra fondazioni e banche e imponendo che nelle fondazioni – il cui patrimonio complessivo ammonta a 70 mila miliardi – la maggioranza del consiglio d'amministrazione sia assicurata agli enti locali. Cioè ai partiti, perché gli enti locali sono amministrati dai partiti. Adesso tornano ad allungare la mano sulle banche, tanto piú che la privatizzazione di queste, prevista per il 2003, è rinviata al 2006. Nel frattempo, i partiti avranno modo di rimpannucciarsi, dopo la carestia imposta dalle «toghe rosse» di Mani pulite. Ma non tutti i partiti. A rimpannucciarsi saranno soprattutto quelli del Polo, Forza Italia e Lega in testa, perché l'operazione Fondazioni riguarda soprattutto il Nord. E al Nord, specie nel Lombardo-Veneto, gli enti territoriali e locali (Regione, Provincia, Comune) sono spesso dello stesso colore polista, con significative eccezioni.

È la carta a sorpresa, una delle carte a sorpresa, del patto Bossi-Tremonti, col quale il superministro dell'economia riportò la Lega nella destra e permise la trasformazione del Polo in Casa delle libertà. In un divertente «retroscena», Francesco Verderami racconta il ruolo delle Fondazioni nel patto fra i due: che ci appaiono come due missionari padani religiosamente impegnati a costruire il blocco nordista, al riparo dal doppio pericolo: quello esterno alla Casa delle libertà, rappresentato da un ritorno di fiamma centralista, e quello interno, costituito da una ricomposizione della Democrazia cristiana, via via che cresce il balenottero bianco di Casini. Sentite: «Tra i due [Bossi e Tremonti] il legame è strettissimo, maturato dopo estenuanti discussioni notturne ad Arcore e allietato da escursioni lungo l'antica Via del Sale, un intreccio di sentieri secolari che collegano l'Oltrepò pavese alla Liguria, e che i due hanno percorso a piedi per decine di chilometri, bivaccando di notte in un rifugio [...] Raccontano che durante i loro colloqui il futuro ministro dell'Economia parlò al futuro ministro delle Riforme della necessità che Milano diventi una nuova City; gli spiegò che "bisogna ristrutturare il sistema bancario, perché non c'è rapporto tra gli istituti di credito italiani e il risparmio del nostro paese. Ma lo sai che, più o meno, manca all'appello un milione di miliardi?"».

Bossi si lascia sedurre. I due convengono sulla «necessità di scindere le Fondazioni dalle banche», sulla necessità di por fine alla «legge della manomorta che ancora si pratica in certi settori»; prendono di mira il presidente veterodemocristiano o della Cariplo, Guzzetti, per dire che non c'è equilibrio tra sistema capitalistico e sistema creditizio e che gli stranieri, coi risparmi italiani all'estero, si stanno comprando le migliori imprese italiane in Italia; si concede a Bossi il blitz in Finanziaria sulle municipalizzate, che «sarebbe stato un errore privatizzare, perché sono aziende importanti che devono rimanere dei Comuni e non finire in mani straniere». Si approfitta così del momento in cui forzisti e leghisti sono maggioranza al Nord per impossessarsi, attraverso le municipalizzate e le Fondazioni, di un enorme potere economico-politico-amministrativo, prima che riemerga dal cimitero di Tangentopoli il Frankenstein di una nuova Democrazia cristiana. «L'unico che potrebbe farla tornare in scena – dice Bossi – è Berlusconi. Ma non credo che commetterà mai l'errore di accordarsi con i vecchi arnesi democristiani. Al Nord, se solo sentissero una cosa del genere, metterebbero mano alla fondina.»

# XI. Guerra civile
*Arrestate i giudici*

Staino, *l'Unità*, 1° novembre 2001

«Ridatemi l'onorabilità» - Piange solo Berruti - Granada, la riconquista - Il filosofo trotzkista - La Svizzera non ratifica - Castelli in via Arenula - Il partito degli avvocati - Sentenza europea: «Corrotti, non perseguitati» - Forcolandia, il Patto d'acciaio – La guerra continua: sul Piave

## «Ridatemi l'onorabilità»

La guerra ultradecennale tra Berlusconi e magistratura divampa con rinnovato furore nell'autunno del 2001. Il 19 ottobre, la Cassazione assolve il presidente del Consiglio nel processo delle tangenti alla Guardia di finanza «per non aver commesso il fatto». Era accusato d'aver corrotto alcuni finanzieri insieme a collaboratori o dipendenti Fininvest. Ed ora – chiede il presidente del Consiglio ai giornali, agli avversari, a tutti – «ridatemi l'onorabilità». Il vice presidente dei deputati di Forza Italia Cicchitto (ex Psi, ex P2) chiede che si faccia, contro Mani pulite, l'inchiesta parlamentare su Tangentopoli. «Porta a porta» organizza un trappolone televisivo ad Antonio Di Pietro, che, con la consueta disinvoltura, va a farsi massacrare da berlusconiani in servizio permanente o da neofiti saltati sul carro del vincitore. Ma cos'è successo veramente il 19 ottobre?

La Cassazione scrive l'ultima parola di una storia cominciata il 22 giugno 1993. Quel giorno (da poco Berlusconi era stato convinto da Craxi a dar vita a Forza Italia, e stava riflettendo sulla sua discesa in campo), i finanzieri si presentano negli uffici della Fininvest in via Paleocapa a Milano, per acquisire documenti in merito a una presunta corruzione di ufficiali della Guardia di finanza in occasione dell'acquisto della Mondadori. L'anno dopo, divenuto presidente del Consiglio con la vittoria del 27 marzo 1994, Berlusconi si vede notificare un avviso di garanzia per corruzione, il 21 novembre, mentre è a Napoli, dove presiede il vertice dell'Onu sulla criminalità. (Prima della notifica, il *Corriere della sera* dà notizia dell'avviso imminente. Sette anni dopo, Paolo Mieli, testimone in un processo, racconta, in parziale difformità da Borrelli, come ne venne a conoscenza.) A dicembre, Berlusconi lascia il governo per un ribaltone organizzato da Bossi e Buttiglione contro la riforma Dini delle pensioni. Quattro anni dopo, il 5 ottobre 1998, il processo di primo grado per corruzione della Finanza si conclude con la condanna del Cavaliere a 2 anni e 9 mesi. Il 7 luglio 2000, in appello, i giudici lo assolvono per intervenuta prescrizione. Insoddisfatti, i suoi legali ricorrono in Cassazione, e il 19 ottobre 2001, come dicevamo, la suprema Corte lo assolve «per non aver commesso il fatto». Conferma invece le condanne ai suoi coimputati: fra cui l'ex capitano della Guardia di finanza Massimo Maria Berruti, trasformatosi con gli anni in avvocato della Fininvest e deputato di Forza Italia.

Alla notizia della sentenza, il ministro dell'Interno Scajola apre il fuoco dicendo che, contro i nemici della democrazia, «ha vinto l'Italia del progresso». E il premier, rinfrancato da una sentenza della magistratura dopo tante delusioni ricevute in pochi mesi dalla politica estera e interna, scrive al *Corriere della sera* questa lettera:

Egregio Direttore, dunque sono stato assolto per non aver commesso il fatto. Con formula piena (cosí si dice), il tribunale di ultima istanza ha certificato ieri con la forza della legge quel che avevo giurato perfino sulla testa dei miei figli: Silvio Berlusconi non ha mai corrotto nessuno.
Per quanto mi riguarda punto e a capo. Ho le spalle larghe, ho una bella e salda fede nella naturale sincerità del tempo che alla fine non mente mai sulle cose di sostanza.
Ma il nostro paese? Nel novembre del '94, gli italiani lo ricordano, il pool giudiziario di Milano mi mandò un avviso di garanzia in piena conferenza mondiale dell'Onu contro la criminalità, che presiedevo a Napoli. Fu proprio il vostro giornale, il *Corriere della sera*, ad anticiparne la notizia. Lo scandalo fu enorme. Non solo per via del fatto in sé e della scelta oculata di luogo e di tempo (co-

me nelle commedie, anzi, nelle tragedie). Ma per un altro motivo, che rimase in sottordine ma era altrettanto importante. Quell'atto apparentemente «normale» era invece l'ultima di una serie di intimidazioni pubbliche, del tutto estranee a uno Stato di diritto.

A mezzo di quelle intimidazioni a settimane alterne un gruppo di pm affermava in interviste sui giornali e in proclami alla tv che presto o tardi avrebbero incastrato la persona scelta dagli italiani per governare il loro Paese.

Quell'atto ha cambiato la storia d'Italia. Fu all'origine del famoso ribaltone, portò a un inaudito «governo del presidente» che funzionò come maschera della riorganizzazione politica delle sinistre, e alla fine condusse alla sconfitta elettorale, di misura, della coalizione liberale (addirittura vittoriosa per trecentomila voti guardando al voto proporzionale) che avevo messo in piedi all'epoca della mia discesa in campo.

Ci sono voluti sette anni, da allora, per ridare agli italiani quel che loro volevano: un governo delle libertà, capace di applicare un programma di riforme e di innovazioni fondato sulla fine dello statalismo accentratore, sul ripudio definitivo di ideologie che la storia aveva condannato all'oblio e al discredito in quasi tutto il mondo. So bene che a qualunque cittadino, purtroppo, può capitare di essere travolto da un errore giudiziario. E io, personalmente, non mi sono mai sentito un cittadino superiore alla legge. Per questo ho resistito con una caparbietà che anche gli avversari più prevenuti mi riconoscono. Ma quello era davvero un errore giudiziario e basta? I cittadini giudicheranno in tutta indipendenza. Io non ho bisogno di incassare nessun premio postumo. Anche perché, per fortuna, gli italiani hanno ragionato con la loro testa e oggi tutto si può dire tranne che io sia postumo a me stesso. Molto tempo però è stato perduto, molti guasti ha introdotto in Italia la faziosità eretta a regime giudiziario, molta buona magistratura è stata umiliata da una gestione accanita e politicizzata della giustizia penale, molto veleno ha intossicato le nostre vite.

Mi saranno dunque consentite altre due domande. Capiranno quei pochi magistrati che ancora guardano più alla politica che al diritto? E un'altra domanda: riuscirà la libera stampa a superare ogni complesso e a restituire, con lo spazio e l'accento dovuti, l'onorabilità calpestata di un cittadino e di un leader politico?

Vede, egregio Direttore, certe notizie si danno con enfasi, ci si ritorna sopra con scandalo, prendono posto sul palcoscenico della storia di un paese e non si cala mai il sipario sulla tragicommedia: ma ora che arriva la notizia giusta, quella che spero tutti si auguravano arrivasse, la particina si restringe, e l'assoluzione di Berlusconi, il clamoroso fallimento dei suoi accusatori, diventano ordinaria amministrazione.

Anzi, proprio ieri sera, nel giorno della bella notizia, il più importante tg della tv pubblica ha mandato in onda le diffamazioni di un professore di filosofia che nel suo passato annovera poco più che una bella militanza trotzkista. Così, tanto per riparare al torto.

Spero che non tutta l'informazione si comporti in questo modo. Anche per il rispetto che porto alla bellezza e all'autonomia del vostro mestiere di informare con equidistanza, freddezza e intelligenza.

Secco il commento del *Corriere*, in genuino stile liberale: «Una assoluzione in uno Stato di diritto è sempre una buona notizia. E quella che riguarda uno dei processi del presidente del Consiglio, il *Corriere* l'ha pubblicata in prima pagina e con il dovuto rilievo. Una stampa libera e responsabile in un paese democratico non si pone, tuttavia, il problema se una notizia sia buona o cattiva. L'importante è che sia vera. E se è vera, come era vera nel 1994, è suo dovere pubblicarla in misura corretta e nel rispetto delle persone coinvolte. È quanto è accaduto».

Sedici righe di giornale, una lezione. Mentre il direttore de Bortoli le scrive, i cronisti partono all'assalto dei magistrati di Mani pulite: Piercamillo Davigo, che insieme ad Antonio Di Pietro e Gherardo Colombo aveva istruito dal 1994 il processo per le tangenti alla Finanza; e Gerardo D'Ambrosio, allora sostituto di Borrelli, oggi procuratore della Repubblica. Viene chiesto a Davigo: l'assoluzione di Berlusconi l'ha spiazzata? *Risposta*: «Ne parleremo quando si potrà vedere se le motivazioni sono convincenti o meno». *Domanda*: Silvio Berlusconi assolto per non aver commesso il fatto. *Risposta*: Appunto, non perché «il fatto non sussiste»; quindi, anche per la Cassazione è certo che le tangenti pagate alla Guardia di finanza sono state corruzione, e non il frutto di una concussione patita dalla Fininvest ad opera di finanzieri, come invece ha sempre sostenuto la difesa. *Domanda*: ora molti le rinfacceranno d'aver detto di voler rivoltare l'Italia come un calzino, e soprattutto la notificazione a Berlusconi nel 1994 durante il vertice dell'Onu sul crimine: Scajola dice che «ha perso chi voleva cambiare la storia d'Italia contro il volere degli italiani». *Risposta*: «Come stanno davvero le cose, io l'ho già detto una volta e per questo sono stato sottoposto a procedimento disciplinare, assolto dal Csm e dalla Cassazione. Non dico una parola di piú». (Aveva detto ad *America oggi* quanto fosse inopportuno per Berlusconi «esporre il prestigio del proprio paese», sapendo di essere indagato «con prove molto consistenti»).

Si passa a D'Ambrosio. *Procuratore, la Cassazione ha stabilito che delle tangenti alla Guardia di finanza, Berlusconi non sapeva niente*. D'Ambrosio: «Di sicuro la Cassazione non poteva confermare la sentenza d'appello e le singolari motivazioni con cui in quella sentenza sono state riconosciute a Berlusconi le attenuanti generiche. Per cui aveva solo due strade: o annullava quel proscioglimento e ordinava un nuovo processo a carico del presidente del Consiglio, o assolveva Berlusconi per non aver commesso il fatto. Che si sia scelta questa seconda strada non mi meraviglia affatto. Sono troppo vecchio per meravigliarmi».

*Domanda*: i difensori di Berlusconi dicono che con questa sentenza è finita la stagione della «giustizia d'emergenza». *Risposta*: «Prendere spunto da una singola sentenza per delegittimare una intera istituzione dello Stato (la giustizia, che avrebbe assunto forma patologica nella lotta alla corruzione) è un atto di profonda malafede. Danneggia l'intero paese, compresa l'istituzione da cui proviene (il governo): e Dio sa se il nostro paese ha bisogno di perdere ulteriormente credibilità all'estero, visto quel che è accaduto recentemente». *Domanda*: Resta il fatto che Berlusconi è stato assolto. *Risposta*: «Ma si tratta di una singola vicenda processuale. Abbiamo sbagliato? È possibile. Ma ripeto: è un atto di malafede utilizzare questa sentenza per liquidare, come fosse una pagina vergognosa, l'intera stagione di Mani pulite; come se non avessimo portato alla luce un sistema di corruzione gigantesco, che stava divorando la vita democratica del paese; come se nel novantanove per cento dei casi i nostri indagati non avessero confessato e patteggiato la pena, non avessero subíto processi e condanne; come se la grande maggioranza di quelli che sono usciti indenni dai processi non fossero riusciti a farlo grazie alla prescrizione dei reati, ottenuta con rallentamenti e rinvii di ogni genere. Se l'obiettivo è quello di rendere irripetibile l'esperienza di Mani pulite, e creare una magistratura che di fronte al dilagare della corruzione non faccia il proprio dovere fino in fondo, lo si dica chiaramente».

## Piange solo Berruti

La sentenza della Cassazione provoca sconcerto non tanto fra i critici del Cavaliere quanto tra i suoi compagni d'avventura o disavventura giudiziaria. A cominciare dall'ex capitano delle Fiamme gialle Massimo Maria Berruti. Per lui, la Cassazione conferma la condanna a 8 mesi per favoreggiamento: favoreggiamento nella consumazione del reato di corruzione della Guardia di finanza anche nella vicenda Mondadori. («Non fu corruzione, protestava la Fininvest, ma concussione.» Insomma, furono i finanzieri a pretendere le mazzette). «La mia? Una situazione kafkiana, – dice Berruti, – una grande gioia perché finalmente giustizia è fatta per Silvio Berlusconi, ma insieme amarezza: perché io resto condannato?» Berruti era stato arrestato l'11 agosto 1994, due mesi dopo l'incontro con Berlusconi a Palazzo Chigi la sera dell'8 giugno 1994; incontro poi negato da entrambi, ma confermato dalla verifica dei *pass*, e giustificato in chiave politica: «Ero andato a trovarlo per chiedere la sua presenza alla campagna elettorale in Sicilia».

Azzardano i giornalisti: *Forse la Cassazione avrà pensato che lei abbia agito di sua iniziativa?* «E perché mai? Per un fatto, la tangente Mondadori, che io neppure conoscevo, e per il quale io non sono mai stato coinvolto in processi pure conclusisi con condanne per altre persone?» [...] *Quindi, l'hanno condannata ingiustamente.* «Mi creda, va bene cosí. L'importante è che tutti abbiano capito che la mia condanna è stata solo un contentino.» *Ai pubblici ministeri? Sacrificato sull'altare di Berlusconi?* «Io sono stato solo uno sgabello. Uno sgabello, uno strumento per provare la corruzione di Berlusconi. Su quella visita a Palazzo Chigi e sull'incontro mai avvenuto hanno impiantato tre procedimenti: per Berlusconi, per me e per l'assistente e la segretaria di Berlusconi.» *Condannati in primo grado a 2 anni per falsa testimonianza.* «Già, le ho detto che la mia è una situazione kafkiana. Ma ripeto: va bene cosí, quello che conta è il fatto morale. E domani o martedí, quando in Parlamento vedrò Berlusconi, sono sicuro che gioiremo insieme.»

Gioire? Difficile coglierne il clima nei giorni che seguono alla sentenza. C'è il rituale revanchismo degli ex democristiani ed ex fascisti della Casa delle libertà: Gasparri, ministro delle Comunicazioni, si sfoga all'uso antico: «Fa bene Scajola a tagliare le scorte a tutti, magistrati compresi». (Nel frattempo, *l'Unità* spara a tutta pagina «Trenta agenti per le case vuote di Scajola – A Imperia turni di 24 ore su 24».) Per l'avvocato siciliano La Loggia, ministro degli Affari regionali, è «intollerabile ed eversivo» che qualche magistrato «di sinistra» invece di chiedere scusa a Berlusconi si permetta di dichiarare e commentare. Per il sottosegretario all'interno Taormina, Berlusconi deve punire i magistrati, «ponendo la questione delle responsabilità penali, civili e disciplinari da applicare ai magistrati che hanno strumentalizzato la macchina giudiziaria e cambiato cosí il corso della democrazia italiana». Michele Vietti, già «laico» di destra nel Csm e ora sottosegretario alla Giustizia, soccorre il vendicativo collega affermando che l'assoluzione non basta, perché «non elimina i danni provocati da un esercizio temerario dell'azione penale».

Ma c'è il rombo della contestazione che viene dall'Ulivo e da una parte della società civile. «Berlusconi vuole l'onorabilità? – dice Di Pietro. – Sí, ma senza dimenticare che i magistrati di Mani pulite hanno fatto il loro dovere per scoprire un diffuso stato di corruzione politica e istituzionale, a cui anche alcuni dipendenti di Berlusconi, come riconosce la Cassazione, all'epoca fecero ricorso. Se poi lui non sapeva, che bel dispetto gli hanno fatto quei dipendenti, corrompendo i finanzieri e facendogli guadagnare un sacco di soldi.» E dall'ex pm parte una sfida al premier: incontriamoci in un pubblico confronto su queste cose, e sulle trame con le quali siete riusciti a trascinarmi in giudizio a Brescia, in una catena di processi, dai quali sono sempre uscito assolto. Altro che restituire l'onorabilità.

Meno severo, si fa per dire, il leader dei popolari Castagnetti. «Rivendica il diritto all'onore? Glielo riconosco. Ma lui restituisca il senso della legalità al paese devastato dalle leggi sulle rogatorie, sul falso in bilancio e sul rientro dei capitali, e poi licenzi i dipendenti condannati per corruzione, uno dei quali, guarda caso, nel frattempo è diventato parlamentare.» E il capogruppo dei senatori diessini Angius: «Berlusconi assolve se stesso da tutto, prendendo a pretesto l'assoluzione della Cassazione. Ma aveva già pensato ad assolvere se stesso da tutto con la legge sulle rogatorie e quella sul falso in bilancio. Da quando è al governo, ha messo in discussione i fondamentali principi di legalità».

Commenti della stampa giudiziaria: «La Cassazione ha scelto la formula piena per Berlusconi, "non aver commesso il fatto", ma altri imputati sono stati condannati per corruzione» (Roberto Martinelli sul *Messaggero*). Meno cauteloso, Giuseppe D'Avanzo su *la Repubblica*: «Il fatto è che quella buona notizia (Berlusconi non è un corruttore) nasconde una cattiva, cattivissima notizia. Infatti, se non ci sono prove sufficienti per poter dire che Silvio Berlusconi fosse a conoscenza dei trucchi utilizzati dai suoi manager per non pagare le tasse dovute, la sentenza della Cassazione conferma, definitivamente, che la Fininvest ha corrotto la Guardia di finanza. È una pessima notizia, che Berlusconi non sembra prendere nemmeno in considerazione nella lettera che ha inviato sabato al *Corriere della sera* [...] E allora, se la Fininvest è cresciuta fino ad essere una "risorsa nazionale", come disse anni fa Massimo D'Alema, è cresciuta anche corrompendo pubblici ufficiali? È un problema o non è un problema per Silvio Berlusconi presidente del Consiglio? Ha qualche parola da spendere su questa questione? Com'è evidente, non parliamo piú di responsabilità penale [...] ma restano le responsabilità personali di Silvio Berlusconi e le responsabilità politiche del presidente del Consiglio. Per esempio: una volta appreso che alcuni suoi top manager sono dei corruttori, quali provvedimenti il fondatore di Fininvest-Mediaset ha consigliato ai suoi figli, che oggi amministrano l'azienda, per allontanare dalla sua impresa chi ha violato la legge e tradito la sua fiducia? Perché è parlamentare di Forza Italia quel Massimo Maria Berruti, già ufficiale della Guardia di finanza e manager della Fininvest, condannato per favoreggiamento? [...] Si sarebbe voluto leggere nella lettera di Berlusconi la risposta a queste domande. E tuttavia comprendiamo l'opportunità per il presidente del Consiglio di non affrontare queste questioni. Che avrebbe potuto dire? Che la sua maggioranza ha modificato la legge sul falso in bilancio che rende piú semplice truccare senza dolorose conseguenze i conti delle aziende, con una sana benedizione alle regole del mercato e alle norme che regolano la concorrenza? O che la sua maggioranza si appresta a legiferare senza danno per chi dispone il rientro di capitali costituiti all'estero? O che la sua maggioranza ha varato un'indecente legge sulle rogatorie internazionali che, retroattiva, cancella di fatto i processi in corso, e per il futuro rende piú tortuoso il lavoro della magistratura nell'accertare nuove responsabilità penali?»

## Granada, la riconquista

È proprio la legge sulle rogatorie, di cui i giornalisti gli chiedono notizie durante la visita ad Aznar a Granada, che fa perdere ancora una volta le staffe a Berlusconi: fra l'allibito gelo dei suoi ministri, l'angoscia di Aznar che cerca di portarlo via, e la divertita malignità dei giornalisti, che col nostro premier preferiscono parlare della bottega italiana anziché dei problemi del mondo. Un premier che, dopo sei mesi di capitomboli internazionali, non si rende conto che le bubbole sui comunisti e le toghe rosse vanno bene per gli elettori italiani, ma all'estero fanno ridere e squalificano ancor piú il nostro paese.

Ecco la bubbola per italiani, raccontata a maliziosi giornalisti spagnoli. Uno di *El Pais* chiede ad Aznar di commentare la legge sulle rogatorie, recente trofeo della Casa delle libertà. Berlusconi s'infuria e dice: «Su questo posso rispondere io». (È la «sindrome del toro», spiega uno dei presenti: come sente parlare di giustizia, vede la muleta rossa e parte alla carica.) Quindi spiega agli sprovveduti spagnoli com'è andata la storia d'Italia. «Il Pci – dice – da tempo aveva infiltrato una sua pattuglia di guastatori nella magistratura. Fra il 1992 [il Pci era già finito da alcuni anni] e il 1994, quei guastatori hanno dato l'assalto alla Repubblica, decapitando con una rivoluzione giudiziaria tutta la classe politica democratica e moderata che aveva governato l'Italia negli anni precedenti [Craxi, De Lorenzo, Gava, Di Donato, Altissimo, Cirino Pomicino, Bernini, Pillitteri, Vizzini, De Michelis e altri amici del premier]. Questa azione si è svolta solo contro i partiti che avevano governato l'Italia per cinquant'anni, non ha toccato il partito comunista e gli esponenti dei partiti che da sempre erano alleati dei comunisti. Se non capite cosa è successo in Italia dal 1992 al 1994, e anche successivamente – insiste – non potete mai capire perché ci sono stati attacchi al presidente Berlusconi.» L'unica attenuante che riconosce ai giornalisti stranieri è che essi sono «vittime della disinformazione che viene operata ancora dalla sinistra comunista italiana, attraverso i suoi giornali e i giornalisti amici». Però ora basta, il premier non può sopportare ancora «un travisamento cosí completo e totale della realtà», e non esclude, perciò di «fare qualche conferenza stampa in giro per l'Europa per presentare la realtà».

Pare che il vaneggiamento continui anche dopo la conferenza stampa. È allora – scrivono gli inviati – che interviene il premier Aznar, lo prende amichevolmente per un braccio e gli dice, in italiano: «Vieni presidente, hai già parlato troppo questa mattina». Ma la logorrea è inarrestabile, e nel chiostro dell'Alhambra tornano le parole già pronunciate in qualche occasione in Italia: «guerra civile». Sí, tra il 1992 e il 1994 in Italia non ci fu una (parziale) liberazione dai predoni della politica e della finanza, sia pure con eccessi e vittime innocenti, ma una «guerra civile», con la quale *giudici comunisti* massacrarono *galantuomini democratici* della politica e dell'economia. Una guerra civile che in parte continua: com'altro definire la pretesa di certi magistrati di non applicare le nuove norme sulle rogatorie, dichiarandole in conflitto con quelle dell'ordinamento internazionale, a cui la Costituzione vuole che le leggi siano ispirate?

Allarmante pretesa, quella di quei giudici, perché gli avvocati del premier hanno già chiesto l'applicazione delle nuove norme in due processi (Lentini e All Iberian) che lo vedono coinvolto in un falso in bilancio: hanno chiesto, cioè, che le prove a carico degli eccellenti imputati siano dichiarate «non utilizzabili», ai sensi della nuova legge. Proprio il giorno prima, la seconda sezione del tribunale di Milano ha respinto analoga richiesta nel processo per i fondi neri dell'Eni. «Solo un legislatore schizofrenico – spiega il tribunale – può produrre queste norme per annullare rogatorie viziate da difetti formali, e soprattutto per usarle retroattivamente. I trattati internazionali firmati dall'Italia, come quello con la Svizzera a cui la nuova legge fa riferimento, non possono essere disattesi.»

«Quel giudice ha violato la legge – protesta a Roma il sottosegretario Taormina, sempre piú compenetrato nel ruolo di Fondatore del nuovo diritto penale. – Si tratta di un fatto che anche dal punto di vista delle possibili responsabilità non solo disciplinari ma anche penali dovrebbe essere oggetto di accertamento.» Taormina, come il suo premier, non riesce a contenersi. Qualche giorno prima, letto il dispositivo della sentenza con cui la Cassazione aveva assolto Berlusconi nel caso Mondadori, ha chiesto che fossero processati i magistrati che avevano rinviato il premier a giudizio. Pecorella, presidente della Commissione giustizia della Camera e forzista come Taormina, deve montare in cattedra e bacchettarlo: «Non possiamo fare una guerra di religione ogni volta che esce una sentenza». Taormina si autoincorona libertador: «Libererò l'Italia da certi magistrati.»

A Madrid, come a Bruxelles, a Berlino, a Berna si ride. A Roma si ride e si piange. «È difficile ricordare situazioni simili – commenta Padellaro. – Nei vertici internazionali vige un cerimoniale rigoroso, i capi di governo non pronunciano una parola piú del necessario, tutto è circonfuso di autorevolezza e decoro. Ad Accra come a Timbuctú, nessun primo ministro ospite si lascerebbe andare a considerazioni squalificanti sul proprio paese. L'idea di descrivere l'Italia come un luogo dove la magistratura congiura con i comunisti a fini golpisti, e di farlo con un codazzo di telecamere per le vie di una città spagnola, rivela la presenza di forme ossessive, davvero preoccupanti.»

Preoccupante la forma ossessiva che affligge Berlusconi? Altri ritengono piú preoccupante la copertura offerta dal Quirinale al premier sulla faccenda delle rogatorie. Scrive l'inviato di *Repubblica* a Granada: «Che un incidente sulle rogatorie potesse scattare da un momento all'altro, in realtà a Palazzo Chigi lo sentivano nell'aria. Ai suoi, da qualche giorno, il Cavaliere fa capire che su questo fronte si sente le spalle totalmente coperte da Ciampi: "Nemmeno lui si riesce a capacitare di come possa andare ancora avanti questo cancan", ripete. "Se io avessi avuto il minimo dubbio su questa legge – mi ha detto – non l'avrei firmata. E se l'avessero avuta i miei uffici, sono sicuro che non me l'avrebbe fatta firmare"».

Sarà vero? Intanto, la «preoccupante ossessione» del premier e le leggi che la sua maggioranza in Parlamento sforna, non logorano soltanto due poteri dello Stato: l'esecutivo e il giudiziario. Logorano anche il Quirinale. «Ogni politico che si rispetti – commenta Giannini – sa bene che quando un'istituzione delegittima le altre, è tutto lo Stato che perde credibilità. Senza tirar ogni volta la giacca al capo dello Stato, viene da chiedersi se da Ciampi, di fronte a strappi cosí laceranti ai princìpi della democrazia, non debba arrivare qualcosa di piú della semplice *moral suasion*».

## Il filosofo trotzkista

È l'opinione anche del filosofo trotzkista, quello additato da Berlusconi nella lettera al *Corriere* come «diffamatore», nientemeno che attraverso il Tg1. Si tratta del professor Paolo Flores d'Arcais, direttore di *Micromega*, che di tanto in tanto viene (o veniva?) chiamato dal Tg1 a condurre la rassegna notturna della stampa, riservata ai nottambuli del dopomezzanotte. Al presidente del Consiglio sembra eccessivo perfino questo, sicché spera «che non tutta l'informazione si comporti a questo modo». Meglio adeguarsi. Come a Giannini, anche a Flores d'Arcais la *moral suasion* del capo dello Stato appare insufficiente a contenere la devastazione istituzionale, che dall'attacco alla magistratura e al sistema normativo si estende a tutti i pilastri dell'ordinamento e delle istituzioni.

«Il governo – dice Flores d'Arcais – ha dato vita a una legislazione eversiva, perfino dal punto di vista di un'economia capitalistica e liberista. In Usa il falso in bilancio è un reato gravissimo, in Italia non piú. In Usa fior di manager finiscono in galera per *insider trading*, reato che da noi è considerato sí e no un peccatuccio. In Usa si va sotto processo per falsa testimonianza, con rito direttissimo, da noi è stata vanificata. In Usa, insomma, il mercato può anche essere Far West, ma non truffaldino. E nessuno che incappi nei rigori della legge dice che i giudici sono comunisti. Non c'è amnistia anticipata permanente per i reati dei colletti bianchi.

«Al presidente Ciampi sarà dispiaciuta la pubblicazione su *Micromega* dell'articolo di Tabucchi "Le delusioni di una presidenza"; ma, pur senza pretendere e auspicare scontri istituzionali irreparabili, vorremmo segnali piú percettibili del suo malessere per quello che sta accadendo. Con la legge contro le rogatorie internazionali, col rifiuto di estendere ai reati di corruzione, truffa e riciclaggio il mandato di cattura europeo, col divieto ai nostri magistrati di prendere il loro posto nell'Olaf (l'organismo europeo per la lotta alle frodi), l'Italia della destra sta sabotando dall'interno la lotta dell'Europa alla malavita. Aggiungi che lo Stato italiano si mette a fare concorrenza alla mafia, riciclando capitali di qualsiasi origine al simbolico costo del 2,5 per cento, mentre i riciclatori privati pretendono percentuali da usura.

«A un presidente del Consiglio che consente tutto questo, le alte istituzioni permettono anche di dire che i magistrati hanno fatto la "guerra civile". Permettono al sottosegretario all'Interno di chiedere la galera per i magistrati che si rifiutano di applicare come macchinette a gettoni la legge sulle rogatorie. Perfino il Parlamento di Strasburgo condanna quella legge e chiede all'Italia di non ostacolare la collaborazione internazionale dei giudici e delle polizie. Questa è la vera eversione. Eversione è chiedere ai giudici di non interpretare la legge, lasciando che sia il governo a proporla e interpretarla. Siamo usciti fuori della Costituzione, si stanno provocando danni al sentire comune. E la voce del presidente della Repubblica è flebile, cosí come è flebile quella dell'opposizione, sicché è un miracolo che la metà almeno del paese non segua l'avventura di governo della Casa delle libertà.

«Certo – conclude il filosofo trotzkista – in un paese normale il 95 per cento dei cittadini sta dalla parte della legalità. Ma se le istituzioni lasciano soli i cittadini a sostenere la legalità, anch'essi si arrendono e si adeguano. Certo, gli evasori, gli abusivi, gli autori di piú o meno piccole violazioni della legalità c'erano da prima del governo Berlusconi. Ma una cosa è sospingerli, con esempi di buongoverno, a rientrare nella norma, un'altra è esaltare la piccola illegalità con esempi di grande illegalità, amnistiata e onorata e addirittura insediata al governo del paese. In questo caso si va al corto circuito della legalità e della politica, la difesa dell'illegalità di massa si trasforma in consenso elettorale alla illegalità di governo.»

Proprio nel giorno in cui la Cassazione assolve il premier per non aver corrotto la Guardia di finanza, la quarta sezione del tribunale di Milano deposita la sentenza (145 pagine) relativa all'avvocato Acampora: il quale, come s'è detto, ha chiesto di essere giudicato col rito abbreviato nella vicenda Imi-Sir ed è stato condannato a 6 anni di reclusione. I giudici milanesi parlano di «capillare capacità di condizionamento illecito della controversia» (al punto che il ricorso dell'Imi contro la sentenza d'appello favorevole agli eredi Rovelli era stato dichiarato «improcedibile» perché qualche mano santa aveva fatto scomparire dal fascicolo la procura speciale dell'Imi). Inoltre, del denaro versato dagli eredi Rovelli agli avvocati del network romano, nessuno di costoro aveva dato spiegazioni convincenti. Condannato Acampora, il processo continua col rito normale, a carico degli altri: gli avvocati Previti e Pacifico, i giudici Squillante, Verde e Metta, nonché gli eredi Rovelli.

È proprio mentre nei palazzi di giustizia avvengono queste cose che il governo e il Parlamento approvano la legge sulle rogatorie, che dovrebbe rendere inutilizzabile gran parte della documentazione svizzera in base alla quale si è arrivati alla condanna di Acampora, anticamera di altre possibili condanne. Ora sarà necessario chiedere alla Svizzera nuove rogatorie, rispettose di timbri e cavilli. E nel frattempo decorreranno i termini per arrivare alla prescrizione del reato?

Il tribunale di Milano, risponde no, non è necessario rinnovare le rogatorie. Lo Stato non rischierà di arrendersi a imputati, eccellenti o no, per inseguire timbri e cavilli e fotocopie di cavilli: buoni a distruggere processi proprio mentre si sta disponendo, da parte del ministero della Funzione pubblica, il sempre piú ineffabile Frattini, «l'ampliamento dei casi di autocertificazione per snellire le dichiarazioni di autenticità dei documenti in copia». Una decisione, sottolinea Palazzo Chigi, ispirata al criterio opposto a quello della legge sulle rogatorie.

## La Svizzera non ratifica

Coincidenze a parte, il tribunale di Milano, nel dire no ai legali di Pacini Battaglia che chiedono l'annullamento delle rogatorie nel processo Eni, afferma che la ratifica dell'accordo Italia-Svizzera, votata dal Parlamento, permette la trasmissione diretta degli atti: prassi consolidata, sulla quale il governo, cui spetta l'azione di controllo, non ha mai sollevato obiezioni. I documenti ricevuti dall'estero vanno considerati originali o conformi agli originali, perché lo certifica lo Stato stesso nel momento in cui li manda. Né l'Italia può imporre le proprie norme procedurali ad altro Stato, prevalendo, nei rapporti bilaterali, i trattati e gli usi internazionali. Vale infine il principio della «buona fede» nell'esecuzione dei trattati e quello di «leale collaborazione» internazionale. Ai giudici milanesi sembra «immagine di un legislatore schizofrenico quella che viene proposta dalla difesa: un legislatore che nel momento in cui stringe i rapporti di collaborazione con la Svizzera, condannerebbe con la piú grave sanzione processuale (l'inutilizzabilità) tutta l'attività collaborativa precedente».

Dieci giorni dopo, colpo di teatro dell'onorevole Previti nel processo Imi-Sir, quello che ha già visto la condanna dell'avvocato Acampora. Preoccupato o meno che il tribunale possa ritenere sempre valide le rogatorie acquisite, vota la sfiducia ai giudici che si ostinano a processarlo nonostante la Corte costituzionale abbia gettato dubbi di legittimità sulle ordinanze del gup Alessandro Rossato (e cioè procedere con le udienze nonostante gli «impegni parlamentari» di Previti). Cosí l'ex ministro della Difesa del primo governo Berlusconi revoca la nomina dei propri avvocati difensori: Michele Saponara, anche lui deputato di Forza Italia, Alessandro Sammarco e Giorgio Perroni, «l'inesorabile macchina da guerra che è riuscita, per ben un anno e mezzo, a rinviare, annacquare e dilungare tutte le fasi del dibattimento sulla corruzione dei giudici romani» (la Repubblica).

Previti si sente vittima di una prevaricazione e persecuzione giudiziaria, sicché scrive una lettera veemente al presidente che ha ordinato di procedere nelle udienze, Paolo Carfí. «Il processo in corso – dice la lettera – costituisce lo strumento di una esecuzione di piazza, studiata e programmata da anni, e non ha nulla a che vedere con un procedimento legale legittimo. Poiché non mi sento di accomunare in questo massacro della legalità i miei difensori, costringendoli a sopportare ingiuste umiliazioni e torti – che, credo, nessun avvocato abbia mai dovuto subire nella sua vita professionale – e poiché non credo affatto che in questo processo dal destino segnato conti qualcosa l'esercizio del diritto di difesa, che è stato semplicemente soppresso, ho deciso di revocare il mandato a difendermi.» Piú oltre, l'onorevole Previti aggiunge: «Con un provvedimento abnorme, che di fatto costituisce un'aggressione diretta alle istituzioni, il tribunale di Milano, pur di continuare il processo nei miei confronti, ha restituito vita giuridica ai provvedimenti di Rossato, annullati dalla Corte costituzionale». Insomma, questo processo non s'ha da fare.

Questo accade a sud delle Alpi, insieme ad altre cose: fra le quali, per citare gli estremi, due dichiarazioni pressoché simultanee. Una del presidente del Senato Marcello Pera che, in visita a Londra, si dichiara «disturbato» dal sentir dire che in Italia si rinuncia a un'azione penale solo per ragioni formali («Lo Stato di diritto si regge sulle garanzie formali», dichiara il filosofo, dimenticando che le garanzie formali non possono essere costituite come antidoto delle garanzie sostanziali: cioè dell'accertamento processuale della verità). L'altra dichiarazione, diciamo cosí sostanzialista, è del pm Marco Alma della Distrettuale antimafia di Milano, e suona cosí: «Per un grosso traffico di armi ed esplosivi, le prove sono arrivate tutte dalla Svizzera. Un pentito ci disse che in Calabria e in Sicilia usavano fucili rubati in un'armeria elvetica, bruciata con una tanica rossa. Gli svizzeri ci mandarono tutti gli atti della rapina, dell'incendio, e perfino la foto della tanica rossa. Con quei riscontri, i dieci trafficanti sono stati tutti condannati in primo grado. Ma quelle rogatorie svizzere sono senza timbro di conformità. E l'appello è vicino». Cosa facciamo? Disconosciamo la tanica rossa perché priva di timbro?

Mentre questo accade a sud delle Alpi, a nord delle Alpi la Svizzera spara a zero sulla riforma italiana e soprassiede alla ratifica del trattato di cooperazione italo-svizzero. L'Italia – dice in sostanza – ha svuotato di efficacia il trattato, e noi non ci riconosciamo in quel che ne resta. Il ministro federale della Giustizia spedisce a Roma, per incontrare i tecnici di via Arenula, due magistrati di fiducia, il capo di gabinetto Heinrich Koeller e il procuratore generale del Canton Ticino, Luca Marcellini. I due incontrano i plenipotenziari del ministro Castelli, i quali, non potendo negare l'evidenza, ammettono che ci sono nella legge cose poco chiare, che occorrerà «rimettere ai criteri interpretativi dei giudici». Tutto il contrario di chi immagina giudici-macchinette. All'ambasciata svizzera di Roma segue un incontro fra i due magistrati e i giornalisti stranieri (quelli italiani no, per una questione di stile). A via Arenula – assicurano i due – hanno finalmente capito la prassi svizzera nell'acquisizione di prove e documenti: «Siamo riusciti a spiegare che non è possibile avere l'originale di documenti bancari, visto che tutto viaggia su computer; e che il servizio giuridico della banca e le lettere accompagnatorie del ministero equivalgono a una autentica notarile». Materialmente impossibile, quindi, soddisfare la pretesa della nuova legge italiana, che su quegli atti vuole il «visto» foglio per foglio.

«Disfatta indecorosa per il governo italiano.» Questo, secondo il giurista e senatore Ds Guido Calvi, il risultato dell'incontro a via Arenula. La cui conclusione è che «i magistrati di Milano avevano assolutamente ragione di interpretare con ragionevolezza la legge, dichiarando utilizzabili gli atti acquisiti».

## Via da Milano

Questo processo non s'ha da fare. Anzi, questi processi, perché sono tre, come s'è detto, quelli per corruzione in atti giudiziari. E se proprio s'hanno da fare, perché ogni altra strada è preclusa o impraticabile, li si faccia lontano da Milano. Soprattutto quello Sme-Ariosto, che insieme a Previti coinvolge Berlusconi. Cosí, dopo quasi due anni di impedimenti, rinvii, ricusazioni, revoche, ecc., senza mai entrare nel merito delle accuse, i difensori fanno la Befana 2002 annunciando che potrebbero chiedere la «legittima suspicione», non essendoci serenità nel tribunale di Milano. Eppure, come si diceva, per vedersi garantito il «giusto processo», Previti ha colto tutte le opportunità che la procedura e l'ordinamento costituzionale consentono a chi sappia e possa avvalersene. Nei circa due anni trascorsi dall'udienza preliminare, ha fatto slittare varie udienze per impedimenti legittimi, e cioè i suoi impegni parlamentari e motivi di salute: quest'ultimi accolti dal tribunale, i primi non sempre ritenuti provati. Si è appellato al Consiglio superiore della magistratura contro il pm Ilda Boccassini e il gip (poi gup) Rossato per presunte irregolarità in alcune intercettazioni (esposti archiviati). Ha chiesto in due occasioni alla procura generale l'astensione dei pm Colombo e Boccassini, senza ottenerla. Si è opposto alla richiesta dei pm di unificare in un solo dibattimento i processi Imi-Sir e Sme (opposizione accolta). Ha presentato diverse eccezioni preliminari, specie sulla competenza territoriale: sempre respinte. Si è appellato per quattro volte alla Corte d'appello chiedendo la ricusazione dei propri giudici, che gli dimostrerebbero «grave inimicizia». Alla fine del 1999 ha fatto sollevare dal presidente della Camera Luciano Violante, davanti alla Corte costituzionale, conflitto di attribuzione tra poteri dello Stato per violazione delle prerogative parlamentari (il giudice dell'udienza preliminare Rossato aveva sostenuto che l'obbligo di presentarsi alle udienze dovesse essere adempiuto anche in presenza di impegni parlamentari. La Corte ha negato che possa parlarsi di automatica precedenza, e ha invitato alla collaborazione fra Parlamento e Giustizia). Previti ha quindi chiesto l'inutilizzabilità delle prove ottenute per rogatoria (ai sensi della riforma): richiesta respinta. Ha chiesto, in base alla ricordata sentenza della Corte costituzionale, di far ricominciare il processo dall'udienza preliminare: anche questa richiesta è stata respinta. Ha presentato per la quinta volta istanza di ricusazione del collegio giudicante e, subito dopo, ha revocato il mandato difensivo ai propri avvocati: obbligando cosí il tribunale a nominare, per proseguire il processo, un difensore di fiducia e concedergli i «termini a difesa» (cioè il tempo necessario per orientarsi nella marea delle carte processuali). Infine, Previti non ha richiesto, ma lo hanno ipotizzato amici della sua parte politica, che il presidente della Camera Pierferdinando Casini sollevi per la seconda volta la questione del conflitto di attribuzioni fra poteri dello Stato, davanti alla

Corte costituzionale, avendo i giudici di Milano non osservato la prima ordinanza. L'ex presidente emerito della Corte Vincenzo Caianiello dichiara che sollevare di nuovo il conflitto sarebbe «un atto coerente». E costruisce una ardimentosa teoria, spiegando che se insieme a Previti venisse condannato Berlusconi, questi rischierebbe di doversi dimettere, essendo assimilabile come presidente del Consiglio al pubblico dipendente: che in caso di condanna viene sospeso dall'ufficio. Troppo zelo. Gli avvocati difensori riflettono a lungo anche sulla opportunità di chiedere la legittima suspicione. È la possibilità, offerta all'imputato dall'articolo 45 del codice di procedura penale, di rivolgersi alla Corte di Cassazione, in ogni stato e grado del processo di merito, perché rimetta il processo ad altro giudice («quando la sicurezza o l'incolumità pubblica ovvero la libertà di determinazione delle persone che partecipano al processo sono pregiudicate da gravi situazioni locali, tali da turbare lo svolgimento del processo e non altrimenti eliminabili»).

Accadde in passato per il processo di piazza Fontana, trasferito da Milano a Catanzaro, e per il processo al generale della Finanza Giuseppe Cerciello, trasferito da Milano a Brescia: nel primo caso, per motivi di ordine pubblico, nel secondo per pregresse commistioni tra investigatori e inquisito.

Scrive Giovanni Bianconi: la decisione dei tribunali di andare avanti nonostante il riconoscimento, da parte della Corte costituzionale, dei legittimi impedimenti di Previti, costituisce per gli avvocati difensori «il segno inequivocabile della volontà dei giudici di arrivare quanto prima alla condanna degli imputati, a prescindere dalle risultanze e dalle regole processuali e costituzionali. I difensori di Previti e Berlusconi devono ancora decidere se limitarsi a indicare, nel ricorso, i casi di "persecuzione" ritenuti piú macroscopici, oppure presentare l'elenco completo di tutte le anomalie [...] ma nell'istanza finiranno certamente anche le decisioni con le quali gli stessi giudici hanno negato la nullità delle rogatorie svizzere, invocata dai difensori dopo la legge approvata in gran fretta dal Parlamento [...] e il giudizio di Borrelli sulle accuse di Previti ai giudici: sembrano quelle dei terroristi anni '70». Linea dura, dunque, contro i colleghi giudicanti. E l'ispiratore sarebbe lo stesso ex sottosegretario Taormina che a suo tempo ottenne lo spostamento del processo Cerciello a Brescia e ora accusa i magistrati del processo Sme di aver commesso «reati gravissimi», cioè aver tirato diritto, snobbando la Corte costituzionale e la legge contro le rogatorie.

## Castelli in via Arenula

Mentre sul campo di battaglia il fuoco consuma uomini e istituzioni, magistratura e Parlamento, Corte costituzionale e governo, Consiglio superiore e presidente della Repubblica, l'artiglieria governativa di lunga gittata spara anche piú lontano, per colpire la già predisposta riforma del codice penale, il sistema elettorale del Consiglio superiore, il nascente «spazio giuridico e giudiziario europeo». Di quest'ultimo s'è già detto, accennando al rifiuto (poi rientrato) del governo Berlusconi di rendere perseguibili con mandato di cattura europeo i reati di corruzione, falso e altra criminalità finanziaria; e con lo stop di Palazzo Chigi al distacco di tre magistrati italiani all'Olaf, l'ufficio europeo che indaga su frode, corruzione, e attività finanziarie illecite nel territorio dell'Unione europea.

La riforma del sistema di elezione del Csm comporta il passaggio dalle liste (come «partiti» dei giudici) a una lista unica nazionale di candidati. Ciascun magistrato potrà votare un solo candidato. La riforma accoglie sollecitazioni che, in passato, erano venute da varie parti, anche esterne o estranee alla maggioranza attuale di centrodestra. La trasformazione del Csm, da organo di «alta amministrazione» quale lo concepisce la Costituzione, in organismo politico, è difficilmente contestabile; e la causa tecnica della degenerazione è stata sempre individuata nel sistema elettorale per liste, che favorisce le aggregazioni ideologiche o parapolitiche.

Inoltre, una diversa ripartizione dei seggi fra giudici e pubblici ministeri, che aumenti il numero dei primi e diminuisca quello dei secondi, appare del tutto speculare alla realtà: i giudici sono molto piú numerosi dei pubblici ministeri, mentre spesso è capitato che questi fossero nel Csm piú numerosi di quelli. Il nuovo Consiglio superiore dovrebbe essere varato fin dal luglio 2002, e a tal fine Palazzo Chigi pungola il ministro Castelli, che della riforma dev'essere il promotore. Le maggiori obiezioni si concentrano sul sistema elettorale: l'uninominale, si sa, è il vettore del maggioritario e questo, funzionale in politica per creare una maggioranza parlamentare e un governo forti, può essere distorsivo in un organo di autogoverno e auto-tutela, come il Csm, dove è opportuno che gli eletti rispecchino (in proporzione) le idee correnti nel corpo giudiziario. Inoltre, la lista unica nazionale di tanti candidati, ciascuno dei quali corre per suo conto, non impedirebbe l'azione di nuclei orga-nizzati di elettori, che finirebbero con lo scegliere, tra i singoli candidati, quelli piú in sintonia, reintroducendo dalla finestra quel voto «politicizzato» che s'è cacciato dalla porta. Infine, se il sistema è interamente maggioritario, chi assicurerà una «tri-buna» a idee che, pur minoritarie fra i magistrati, hanno co-munque diritto di presenza in Consiglio?

Ma piú che la prospettiva di un Consiglio superiore omoge-neizzato, preoccupa la decisione del governo di affidare al sosti-tuto veneziano Carlo Nordio la presidenza della commissione per la riforma del codice penale: una delle due commissioni (l'altra è per il codice civile) istituite dal ministro della Giusti-zia. Il giudice Nordio sta nelle simpatie della destra come il procuratore Borrelli sta nelle simpatie della sinistra. Ha sempre negato che Mani pulite abbia fatto altro che il suo dovere, ma ha spesso contestato metodi e atteggiamenti milanesi, a suo pa-rere eterodossi. «In condizioni di normalità – commenta l'ex ministro Cesare Salvi, docente di diritto anche lui – il lavoro del giudice Nordio e dei suoi colleghi sarebbe un segnale neutro: si aspettano i risultati di questo lavoro e li si giudica in Parlamen-to. Ma dopo quello che abbiamo visto in questi mesi, con le leg-gi mirate a casi specifici, diventa un segnale inquietante. Non vorrei che attraverso la riforma dei codici stessero preparando qualcosa di piú consistente e negativo rispetto a quanto abbia-mo visto finora. Anche perché era appena terminato lo studio sulla riforma dell'ex numero due del Csm, Carlo Federico Grosso. C'era davvero bisogno di rimetterci mano?»

Non è che i codici non si debbano toccare? «No, il processo penale e quello civile non sono due istituti che funzionino par-ticolarmente bene. Il clima generale però non è dei piú propizi per una nuova riforma. Del resto, capisco che si stia giocando una partita rilevante: dobbiamo capire se i grandi processi de-gli anni '80 e '90 sono stati eterodiretti, a colpi di decine e cen-tinaia di miliardi. È una questione che va oltre il caso Taormi-na, che resta gravissimo [...] Si respira un'atmosfera pesante, l'attacco all'indipendenza della magistratura è costante, quasi quotidiano. E ci avviciniamo agli obiettivi piú grandi, Csm,

Corte costituzionale. Sono elementi di garanzia fondamentali [...] Adesso siamo alle prove di regime, ma quando toccheranno l'organo di autogoverno dei giudici e la Corte costituzionale, allora il regime sarà un dato di fatto.»

Solo a gennaio 2002 Castelli presenterà un suo progetto di riforma della giustizia. Il giorno prima ne aveva presentato un altro Taormina, bacchettato da Pecorella: «Non si deve sfilare la sedia al ministro». Il quale, sei mesi prima, all'inizio del governo Berlusconi, aveva enunciato sulla *Padania* il suo progetto: «Ecco come riformerò la giustizia», subito bruciato in malo modo da Eugenio Scalfari, capofila sulla *Repubblica* di una falange tebana a difesa della cultura della giurisdizione e dell'indipendenza della magistratura: Ezio Mauro, Giuseppe D'Avanzo, Mario Pirani, Curzio Maltese, Giorgio Bocca, Massimo Giannini, Claudio Rinaldi, Paolo Sylos Labini, Andrea Manzella e altri ancora.

I cardini della riforma Castelli, «in coerenza con le aspettative della Casa delle libertà e delle categorie corrotte», spara Scalfari, sperando che il Quirinale legga e annoti, sono questi: termini perentori per la celebrazione dei processi penali e civili; istruttoria privatistica dei processi civili e intervento del magistrato sulla base del materiale raccolto; restituzione dell'investigazione penale alla polizia giudiziaria e intervento della procura solo dopo la notifica dei risultati dell'inchiesta di polizia; riforma del sistema elettorale del Csm in senso maggioritario; divisione delle carriere dei magistrati inquirenti e giudicanti, con passaggio dall'una all'altra solo per esami e con trasferimento ad altro distretto giudiziario; depenalizzazione di molti reati e ricorso a pene alternative; limitazione dei motivi di ricorso in appello e in cassazione; cambiamento della normativa sul falso in bilancio ed esclusione dai benefici vigenti per le cooperative se siano diventate società con fini di lucro.

Replica Scalfari all'esordiente ingegner Castelli:

1) falsificare un bilancio significa non solo attentare ai piccoli azionisti e creditori, ma al diritto dei concorrenti e dei mercati: infatti, si nega la trasparenza, che è il principio su cui si fonda la libera concorrenza. Dovrebbe ben saperlo la Confindustria, la quale, invece, in mano a D'Amato, è uno dei maggiori supporti del governo della destra. Alla Confindustria e al suo presidente napoletano andrebbe anche spiegato che il falso in bilancio maschera la costituzione di «fondi neri» attraverso i quali si è sviluppato l'intero sistema di Tangentopoli, con cui si colpiva al

cuore tanto la democrazia quanto l'impresa per bene. Qualcuno dovrebbe spiegarlo al rappresentante delle imprese. E dovrebbe spiegarlo anche al «nipotino di Popper», ossia al presidente del Senato Marcello Pera, che dopo aver per anni alluvionato *Il Messaggero* delle sue opinioni garantiste, ora si rassegna a condurre in porto le riforme antigarantiste del suo leader.

2) Gravissimo è l'affievolimento dei poteri del pubblico ministero nella fase iniziale delle indagini. Se tutto viene lasciato nelle mani della polizia senza la presenza del magistrato fin dal primo momento, con quale diritto ci si ribellerà poi ad episodi e metodi tipo caserma di Bolzaneto? L'*habeas corpus* non potrebbe avere piú grave smentita. E tuttavia «non ho letto ancora qualche vigoroso affondo di Ernesto Galli della Loggia, Paolo Mieli, Piero Ostellino, Antonio Martino, tutti liberali sordi e muti dinanzi al prender corpo di una controriforma che, questa sí, sarebbe un passo avanti decisivo verso lo Stato di polizia.

3) Va benissimo abbreviare i processi; occorrerebbe anzi rendere esecutiva la pena fin dalla sentenza di secondo grado. E occorrerebbe anche dare al giudice del dibattimento il potere d'impedire le manovre dilatorie della difesa, ove fosse chiaro il loro intendimento di arrivare alla prescrizione del reato.

4) Ok anche alla distinzione delle carriere e a un sistema elettorale meno «politicizzato» per l'elezione del Csm. Ma non un sistema maggioritario. Esso infatti non eliminerebbe le deprecate correnti interne della magistratura, ma eliminerebbe la rappresentatività di un organo che, avendo funzioni di alta amministrazione nei confronti di tutti i magistrati, è legittimato a esercitarla solo se effettivamente rappresenta tutti i magistrati e non una sola parte: magari minoritaria e trasformata dal sistema elettorale in maggioritaria. Importante è invece abolire la cultura dei parruccConi, come quella che prevede nomine e promozioni in base all'anzianità anziché a preparazione, efficienza professionale, saldezza morale, cultura, valutate secondo parametri non «elastici».

5) Grave il silenzio del ministro sull'intero capitolo della giustizia amministrativa, benché, a riguardo, la Bicamerale avesse raggiunto intese facilmente riproponibili.

La prima replica istituzionale a Castelli e al suo premier arriva in ottobre dal vice presidente del Csm, Giovanni Verde: «Riforma del falso in bilancio, cancellazione dei reati d'opinione, nuovo sistema elettorale del Csm? Non mi sembrano priorità. La priorità è recuperare alla giustizia efficienza e tempi ragionevoli. In Inghilterra il giudice fissa l'udienza in giornata, concedendo poche ore per instaurare il contraddittorio. Qui, se si facesse una cosa del genere, si strillerebbe che si è violato il diritto di difesa». E non solo da destra. In ogni caso, Castelli sappia che non sono 10 o 20 i giudici che lo contestano, come lui dice, ma ottomila, tutti gli ottomila giudici italiani.

Sarà vero. Ma che ci sia una frattura tra magistrati e paese lo dicono non solo gli imputati eccellenti dei processi di Milano, né soltanto leader di sinistra che non amano giustizialismo e giustizialisti, come D'Alema. Lo dicono anche sondaggi non berlusconiani, come quello che a fine dicembre pubblica *L'Espresso*, condotto sia fra i magistrati che fra i cittadini. *Chi è il principale responsabile della lentezza dei processi?* Il 31 per cento dei magistrati risponde gli avvocati, il 23 per cento il ministro della giustizia e solo un magistrato su cento dice: i magistrati. La domanda dà risultati completamente diversi fra i cittadini: il 25 per cento dà la colpa della lentezza ai magistrati, il 14 per cento agli avvocati, il 12 per cento al governo. *Ritiene che i magistrati siano politicizzati?* L'8 per cento dei magistrati risponde: sí, la maggioranza; il 57 per cento, sí la minoranza; il 21 per cento, no non sono politicizzati. Fra i cittadini l'opinione è diversa: il 42 per cento ritiene politicizzata la maggioranza, il 32 per cento la minoranza, il 14 per cento pensa che i magistrati non siano politicizzati. Sorprese non minori alla domanda se le riforme della giustizia annunciate dal governo Berlusconi incideranno sull'indipendenza della magistratura: il 20 per cento dei magistrati risponde sí, il 40 per cento pensa che non avranno effetto alcuno, il 31 per cento ritiene addirittura che i magistrati saranno piú indipendenti. Anche qui, il conflitto coi cittadini è pieno: alla domanda se il governo Berlusconi sarà in grado di risolvere i problemi della giustizia, il 56 per cento del campione risponde probabilmente o certamente no, il 35 probabilmente o certamente sí.


## Il partito degli avvocati

Il 29 giugno, qualche giorno dopo la fiducia al governo Berlusconi, la magistratura milanese condanna all'ergastolo i neofascisti Delfo Zorzi, Rognoni e Maggi per la strage di piazza Fontana. Carlo Taormina, sottosegretario all'Interno, bolla la sentenza: «È il rilancio del partito dei giudici», «La storia è stata riscritta con la penna rossa». Come dire: hanno condannato un camerata perché camerata. Allora il pubblico ministero Massimo Meroni scrive al ministro dell'Interno Scajola, che è parte civile nel processo. «Signor ministro, non crede che sia perlomeno singolare che il Suo sottosegretario esprima disappunto per una condanna, in favore del ministero dell'Interno, che Lei stesso ha chiesta?» Ricorda il pm Meroni che «il processo si è potuto svolgere e le condanne hanno potuto essere pronunciate grazie al contributo decisivo costantemente fornito dalla polizia di Stato»: che riceve disposizioni, appunto, dal ministero dell'Interno. Chiusura al curaro: «Il signor sottosegretario ha evidentemente nostalgia dei tempi in cui le sentenze potevano scriversi esclusivamente con la penna nera».

Scajola tace, a differenza del guardasigilli Castelli, che redarguisce il suo sottosegretario Vietti (avvocato anche lui, forzista ed ex membro «laico» del Csm) per contegno piú o meno analogo a quello di Taormina.

Ma è l'avvocato Pecorella, la maggiore delle Muse inquietanti, a realizzare la *performance* migliore. Accusa i giudici d'aver condannato il suo assistito Delfo Zorzi perché, «dopo 32 anni dalla strage di piazza Fontana, la città voleva un verdetto di colpevolezza». Gli chiedono: Sta dicendo che l'Italia rischia la dittatura dei giudici? Ed ecco il labirinto della risposta, che nessun filosofo bizantino o «legista» seicentesco avrebbe saputo costruire con altrettanto ingegno: «Se il rischio non c'è, è proprio grazie dal fatto che ciascuno può dire quello che pensa su tutto, sentenze comprese. Anche perché la catena di fatti accaduti da quando c'è il nuovo governo, sarà pure casuale, ma se non lo fosse sarebbe inquietante. Dal blocco dei cantieri dell'alta velocità alle perquisizioni a Mediaset, dalla sentenza Mondadori (appello) alla richiesta di rinvio a giudizio per falso in bilancio, dalla condanna di Carnevale [l'ammazzasentenze] a piazza Fontana: ogni giorno c'è un magistrato che si muove o si pronuncia su qualcosa che riguarda il governo o la maggioranza».

Il governo e la maggioranza? Ma ne fanno parte anche i Carnevale e gli Zorzi, insieme ad amministratori e parlamentari alla sbarra? Esterrefatto, il giornalista Giovanni Bianconi domanda: *Che c'entra piazza Fontana col governo e la maggioranza?* E l'avvocato di Zorzi e Berlusconi risponde: «C'entra, perché quella sentenza ha stabilito che dietro la strage c'erano gli Stati Uniti attraverso la Cia e la Nato, cioè l'alleato al quale il nuovo governo ha appena ribadito la sua lealtà. Se questa sequenza di fatti non fosse casuale, sarebbe preoccupante, perché siamo alla vigilia di un G8 al quale parteciperà Berlusconi, esattamente come nel 1994. E sappiamo tutti come andò a finire, allora».

Fantastico. Ma il frigido Bianconi intigna: *Lei una volta, da avvocato "di sinistra", assisteva i deboli, oggi invece assiste i potenti, a cominciare da Berlusconi.* Risposta: «Intanto io non assisto solo Berlusconi, ma tanti altri sconosciuti e con nessun potere. E poi oggi i potenti hanno meno garanzie di altri. Credo che Berlusconi sia l'unico imputato che a Milano ha due udienze a settimana. Del resto è normale che il potere giudiziario, dopo aver governato il paese negli ultimi anni, faccia fatica a ritirarsi di fronte a un potere politico che finalmente riprende il suo ruolo; ed è normale che una magistratura politicizzata veda come suo avversario il potere politico». *Ci risiamo* – s'arrabbia Bianconi – *le inchieste su Berlusconi sono dettate da motivi politici, vero?* «Guardi, io non dico che siano fondate sul nulla, ma è difficile trovare inchieste condotte con tanto dispiego di energie verso altri soggetti.» *Ma non sente nemmeno un po' di imbarazzo a dire tutte queste cose nelle vesti, oltre che di avvocato, di presidente della Commissione giustizia della Camera?* «No, perché lí si tratta di garantire i diritti dell'opposizione, e io ho tutta l'intenzione di farlo con la massima correttezza. Dopodiché, se vogliamo far cadere un velo di silenzio sull'intero mondo giudiziario io ci sto, purché avvenga da parte di tutti.»

Sembra di capire: i magistrati non si occupino piú dei politici e i politici non parleranno piú di magistratura. È forse per arrivare a questo disarmo bilaterale bilanciato che stanno alla Camera piú di 75 laureati in legge e avvocati di Forza Italia, Alleanza nazionale e Ccd-Cdu?

Né meno folta è la schiera dei magistrati polisti (altro che toghe rosse). Quanto al Senato, capogruppo di Forza Italia, successore dell'avvocato Enrico La Loggia, è l'avvocato Renato Schifani da Palermo, eletto nel collegio Altofonte-Corleone col 52,1 per cento dei voti. «In agosto – si legge in una scheda biografica di Peter Gomez pubblicata da *Micromega* – è sceso in campo per far da scudo al ministro delle Infrastrutture Lunardi, che si era attirato addosso le ire di mezza Italia per aver detto "Con la mafia dobbiamo pur convivere". A protestare tra gli altri era stata anche la vedova di Libero Grassi, l'imprenditore ucciso dalle cosche per aver rifiutato quella scomoda coabitazione. Schifani, però, non ci ha fatto caso. "Qualcuno – ha spiegato – continua a fare dell'antimafia parolaia e pelosa, con un ulteriore danno allo sviluppo e alla crescita della Sicilia."

«Ma sul partito degli avvocati, un altro deputato-avvocato, Vincenzo Siniscalchi dei Ds, presidente della Giunta per le autorizzazioni a procedere sta facendo una riflessione. Lo stesso capogruppo Ds, Luciano Violante, l'ha incaricato di studiare qualche rimedio, da proporre alla confraternita avvocatesca e all'intero Parlamento. Interrogato dal giornale dei vescovi *Avvenire*, Siniscalchi ribalta la questione; il problema non è il partito degli avvocati, ma il partito dei clienti degli avvocati. Anzi, il partito degli avvocati deve esistere, e deve anche essere trasversale (come dire, dal rifondazionista Pisapia al missino Fragalà) per fare insieme le cose buone, come l'introduzione del «giusto processo» in Costituzione con la riforma dell'articolo 111. «Ma è ben altro che mettere in piedi il partito delle cause perse che si trasformano in cause vinte attraverso un intervento legislativo.»

Il problema è questo. Sono stati i clienti eccellenti a volere i loro avvocati alla Camera e al Senato? Magari per contrapporli a un presunto partito dei giudici? Il ministro Castelli dice che i giudici che danno fastidio sono dieci o venti, un po' pochi per fare un partito. Il fatto reale è che, nella scorsa legislatura, il centrosinistra non riuscí a far funzionare la Commissione anticorruzione, che avrebbe dovuto anche stabilire i paletti tra la professione di avvocato in tribunale e la funzione dell'avvocato in Parlamento. «Non ci siamo riusciti – riconosce Siniscalchi – ed oggi si può dire che esista un vero e proprio controllo degli avvocati sulla legislazione.» *Per esempio?* «Impongono la linea, propria o dei propri clienti, sulle leggi dei primi cento giorni del governo Berlusconi. Gli emendamenti sulle rogatorie, che distruggono l'utilizzabilità delle prove ottenute per rogatoria, ripropongono né piú né meno che le eccezioni sollevate dagli avvocati nei processi a favore dei loro clienti, e quasi sempre respinte dai giudici. Mettiamo a fronte le eccezioni nei tribunali e gli emendamenti in Parlamento e vedremo che questi sono la fotocopia di quelle. Attraverso la strumentalizzazione a fini professionali del mandato parlamentare, l'avvocato-deputato utilizza l'istituzione legislativa a fini giudiziari, come se il Parlamento fosse la Cassazione dei processi in corso. Si vogliono vincere in Parlamento, ribaltando le leggi, i processi perduti nelle aule giudiziarie.»

*Come si rimedia?* «Intanto con la deontologia e, se non basta, visto che non basta, almeno con qualche innovazione dei regolamenti parlamentari. Per esempio, il collega Pecorella è presidente della Commissione giustizia, presenta proposte di legge e fa il relatore in aula su quelle proposte. Per il falso in bilancio, la riduzione delle pene, e quindi dei termini entro i quali i processi vanno celebrati a pena di prescrizione, l'hanno portata avanti gli onorevoli Ghedini e Vitali, avvocati di illustri personaggi di Forza Italia. Allora, occorre che le categorie forensi, l'ordine degli avvocati, il Parlamento discutano se l'avvocato possa o non possa fare il presidente della Commissione giustizia, possa o non possa essere relatore di progetti di legge quando si prospetti in teoria un interesse o una solidarietà professionale; possa proporre in prima persona leggi che sono fotocopie delle sentenze che si desidererebbero per i propri assistiti. Gli avvocati-parlamentari della Casa delle libertà stanno dando al paese un'immagine faziosa della categoria: quando erano all'opposizione attaccavano i giudici, adesso che sono maggioranza attaccano le leggi. Affiancati da non pochi magistrati. Quando vedo certe sentenze, mi domando se la magistratura senta già odore di regime. Per esempio: come ha fatto la Cassazione, che giudica sul diritto, ad assolvere Berlusconi per non aver commesso il fatto? Allora ha giudicato nel fatto? E se Sciascia e Berruti sono stati condannati per favoreggiamento, il favorito chi è?».

Interrogato da *Micromega* sul tema, il vice presidente del Senato Domenico Fisichella, studioso di Comte e Saint-Simon risponde: «Non so se esista un partito degli avvocati, ma certo taluni provvedimenti legislativi trovano ampio consenso in questa categoria di professionisti. Il ruolo dei "legisti", come li chiamavano appunto Comte e Saint-Simon, è stato cruciale in molti passaggi della storia moderna, e in particolare nella storia della rappresentanza. Aggiungiamo che un elemento ricorrente, almeno da tre secoli a questa parte, è la dinamica spesso conflittuale tra avvocati e magistrati. Ma, se per partito degli avvocati si intende potenti interessi corporativi, allora si può porre anche un problema di conflitto di interessi professionali tra ruolo di produzione legislativa del parlamentare e ruolo dell'avvocato e del magistrato. È buona norma, per esempio, che un parlamentare proveniente dalla magistratura non rientri nell'attività giudiziaria alla fine del mandato, almeno per un certo numero di anni». Che fare? Proibire anche agli avvocati-parlamentari, una volta dimessi gli abiti di deputato o senatore, di tornare a esercitare la professione nel loro distretto? Ma la scappatoia è facile: si farebbero eleggere in altro distretto.

In attesa che il Parlamento trovi una soluzione, è probabile che la targa d'ottone dello studio legale romano Pecorella, Ghedini ed altri continui a brillare in via Uffici del Vicario proprio davanti al portone di Montecitorio.

Le proteste dalla stampa piú autorevole scivolano come pallini da caccia su pelli coriacee. Condannato il ricordato Delfo Zorzi all'ergastolo per la strage di piazza Fontana, l'avvocato Pecorella dirà: «Se sperano che io rinunci a quella difesa, si sbagliano di grosso». Invano Paolo Mieli gli porrà il problema sul piú diffuso quotidiano del paese: «Possibile che Pecorella non veda, come già Taormina, l'inopportunità di continuare ad essere il difensore di un cittadino che ha un cosí vistoso conto aperto con la nostra comunità. Possibile che questi parlamentari avvocati non capiscano che prima o poi anche per loro il nodo di questo inopportuno "doppio incarico" verrà al pettine?».

Non capiscono. Cosí, otto giorni dopo, sullo stesso giornale, torna alla carica Piero Ostellino. Ho fatto due sogni, dice il giornalista liberale. Il primo è che l'onorevole-avvocato Previti capisca che l'investitura popolare di cui gode e sembra abusare non è titolo sufficiente a sottrarlo al giudizio della legge. Lo stesso Berlusconi, assolto da alcune imputazioni, non può continuare – da presidente del Consiglio e imputato in altri procedimenti – ad accusare la magistratura di essere prigioniera di pregiudizi politici: equivarrebbe a negare legittimità alle sue stesse assoluzioni. Il secondo sogno è che alcuni avvocati parlamentari, da Taormina a Pecorella, «scelgano una buona volta tra le posizioni di natura istituzionale e la nobilissima professione forense. Sogno che Taormina e Pecorella la smettano di processare la magistratura e si limitino ad esercitare su di essa la sola pressione che la Costituzione riconosce loro non solo come lecita ma doverosa: quella "nella fucina del legislatore", come avrebbe detto Piero Calamandrei, cioè attraverso la riforma del sistema giudiziario, la promulgazione di leggi che promuovano una migliore e piú giusta applicazione della giustizia».

L'uso del Parlamento e dei ministeri, a cominciare da quello della Giustizia, come succursali degli studi legali, appare in tutta la sua efficienza quando il ministro Castelli compie l'ultimo affondo per impedire che il processo Sme-Ariosto (o, se si preferisce, Berlusconi-Previti) vada avanti. Il 31 dicembre, quando tutti pensano che gli uffici siano chiusi, il ministro leghista lavora, e decide di non rinnovare al giudice Guido Brambilla, componente del collegio giudicante, l'autorizzazione a rinviare di qualche altro mese il suo trasferimento dal tribunale di Milano al tribunale di sorveglianza della stessa città. Il trasferimento era stato chiesto a suo tempo dal giudice e accordato dal Csm, il ministro aveva poi consentito che slittasse dal 3 ottobre 2001 al 3 gennaio 2002. Ora decide di non concedere altra proroga, col rischio di far venire meno il collegio e ricominciare il processo daccapo, dopo quasi due anni di dibattimento. Perfino giuristi molto vicini a Berlusconi scrivono: «È probabile che l'*arrière pensée* del ministro sia, in realtà, di mandare all'aria il processo» (Luigi Bitto, magistrato di Bergamo, sul *Foglio* del 5 gennaio); oppure: «Se quando ero ministro della giustizia qualcuno dei miei collaboratori mi avesse suggerito di non prorogare la permanenza nel collegio di un giudice impegnato ad un grande processo, lo avrei invitato a recarsi due mesi in montagna per evitare di farmi fare guai» (Vincenzo Caianiello, *la Repubblica*).

Ma il «guaio» non sta solo nella sostanza del provvedimento di Castelli, il quale, nella società civile, s'è occupato di calcestruzzo, non di leggi e istituzioni. Il problema è che tutto è avvenuto per vie brevi, si potrebbe dire «private», come ammette l'interlocutore di Castelli, Michele Saponara, anche lui deputato-avvocato, difensore di Previti nel processo Sme-Ariosto e «revocato» dal Previti medesimo in una delle tante manovre dilatorie che l'ordinamento consente agli imputati di lusso. È noto che quando l'avvocato Piero Longo, difensore di Berlusconi, insieme a Ghedini, legge in aula la decisione del ministro, la pubblica accusatrice Boccassini e la stessa presidente del tribunale Ponti non ne sanno nulla. Tant'è che chiedono all'avvocato Longo l'acquisizione dell'atto. È l'indomani che Michele Saponara, avvocato revocato ma deputato in carica, spiega lo sberleffo: «Macché giallo, siamo solo avvocati che fanno bene il loro mestiere». E cioè? «La difesa non ha avuto in modo illegittimo l'atto del ministro. L'ho avuto io, perché l'ho richiesto, com'era nei miei poteri. E l'ho anche sollecitato, com'era nel mio dovere di difensore. Ascolti, che le spiego: il 31 dicembre, alle 9,27 del mattino, ho inviato un'istanza al ministero in cui sollecitavo la definizione del caso Brambilla e della sua presenza illegittima nel collegio. Ho ricordato al ministero che la proroga del giudice scadeva il 3 gennaio [...] Dopo di che, insieme all'istanza, ho chiesto anche di avere notizia della decisione assunta.»

Il fax (datato 31 dicembre) gli arriva dal ministero il 2 gennaio, e il Saponara lo gira subito al Ghedini. Tutto in famiglia? No, dice l'avvocato-deputato, il fax è arrivato anche alla cancelleria del tribunale. Se il presidente non lo ha avuto è perché i cancellieri non guardano i fax, «non è colpa mia». Difatti, è colpa di un paese dove ormai l'avvocato-deputato insegna al ministro cosa deve fare.

## Sentenza europea: «Corrotti, non perseguitati»

Sul finire dell'Anno I, Berlusconi ha fatto il pieno di provvedimenti *pro domo sua* e della casta. Sta trasformando il Parlamento, come dice Siniscalchi, nella Corte di Cassazione delle cause perdute nei tribunali. E nessuno fiata, se non flebilmente. Per un po', gli stessi elettori del centrodestra sembrano nutrire qualche dubbio, perfino i sondaggi danno uno o due punti di consenso in meno. Ma il premier ha studiato dianetica, una scienza che insegna, come prima regola, quella di fingersi fragile per farsi adottare. Cosí, se i sondaggi segnalano qualche perplessità, lui non corregge la sua linea, ma accentua l'analisi vittimistica che «giustifica» quella scelta, nel senso che la rende «giusta». Si trovi dunque con Aznar all'Alhambra o con Vespa a «Porta a porta», il refrain è sempre lo stesso e sempre piú incalzante, una specie di Bolero: «Una intera classe politica, quella di origine democratica e occidentale, è stata spazzata via da una parte della magistratura. È stata utilizzata illegittimamente la giustizia a fini di lotta politica. Negli ultimi dieci anni, c'è stata una guerra civile». Molti pm hanno indagato pretestuosamente, molti giudici hanno condannato senza prove.

Sembra quasi che ci creda. Ma il messaggio è chiaro, per gli stranieri come per gli italiani. Ai governanti stranieri che lo insolentiscono insieme ai giornalisti dei loro paesi, dice: badate che in Italia il democratico occidentale sono io, perciò le toghe rosse talebane mi perseguitano. Mi colpiscono per colpire tutti i democratici occidentali, quindi anche voi. Agli italiani può limitarsi a ripetere «Sono anticomunista». E i voti aumentano, non solo nella Sicilia omertosa.

Si scatena perfino l'equilibrato ed equilibrante ex presidente della Camera, Luciano Violante, con un articolo dal titolo preoccupato: «Il premier colpisce se stesso». Guerra civile, condanne senza prove? «Non è solo la ripetizione di cose già dette. Il presidente del Consiglio ha ormai una credibilità internazionale ridotta e deve correre ai ripari. Ha fatto approvare una legge sul falso in bilancio che rende piú facili le falsificazioni dei bilanci e riduce quindi la credibilità del nostro mercato. Ha fatto approvare una legge sulle rogatorie internazionali che rende piú difficile la collaborazione internazionale contro il terrorismo, norma subito utilizzata dai difensori di terroristi islamici, di criminali italiani e dello stesso Silvio Berlusconi. Ha fatto approvare una legge sul rientro dei capitali che favorisce il riciclaggio dei capitali sporchi ed altera la concorrenza sul mercato interno. Il ministro delle Infrastrutture, dopo aver dichiarato genericamente in estate che con la mafia bisogna convivere, ha ribadito in autunno con maggior precisione che con la mafia bisogna convivere come con i morti sulle strade. D'altra parte, Falcone, Borsellino, La Torre, Mattarella, Dalla Chiesa, Libero Grassi e tutti gli altri sono morti per strada: che differenza c'è, deve aver pensato il professor Lunardi?

«Il ministro dell'Interno – riassume ancora Violante, in un volo pindarico sui cento giorni – ha definito un "pasticcio" la defenestrazione di Tano Grasso, effettuata dal suo stesso ministero. Il sottosegretario all'Interno Taormina continua a difendere imperterrito capimafia che gli stessi poliziotti hanno arrestato, mettendo a repentaglio la propria vita. Ci siamo coperti di ridicolo con le affermazioni sul primato della civiltà occidentale proprio mentre il presidente Bush cercava di spiegare a tutto il mondo che non era in corso uno scontro di civiltà. Sull'aereo europeo A400M si sono succedute le dichiarazioni, le smentite e le controsmentite. Una recente sentenza della Cassazione assolve il presidente del Consiglio ma condanna per corruzione due suoi stretti collaboratori e autorizza a dire che la sua azienda corrompeva pubblici funzionari.

«Come alleggerire questo gravoso fardello di vergogne e di errori? s'è chiesto il presidente del Consiglio. Rilanciando l'attacco e sostenendo: a) che il suo impegno in politica era necessario per bloccare il golpe giudiziario in corso; b) che l'azione del suo governo è legittima perché ristabilisce regole violate durante la "guerra civile" degli anni '90. A questo punto il conflitto d'interessi diventa meno urgente proprio perché lo stato di necessità, che lo ha costretto a indossare le vesti del salvatore dello Stato di diritto, può giustificare l'inconveniente della mescolanza di affari pubblici con affari privati.

«Il tutto a noi può sembrare ridicolo, ma può diventare pericoloso se non viene combattuto con le armi adeguate. Berlusconi in difficoltà sta cercando ancora una volta lo scontro frontale e ideologico perché è quello che lo avvantaggia. Attende – avverte Violante – che cadiamo nella trappola che i suoi esperti hanno preparato: fare la guerra a Forza Italia "perché è Forza Italia", non per quello che fa. Questo priverebbe di autorevolezza la nostra opposizione [...] La riflessione sugli anni '90 non può farsi con Berlusconi. Non perché è Berlusconi, ma perché egli nega nel concreto le condizioni del dialogo, ribadendo oggi la lettura vittimistica e aberrante del decennio. Dovremo farla noi, per rilevare la verità su quegli anni. Siamo noi che abbiamo interesse alla verità, assai piú del nostro avversario».

Cosí Violante. Nel frattempo, in attesa che la destra riproponga l'inchiesta parlamentare contro Mani pulite, che in realtà teme, un'anticipazione della «rilettura» degli anni '90 la fa la Corte europea di giustizia. Il 31 ottobre, essa respinge il ricorso dei legali di Bettino Craxi, che rivolgevano ai magistrati di Mani pulite le stesse accuse che continua a rivolgere Berlusconi: e cioè di aver provocato un «guerra civile», di aver spazzato via un'intera classe dirigente (democratica e occidentale) usando la giustizia come strumento di lotta politica. I giudici europei sentenziano che Craxi fu condannato per corruzione e non per le sue idee politiche. In altre parole, Tangentopoli è stata una storia di furti, mazzette, corruzioni e concussioni. «A permettere di identificarla e combatterla – scrive Antonio Di Pietro in un appello al Quirinale – è stata una miriade di imprenditori e pubblici funzionari che hanno dato e preso (e spesso confessato) un mare di mazzette. Solo noi del pool storico di Mani pulite – ricorda l'ex pm – ne abbiamo scoperti circa 2000, che hanno ammesso d'aver compiuto circa diecimila fra corruzioni, illeciti finanziamenti e falsi in bilancio. Abbiamo recuperato e riconsegnato alle casse dello Stato centinaia di miliardi e individuato oltre duemila miliardi di fondi neri. Non ci siamo inventati storie inesistenti.»

A Roma, il presidente della Regione Lazio Storace fa passare un brutto «ponte di Ognissanti» a piú di qualcuno: «Le tangenti – dichiara l'esponente di Alleanza nazionale – continuano a circolare. C'è piú corruzione a Palazzo che antrace in America». Pare che la procura di Roma aprirà un'inchiesta contro ignoti per tentata corruzione. Ma arriva immediata la reprimenda di Pecorella: «Se ha le prove di tante "bustarelle" ancora in giro, si rivolga ai giudici. Altrimenti i suoi messaggi anonimi faranno solo perdere credibilità alle istituzioni».

La risposta a Pecorella viene dall'ospedale Le Molinette di Torino: nuove tangenti a gogò, nuove manette. E nuove possibilità per la destra di denunciare altre toghe rosse, altre guerre civili.


## Forcolandia, il Patto d'acciaio

L'Italia chiede la riduzione a 6 dei 32 reati individuati dall'Unione europea per combattere, come ha chiesto Bush, il terrorismo e chi lo aiuta con riciclaggi, corruzione, razzismo e consimili imprese. Apprensione al vertice di Forza Italia, al vertice della Lega. Il mandato d'arresto europeo potrebbe, un giorno, aduggiare Berlusconi, Bossi, Previti? Garzon, il pubblico ministero spagnolo che indaga il nostro premier per la vicenda Telecinco, fa sapere sarcasticamente che no, non prenderà iniziative contro Berlusconi fino a quando sarà presidente del Consiglio. Piú in alto di Garzon, capi di governo, ministri degli Interni, degli Esteri, della Giustizia di 14 paesi europei sussurrano ai colleghi italiani Scajola, Castelli e Ruggiero che, se si tratta di un salvacondotto per qualcuno, si possono studiare modalità e formule ad hoc (metti: non retroattività, prescrizioni, decorrenze delle nuove norme fra alcuni anni, e via elaborando. Anche perché, quanto a garanzie del cittadino, il mandato d'arresto europeo zoppica un bel po').

Il presidente del Consiglio belga Guy Verhofstadt, che fino al 31 dicembre ha la presidenza semestrale dell'Unione, chiede che l'elenco dei 32 reati sia approvato il 14-15 dicembre al castello reale di Laeken, nel vertice dei capi di Stato e di governo. I reati sono: terrorismo, criminalità organizzata, tratta di esseri umani, sfruttamento sessuale di minori e pedopornografia, traffico illecito di stupefacenti, traffico illecito di armi munizioni ed esplosivi, corruzione, frode, riciclaggio di denaro sporco, contraffazione dell'euro e spaccio di euro falsi, cybercriminalità, crimini contro l'ambiente e le specie animali e vegetali minacciate, favoreggiamento dell'immigrazione clandestina, omicidio e tentato omicidio volontario, traffico di organi e tessuti umani, rapimento e sequestro di persona, razzismo e xenofobia, rapina a mano armata, traffico di beni culturali, truffa, racket ed estorsione, contraffazione e pirateria di prodotti, falsificazione di documenti e di strumenti di pagamento, traffico illecito di ormoni e altri fattori di crescita, traffico di materiali nucleari e radioattivi, traffico di veicoli rubati, violenza carnale, incendio volontario, sabotaggio, dirottamento di aereo o nave, crimini di competenza della corte penale internazionale.

Nossignori. L'Italia, i suoi plenipotenziari Scajola e Castelli negli incontri preparatori di Laeken, dicono no. Il mandato di cattura europeo, per il governo della destra, va limitato a soli sei reati: terrorismo, criminalità organizzata, traffico di stupefacenti, traffico di armi, tratta di esseri umani, abuso sessuale contro minori.

E i reati finanziari, per i quali tanto s'è raccomandato Bush fin dal primo giorno della guerra a Bin Laden: corruzione, frode, riciclaggio di denaro sporco, spaccio di euro falsi, truffa, traffici illeciti? E il dirottamento di navi e aerei? E il sequestro di persona, la presa in ostaggio, l'estorsione, il racket? E il sabotaggio? E il razzismo e la xenofobia? No. Per il governo italiano no, queste cose meglio non infastidirle con mandato di cattura europeo.

I ministri europei non credono alle loro orecchie, la stampa è furiosa. Sui giornali italiani si leggono corrispondenze come questa: «I belgi dicevano agli italiani: voi volete limitare l'ambito del mandato europeo a 6 reati. Lasciamo invece la lista dei 32 cosí com'è, e diciamo, per esempio, che il mandato scatta solo quando il reato è punibile non con uno o due anni, come s'era detto, ma con piú di tre anni, cosí ne riducete l'applicazione. Questo dicevano i belgi. Frenetica consultazione telefonica di Palazzo Chigi da parte di Scajola e Castelli e rapido rientro in aula per dire ancora una volta "no". Nel pomeriggio nuova offerta belga agli italiani: invece di applicare il mandato europeo ai reati commessi dal 1993 (cioè a partire dal Trattato di Maastricht), ogni paese decide l'anno di partenza, l'Italia può farlo addirittura dal 2004, cioè per i soli reati commessi dopo l'entrata in vigore dell'euromandato. A questo punto, tutti i paesi che avevano espresso qualche perplessità, Austria, Portogallo, Lussemburgo e Irlanda, si dichiarano d'accordo. Ma da Roma Berlusconi risponde ancora una volta "no", chiede un "tempo di riflessione". Nel frattempo arriva in Belgio Colin Powell, il segretario di Stato americano, per firmare un documento di più stretta collaborazione antiterrorismo fra Unione europea e Stati Uniti. Trova il caos provocato dagli italiani, apprende che tutte le maggiori cancellerie europee sono orientate ad approvare la lista dei 32 reati anche senza l'Italia. Lo schieramento è schiacciante: 14 contro uno. L'Italia è sola, svergognata davanti a tutto l'Occidente. Non resta al nostro governo che aggrapparsi al parere «pro veritate» formulato ancora dal professor Vincenzo Caianiello, presidente emerito della Corte costituzionale (bruttissimo titolo, che ai vecchi studenti del liceo classico ricorda un'altrettanto brutta poesia di Giuseppe Giusti contro Talleyrand, «Il brindisi di Girella»: *Girella, emerito / di molto emerito...*). Insieme a Giuliano Vassalli, il presidente Caianiello – che Berlusconi, dicono, vedrebbe ministro della Giustizia al posto di Castelli una volta risolti i casi personali – spiega perché il mandato europeo è incompatibile con la Costituzione italiana, e anche con l'ordinamento giudiziario: viziato, com'è, da quell'altra bestia nera di Berlusconi che è il pubblico ministero non assoggettato all'esecutivo. Il parere «pro veritate» copre il governo ma lo lascia in braghe di tela, come dicono i milanesi: non spiega infatti perché mai le garanzie costituzionali impediscano di approvare il mandato per 32 reati meno sei: i sei, appunto, che il governo s'è detto disposto, fin dall'inizio, a concedere. Così, il compromesso che non possono fare i giuristi, per quanto emeriti, lo fanno i politici: si conviene che il mandato valga solo nei confronti dell'inquisito connazionale del giudice. Garzon potrà perseguire uno spagnolo in Italia, ma non un italiano in Italia, e nemmeno all'estero. Tanto per capirsi. Capisce l'Europa, capisce perfino il premier belga che viene apposta a Palazzo Chigi per assicurarsi l'alloro a conclusione del suo semestre. E l'Italia dice ok ai 32 reati.

Ma prima l'Europa deve sorbirsi Bossi, che da tempo ha indetto per domenica 9 dicembre una manifestazione della Lega a Milano: a favore della devolution e contro l'immigrazione clandestina, per la quale ha abbozzato la legge Fini-Bossi. Al volo, il capo leghista aggiunge un terzo obiettivo: guerra globale alla magistratura, sia quella nazionale, che l'ingegner Castelli ha già messo sotto processo al Senato il giorno delle dimissioni di Taormina, sia quella europea, che con le «euromanette» potrebbe surrogare gli odiati pm e giudici italiani. Le due iniziative leghiste, e cioè il discorso al Senato e la marcia di Milano, si palesano subito, lo dicono gli stessi Bossi e Castelli, come manovre di una tenaglia studiata con Berlusconi per schiacciare il fronte giudiziario e farne un altro, assai piú docile al potere politico.

Il piano – già preparato da Marcello Pera, quando dalla filosofia di Popper si volse al diritto forzista e rilanciato, come s'è detto, da Castelli – si articola in dodici punti: separazione delle funzioni di giudici e pubblici ministeri; attenuazione dell'obbligatorietà dell'azione penale e indicazione da parte del Parlamento circa le priorità dei reati da perseguire anno per anno; separazione dell'attività inquirente dalle attività di polizia giudiziaria; modifica del sistema elettorale del Consiglio superiore della magistratura in senso maggioritario; riforma di alcuni capitoli del codice penale (già riscritto quello del falso in bilancio); idem per il codice di procedura penale (già riscritto il capitolo sulle rogatorie internazionali); introduzione di soluzioni stragiudiziali delle controversie civili; verifica della qualità e quantità del lavoro svolto dai magistrati e relativo «premio di produttività»; trasferimento del potere disciplinare sui magistrati dal Csm a un organo elettivo; temporaneità delle funzioni direttive; trasferimento del potere di privazione della libertà personale dal gip a un collegio di giudici; e infine, limitatissimo mandato di cattura europeo (poi accettato integralmente e rimandato alle calende greche).

L'attacco globale, cosí annunciato al Senato la sera del 6 dicembre, provoca le dimissioni del presidente dell'Associazione nazionale magistrati, Giuseppe Gennaro, e di tutto il direttivo. È la seconda volta che accade in centoquarant'anni di Regno e Repubblica. L'altra volta nel 1924: governo Mussolini, alla vigilia del delitto Matteotti e delle successive leggi eccezionali che soppressero la libertà di stampa, i partiti e i sindacati. Cosí le dimissioni di Taormina si trasformano, per Berlusconi, in un vantaggio enorme: il sacrificio del sottosegretario propizia l'ecatombe dei magistrati associati e impegna al consenso tutta la maggioranza, missini e democristiani compresi, per sbaragliare l'ordinamento giudiziario: codici, giudici, pubblici ministeri e Consiglio superiore della magistratura. A sistemare politici e magistrati europei penserà Bossi a Milano. Il premier provvede a sua volta a neutralizzare il Quirinale, in combutta con Cossiga, che spiega pubblicamente a Ciampi come deve comportarsi il capo dello Stato. Ciampi è intervenuto due volte a difendere l'autonomia e l'indipendenza della magistratura. La prima volta il 21 novembre a Novara. È in corso la furiosa polemica fra la destra e alcuni magistrati che hanno confermato la validità delle loro rogatorie anche dopo la nuova legge o hanno deciso di continuare il processo a carico di Previti, nonostante l'invito della Corte costituzionale a contemperare i doveri dell'imputato con gli impegni del parlamentare. Taormina ha lanciato il suo urrà: «Arrestate quei giudici». Ciampi, arrivato a Torino per onorare Einaudi e l'Unità d'Italia, viene duramente strattonato dall'ex compagno del Partito d'Azione, Alessandro Galante Garrone: che, accogliendolo in un incontro a quattr'occhi, gli contesta l'estrema debolezza, almeno apparente, del suo ruolo di garante della Costituzione di fronte all'offensiva dell'illegalità, eretta a fonte di nuova legalità. Insomma, un bis, stavolta orale, delle «delusioni di una presidenza», manifestate da Antonio Tabucchi.

Sotto la sferzata del vecchio amico e compagno di battaglie politiche, il capo dello Stato va l'indomani, 21 novembre, a Novara, e, senza nomi, anzi parlando dei massimi sistemi, fa una serie di riferimenti all'attualità. «La divisione dei poteri è il cardine delle moderne democrazie.» «La nostra Costituzione accoglie e formula quella divisione in modo esemplare.» «È dovere di tutti rispettare i limiti delle proprie competenze.» «Appartiene unicamente alla magistratura la funzione giurisdizionale, che si esercita interpretando e applicando la legge.» «L'autonomia e l'indipendenza della magistratura costituiscono valori intangibili.» «Titolare della funzione legislativa è il Parlamento.» «Spetta in via esclusiva alla Corte costituzionale il giudizio sulle controversie relative alla legittimità delle leggi.»

A Palazzo Chigi le facce s'allungano come il venerdí santo. Ma il colpo piú duro viene quindici giorni dopo dal Portogallo, mentre a Roma si celebra il sacrificio di Taormina per propiziare per la manomissione dell'ordinamento e la liberazione dell'Italia dal «sinistrume». Ciampi parla al Parlamento di Lisbona della Costituzione portoghese, e ne evidenzia l'assoluta affinità con quella italiana nella concezione dei poteri, compresa la loro divisione e l'indipendenza e l'autonomia del giudiziario dall'esecutivo e dal legislativo. Ma a Roma s'imbestialiscono. Il telefono con Oporto, dove Carlo Azeglio Ciampi s'è spostato, diventa bollente. Il presidente prende paura, la sua carica torinese svanisce, si assiste quasi a un autodafé: «La mia era solo una constatazione, senza riferimenti politici o d'attualità», dice ai cronisti lasciando i saloni della Fondazione Serralves per reimbarcarsi. «Erano – scrive l'inviato di *Repubblica* Giorgio Battistini – gli stessi cronisti che meno di ventiquattr'ore prima avevano riferito le sue parole al Parlamento di Lisbona. La presenza di un riflesso italiano in quell'ammonimento presidenziale, era stata avallata con garbo e prudenza dagli uomini del Quirinale poche ore prima della rettifica. Tuttavia in mattinata il clima romano s'è fatto teso: telefonate dall'Italia velenose, dichiarazioni battute dalle agenzie, nuovi fuochi polemici hanno consigliato il silenzio.» Un silenzio, scrivono i giornali, nella speranza di «non pregiudicarsi la possibilità di un arbitrato neutrale» in futuro (quando le cose in Italia si faranno caldissime, per il conflitto d'interessi e per la minaccia di Berlusconi di riformare l'elezione del capo dello Stato: non piú da parte del Parlamento, ma con plebiscito popolare in un paese dove c'è un monopolio sudamericano dei mezzi d'informazione).

Torniamo a Bossi, che ha il dente due volte avvelenato: teme di finire in prigione e non ha ancora portato a casa le riforme promesse ai leghisti, devolution in testa. Due giorni prima della manifestazione di Milano, *Libero* ricorda al senatur che se dalla Cassazione arrivasse la conferma della terza condanna, rendendola definitiva, scatterebbe il «cumulo di condanne», e il ministro finirebbe a San Vittore: salvo umiliarsi e chiedere l'affidamento ai servizi sociali. Ma a questa prospettiva Bossi ha già dichiarato di rinunciare. «Per un leader politico – aveva detto a suo tempo – la galera è un rischio reale, un rischio che si deve correre». Ora il rischio da teorico s'è fatto incombente, con una decina di pendenze giudiziarie ancora aperte: e l'unico che possa dargli un sostegno, come succede ai due compagni d'osteria, è proprio Berlusconi. Contro il mandato di cattura europeo c'è la scomunica bossiana: *Forcolandia*. L'Europa della forca dei giudici contro la Padania: «Togati rossi giú le mani da Bossi». A preparare il discorso del capo, s'alternano al microfono i colonnelli. Roberto Calderoli, numero 2 di Marcello Pera al Senato, critica i belgi «pedofili». Mario Borghezio si rivolge ai musulmani di via Jenner: «Marmaglia di bastardi, banda di cornuti, se non provvede la nuova legge ci penseremo noi a prendervi per la barba e a buttarvi fuori a calci in culo». Ora il capo della Lega è pronto: «Non sarò certo io a consegnare un operaio della Bovisa o un cittadino di Arcore a Forcolandia, magari a una Forcolandia ex comunista», manda a dire all'Europa. Che non era parsa interessata agli operai della Bovisa, né del Lorenteggio, e nemmeno a un cittadino di Arcore, visto che «è uscito o sta per liberarsi di ogni pendenza giudiziaria», come scrive Giuseppe D'Avanzo, «aiutato da leggi proposte dal suo governo e approvate dalla sua maggioranza».

Cosí il Patto d'acciaio Berlusconi-Bossi fa scintille. Davanti a Palazzo Chigi, all'uscita dal Consiglio dei ministri del 13 dicembre, un Bossi ripagato saluta i giornalisti:

«L'Italia diventerà uno Stato federale».

*Bella vittoria per lei.*

«Mica lo dicevo io, lo diceva il patto elettorale. E i patti sono patti.»

*Come ha fatto?*

«Per ottenere devo dare. Do e ottengo.»

*Poteva finire diversamente?*

«Nooo, il via libera alla devolution conferma la volontà del governo su questo punto. Berlusconi mantiene i patti. D'altra parte, un'eventuale modifica degli accordi elettorali farebbe saltare il governo.»

Poche ore dopo, Berlusconi (che è riuscito a convincere Ruggiero a rinviare di due settimane le dimissioni) parte per il vertice europeo di Laeken, 14-15 dicembre. E qui, ottenuto il salvacondotto dei 14 contro l'euromandato, molla Giuliano Amato, che gli era stato affianco nel criticarlo. Chirac chiede che alla presidenza della convenzione che dovrà scrivere la Carta costituzionale europea vada Valéry Giscard d'Estaing, già presidente della Repubblica francese. Sette paesi su quindici non sono d'accordo, vogliono Amato. Se Berlusconi lo sostiene, i paesi diventano otto, la maggioranza. Ma Berlusconi non lo sostiene. La ragione ufficiale è che c'è già un italiano al vertice europeo, Romano Prodi. Sposa quindi la richiesta di Chirac, chiedendo in cambio la sede dell'Agenzia europea per l'alimentazione a Parma, terra di prosciutti e parmigiano. Non gliela danno. Chirac, anzi, lo prende in giro: «Sarebbe come dare l'Agenzia per le modelle alla Svezia, *avec toutes les jolies femmes* che popolano felicemente quel paese», sospira il vecchio *tombeur*. Piú greve il belga Verhofstadt: «*L'attraction gastronomique d'une région n'est pas un argument pour l'allocation d'une agence européenne*».

Il piano-bar finisce qui, la replica è rinviata al 2002, con l'assunzione dell'interim della Farnesina e il proposito di trasformare i diplomatici in piazzisti del *made in Italy*; e i giudici in ascari della nuova partitocrazia censitaria.

## La guerra continua: sul Piave

Ma la storia infinita dei giudici ha altri capitoli. Centotrenta giuristi hanno appena lanciato un manifesto di protesta per lo scempio della magistratura fatto nell'ormai famoso discorso dell'ingegner Castelli al Senato, sotto gli occhi del presidente Pera. Le università dove insegnano i 130 professori di diritto rappresentano tutto il paese: Torino, Torino Politecnico, Piemonte Orientale, Piemonte Occidentale, Bari, Bologna, Brescia, Cagliari, Camerino, Catania, Ferrara, Milano Statale, Milano Bicocca, Milano Bocconi, Milano Cattolica, Firenze, Foggia, Genova, Insubria, Lecce, Napoli, Macerata, Roma Sapienza, Roma Tre, Modena-Reggio Emilia, Padova, Palermo, Parma, Pisa, Siena, Trento, Trieste, Urbino, Verona.

Il manifesto comincia cosí:

I sottoscritti professori universitari di diritto, consapevoli delle loro responsabilità di fronte agli studenti e di fronte al dovere di rispettare i principi basilari delle discipline giuridiche, ritengono di non poter tacere su un evento mai verificatosi nella storia parlamentare dell'Italia unita, che mette a repentaglio le stesse fondamenta dello Stato costituzionale.

Il Senato della Repubblica, con la mozione approvata a maggioranza il 5 dicembre 2001, ha sottoposto a violente critiche alcuni provvedimenti giudiziari relativi a processi penali in corso, qualificandoli come errati nel merito, eversivi nel corretto esercizio delle funzioni giurisdizionali, lesivi delle prerogative del legislatore: il tutto nel quadro di gravissime accuse rivolte a singoli magistrati che avrebbero tentato e tenterebbero tuttora di interferire nella vita politica del paese.

Questo intervento costituisce un grave attentato di intimidazione, perché contiene un giudizio di merito su provvedimenti giurisdizionali ancora sottoposti agli ordinari mezzi di impugnazione, e come tale attenta alla libertà di valutazione dei giudici negli attuali e successivi gradi di giudizio: al punto da creare il presupposto di un conflitto di attribuzioni tra poteri dello Stato in ordine alle funzioni interpretative che necessariamente ineriscono all'esercizio della giurisdizione.

Speculare al manifesto dei giuristi, è la denuncia di una «congiura internazionale contro Berlusconi» (l'Internazionale giacobina), organizzata a Lugano da pubblici ministeri italiani, svizzeri e spagnoli. È un falso, si capisce subito. Ma a Laeken ha fatto da tonico alle depresse fortune del premier. Offre Lino Jannuzzi, giornalista e senatore di Forza Italia, già deputato socialista, passato alla storia negli anni '70 perché, candidato nel collegio di Sapri, annunciò alle locali spigolatrici «È tornato Pisacane». Da un paio d'anni dirige un foglio d'informazioni, *il VeLino*, ancora tra il brillante e il fantasioso. Alla vigilia di Laeken, dà notizia della «congiura»: per incastrare Berlusconi, si sono incontrati a Lugano la pm milanese Ilda Boccassini, che sostiene l'accusa nei processi contro Previti e Berlusconi, l'ex pm di Lugano Carla Del Ponte, che collaborò coi colleghi italiani di Mani pulite per le rogatorie svizzere, il magistrato spagnolo Carlo Castresana, appunto spagnolo, e quindi confratello di Garzon, e quindi antiberlusconiano pure lui; infine l'eurodeputata Elena Paciotti, già presidente dell'Associazione nazionale magistrati, e quindi antiberlusconiana per definizione. La notizia, data dal *VeLino*, viene rilanciata dallo stesso Jannuzzi in un suo articolo per *Panorama* (Mondadori) e per *il Giornale* (Paolo Berlusconi). Francesco Saverio Borrelli, al solito, non riesce a trattenere l'indignazione e preannuncia un appello a Ciampi perché intervenga a tutelare i magistrati, e in particolare la coraggiosa Boccassini a cui da tempo il ministro Scajola ha ridotto al minimo la scorta: ma Giannelli, sulla prima pagina del *Corriere*, gela tutti con una vignetta che raffigura Borrelli mentre bussa al portone del Quirinale, e Ciampi dal balcone gli dice «Abbiamo già dato». La storica frase pronunciata da Berlusconi quando, dopo i disastri del G8 a Genova, annunciò di non volere altri vertici in Italia, Fao o Nato che fossero: «Abbiamo già dato».

È caccia aperta ai giudici. Anzi, alla minoranza dei giudici non ancora «allineati». Scrive Antonio Padellaro: «Nello stesso giorno in cui il magistrato milanese Ilda Boccassini si è sentita aggredita da un articolo del senatore di Forza Italia Lino Jannuzzi, il vice ministro di Forza Italia Gianfranco Miccichè esprimeva il suo profondo disgusto per lo sceneggiato televisivo *La piovra*, minacciando: "Se la trasmettono ancora, mi dimetto". A comprendere perché possa esistere un nesso fra i due episodi, può aiutarci la teoria dei riflessi condizionati: tra i fans di Silvio Berlusconi, spesso è sufficiente ascoltare parole come legalità rogatorie o conflitto d'interessi per avvertire acuti sintomi di malessere, nausea e giramenti di testa. Particolarmente penoso il caso dell'onorevole Miccichè, che soffre come un'intollerabile tortura la visione di film ambientati in Sicilia, che hanno come protagonisti magistrati coraggiosi alle prese con boss della mafia e politici corrotti. Se ripetuta con la messa in onda della Piovra 10 o 11, tale sofferenza potrebbe persino indurlo a rinunciare a una brillante carriera politica. Incredibile ma vero. Sono almeno dieci anni, dall'inizio di Mani pulite e dalle indagini sul terzo livello di Cosa nostra, che l'immagine della dottoressa Boccassini provoca nei suoi numerosi nemici non uno ma tre riflessi condizionati: indicarla come incarnazione del peggior giustizialismo forcaiolo, gettarle fango addosso, cercare di eliminarla». Provoca anche una manifestazione tipica dell'imbestiamento borghese, la violenza verbale e scritta, le telefonate, le lettere minatorie, come quelle che avevano colpito Montanelli nel marzo-aprile 2001, mentre si batteva sul *Corriere* e in tv perché la Casa delle libertà non vincesse. Trovò lettere minatorie fin sul tavolo del ristorante. Il giorno dell'apertura dell'anno giudiziario 2002 a Milano, il 12 gennaio, qualcuno fa arrivare alla Boccassini un mazzo di rose mentre il procuratore generale Borrelli la indica fra i magistrati che hanno perduto la protezione della scorta «perché sostiene l'accusa contro il capo del governo». Borrelli ricorda che le élite politiche della prima Repubblica sono state travolte non da congiure giudiziarie ma dalla loro corruzione; chiede che sia sanzionato il comportamento di chi, avvocato o parte processuale, ha per solo scopo di ritardare i processi per favorire la prescrizione dei reati; ripete quel che scrisse 150 anni fa Adam Smith: «Chi contrasta gli affaristi legati al potere politico si espone ad accuse infamanti, ingiurie, minacce»; esorta ciò nonostante i magistrati a «resistere, resistere, resistere, come su una irrinunciabile linea del Piave». Parole grosse, formalmente eccessive e (ipocritamente) criticate, comunque sopra le righe, dopo la relazione non elusiva ma soft del procuratore generale della Cassazione, Francesco Favara.

Il ministro Scajola minaccia di denunciare il procuratore di Milano per quell'accusa sulle scorte tolte ai magistrati: «Devo difendermi da chi attacca le istituzioni dichiarando il falso». Ma avrebbe dovuto già da tempo difendersi da qualche consigliere del premier, che la pensa esattamente come Borrelli. Da ottobre, Giuliano Ferrara, che non è amico della Boccassini ma lo è di Berlusconi, intima a Scajola e al premier di restituirle la scorta: «Non scherziamo col fuoco – scrive sul *Foglio* –. Non si può consentire per nessuna ragione al mondo che un magistrato molto noto come la Boccassini esponga se stesso, e ciò che rappresenta, a un possibile agguato mafioso».

E poiché dopo due mesi non è cambiato nulla, Ferrara denuncia «la vergognosa sceneggiata quotidiana del governo». «Tutte le mattine due poliziotti si presentano alla dottoressa Boccassini e le comunicano d'aver ricevuto l'ordine di tutelarla, di essere armati e di disporre di una macchina blindata. Tutte le mattine, Ilda Boccassini li allontana: senza una vera scorta, quella tutela personale stabilita dal governo non serve a proteggerla ed espone anche gli agenti a rischio grave. Ha ragione, perfettamente ragione. Se la dottoressa Boccassini non avesse contribuito a stanare e catturare gli assassini di Falcone, se non facesse parte del pool contro i terroristi di Al Qaeda, se non sostenesse in tribunale l'accusa contro Berlusconi e Previti, il suo potrebbe essere considerato un capriccio infantile. Invece la Boccassini ha fatto e fa tutto questo e perciò la sceneggiata dei due poliziotti copre di vergogna il governo che la mette in scena. Essa ha il sapore di un patto col diavolo e il suo significato non sfuggirebbe neanche a un idiota: i due agenti inutilmente inviati a casa del pm, sono due mani avanti messe dal governo nel caso succedesse qualcosa, sono la precostituzione furbesca di un alibi. Sono una vergogna quotidiana. Che non abbiamo alcuna intenzione di condividere».

Fa bene, sarebbe un secondo delitto Matteotti.

# Indice dei nomi

Abdulaziz Al Saud Mohammed bin Nawaf bin, 182
Acampora Giovanni, 232-235, 339, 340
Accame Giano, 139
Acquarone Lorenzo, 167
Adornato Ferdinando, 27, 46
Agnelli Gianni, 58, 155, 171, 172, 201, 219, 220, 221
Agnelli Susanna, 155
Agnoletto Vittorio, 79, 143, 144
Agostino Aurelio, 176
Aiuti Ferdinando, 144
Al Waleed, principe, 134, 136
Alberoni Francesco, 44
Albertario, don, 99
Albertazzi Giorgio, 44
Alemanno Gianni, 23, 149, 152, 201
Alessandri Alberto, 62
Alma Marco, 341
Almirante Giorgio, 139
Altissimo Renato, 159, 335
Amato Giuliano, 102, 118, 119, 134, 155, 156, 203, 204, 232, 250, 291, 293, 301, 302, 306, 365
Amodio Ennio, 237
Andreassi Ansoino, 81, 85, 86, 88, 98
Andreotti Giulio, 90, 95, 154, 167, 174, 284

Angioni Franco, 210
Angius Gavino, 241, 333
Annan Kofi, 95, 135, 141, 213
Arafat Yasser, 156, 159, 182
Ariosto Stefania, 225
Aristotele, 137
Arpino Mario, 210
Ascierto Filippo, 82, 86, 87
Assad Bashar Al, 215
Aznar José Maria, 46, 177, 200, 203, 207, 214, 334, 335, 356

Badoglio Pietro, 82, 85, 94, 210
Baget Bozzo Gianni, 14, 136-139, 173, 174, 181, 186
Baldassarre Mario, 150, 306
Baldini Massimo, 28
Baldocci Giuseppe, 154
Balthus (Balthasar Kossowsky de Rola), 171
Barbareschi Luca, 44, 45
Barber Benjamin, 92, 93, 179
Barbera Augusto, 260
Baron Crespo Enrique, 253
Barucci Piero, 306
Bassanini Franco, 21, 152
Batistuta Gabriel, 216
Battistella Rovelli Primarosa, 232
Battistini Giorgio, 364

Benetton Gilberto, 33, 34, 58
Benigni Roberto, 283
Benini Luana, 105
Benvenuto Giorgio, 305
Berger Santy, 185
Berlinguer Enrico, 90, 164
Berlinguer Luigi, 101, 103, 105, 106
Berlusconi Paolo, 34, 367
Berlusconi Silvio, *passim*
Bernabei Ettore, 23, 25, 26
Bernini Carlo, 335
Berruti Massimo Maria, 232, 239, 315, 328, 331, 332, 334, 353
Bersani Pierluigi, 67, 149
Bertagna Giuseppe, 104, 108
Bertinotti Fausto, 27, 44
Bertossa Bertrand, 251, 281
Biagi Enzo, 23, 27, 31, 174, 210, 275
Biancheri Boris, 17, 95
Bianconi Giovanni, 86, 234, 235, 344, 350, 351
Bin Laden Osama, 31, 113, 129, 141, 143, 145, 156, 179, 181, 185, 196, 197, 215, 218, 235, 251, 253, 268, 304, 307, 314, 360
Biondi Alfredo, 135, 165, 185, 238, 250
Bitto Luigi, 355
Blair Tony, 91, 174, 176, 183, 200, 202, 203, 206, 207, 208, 215, 216, 301
Blunkett David, 179
Bocca Giorgio, 22, 71, 114, 115, 347
Boccassini Ilda, 113, 228, 234, 236, 237, 343, 355, 367, 368, 369
Boemi Nunzio, 146
Bolkenstein Frits, 317
Bonaiuti Paolo, 136, 184, 208, 219, 271
Boncompagni Gianni, 30
Bondi Sandro, 163, 164, 165
Bontade Stefano, 116
Bordon Willer, 272, 315
Borghezio Mario, 365
Borgia Cesare, 246
Borrelli Francesco Saverio, 7, 114, 135, 234, 278, 328, 330, 346, 367, 368, 369
Borsellino Paolo, 116, 125, 357
Bossi Umberto, 11, 12, 28, 37, 71, 86, 89, 107, 135, 147, 153, 160, 161, 172, 175, 183, 219, 259, 264, 265, 266, 268, 269, 283, 286, 322, 328, 359, 361, 362, 364, 365
Bottai Giuseppe, 106, 216
Bragantini Salvatore, 61, 62
Brambilla Guido, 355, 356
Brecht Bertolt, 9
Bruener Franz Hermann, 198
Brunetta Renato, 152
Bruno Donato, 79, 81
Brutti Massimo, 68, 96, 115, 241
Bulgari Paolo, 233
Buontempo Teodoro, 27, 301
Burt Clarissa, 219
Bush George W, 11, 31, 46, 66, 69, 73, 113, 153, 156, 173, 174, 175, 176, 183-189, 194, 195, 198, 199, 203, 213, 234, 251, 257, 259, 280, 302, 357, 360
Bush George, 66, 186, 187, 195
Butti Alessio, 34
Buttiglione Rocco, 135, 141, 159, 160, 163, 165, 261, 328

Cacciari Massimo, 102, 138
Caianiello Vincenzo, 73, 74, 344, 355, 361
Calabrese Omar, 28, 29
Calderoli Roberto, 287, 364
Caltagirone Gaetano, 233
Calvi Guido, 250, 270, 342
Cambursano Renato, 241, 242
Camilleri Andrea, 125, 283
Campos Venuti Giuseppe, 118, 119, 121
Canterini Vincenzo, 83, 84, 88, 89
Caparini Davide, 37
Capellaro Natale, 104
Caponnetto Antonino, 119, 125
Caporale Antonello, 261
Cappon Claudio, 30, 31

Cardacci Vittorio, 227
Carducci Giosuè, 258
Carestia Antonietta, 250
Carey John M., 260
Carfí Paolo, 225, 227, 341
Cariglia Antonio, 159
Carli Guido, 306
Carlucci Gabriella, 30
Carnevale Corrado, 123, 350
Carollo Giorgio, 229
Caruso Francesco, 154
Casarini Luca, 79
Cascini Giuseppe, 250
Caselli Giancarlo, 97, 116, 125, 130
Casini Pierferdinando, 27, 153, 155, 160, 163, 165, 173, 227, 228, 240, 262, 268, 322, 343
Castagnetti Pierluigi, 41, 185, 270, 315, 333
Castellaneta Gianni, 154
Castelli Roberto, 53, 82, 87, 113, 114, 130, 145, 148, 166, 172, 189, 198, 248, 249, 250, 251, 267, 278, 342, 345, 347, 348, 349, 350, 352, 355, 359, 360, 361, 362, 366
Castresana Carlo, 367
Cavour Camillo Benso di, 216, 217, 218
Cè Alessandro, 265, 267
Cecchi Gori Vittorio, 32, 33, 215, 216
Celesti Salvatore, 114
Ceniglia Mario, 117
Centaro Roberto, 242
Cerciello Giuseppe, 239, 344
Cernetig Lorenzo, 81
Cesare Gaio Giulio, 258
Cheli Enzo, 33
Cheney Dick, 184
Chiambretti Piero, 30
Chiamparino Sergio, 273
Chiarini Roberto, 166
Chiesa Mario, 75
Chinnici Rocco, 116
Chiodi Giulio Maria, 45

Chirac Jacques, 174, 184, 200, 202, 203, 206, 207, 208, 209, 259, 365
Chiti Vannino, 25
Ciampi Carlo Azeglio, 12, 37, 72, 115, 121, 141, 143, 145, 153, 155, 173, 175, 185-187, 195, 204, 208, 214, 219, 221, 240, 261-263, 265, 268, 270, 271, 273-279, 281, 284, 286, 287, 293, 296, 297, 306-309, 337, 338, 363, 364, 367
Ciancimino Vito, 97, 125
Cicchitto Fabrizio, 135, 327
Cimoli Giancarlo, 299
Cipolletta Vincenzo, 307
Cipriani, 171
Cirillo, 115
Cirino Pomicino Paolo, 310, 313, 314, 320, 335
Citaristi Giuseppe, 246
Clinton Bill, 91, 92
Cofferati Sergio, 146, 147, 171
Colaninno Roberto, 32, 33
Colle Sabrina, 43
Colletti Lucio, 267
Collor de Mello Fernando, 32
Colombo Furio, 73
Colombo Gherardo, 278, 330, 343
Colucci Francesco, 88
Comte Auguste, 353
Consolo Giuseppe, 48, 49
Contestabile Domenico, 135, 238, 241
Cordero Franco, 14
Cossiga Annamaria, 157
Cossiga Francesco, 90, 95, 135, 154, 156, 157, 173, 176, 185, 201, 203, 210, 220, 243, 246, 261, 262, 283, 284, 285, 286, 363
Costa Gaetano, 116, 129
Coty René, 262, 286, 287
Craxi Bettino, 127, 154, 155, 159, 164, 165, 167, 207, 251, 327, 335, 358
Craxi Bobo, 164, 165
Craxi Stefania, 164
Crespi Luigi, 86, 95, 133, 271

Crispi Francesco, 215, 216, 217, 218
Croce Benedetto, 7, 163, 172
Cruciani Camillo, 233
Cuffaro Totò, 125, 126, 127, 128, 161
Cuomo Gerardo, 247
Curzi Sandro, 142

D'Alema Massimo, 32-34, 119, 134, 176, 203, 204, 232, 260, 270, 279, 287, 293, 296, 334, 349
Dalla Chiesa Carlo Alberto, 114, 115, 357
Dalla Chiesa Nando, 55, 129, 130, 241, 242
D'Amato Antonio, 40, 134, 221, 244, 292, 347
D'Ambrosio Gerardo, 55, 114, 234, 278, 330, 331
D'Amico Natale, 293, 294, 299, 315, 320, 321
Dandini Serena, 30, 49
D'Antoni Sergio, 27, 162
Dato Cinzia, 183
D'Avanzo Giuseppe, 232, 233, 333, 347, 365
Davigo Piercamillo, 61, 62, 271, 330
De Benedetti Carlo, 225
Debenedetti Franco, 60
de Bortoli Ferruccio, 330
De Donno Giuseppe, 97
De Felice Renzo, 139
De Francesco Emanuele, 115
De Gasperi Alcide, 127, 133
De Gaulle Charles, 139, 207, 262, 288
De Gennaro Gianni, 81, 85, 88, 115, 129, 142
De Gregorio Concita, 86, 87, 172
Del Boca Lorenzo, 183
Dell'Utri Marcello, 45-47, 128, 247, 315
Del Noce Augusto, 138
Del Noce Fabrizio, 42
De Lorenzo Francesco, 335
Del Ponte Carla, 252, 367

De Luca Giuseppe, 237
De Marsanich Augusto, 139
De Mauro Tullio, 105, 106
De Michelis Gianni, 42, 127, 154, 155, 165, 335
De Mistura Staffan, 95, 135
De Mita Ciriaco, 138
Dentamaro Marida, 65
Dick Marty, 272
Di Donato Giulio, 335
Di Maggio Balduccio, 97
Dinacci Filippo, 229
Dini Lamberto, 65, 161, 185, 204, 306, 328
Diouf Jacques, 94, 136
Di Pietro Antonio, 68, 118, 135, 247, 251, 278, 327, 330, 358
Di Stasi Giovanni, 162
Donat Cattin Carlo 162
Donnini Valerio, 88, 89
D'Onofrio Francesco, 104, 245, 246
Draghi Mario, 145
Du Pont de Nemours I.E., 74
Duve Freimut, 41, 42

Eco Umberto, 101
Edmondson Gail, 196
Eichel Hans, 188
Einaudi Luigi, 33, 43, 163, 168, 293, 309, 363
Elkan Alain, 43
Elle Kappa (Laura Pellegrini), 52, 78, 170
Emiliani Vittorio, 43
Ennio Quinto, 258
Erra Enzo, 139
Escrivá de Balaguer José Maria, 47
Evangelisti Franco, 233

Falcone Giovanni, 116, 119, 125, 129, 252, 357, 369
Falcone Maria, 120
Fallaci Oriana, 7, 179, 180, 181
Fanfani Amintore, 138
Fanfani Giuseppe, 266

Fassino Piero, 37, 198, 221, 282
Fava Claudio, 113
Favara Francesco, 369
Fazio Antonio, 12, 134, 146, 148, 149, 161, 171, 292, 308, 314
Fazio Fabio, 30, 32, 34, 35
Feltri Vittorio, 161, 230, 249
Femiani Nino, 45
Ferilli Sabrina, 30, 99
Ferrara Giuliano, 32, 37, 38, 39, 135, 136, 137, 138, 158, 159, 164, 174, 175, 203, 204, 216, 218, 246, 271, 313, 320, 369
Ferrarella Luigi, 235
Ferraro Carmelo, 126
Fierro Enrico, 97
Fini Gianfranco, 22, 28, 37, 49, 71, 81, 82, 86, 87, 107, 109, 134, 136, 141, 146-149, 151-154, 157, 160, 161, 176, 184, 199, 201, 202, 219, 262, 264, 267, 282, 287, 292, 362
Finocchiaro Anna, 60
Fiori Publio, 23
Fioroni Giuseppe, 68
Fisichella Domenico, 23, 166, 248, 249, 353
Flick Giovanni Maria, 240, 247
Flores d'Arcais Paolo, 56, 283, 337, 338
Fo Dario, 283
Folli Stefano, 72, 218, 242, 243, 281, 282
Follini Marco, 22, 27, 160, 161, 163, 164, 267
Fontaine Nicole, 252
Ford Henry, 74
Forlani Arnaldo, 159, 167
Forleo Francesco, 91
Formigoni Roberto, 107, 262
Forni Raymond, 177
Fragalà Vincenzo, 352
Frattini Franco, 65, 66, 67, 68, 70, 72, 74, 79, 96, 140, 143, 219, 275, 277, 306, 340
Freccero Carlo, 30
Frick Bruno, 272

Fusi Carlo, 74

Galan Giancarlo, 163, 264
Galante Garrone Alessandro, 283, 363
Galati Giuseppe, 150, 151
Galimberti Umberto, 13, 138
Galli della Loggia Ernesto, 100, 178, 348
Garzon Balthasar, 359, 361, 367
Ga sparri Maurizio, 22, 23, 26, 27, 28, 30, 31, 33, 34, 35, 36, 37, 39, 47, 48, 49, 70, 141, 145, 161, 175, 332
Gates Bill, 93
Gava Antonio, 335
Gedda Luigi, 138
Gennaro Giuseppe, 251, 362
Gentile Giovanni, 105
Gentiloni Paolo, 134, 183
Gerina Mariagrazia, 104
Gheddafi Muammar al, 180
Ghedini Niccolò, 228, 229, 238, 353, 354, 355, 356
Ghidini Gustavo, 63, 65
Ghigo Enzo, 75
Giachetti Roberto, 183
Gianfranceschi Fausto, 139
Giannini Massimo, 158, 337, 347
Giavazzi Francesco, 305
Gifuni Gaetano, 155, 276, 309
Ginzberg Sigmund, 72
Giolitti Giovanni, 217, 226, 283
Giovanardi Carlo, 71, 141, 151, 160, 161, 267, 270
Giovanni Paolo II, 176
Giscard d'Estaing Valéry, 56, 365
Giuliani Carlo, 80, 86, 88
Giulietti Giuseppe, 25, 26, 37, 41
Giusti Giuseppe, 361
Giustiniano, 177
Gnocchi Gene, 48
Gobetti Piero, 72
Goethe Johann Wolfgang, 167
Gomez Peter, 351

Grandi Alfiero, 311
Grassi Libero, 114, 119, 120, 351, 357
Grasso Piero, 114
Grasso Tano, 113, 114, 115, 130, 357
Gratteri Francesco, 83, 84, 88, 89, 115
Graziani Rodolfo, 180
Grignaffini Giovanna, 25
Gronchi Giovanni, 139, 210
Grosso Carlo Federico, 59, 346
Guerritore Monica, 49
Guzzanti Paolo, 174, 247, 262
Guzzetti Giuseppe, 323

Haider Jorg, 168
Hammad Nemer, 182
Hitler Adolf, 15, 163, 260

Imbergamo, 114

Jannone Giorgio, 311
Jannuzzi Lino, 123, 124, 247, 250, 367, 368
Jelloun Tahar Ben, 180
Jerkov Barbara, 66, 151, 276
Jervolino Russo Rosa, 273
Jorio Michele, 162
Jospin Lionel, 203, 207, 259

Kant Immanuel, 241
Klein Naomi, 91
Klinghoffer Leon, 154
Koeller Heinrich, 342
Kufuor John, 94

La Barbera Arnaldo, 81, 83, 88, 89, 98
La Loggia Enrico, 94, 129, 332, 351
La Malfa Giorgio, 152, 311
La Malfa Ugo, 159
La Russa Ignazio, 22, 45, 261, 267, 270
La Torre Pio, 116, 357

Landò Luca, 87
Landolfi Mario, 33
Lasorella Carmen, 27
Lautenberg Alexei, 251
Laxton Tim, 62
Leccisi Giampaolo, 250
Lefevbre D'Ovidio Antonio, 233
Lenin Vladimir Ilič, 73
Lentini Gianluigi, 56, 336
Leone Giancarlo, 39
Leone Giovanni, 226, 233
Lerner Gad, 32, 35, 137
Letta Enrico, 298, 310, 312
Letta Gianni, 136, 151, 155, 219, 220, 262, 267, 276
Lettieri Mario, 305
Levi Montalcini Rita, 283
Lijpart Arend, 260
Lima Salvo, 125
Limiti Paolo, 42, 43
Linz Juan J., 260
Lionello Oreste, 45
Livatino Rosario, 129
Lo Forte Guido, 97, 114
Longo Piero, 229, 355
Lumia Giuseppe, 113
Lunardi Pietro, 67, 68, 115, 117, 119, 120, 121, 122, 146, 151, 296, 301, 306, 351, 357
Luongo Manfredi, 319
Luperi Gianni, 83
Lusetti Renzo, 41
Lutero Martin, 139
Luttazzi Daniele, 49
Luttwak Edward, 73, 74

Maccanico Antonio, 25, 33
Machiavelli Niccolò, 246
Maggi Carlo Maria, 349
Maisano Grassi Pina, 119, 120, 130
Malagodi De Carlo Maria Grazia, 167
Malagodi Giovanni, 43, 165, 166, 167, 168, 309
Malagutti Vittorio, 234, 235

Maltese Curzio, 102, 103, 315, 347
Mameli Goffredo, 263
Mammí Oscar, 31, 40
Mancino Nicola, 166, 246
Mancuso Filippo, 123, 124
Manganelli Antonio, 115
Maniero Mattias, 156
Mantovano Alfredo, 121
Manzella Andrea, 17, 347
Maraini Dacia, 283
Maramotti Danilo, 20, 112, 132, 224, 290
Marcellini Luca, 342
Marconi Guglielmo, 47
Marcucci Mariolina, 32
Mariño Antonio, 32
Maroni Roberto, 134, 136, 137, 143, 144, 147, 161, 172, 304
Marshall George Catlett, 159, 182, 193, 214
Martelli Claudio, 165
Martin Richard, 187
Martinat Ugo, 150
Martinelli Roberto, 333
Martino Antonio, 95, 134, 135, 143, 145, 147, 153, 156, 157, 158, 161, 165, 172, 173, 174, 175, 194, 195, 201, 203, 209, 210, 211, 213, 214, 219, 283, 284, 348
Marzano Antonio, 22, 86, 134, 146, 149, 150, 151, 152, 157, 161, 292, 297, 298, 306
Mastella Clemente, 221, 267
Mattarella Piersanti, 357
Mattarella Sergio, 156, 283
Matteoli Altero, 23
Matteotti Giacomo, 362, 369
Mattioli Raffaele, 57
Mauro Ezio, 220, 234, 347
Maxwell Robert, 177
Medici Margherita de', 257
Merlo Francesco, 125
Meroni Massimo, 350
Messina Sebastiano, 257, 258
Metta Vittorio, 232, 339
Micalizio Giuseppe, 81

Miccichè Gianfranco, 121, 125, 127, 129, 150, 152, 368
Michel Louis, 199, 200
Micheli Franco, 33
Mieli Paolo, 73, 74, 217, 328, 348, 354
Miglio Gianfranco, 11
Milosevič Slobodan, 158, 262
Minzolini Augusto, 174, 195
Misiti Aurelio, 118, 119
Monaco Rino, 114
Monorchio Andrea, 27
Montanaro Salvatore, 81
Montanelli Indro, 7, 27, 44, 74, 137, 180, 368
Monti Mario, 17, 41
Moratti Letizia, 14, 86, 99, 100, 102, 103, 104, 105, 106, 108, 109, 201
Morgan John Pierpont, 74
Mori Mario, 96, 97
Moro Aldo, 90, 245
Mosca Moschini Rolando, 173, 210
Mubarak Hosni, 177, 183
Murdoch Rupert, 36
Mussolini Benito, 25, 29, 47, 180, 211, 215, 241, 276, 296, 362

Nania Domenico, 246
Napoleone Bonaparte, 177
Navarro Valls Joaquin, 176
Nesi Nerio, 118
Nitto Palma Francesco, 124
Nolte Ernst, 139
Nordio Carlo, 46, 346

Occhetto Achille, 241
Odasso Luigi, 75
Oliviero Paolo, 236
Onkelinx Laurette, 200
Onofri Paolo, 302
Orlando Federico, 283
Orlando Leoluca, 113
Ostellino Piero, 166, 348, 354

Pacifico Attilio, 232, 234, 235, 236, 237, 339
Pacifico Clara, 236
Pacini Battaglia Francesco, 340
Paciotti Elena, 253, 367
Padellaro Antonio, 336, 367
Pagliarini Giancarlo, 265
Palmesano Enzo, 146
Palmieri Renato, 61
Panebianco Angelo, 178, 179
Pannella Marco, 107
Pansa Alessandro, 115
Pansa Giampaolo, 27
Pansini Gustavo, 45
Papini Andrea, 49
Parietti Alba, 30
Parisi Arturo, 282
Parisi Stefano, 39
Parrelli Ennio, 239
Passera Corrado, 299
Passigli Stefano, 68, 270
Pastore Giulio, 162
Patacconi Stefano, 249
Patuelli Antonio, 166, 167
Pavarotti Luciano, 317, 319
Pecorella Gaetano, 45, 54, 56, 57, 58, 59, 60, 61, 228, 229, 239, 336, 347, 350, 353, 354, 359
Pelayo Antonio, 183
Pella Giuseppe, 127
Pepino Livio, 61
Pera Marcello, 43, 160, 166, 173, 177, 186, 240, 241, 242, 243, 246, 248, 249, 269, 281, 341, 348, 362, 364, 366
Perduca Alberto, 198
Peres Shimon, 139, 156
Perroni Giorgio, 340
Pertini Sandro, 80
Petrono Antonio, 250
Petruccioli Claudio, 265
Piacente Nicola, 198
Piccoli Flaminio, 239
Pillitteri Paolo, 335
Pilo Gianni, 94

Pingitore Pierfrancesco, 45
Pio IX, 291
Piqué Josep, 56
Pirani Mario, 347
Pisacane Carlo, 367
Pisanu Giuseppe, 135, 140, 167, 219
Pisapia Giuliano, 229, 266, 352
Pivetta Oreste, 107
Pivetti Irene, 268
Pizzorusso Alessandro, 283
Poletto Severino, 75
Pollari Nicolò, 97, 98
Ponti Luisa, 225, 228, 237, 355
Popper Karl, 241, 348, 362
Portanova Mario, 56
Possa Guido, 150
Powell Colin, 174, 195, 215, 361
Prati Pamela, 45
Prestigiacomo Stefania, 86, 127, 129, 141
Previti Cesare, 48, 49, 81, 98, 225, 226, 227, 228, 229, 230, 231, 232, 234, 235, 236, 237, 238, 239, 246, 315, 339, 340, 341, 342, 343, 344, 354, 355, 359, 363, 367, 369
Prodi Romano, 13, 16, 23, 60, 118, 153, 158, 159, 188, 202, 204, 240, 272, 287, 296, 365
Prudentino Francesco, 247
Putin Vladimir, 154, 157, 176, 177, 184

Quagliariello Gaetano, 216

Raffaello Sanzio, 257
Raggio Maurizio, 207
Rame Franca, 283
Ramelli Sergio, 45
Rampini Federico, 93, 94
Rangoni Machiavelli Beatrice, 167
Ratzinger Joseph, 178
Reagan Ronald, 168
Realacci Ermete, 183
Reggio Mario, 106
Regling Klaus, 317, 318
Rezzonico, 230

Ricci Antonio, 48
Rice Condoleeza, 174, 185
Riina Totò, 97, 116, 125, 130
Rinaldi Claudio, 347
Ritter Cornelia, 236
Riva Massimo, 308, 316, 317
Rizzo Nervo Nino, 35
Robertson George Lord, 177
Rockefeller Nelson Aldrich, 74
Rodotà Maria Laura, 55
Rognoni Giancarlo, 349
Rognoni Virginio, 90
Romani Paolo, 38, 39
Romano Massimo, 145, 305
Romano Sergio, 10, 95, 168, 215
Romiti Cesare, 40, 41
Ronchi Edo, 118
Rosi Elisabetta, 250
Rosi Giancarlo, 98
Rossato Alessandro, 230, 231, 340, 341, 343
Rosselli Carlo, 163
Rossi Guido, 56, 57, 58, 59, 60, 61
Rossi Nicola, 298, 299, 307
Rovelli Felice, 232
Rovelli Nino 225, 232, 235, 296, 339
Ruffini Paolo, 27
Ruggiero Renato, 12, 79, 80, 86, 95, 109, 135, 152, 153, 154, 155, 156, 157, 158, 160, 161, 173, 174, 175, 185, 195, 199, 200, 201, 202, 203, 208, 211, 213, 214, 215, 216, 219, 220, 221, 243, 251, 283, 284, 285, 286, 359, 365
Ruini Camillo, 176
Ruini Meuccio, 242
Rumsfeld Donald, 194, 210
Russo Massimo, 115
Russo Paolo E., 184
Rutelli Francesco, 13, 23, 37, 134, 203, 204, 206, 282

Sabbatucci Giovanni, 217
Saccà Agostino, 39, 43
Saetta Antonio, 129

Saint-Simon Claude-Henri de Rouvroy, 353
Salleo Francesco, 195
Salvemini Gaetano, 163
Salvemini Gianfranco, 309
Salvi Cesare, 121, 216, 218, 346
Salvo Ignazio, 125
Salvo Nino, 125
Sammarco Alessandro, 230, 340
Santer Jacques, 159
Santoro Michele, 23, 30, 231
Saponara Michele, 229, 238, 340, 355, 356
Saragat Giuseppe, 263
Sartori Giovanni, 68, 70, 72, 260, 274, 275, 277
Scagliarini Roberta, 297
Scajola Claudio, 26, 79, 80, 81, 85, 86, 89, 108, 113, 115, 121, 128, 129, 135, 140, 141, 142, 145, 150, 163, 189, 198, 210, 215, 234, 239, 328, 332, 350, 359, 360, 367, 369
Scalfari Eugenio, 99, 100, 172, 273, 274, 277, 278, 347
Scalfaro Oscar Luigi, 238, 246, 268
Scarpinato Giuseppe, 114
Scelsi Giuseppe, 247
Schifani Renato, 247, 351, 352
Schmitt Carl, 15
Schröder Gerhard, 176, 179, 184, 195, 200, 202, 206, 207, 213, 243
Scialoja Mario, 180
Sciascia Leonardo, 123
Sciascia Salvatore, 353
Scognamiglio Pasini Carlo, 203
Scoppola Pietro, 283
Segantini Edoardo, 151, 152
Sella Quintino, 43, 74
Selva Gustavo, 23, 185, 272
Sembler Mel, 16, 73
Sensi Franco, 215
Serra Michele, 108
Serventi Longhi Paolo, 34, 83, 183
Severino Emanuele, 138
Sgalambro Francesco, 125
Sgarbi Vittorio, 42, 43, 150, 151

Sharon Ariel, 156, 259
Shugart Matthew S., 260
Siino Angelo, 97
Siniscalchi Vincenzo, 46, 239, 352, 356
Siracusa Sergio, 143
Sirchia Girolamo, 86, 144, 145, 219
Skack Cindy, 260
Smith Adam, 295, 368
Socrate, 42, 45, 46
Sodano Angelo, 176
Sodano Calogero, 126
Solana Javier, 202, 207, 208
Solbes Pedro, 202
Sonnino Antonio, 74
Spadolini Giovanni, 281
Speroni Francesco, 204
Spini Valdo, 185
Squillante Fabio, 236
Squillante Mariano, 236
Squillante Renato, 228, 232, 234, 235, 236, 339
Staglieno Marcello, 44
Staino Sergio, 192, 326
Stalin Josif, 163
Starace Achille, 137
Stefanelli Vittoria, 250
Stella Gian Antonio, 67, 68, 128, 238, 239, 246, 247
Stepan Alfred, 260
Storace Francesco, 28, 359
Sturzo Luigi, 163
Suleiman Ezra N., 260
Sullo Fiorentino, 138
Sylos Labini Paolo, 283, 347

Tabacci Bruno, 152, 160, 164, 243, 248, 267, 297, 303
Tabucchi Antonio, 278, 279, 280, 281, 283, 338, 339, 363
Talleyrand-Périgord Charles-Maurice, 361
Tambroni Fernando, 138, 139
Tanzer, 143
Taormina Carlo, 55, 68, 71, 115, 150, 160, 166, 175, 239, 245, 247,

268, 332, 336, 344, 347, 349, 350, 354, 357, 362, 363
Tassone Mario, 150
Terranova Cesare, 129
Thatcher Margaret, 168
Togliatti Palmiro, 158
Totti Francesco, 99
Tradati Giorgio, 251
Tremaglia Mirko, 145, 146, 185
Tremonti Giulio, 12, 43, 86, 109, 122, 136, 137, 145, 147, 150, 153, 157, 160, 172, 188, 197, 199, 219, 240, 241, 262, 291-294, 296, 297, 298, 299, 302-312, 315, 317-323
Tronchetti Provera Marco, 33-35, 40, 171
Turani Giuseppe, 12

Urbani Giuliano, 65, 66, 68, 70, 150, 151, 181
Urso Adolfo, 150, 151

Vacca Agusta Francesca, 207
Valentini Giovanni, 69
Valentino Giuseppe, 124, 250
Valenzuela Arturo, 260
Vanoni Ezio, 138
Vassalli Giuliano, 361
Vaudano Mario, 198
Vegas Giuseppe, 166
Veltri Elio, 68
Veltroni Walter, 186, 273
Veneziale Marcello, 162
Ventura Simona, 43, 48, 49
Venturini Franco, 215
Venucci Giovanni, 250
Verde Filippo, 232, 339
Verde Giovanni, 348
Verderami Francesco, 148, 187, 322
Verhofstadt Guy, 200, 359, 366
Vertone Saverio, 10, 11, 12, 13, 178
Verwilghen Marc, 189
Vespa Bruno, 23, 30, 42, 43, 258, 356
Vieri Christian 48
Vietti Michele, 55, 108, 333, 350

Vigna Pierluigi, 120, 198, 251
Villone Massimo, 122
Vimercati Daniele, 27
Violante Luciano, 49, 59, 165, 166, 188, 189, 226, 239, 269, 303, 304, 315, 343, 352, 357, 358
Visco Vincenzo, 306, 309, 315, 319, 320
Vita Vincenzo, 25, 32-35, 39
Vitali Luigi, 353
Vitalone Claudio, 233
Vito Elio, 33, 267, 304
Vittorio Emanuele III, 276, 285

Vizzini Carlo, 335
Volontè Luca, 267

Weber Max, 117

Zaccagnini Benigno, 167
Zaccaria Roberto, 23, 28, 37, 48, 49, 264
Zagrebelsky Vladimiro, 250
Zanone Valerio, 165-168
Zanuttini Paola, 41
Zindel Mario, 236, 237
Zorzi Delfo, 349, 350, 354

Finito di stampare nel mese di febbario 2002
per conto degli Editori Riuniti
dalla Tipolitografia Empograph, Villa Adriana - Roma